第十五届中国廉政研究论坛献礼之作

廉政文化建设探索与实践丛书

主　编

颜晓红

廉政文化建设探索与实践丛书

高校廉洁文化建设的理论与实践研究

夏民　李炳烁　编著

江苏大学出版社
JIANGSU UNIVERSITY PRESS
镇江

图书在版编目(CIP)数据

高校廉洁文化建设的理论与实践研究 / 夏民，李炳烁编著. -- 镇江 ：江苏大学出版社，2022.9
(廉政文化建设探索与实践丛书 / 颜晓红主编)
ISBN 978-7-5684-1852-2

Ⅰ. ①高… Ⅱ. ①夏… ②李… Ⅲ. ①高等学校－廉政建设－研究－中国 Ⅳ. ①G647.2

中国版本图书馆 CIP 数据核字(2022)第 163483 号

高校廉洁文化建设的理论与实践研究
Gaoxiao Lianjie Wenhua Jianshe de Lilun yu Shijian Yanjiu

编　　著/夏　民　李炳烁
责任编辑/夏　冰
出版发行/江苏大学出版社
地　　址/江苏省镇江市京口区学府路 301 号(邮编：212013)
电　　话/0511-84446464(传真)
网　　址/http://press.ujs.edu.cn
排　　版/镇江市江东印刷有限责任公司
印　　刷/江苏凤凰数码印务有限公司
开　　本/718 mm×1 000 mm　1/16
印　　张/22.25
字　　数/420 千字
版　　次/2022 年 9 月第 1 版
印　　次/2022 年 9 月第 1 次印刷
书　　号/ISBN 978-7-5684-1852-2
定　　价/75.00 元

序：新时代高校廉洁文化建设的新期盼

廉洁文化是以廉洁思想为核心，以廉洁内容为载体，以廉洁教育为目的，以廉洁行为为根本的一种文化样态。我国的廉洁文化是中国特色社会主义先进文化的重要组成部分，是中国共产党文化自信的重要支撑力量。高校作为知识分子群体的汇聚之地，肩负着中国特色社会主义先进文化建设的重要职责，承载着人才培养、科学研究、服务社会、文化传承创新、国际交流合作的重要职能，担负着提高全民族思想道德文化素质的重要责任。加强高校廉洁文化建设，对于高校全面贯彻党的教育方针，坚持社会主义办学方向，履行为党育人、为国育才的神圣使命，发挥高校净化社会风气、引领社会风尚的作用具有重要意义。

一、高校廉洁文化建设的历史回溯

自古以来，中国就是一个有着深厚廉洁文化传统的国度，中国封建社会历经两千多年的历史积淀，形成了以清官情结为代表的、系统的廉洁文化体系。纵观历史，各个朝代的清官可谓不胜枚举，历朝历代的正史中皆会为之树碑立传，供世人景仰和传颂。《循吏传》便是最好的例证，其中被世人广为颂扬的包拯、海瑞、于成龙等人就是清官的杰出代表。

中国共产党将中国传统廉洁文化发扬光大，并赋予新的时代内涵。马克思主义创始人将党的先进性和纯洁性视为无产阶级政党的生命。中国共产党始终坚持以马克思主义为指导，将马克思主义廉洁政治理论和中国传统文化中的廉洁元素有机结合，自觉运用于中国社会革命、建设和改革开放的各个时期。党的百年历史进程中的主要领导同志都清醒地认识到加强廉洁文化建设的重要性，希望通过加强廉洁文化建设，促使党员干部保持思想上的先进性和道德上的纯洁性，抵御各种腐朽思想文化的侵蚀，提高自身拒腐防变的能力，进而在全社会形成讲究诚信、崇尚廉洁、尊重法治的文化环境，预防和减少腐败现象，密切党群干群关系，弘扬社会新风正气，维护社会公平正义，促进社会公正和谐。

1949 年 3 月中华人民共和国成立前夕，毛泽东同志针对革命胜利后可能发生骄傲自满情绪的苗头，向全党同志发出了“两个务必”的告诫；邓小平同志在 1978 年领导党和国家实行改革开放政策之后，一如既往地秉持共产党人廉洁自律的从政准则，坚持“两个文明一起抓”；江泽民同志指出：是艰苦奋斗、勤俭朴素，还是铺张浪费、奢侈挥霍，涉及一个共产党员的基本政治素质，是对党员和干部政治立场、政治观点、政治鉴别力的一种考验；胡锦涛同志针对党内一段时间拜金主义、享乐主义、奢靡之风的蔓延态势，要求全党同志务必讲操守、重品行、多检点，务必注重培养健康生活情趣、保持高尚精神追求、摆脱低级趣味，务必注意净化社交圈、择善而交、加强警惕。党的十八大以来，以习近平同志为核心的党中央，以高度的紧迫感、危机感、使命感和责任感，立足党要管党和全面从严治党的战略高度，对加强党员干部廉洁自律提出了一系列新要求。强调反对腐败、建设廉洁政治，是我们党一贯坚持的鲜明政治立场，是党自我革命必须长期抓好的重大政治任务。

党在加强对高校工作全面领导的基础上，对高校廉洁文化建设也十分重视。高校内部治理结构复杂多样，存在着党政权力、行政权力、学术权力、民主权利等多种权力架构，因此，其腐败现象呈现出社会共性和自身个性相交织的特点。河南大学廉政研究中心刘克辉研究员指出，部分高校中存在如下三类腐败现象：

一是经济类腐败。主要指在高校经济活动中出现的腐败行为，多发生在高校管钱、管物的部门和校办企业，其主要表现是贪污、受贿、挪用公款、私设“小金库”、滥发私分钱物等。此外，还有科研经费的使用或管理者以各种名目和手段私自套取科研经费，用于个人奖金、津贴、旅游或其他非科研目的，或者将用科研经费购置的设备器材据为己有，甚至直接贪污、挪用科研经费等。

二是行业类腐败。主要指发生在招生、考试、收费等活动中的腐败行为。这种腐败行为具有明显的教育行业特点，主要表现为：学校招生人员滥用职权、徇私舞弊，招收关系生、人情生；在教学考试中，有的教师收受学生钱物后私自修改学生考试分数，帮助学生蒙混过关；在学生管理中，有的教师利用各种评比、奖励、资金发放等工作便利谋取私利，或收受学生钱物，或直接贪污、挪用保管的经费等。

三是学术类腐败。主要指在高校学术运作和管理活动中存在的腐败行为，特点是学术活动受到非学术因素，如行政权力、金钱、关系、人情等的侵扰和影响。主要表现包括：在职称申报、科研立项及科研成果鉴定评奖中，材料“注水”、骗取课题、虚假炒作；在职称评审、导师遴选、科研资金发放、各种奖项的评比等过程中，以人情甚至金钱关系代替学术的公正，徇私照顾、搞内幕交易。

近些年来，部分高校中出现的一些腐败现象，严重玷污了高校在社会公众心中的形象，损害了高校作为社会道德高地的地位。为此，2008 年中共中央纪委、教育部、监察部出台了《关于加强高等学校反腐倡廉建设的意见》。该意见指出：高校反腐倡廉建设是高校党的建设的重要组成部分，是依法治教、规范管理的内在要求和基本内容。加强高校反腐倡廉建设要坚持标本兼治、综合治理、惩防并举、注重预防的方针；坚持围绕中心、服务大局、改革创新、统筹推进、重在建设的基本要求；坚持“党委统一领导，党政齐抓共管，纪委组织协调，部门各负其责，依靠群众的支持和参与”的领导体制和工作机制；坚持落实党风廉政建设责任制；以完善惩治和预防腐败体系为重点，以体制、机制、制度创新为核心，整体推进教育、制度、监督、改革、纠风、惩处等六项工作，为促进高等教育事业科学发展和高校人才队伍健康成长提供坚强的政治保证。该意见还从健全领导班子科学民主决策机制，加强对领导干部的管理和监督，加强干部人事管理和监督，加强内部财务管理和监督，加强基建（修缮）项目管理和监督，加强物资（设备）采购管理和监督，加强科研经费管理和监督，加强高校企业与国有资产管理和监督，深入推进高校招生“阳光工程”，加强各种评审、评估、评选、评奖等工作的管理和监督，健全民主监督机制十一个方面提出了明确要求。同时，该意见还着重强调了高校要突出思想教育、加强廉政文化建设的四个层面：

一是加强对领导干部的反腐倡廉教育。高校党委要把反腐倡廉教育纳入学校党委宣传教育总体部署，深入开展理想信念、廉洁从政、党的作风和纪律教育，筑牢思想道德和党纪国法两道防线。坚持每年经常性教育和集中开展反腐倡廉主题宣传教育相结合，开展领导干部廉政教育培训。要把反腐倡廉教育与切实改进领导干部作风紧密结合起来，着力解决一些领导干部在思想作风、学风、工作作风、领导作风和生活作风等方面存在的突出问题，以优良的党风促政风带校风。

二是加强对高校重要岗位、重点部位工作人员的反腐倡廉教育。坚持示范教育和警示教育相结合、自律和他律相结合，开展法律法规、财经纪律等内容的教育，树立遵纪守法观念，增强拒腐防变意识，预防各种违纪违法案件的发生。

三是加强师德学风建设。把廉洁教育和诚信教育贯穿师德建设的各个环节，进一步健全师德规范体系，提高教师的职业品德修养和廉洁自律的自觉性。加强对学术带头人、科研项目负责人、评审专家等人员的教育、管理和监督。大力开展树立和表彰优秀教师先进典型等宣传教育活动，弘扬淡泊名利、廉洁从教、学为人师、行为世范的优良学风教风，努力营造全社会尊师重教的良好氛围。

四是加强高校学生廉洁教育。充分发挥专业教师队伍的主导作用、思想政治工作队伍的引导作用和学生骨干队伍的示范作用，充分利用新生入学教育、毕业生教育等形式和各种校园文化活动，深入开展校园廉洁文化建设。开展合格公民、遵纪守法、诚实守信教育。

需要指出的是，针对学生这个特殊群体，教育部专门制定了《关于在大中小学全面开展廉洁教育的意见》，要求各级教育行政部门和学校要站在确保中国特色社会主义事业代代相传、长治久安的战略高度，以对党的事业高度负责和对青少年学生健康成长高度负责的态度，充分认识在大中小学全面开展廉洁教育的重要性和必要性，认真做好这项工作。大学阶段廉洁教育的目标和主要内容是：以社会主义核心价值体系为引领和主导，加强法制和诚信教育，加强社会公德、职业道德和家庭美德教育，组织学习党和国家关于党风廉政建设和反腐败方面的方针政策、法律法规等，引导大学生树立报效祖国、服务人民的信念，不断提高大学生的道德自律意识，增强拒腐防变的良好心理品质，逐步形成廉洁自律、爱岗敬业的职业观念。该意见还指出要加强校园文化建设，营造开展廉洁教育的良好氛围。要加强文化活动阵地建设，高度重视学生社区、学生公寓、网络阵地等在开展廉洁教育中的重要作用。要注意挖掘校内资源，营造校园廉洁氛围，发挥身边廉洁典型的作用。要加强宣传舆论阵地建设，充分利用校园宣传橱窗、校内广播电视、黑板报、校报（刊）等载体，大力宣传廉洁教育有关知识。要充分发挥互联网的积极作用，建设开通廉洁教育专题网页或网站，组织开展形式多样的网上廉洁教育活动。要精心设计和组织开展主题班（队）会、典型事迹报告会、学生论坛、案例辨析等主题教育活动，寓廉洁教育于文化活动之中。

廉洁教育是一项社会系统工程，需要动员全社会的力量广泛参与，齐抓共管。2010 年中央纪委、中央宣传部、监察部、文化部、广电总局、新闻出版总署联合下发《关于加强廉政文化建设的意见》，对加强廉政文化建设的重要意义、指导思想和基本原则做了深刻阐释，从树立领导干部秉公用权、廉洁从政的价值理念，培育公民廉荣贪耻、诚实守信的道德观念，增强全社会大力支持、有序参与反腐倡廉的责任意识三个视角大力培育和弘扬廉洁价值理念。该意见针对高校廉洁文化建设方面，强调要结合未成年人思想道德建设和大学生思想政治教育，把青少年廉洁教育作为实施素质教育的重要内容，纳入国民教育体系。要充分发挥课堂教学的主渠道作用，在高校思想政治课程标准中明确廉洁教育内容，扎实推进廉洁教育进教材、进课堂、进学生头脑。要针对青少年特点，定期开展各类青少年廉洁教育实践活动，深入推进校园廉洁文化建设。要大力加强师德建设，充分发挥教师在开展廉洁教育中的示范和引导作用。要把青少年廉洁教育工作的指导、检查、考核纳入教育行政部门的督导、评估范畴。

党的十八大之后，在反腐败斗争取得压倒性胜利并持续巩固的新时代背景下，党加强了对高校工作的全面领导，党委领导下的校长负责制逐步完善成熟，党委的主体责任和领导班子的一岗双责得到有效落实，高校纪检监察体制和纪检监察机构改革持续深化，为高校反腐败斗争和廉洁文化建设开启了新气象，注入了新动能。

二、高校廉洁文化建设的当下困境

在永不停歇的反腐败斗争道路上，推进廉洁文化建设发挥价值导向、行为约束、环境净化的功能，对营造反腐倡廉的社会氛围，提升领导干部拒腐防变能力，一体推进不敢腐、不能腐、不想腐具有重要意义。党的十八大之后，针对高校领域的反腐倡廉工作，党中央、国务院和教育主管部门出台了一系列文件或规定，例如《国务院关于改进加强中央财政科研项目和资金管理的若干意见》《中共教育部党组关于落实党风廉政建设监督责任的实施意见》《中共教育部党组关于深入推进高等学校惩治和预防腐败体系建设的意见》《高等学校所属企业领导人员廉洁从业若干规定》等。特别是 2022 年 1 月，中共中央办公厅印发了《关于加强新时代廉洁文化建设的意见》，强调我们党要永葆自我革命精神，增强全面从严治党永远在路上的政治自觉，就必须教育引导党员、干部从思想上正本清源、固本培元，筑牢思想道德防线，增强拒腐防变能力，始终保持共产党人的政治本色。这份纲领性的文件，为新时代高校廉洁文化建设指明了前进方向，提供了根本遵循。

值得强调的是，由于腐败现象的复杂性、隐匿性、变异性，加之“高校特殊论”的思想作祟，实现高校廉洁文化建设的目标不可能一蹴而就，发展进程中也存在着诸多困境，高校腐败现象依旧不容忽视，“四风”问题更是屡禁不止，并呈现出高校独有的特点。北京师范大学国际反腐败教育与研究中心主任彭新林2020年12月在《廉政瞭望》杂志上发表的文章中，通过对中国裁判文书网收录的2010年至2020年共400余份涉高校腐败犯罪裁判文书的统计分析，总结我国高校腐败犯罪呈现出以下特点。

从年龄结构来看，高校涉案人员的年龄主要集中在50岁以上，其占比超过80%。其中在59岁时作案的有10余起。其原因一是50岁以上年龄段的行为人，很多在高校担任一定职务，掌握一定权力和资源，存在大量的腐败机会；二是该年龄段人员临近退休，有的行为人存在“有权不使，过期作废”思想，还有的抱有“退休不受追究”的侥幸心理，企图在退休之前最后“捞一把”。

从人员职级来看，高校腐败犯罪的风险职级由高到低依次为处级及以上、科级、普通职员及教师。其中，担任处级及以上领导职务人员比例近60%。可见，拥有一定职权的领导干部是高校腐败犯罪的高发群体。因为高校处级以上领导干部掌握高校人财物等重要权力，而高校相对封闭的环境和特殊人际关系，使得相关人员的腐败行为被暴露和查处的风险相对较低。

从受教育程度来看，高校涉案人员的受教育程度普遍较高，一般都接受过高等教育，而且拥有研究生学历的人数较多。出现这种现象，有两方面原因：一方面，得益于高校作为高等教育机构的特殊性及近年来高校人事制度改革，大批高学历、高层次的年轻干部走上领导岗位；另一方面，担任高校处级以上领导职务的人员，一般都是某方面或者某领域的专家，大都拥有研究生以上学历。

从涉案领域来看，高校腐败犯罪涉及高校运行的方方面面，但涉案领域相对集中，主要是基建工程、组织人事、财务管理、物资采购、招生就业、科研经费使用等领域。这些领域利益、资源较为密集，故成为高校腐败犯罪的重灾区和高发地带。

从涉嫌罪名来看，高校腐败犯罪主要集中在受贿罪、贪污罪等罪名上，这两种犯罪在高校腐败犯罪中占比最高，成为查办和预防高校腐败犯罪的重点。如在科研经费领域，就普遍存在采取虚构支出、用不实发票报销等不法

手段套取课题经费的现象，近年来因贪污科研经费而落马的教师不在少数。

从犯罪形式来看，高校腐败犯罪窝串案件突出，共同犯罪案件占相当大的比例。这主要是因为高校具有相对封闭的特点，腐败分子容易彼此勾结，结成利益同盟，形成权力互补的关系，进而成为腐败共同体，呈现出“扎堆腐败”的特点。

此外，针对高校“四风”问题中的官僚主义，《中国纪检监察杂志》2021 年第 24 期发表的《晒一晒“象牙塔”里的那些官僚主义》一文也做出了深刻揭露。文章指出一些高校存在不同程度的官僚主义问题：

（1）有些高校行政机构效率低下，个别行政干部颐指气使，把校园变“衙门”。

（2）一些学科的所谓“大佬”的徒子徒孙遍地，以师生、同门为纽带互相提携，形成封闭的“圈子”。

（3）部分高校教师为争项目经费削尖脑袋找门路。

（4）有的高校领导盲目提出创建“世界一流”的目标，导致高校办学特色不明显，办学定位、学科及专业建设、人才培养存在类同现象，造成重复建设和资源浪费。

当下高校廉洁文化建设的困境，在一定程度上反映出部分高校对廉洁文化建设的应对乏策，个中原因值得认真反思。概括起来，主要表现在以下四个层面：

一是部分高校对廉洁文化建设的认知存在偏差。这表现在对高校廉洁文化的概念和内涵认识模糊，误认为高校廉洁文化是独立于高校自身文化之外的一种文化，而将其与高校的校园文化、高校精神和师德师风、校风学风等人为地割裂开来，致使高校廉洁文化建设游离于高校自身实际，成为镜花水月。

二是部分高校廉洁文化建设核心价值混同。高校廉洁文化建设在高校不同群体中有着截然不同的价值追求，应当针对群体的差异，进行分类实施，对症施治。但由于缺乏对高校中不同群体的分类研究，更缺乏对不同群体廉洁文化建设核心价值的提炼，高校廉洁文化价值目标往往与其他价值目标混淆在一起，高校廉洁文化建设的多元性和独特性未能显现。

三是部分高校廉洁文化建设引领作用不强。部分高校廉洁文化建设中廉洁教育的内容比较空洞，常常是挂横幅、刷标语、搞演出、展书画，缺乏说服力、吸引力和影响力，更缺乏对廉洁文化建设的系统规划和廉洁文化建设的长效机制，致使廉洁文化在广大师生中的感染力不强。

四是部分高校廉洁文化建设文化自觉尚未形成。目前部分高校廉洁文化建设大多局限于响应工作需求的层面，欠缺独属于文化的那种滋润人心的温度。可见，教育引导高校干部自觉廉洁从政、教师自觉廉洁从教、学生自觉廉洁修身，使廉洁成为高校不同群体的一种素养、使命及责任的廉洁文化建设自觉尚未形成。

三、高校廉洁文化建设的未来展望

在习近平总书记的领航掌舵下，高校廉洁文化建设既面临着新的挑战，又将迎来新的机遇。习近平同志历来十分重视廉洁文化建设。在正定县工作时，他主持制定了《中共正定县委关于改进领导作风的几项规定》；在宁德地区，他推动出台了“宁德廉政 12 条”；在浙江工作期间，他谆谆告诫领导干部，努力做良好风气的模范实践者和积极营造者。习近平同志担任中共中央总书记之后，在出席中央纪委全会时多次提及廉洁文化建设。例如：2016 年 1 月 12 日，他在第十八届中央纪委第六次全体会议上指出：中华民族历来都有珍惜名节、注重操守、干净为官的传统，历来都讲“为政以德”“守土有责”，领导干部要秉公用权、廉洁用权，做遵纪守法的模范，同时要坚持原则、敢抓敢管。2020 年 1 月 13 日，他在第十九届中央纪委第四次全体会议上强调，要通过清晰的制度导向，把干部干事创业的手脚从形式主义、官僚主义的桎梏、“套路”中解脱出来，形成求真务实、清正廉洁的新风正气。2022 年 1 月 18 日，他在第十九届中央纪委第六次全体会议上指出：领导干部特别是高级干部要带头落实关于加强新时代廉洁文化建设的意见，从思想上固本培元，提高党性觉悟，增强拒腐防变能力。

高校廉洁文化建设必须坚持以习近平新时代中国特色社会主义思想为指导，全面贯彻党的十九大和十九届历次全会精神，增强“四个意识”、坚定“四个自信”、做到“两个维护”，不忘初心、牢记使命，坚持思想建党和制度治党同向发力，坚持依法治国和以德治国相结合，以理想信念强基固本，以先进文化启智润心，以高尚道德砥砺品格，惩治震慑、制度约束、提高觉悟一体发力，不断实现干部清正、政府清廉、政治清明、社会清朗。同时，高校廉洁文化建设必须紧贴高校实际，立足高校实践，将廉洁文化建设纳入高校全面从严治党的战略布局、高校校园文化建设的总体格局和服务高校事业高质量发展的大局，加强顶层设计，坚持系统实施，注重统筹协调，充分发挥文化教育人、塑造人、感染人的功能和作用，把廉洁文化渗透于高校教育教学管理全过程。具体而言，高校廉洁文化建设当从以下四个“度”上持续聚焦发力。

一是提升政治站位的高度。在以习近平同志为核心的党中央“四个全面”的战略布局中，全面从严治党处于基础的、根本性的地位，它为全面建成小康社会、全面深化改革、全面依法治国提供了重要保障。全面从严治党的核心在于保持党的纯洁性和先进性，要义在于一体推进不敢腐、不能腐、不想腐，对腐败现象做到系统施治、标本兼治。在惩治腐败“三不”一体推进过程中，既要强化不敢腐的震慑，保持对法纪的敬畏之心，形成知耻知止知畏的行动自觉；还要扎牢不能腐的笼子，建立健全权力运行的风险防控制度体系；更要通过加强廉洁文化建设，增强不想腐的自觉，筑牢拒腐防变的思想防线。文化而润其内，养德以固其本。廉洁文化建设正是以“思想觉悟”为问题导向，从精神层面着手，崇德尚廉、崇廉拒腐，在人们心底筑起一道反腐败的思想防线。

提升高校廉洁文化建设的政治站位，要将党对高校工作的全面领导体现在廉洁文化建设中，认真贯彻落实《中国共产党廉洁自律准则》《关于新形势下党内政治生活的若干准则》《中国共产党党内监督条例》《中国共产党问责条例》和《中国共产党普通高等学校基层组织工作条例》等一系列党内法规。认真贯彻执行党委领导下的校长负责制，充分落实全面从严治党中党委主体责任、书记第一责任人职责、领导班子其他成员“一岗双责”、纪检机关监督专责和反腐败专门力量。在加强党的建设中，以政治建设为统领，制度建设贯穿其中，推动党员领导干部增强政治意识，不断提高政治判断力、政治领悟力、政治执行力，自觉践行忠诚干净担当，坚决捍卫“两个确立”、带头做到“两个维护”。

二是促进学校事业发展的维度。在中国特色现代高校制度的建构过程中，高校逐步形成了以“党委领导、校长负责、教授治学、民主管理”为基本框架的内部治理结构，为学校事业高质量发展奠定了良好的基础。学校事业的发展与校园文化建设密不可分，需要良好的政治生态、宽松的学术氛围、和谐的人文气息和奋发的精神状态。高校廉洁文化建设应当按照文化建设的规律和特点，把握好方式方法，解决好有机融入的问题，并融入学校文化建设的整体规划，与校园文化建设同频共振、同向同行。要将推进学校事业高质量发展、营造高校风清气正的政治生态和干事创业的良好环境作为廉政文化建设的立足点和检验标准；将校园廉洁文化建设作为推进学校治理体系和治理能力现代化的重要任务；将廉洁文化建设体现到大学章程和各项管理制度的制定和执行中。

高校肩负着人才培养、科学研究、社会服务、文化传承创新、国际交流合作五大职能。高校廉洁文化建设要推进学校事业高质量发展，必须在高校的文化传承创新的职能上求突破。高校廉洁文化建设要注重挖掘中华民族优秀传统文化在廉洁文化建设和反腐败斗争中的当代价值并做好传承，科学总结中国共产党在廉洁文化建设上的历史成就，借鉴吸收世界各国廉洁文化建设的有益经验，丰富拓展廉洁文化建设的时代内涵，凝练符合新时代需求的廉洁文化内容。此外，高校还应发挥其学术资源集中、科学研究力量强大的优势，强化廉洁文化建设前瞻性、战略性、系统性、规律性问题的探究，不断发展和创新廉洁文化建设理论与实践形式，形成一批高质量的理论成果并积极推广实践，努力为全社会的廉洁文化建设提供理论支撑和行动指南，同时也为世界廉洁文化建设提供中国智慧和中国方案。

三是加大全员参与的力度。首先，要扩大全员参与的广度。在校园廉洁文化建设中，针对高校中领导干部、教师和学生三类主要群体，做到分类实施，全员覆盖。督导领导干部廉洁从政，倡导教师廉洁从教，引导学生廉洁修学。领导干部是廉洁文化建设的关键人群，要严格落实《中共中央关于加强对“一把手”和领导班子监督的意见》，教育领导干部主动接受、正确对待党组织和群众的监督，习惯在受监督和约束的环境中工作生活，养成安于工资生活、乐于家庭生活、勤于读书生活的良好习惯，为其他群体发挥应有的引领与示范作用。

其次，廉洁文化建设还要拓展全员参与的深度，积极向基层延伸，破解上热、中温、下冷的难题。高校要大力营造廉洁文化建设的氛围，在所属职能部门、直属单位和二级学院广泛开展廉洁文化示范点建设活动，通过廉洁文化示范点建设的考核、评比、奖励等环节，使廉洁文化教育在广大教师和学生中入脑入耳入心入行。

同时，高校廉洁文化又要有所侧重，加强对选人用人、干部作风、师德师风、意识形态工作、招生考试、科研经费、国有资产和校办企业、物资采购、基建项目、评奖评审评比评估等重要部位和关键环节的监督，加大对腐败行为的惩处力度。及时通报案件查处情况，典型问题要公开点名曝光，发挥好查办案件的教育警示作用。

四是保持滋润人心的温度。文化虽望之无形、不可触摸，但又无处不在、不可或缺，具有潜移默化滋养心灵的功能。高校廉洁文化建设要保持滋润人心的温度，必须抓在经常。学校应当借助学校官网、微信公众号、校刊校报、校园广播电视台等媒体平台，以及校史馆、博物馆、文化馆、纪念馆、历史建筑、雕塑等有形之物，开展任前集体廉政谈话、党规党纪知识测试、读书倡廉、家风思廉、廉政寄语等学习教育活动，推出有思想深度和感情温度的廉政文化作品，发挥文化的共情效应。同时，学校也要注重利用和发挥好社会廉洁教育资源的作用。各地在廉洁文化建设方面采取了很多措施，形成了很多很好的案例和教育资源。高校应充分利用和发挥好这些资源的作用，建立校内校外良性互动的教育机制，使廉洁文化建设更加鲜活，更有实效。

高校廉洁文化建设要保持滋润人心的温度，必须注重融入日常。高校廉洁文化建设应发挥文化润物无声的功能，把廉洁文化作为社会主义核心价值观教育的重要环节，充分发挥思想政治教育主渠道和主题教育的作用。将历史上创造和形成的廉洁文化思想与中国共产党在廉洁文化建设中取得的理论及实践成果作为廉洁文化教育的重要内容，纳入教育教学计划，引入课堂教育；将高校廉洁文化建设融入丰富多彩的校园文化建设。要注意把握好文化育人的特征和着力点，既不偏离廉洁教育的主题，又不脱离文化教育的载体，推动“廉洁”与“文化”有机融合，切实增强高校廉洁文化建设的渗透力和感染力。高校廉洁文化建设体现在学高为师、行为世范的师德师风建设上，体现在立德树人、严谨治学的校风学风建设上，体现在校训、校歌、校纪、校规等具体载体和形式上。总之，高校应坚持“当下改”与“长久治”相结合，凝聚合力构建风清气正的校园生态。

目　录

上篇　高校廉洁文化建设的理论建构

下篇　江苏大学廉洁文化建设的实践探索

目　录

上篇　高校廉洁文化建设的理论建构

下篇　江苏大学廉洁文化建设的实践探索

上篇

高校廉洁文化建设的理论建构

第一章

高校廉洁文化的理论阐释

第一节　文化与高校文化

一、文化与文明

文化与文明是人文社会科学领域的两个重要范畴，也是一对同中有异、关系复杂的术语。《尚书·舜典》中有“浚哲文明，温恭允塞”的记载。意思是说舜有深邃的智慧，文明温恭的美德充满于天地之间。《周易·大有》也说：“其德刚健而文明，应乎天而时行，是以元亨。”这里的“文明”都含有与野蛮相对立的开化、通透之意。“文化”一词在古代是指文治教化，与武力征讨相对而言。据考证，最早将“文”与“化”合为一个词的，当推汉代刘向的《说苑·指武》：“凡武之兴，为不服也，文化不改，然后加诛。”将“文化”与“文明”二词结合起来，我们可以看到，从古汉语到目前的日常用语中，“文化”与“文明”之间有一种内在的语义联系或者说语义描演关系。我们可以用一句最简洁的话来揭示这种联系：“有文化的人才是文明人。”①

在欧洲，文化与文明也有语源上的差别，“文化”（culture）的本义是栽培、耕作，相对于自然（nature）而言，凡是经过人的加工创造的事物都属于文化。因此，关于文化的一个最广泛的定义是“文化即人化”，也就是指人类的一切活动及其成果。文明（civilization）一词则源于古拉丁文 civitas（城市）和 civis（市民），其本义是城市居民，引申为罗马人的公民身份，含有较之当时的外乡人特别是蛮族的生活状态更为优越之意，因此“文明”是相对于野蛮（savage）或“原始”（primitive）而言的②。

文化是人类社会特有的社会遗产和现象。人与猿区别的标志是工具的制造和物质材料的生产，并且正是文化才使人从动物界分离出来，促成人类社会的形成。认识文化，需要厘清几个概念。第一，文化是人进行劳动的结

① 刘伟．文化概念分析［J］．学习与探索，1988（2）：68-73．

② 王汝良，侯传文．“文化”与“文明”综辨［N］．中国社会科学报，2022-02-23（10）．

果，劳动是文化发展的源泉和动力。一切物质文化、精神文化都是由劳动创造的，又随着生产力的发展而发展。第二，没有人类的劳动实践就没有文化，没有文化就没有人类。文化是人之为人的标志和表现。人是文化的生产者，也是文化的消费者。第三，文化是人类在实践中改造和利用环境的结果，同时文化使人们能够不断改进利用环境的手段和条件。文化的发展与人类征服、改造和利用环境的深度成正比。在原始社会，人类的生产活动主要是畜牧业和农业，对世界的认识还比较肤浅，从而对神灵无比崇拜、对权威绝对服从。经过文化连绵不断的发展，生活环境的改变先进工具的产生，人类不仅揭开了原子的秘密，还穿越了海洋，探索了太空。第四，文化与社会之间无须划清界限。文化与非文化的区别只存在于社会和纯自然之间。而社会是人类在劳动实践中形成群体生活并产生语言、文字、经济、政治、思想等过程中逐步构建出来的。由此可见，文化也是一种社会历史现象。

文明不同于文化，文明是人类社会发展到一定阶段的产物。在《家庭、私有制和国家的起源》一书中，恩格斯将人类社会划分为蒙昧时代、野蛮时代和文明时代。文化贯穿于这三个时代的始终，同人类相伴而行①；文明则从文明时代才开始，即从奴隶社会开始了人类文明的发展历史②，在封建社会、资本主义社会和社会主义社会中，文明的内容不断丰富并发展。文明意味着社会进步和开化状态，是文化的结晶或优质部分③。《中国大百科全书·哲学卷》将文明解释为人类改造世界的物质成果和精神成果的总和，袁行霈等主编的《中华文明史》一书中将文明分解为物质文明、政治文明、精神文明三个维度④。

文化与文明既是相对的，也是互相包容的。文化与文明相通，但也有一定的区别。著名人类学家列维·斯特劳斯说："实际上文明只能在所有文化的同生共在和多样性中生存。因此，世界文明所代表的是世界范围内所有文化的共同繁荣，每种文化都要保持它的本来面目。"文化与文明相通，可以从几个方面来看：第一，从时间上看，文化比文明早，但文明的纵向历史比文化的历史要短得多。人类语言的出现标志着文化的开端，距

---

① 杨海蛟，王琦. 论文明与文化［J］. 学习与探索，2006（1）：66-73.

② 钟琳. 科学与世界文明中心的转移［J］. 成都大学学报（教育科学版），2007（6）：106-107，126.

③ 王生良. 文明、文化与现实［J］. 成都大学学报（社会科学版），1994（1）：10-12，21.

④ 王汝良，侯传文. "文化"与"文明"综辨［N］. 中国社会科学报，2022-02-23（10）.

今已有250万年的历史。文明则是在人类文化发展到一定阶段和人类进入阶级社会之后才出现的。文明开始于文字的使用、金属工具的出现、国家的形成等，因此人类开启文明时代至今只有七八千年的历史。英国人类学家泰勒认为文明是人类文化发展的特定阶段，是文化演进中的一定时期，是文化中的亚文化。只有高级的文化才可称为“文明”。第二，从空间上看，文明具有地域性，文化可以多方向传播。我国学者普遍认为世界有四大文明古国：古中国、古巴比伦、古埃及、古印度。英国史学家汤因比认为，文明是介于世界与国家之间的概念，古代有六个文明母体：埃及文明、苏美尔文明、米诺斯文明（克里特文明）、玛雅文明、安第斯文明、中国文明①。第三，从内容和形式上看，文明是内在的，文化是外在的。文明是文化的内在价值蕴涵，文化是文明的外在形式表现。文明的内在价值通过文化的外在形式而得以实现，文化的外在形式借助文明的内在价值而表现出意义。文明主要是指文化成果中的精华部分，而文化是一定文明的具体存在模式，是文明形态的实践方式。文明是人类一定发展阶段所形成的历史形态，包括了文化的基本内容②，而文化是文明的载体。保持住这个载体，文明就能延续；丢掉这个载体，文明就会消失。第四，从性质上看，文化有积极和消极、正面和负面、优秀和丑陋之分；而文明是一种进步的状态，是人类不断从蒙昧向开化、从低级向高级、从野蛮向文雅转变的过程，是一种与野蛮相对的文化的社会状态。作为人类进步和开化状态的标志，文明是文化中的积极成果，是人类在实践中创造的精华和财富。因为人类文明是以进步文化为基础的，没有进步文化的发展就不会有文明的发展。总之，文化是具体的、感性的形态，文明是概括的、总体的形态。文化创造文明，文明推动文化；文化与自然相对，文明与野蛮相对；文化中有文明，文明中有文化。文化强调生活方式，文明强调积极成果；文明有积极正面的含义，而文化既有正面价值，也存在负面价值③。

二、文化的多元性

文化的多元性从广义上讲是指世界各族人民创造的文化，狭义的文化多

① 陈玲. 意识形态理论视角下的“文明冲突论”[D]. 开封：河南大学，2009.

② 林坚，董江虹. 对生态文明的系统认识[J]. 湖南文理学院学报（社会科学版），2008，33（5）：39-44.

③ 林坚. 文化与文明：界定、联系、区别[J]. 文化学刊，2014（5）：5-8.

元性则是指构成民族文化的不同文化来源，同时涵盖多样性和多元性。文化多元性是当代社会的一个重要的主题，也是现代教育研究的重点。自1978年实施改革开放以来，我国与世界各国的经济、政治往来更加频繁。全球化的步伐越来越快，世界各国的联系更加紧密，各国的文化也在相互冲击和影响。实际上，经济全球化的进程必然导致文化的扩张和全球化，出现文化多元格局。多元文化的共存，也是文化融合、文化交流、文化交锋的共存。比如各民族文化为了坚守自身的价值观念，巩固其所服务的经济基础和维护相应的政治制度，必然要通过拓展文化发展空间和文化功能等方式来抵制异质文化的渗透和扩张。然而，文化共同繁荣的规律要求文化发展必须尊重差异、包容多样。这是当代文化发展的多元特征，也是新时代下文化发展的趋势①。

日本国际文化政治家平野建一郎在研究全球文化走向时说过："各种文化之间接触越频繁，文化越趋于多样化。"美国哈佛大学经济学家斯蒂芬·玛格林也曾断言："文化多样性可能是人类这一物种继续生存下去的关键。"文化多元化是指在全球范围内不同民族文化的共存共荣，各民族的思维方式、价值取向的多元化。在人类文化发展过程中，人类社会共同体总是在特定的生产方式、地理环境、生活方式和思维方式的影响下形成相应独特的文化体系，表现出不同民族文化的独特性，形成世界文化的多样性。只有尊重各国文化的多样性，使各国文化在多样性中存在并发展，才能维护世界文明的多样性，促进国际关系的民主化，协力构建各种文明兼容并蓄的和谐世界②。

不同的文化植根于各自不同的人文土壤，有自己的生存发展条件和具体的适用范围。因此，文化的全球发展和多元发展绝不意味着文化的同化或"西化"，也不意味着文化差异性的消除。文化的差异性和多样性并不能取代一个国家自身文化发展的主导地位。在当代中国，文化的多元化发展必然呈现出主导性与多样性和谐发展的特点。一方面，以马克思主义为指导的社会主义先进文化必须在文化发展中占据主导地位，引领文化发展。马克思主义是我们党和国家的根本指导思想，是社会主义先进文化的灵魂，也是反映无产阶级和人民群众根本利益的社会意识形态。只有坚持马克思主义的指导，

① 廖小琴．论文化发展的多元性及其时代领引［J］．求索，2011（12）：57-59．

② 贾凤姿．论文化发展的多元性根源［J］．求索，2008（6）：107-109．

才能确保社会文化的正确发展方向，确保人民群众真正获得文化权益。另一方面，文化的多样性是客观存在的，必须从理性的角度看待它。在社会市场经济条件下，社会经济成分、组织形式、就业方式、利益关系和分配方式的多样化，使社会文化的多样化和人的思想观念的多样化成为必然。我们要认识、保护与包容文化的多样化和人们思想观念的多样化，促进多元文化的和谐发展和人们精神生活的持续丰富。这不仅是现代社会发展的客观要求，也是坚持以人为本实现人的全面发展的价值要求①。

校园文化与一般文化有着共同的基础。校园文化作为社会文化的重要组成部分，是一种能够反映文化的一般性和特殊主体功能的亚文化。一般认为，校园文化是以师生为主体，以科研创新和素质拓展活动为主要载体，以校园精神为特征的群体文化，是一个学校的精神气质、文化传统、优良作风和理想追求的综合体现。校园文化虽然是亚文化，但所涵盖的文化类别远远大于校园范围。它不仅包括民族传统、宗教文化和流行文化等，还包括科技文化等。此外，物质形态、校园制度和校园精神三种不同层次的校园文化中都不同程度地呈现出某种多样性，如各式各样的大学校门体现了物质形态文化的多样性，大学教学科研政策的不同体现了校园制度的多样性，等等②。

三、高校文化与文化传承创新

（一）高校校园文化的产生

众所周知，高等院校的教育目的是为国家培养人才，在培养学生树立正确的价值观和人生观的过程中，校园文化起到了十分关键的作用，并直接关系到提升我国人民基本素质的进程。在互联网时代的背景下，只有守住校园文化这块阵地，营造良好的学习生活氛围，合理利用新技术，才能有效提高学生的人文素养，为国家培养更多优秀人才③。

高校校园文化是人类发展到比较高级的阶段后的产物，它是随着大学校园这一客观实体的出现而产生的，是文化形态的一个组成部分。由于学校本身是社会结构中比较特殊的一个组成部分，承担着教育的主要功能，其本身

---

① 廖小琴．论文化发展的多元性及其时代领引［J］．求索，2011（12）：57-59.

② 顾黎萍，乐传俊．大学校园文化的多元性和统领新探［J］．中国电力教育，2014（14）：256-257.

③ 翟屿潼．大数据时代与校园文化的多元性［J］．学理论，2021（5）：73-75.

必然要形成自身特殊的文化形式，这种形式被称为“校园文化”，西方称之为“学校文化”。在西方，较早系统研究校园文化的是沃勒。沃勒认为学校中能形成比较特殊的文化，这样的文化首先会由于存在不同年龄的儿童形成人为变化的简单形态，但是，儿童的游戏团体中往往还是能够保留一定程度上的成人文化形式。在教师参与的背景之下，校园文化本身也会逐渐形成各种不同的特色。学校环境中的各种仪式、活动等都会影响校园文化，甚至成为校园文化的组成部分。

（二）高校校园文化的概念

高校虽然有人才培养、科学研究、社会服务和文化传承等各种职能，但是最根本的职能和使命始终是培养人才。人才培养是高校存在的原因，是高校应履行的职责，从这个意义上说，高校校园文化的本质便是促进校园人（尤其是青年学生）的全面发展，为国家培养社会主义事业的可靠接班人和合格建设者①。从这个大的方向出发，我们可以就高校校园文化的本质展开具体的讨论。

《辞海》中，文化“广义指人类在社会实践过程中所获得的物质、精神的生产能力和创造的物质、精神财富的总和。狭义指精神生产能力和精神产品”。根据这一定义，我们可以从物质、制度、精神三个层面对高校的校园文化进行分析，即高校的校园文化不仅仅是学生在课外生活及课外活动中所形成的文化活动，还在很大程度上包含了高校的物质层面建设及制度层面管理。所以，高校的校园文化是在社会的人文环境和大的文化环境背景之下，在高校这个相对特殊的社会空间中，从高校的特殊条件的角度出发，在从事课内外的各个项目活动过程中所创造出来的精神财富成果，包括高校创造的承载这些精神财富成果的规章制度与物质外在基础。它是由学校本身的管理者和广大的师生员工在教学与生活的过程中创造出来的一系列的物质形态、精神财富及其创造过程中所有行为的总和②。

（三）高校文化的传承与创新

对文化的传承与创新是当代高校的一项重要职能。高校应该在社会主义核心价值观的引领下，坚定不移地走内涵式发展道路，并结合自身实际，凝练出具有特色的办学传统、办学历史并准确确立学校的育人目标，持续推进

① 侯长林. 高校校园文化基本理论研究［D］. 武汉：华中科技大学，2013.
② 孟驰. 地方综合性大学校园文化建设研究［D］. 齐齐哈尔：齐齐哈尔大学，2014.

学校的文化建设，以期不断提升学校办学精神、管理理念和社会形象，不断完善管理制度和学科结构，不断提高人才培养水平和科学研究水平等，树立属于自己的文化旗帜，为国家和民族的发展及教育事业的进步做出自己的贡献①。高校文化传承与创新是高校建设与发展的根本要求，是现代高等教育的基本功能，同时也发挥着十分重要的作用。

第一，高校文化的传承与创新是营造良好校园文化氛围的坚实基础。文化的传承与创新在一定程度上可以显示民族的凝聚力和创造力，是提升我国综合竞争实力的重要支撑。而高校是新知识、新思想产生的主要阵地，是进行理论及实践创新的重要场所，也是进行社会主义文化建设的重要基地，所以高校在发展的过程中应该对当前出现的问题进行深入的研究和探索，使自身的理论体系不断得到丰富和完善，以适应社会发展的需要，充分发挥自身的培育及引领的作用。高校中进行文化的传承与创新，可以使社会主义建设的内容变得更丰富，促进高质量人才的培养，为社会主义建设提供充足的人才支持。同时，在文化传承与创新的过程中，高校可以营造良好的校园文化氛围，使学校的科研能力及综合水平得到不断提升，探索出更多的成果，为社会的发展做出贡献，推进我国社会主义建设的整体进程。

第二，高校文化的传承与创新是践行社会主义核心价值体系的重要阵地。文化传承与创新的内容在社会主义核心价值体系中得到了一定的体现，符合传承中华优秀文化的需要及时代发展的需要，也是加强社会主义文化建设的重要条件。高校是进行社会主义文化建设的重要场所，为新思想理念及文化的出现创造了良好条件。高校在发展的过程中，应该积极培育和践行社会主义核心价值观；在对文化的传承与创新中，要促进校园文化和优秀传统文化的有机融合，实现二者的共同发展；同时，要加强对学生意识理念的引导，形成追求真理及崇尚科学的思想氛围，使社会主义核心价值体系得到更好的践行。高校要积极发挥自身在育人方面的功能，引导学生深入理解社会主义核心价值体系的内容，从而让教师和学生都可以从中受到启发，促进学生提升综合能力，使社会主义核心价值观深入人心。

第三，高校文化的传承与创新是提升高校文化软实力的重要途径。我国在发展的过程中，始终注重精神文明建设和国家软实力的增强。高校是人才

---

① 陈湉．关于民办高校校园文化传承与创新的探讨［J］．长春教育学院学报，2013（10）：79-80.

聚集的地方，因此，更应该在文化软实力的提升上发挥作用。在文化传承和创新方面，高校既要积极为社会培养更多有用的人才，让我国的人力资源储备变得更加充沛，也要在提升文化实力方面发挥自身的引导作用。如此，高校培养的人才更具综合性，其所包含的文化内容才会对社会文化产生一定的影响，有助于促进我国文化建设的进程①。

文化传承与创新对于新时代的高校来说决定着人才培养的高度、科学研究的广度、社会服务的效度及国际交流合作的深度。基于此，实现高校文化传承与创新职能，必须在坚定文化自信的基础上不断强化高校自身文化的传承与创新，促进校园文化同区域文化的融合发展，加强文化传承与创新的校际协同，推进中华文化与世界文化的交流融合。高校应以此促进高校其他四项基本职能的有效发挥和各项事业的健康发展，从而更好实现培养德智体美劳全面发展的社会主义合格建设者和可靠接班人的教育初心和使命②。

第二节　高校文化与高校廉洁文化

一、高校文化与文化育人

高校是创造文化、传承文化的高地。高校文化本质上是一种教育文化，育人功能是高校的本体性功能。通过教育教学各环节的有效载体，帮助大学生形成科学的世界观、人生观、价值观，促进他们思想道德素质、文化素质的全面提升，最终实现文化的人化，这一培育人的过程就是高校用社会的先进文化滋润人、熏陶人的过程③。因此，文化育人可以说是高校的本体功能与根本任务。文化育人既是教育思想，又是教育模式，更是教育实践。习近平总书记在全国教育大会上发表重要讲话，强调："要把立德树人的成效作为检验学校一切工作的根本标准，做到以树人为核心，以立德为根本，不断培养德智体美劳全面发展的社会主义建设者和接班人。"近年来，高等教育领域高度重视文化育人工作，通过打造"以文化人，立德树人"的文化育人体系，对文化育人体系与专业育人体系的要素进行整合，形成了德智体美劳

① 张倩．文化传承创新下的高校文化育人策略探究［J］．文化创新比较研究，2019（8）：105-106.

② 游振声，李思蓉．国内外核心素养研究现状与热点对比分析：基于 CSSCI 和 SSCI 文献的可视化［J］．西部素质教育，2020（13）：13-16.

③ 白永生．新时代高校文化育人研究［D］．桂林：广西师范大学，2020.

全面发展的人才培养体系，这与习近平总书记所提之要求，在价值目标上高度统一。但是，随着中国特色社会主义新时代建设教育强国、实现教育现代化的强力推进，将社会主义核心价值观与优秀传统文化、优秀企业文化、大学自身文化和行为文化进行深度有效融合，再塑更高层次、更高水平的文化育人体系，以及围绕“立德树人”的“化成”（即通过优秀传统文化的教育，使人成为德智体美劳全面发展的合格人才）目标，以良好的文化育人机制为保证，在“以文化人”的过程中准确把握“化机”（即掌握转化的时机），促进学生全面发展，成为新时代文化育人的关键所在①。

时代是思想之母，思想是文化之魂。新时代背景下的高校文化育人涵盖了时间、理想、价值和实践四个维度的含义。从时间维度看，十九大报告指出中国发展新的历史方位——中国特色社会主义进入了新时代。这意味着中国特色社会主义文化迈上了新台阶，以中国特色社会主义思想为指导的文化力量不断增强。高校有义务、有责任把我国优秀传统文化、革命文化和社会主义先进文化的非凡力量融入各项文化育人实践，将优秀文化成果转化为育人资源，坚持正确站位，严把政治关，把创新文化产品作为时代的使命和任务②。从理想维度看，坚持在实践中发展马克思主义，不断巩固马克思主义指导地位，以发展着的马克思主义理论作为指导是高校文化育人的政治要求。马克思说，如果从观念上来考察，那么一定的意识形式的解体足以使整个时代覆灭。高校要以习近平新时代中国特色社会主义思想指导育人实践，充分发挥其在意识形态领域的重要作用。新时期高校的文化教育要引导师生坚定马克思主义理想信念，用新的、符合时代发展需要的马克思主义的思想观察和解读时代，推动马克思主义的新发展。从价值维度看，社会主义核心价值观是新时代中国精神的集中体现和中国人民共同的价值追求，蕴含着中华文化精髓，为高校的文化教育提供了养分和根基，为高校的文化教育提供了正确的方向。立德是育人的根本。要确立社会主义核心价值观的“大德”，新时期高校的文化教育就要更加注重用优秀文化引导师生言行，使他们能够正确认识并处理个人与社会、国家的关系，创造出更多体现社会主义核心价值观的文化产品，从而实现高校育人的德育合一。从实践维度看，文化要在“育人”上落地。培养时代新人走向德智体美劳的全面发展，是高校教育的

---

① 李瑞萍．高校文化育人的路径探索［J］．黄河水利职业技术学院学报，2022（1）：82-86.

② 卢秀峰．新时代高校文化育人的意蕴与实践路径探索［J］．吉林广播电视大学学报，2021（3）：95-98.

目标。新时代的高校文化教育强调以新时代为基础，植根于丰富而深刻的中国特色社会主义文化教育实践，教育学生在学习新文化和时代精神的过程中形成稳定的世界观、人生观、价值观。同时，文化建设的过程凝聚着师生的精神追求，有助于提升文化素养，厚植爱国情怀，并使广大师生在真实而复杂的环境中充分认识与发扬中华精神，增强民族自豪感和自信心。因此，在系列教育教学过程中要整合多方资源，丰富和深化实践体验，有效衔接文化育人的内生与外展，确保育人效果的发挥①。

二、高校以文化人的困境

长期以来，由于受到国际国内大环境和校内校外小环境等客观因素的影响，加之各类主体对文化重要性的主观认识相对不足，尽管中国现代高校文化建设取得了明显进展和突出成绩，但面对新的形势和任务，高校文化育人还存在一些不容忽视的短板和亟待解决的问题。如何找准问题、把准脉搏，深刻分析高校文化育人过程中存在的问题，提出针对性强的对策措施，是摆在我国高校面前迫切需要研究和解决的重大课题。我们认为，目前高校以文化人的困境主要有以下四点：

第一，高校文化育人的理念有待进一步深化。高校文化建设与高校文化育人之间既有联系又有区别，高校文化育人与高校文化建设相比，高校文化育人是更高层面的文化价值要求。高校文化建设侧重于高校文化从无到有、从有到优的过程，育人是高校文化育人的前提和基础，有了高校文化才能发挥其育人作用；高校文化育人则更加侧重于高校文化作用的发挥，建设的目的是育人，育人是高校文化建设的目的和效果。并且，高校文化育人强调高校文化主体、内容、途径、方法、机制等各个要素之间的互动，各个要素目标直接指向“人”这个核心。

理念是行动的先导。尽管“以文化人、以文育人”概念的提出为高校文化育人提供了思想上的指导，高校文化育人的理念也逐步受到重视，但它有待进一步深化。全球化背景下，高校需要不断增强自身的文化意识，从自发走向自觉，找准自身文化定位，达到多元文化的包容与共存。

从现实情况看，中国高校目前普遍存在对高校文化育人重视不够的问

① 卢秀峰．新时代高校文化育人的意蕴与实践路径探索［J］．吉林广播电视大学学报，2021（3）：95-98.

题。高校文化具有特殊性，不像教学、科研那样明确又直接地影响师生，因而，除了一些文化方面的专家学者、主管文化建设的领导外，不少高校的党委书记和校长等领导者忙于教学、科研，忙于学科、人才队伍、基础设施等学校“硬”实力方面的建设，对高校文化软实力特别是高校文化育人的作用重视不够，导致高校文化建设中人、财、物等方面的投入，以及精力投入、主动思考、深入研究、靠前指挥等都不够。还有的高校领导甚至不认可高校文化的概念，往往把高校文化育人窄化为校园文化活动育人。这些问题在客观上影响了高校文化建设水平和育人作用的发挥。从育人的角度看，专业教育、思想政治教育等还是育人的主要渠道，以高校文化为育人内容和载体的理念还没有充分树立，对育人的各个要素及其关系的研究也不够深入，还缺乏广受师生认可、值得普遍推广的实践经验，高校文化育人还远远没有达到自觉的程度。当然，这也符合文化自觉的形成规律，文化自觉从来都是一个缓慢而艰巨的过程，只有经历了这个过程才能达到“各美其美、美人之美、美美与共、天下大同”的效果。

第二，高校文化育人主体作用发挥不够充分。基于文化的特征，高校文化育人的主体较为多元，既包括推动高校文化发展的领导者和牵头进行高校文化建设的管理部门，也包括直接负责育人工作的教师，还包括高校文化育人的对象即学生，可谓是涵盖了所有高校教职工与学生。此外，高校文化育人还与学校外部，包括整个社会文化环境、校友和家长息息相关。然而，高校文化育人各主体都存在作用发挥不够充分的问题。

从高校领导者角度看，部分高校党委书记和校长等领导者受自身能力和水平的限制，离社会主义教育家的目标要求还有不同程度的差距，对高校文化育人的认识也不够深刻。部分高校领导不重视挖掘高校精神文化，在高校发展理念、办学思想等方面还有不足，这些因素也在主观上影响了高校文化育人作用的发挥。

从管理部门角度看，现在高校文化建设往往归口于各高校党委宣传部门，上级教育管理部门也尚未制定统一的建设标准、考核指标，各管理部门基本都是在根据自己的理解和工作节奏自发地推进高校文化建设，在建设水平和育人作用发挥上水平也不尽相同，甚至存在重硬件轻软件、重物质文化轻精神文化的现象。而且，由高校党委宣传部门来统筹推进高校文化建设，在工作力度上也还不够，工作推进过程中存在一定困难，也影响了建设的效果。

从教师的角度看，教师应该成为高校文化育人的主体，但是受到功利主义和考核指挥棒的影响，教师往往忙于教学科研，重教学轻育人、重科研轻师德，在对高校文化育人的认识方面存在偏差，对高校文化的理解和把握也还不到位。个别教师身上缺乏崇尚科学、追求真理、严谨治学的精神，在结合学科文化特色、潜移默化地教育学生方面还有待提高。要更好地传递文化自信、形成文化自觉，还有很长的路要走。

从学生的角度看，学生既是高校文化育人的对象，也是高校文化建设的主体之一。但在整个高校文化育人过程中，学生的主体地位常常被忽视，个性没有得到足够尊重，部分学生权利也无法得到有效保障，往往是各类校园活动的被动参与者。而另一方面，学生学习各类文化素质选修课程也大多是出于修学分的考量，提升自身人文精神素养的主动性还远远不够。

第三，高校文化育人的内涵建设还不够深入。高校文化育人具有丰富的内涵，涉及精神、制度、物质和行为等诸多方面，但由于历史和现实的问题，我国高校文化育人的内涵建设存在以下问题：

在精神文化育人方面，首先，一些高校对于高校精神、高校理念等精神文化元素的挖掘凝练不够，尚未提出具有学校特色的高校精神文化表述语。目前，只有一部分历史悠久的重点高校挖掘凝练了自身的高校精神，如北京大学、清华大学等。有些高校特别是建校时间较短的高校，其高校精神尚需历史的积淀，还难以上升到文化层面加以概括；有的高校虽然已经开始高校精神文化的建设，但对高校精神文化的凝练常常不够准确，很多是在仿效欧美学校，趋同化现象突出。有关调查显示，相当一部分高校都把“团结”“勤奋”“求实”“创新”作为自己的校训或校风，这种缺乏个性的表达在师生校友中认可度低，无法引起情感共鸣，以至于不少学生从入校到毕业，对学校的精神文化都毫无感知，更谈不上认同和践行。这样的高校精神文化建设离扎根中国大地、立足本校特色，提出、总结广受师生校友认可的高校精神文化表述语，还有较大差距。其次，高校对于高校精神文化的践行和坚守还远远不够，自由宽松的氛围、严谨治学的态度、实事求是的科学精神、向善向美的人文精神等，都还未能在高校育人过程中得到充分体现，无法激发师生校友的内生动力和发展活力。

在物质文化育人方面，总体来看，随着中国经济社会的快速发展和综合国力的显著增强，党和国家进一步加大了对高等教育的投入，许多高校也在校园硬件建设方面上了一个新的台阶：新建筑拔地而起，绿化美化等同步跟进，校园文化景观、资源设置等配套建成，一定程度上体现出高校在物质文化育人方面的考量。但与世界一流高校相比较，中国高校的育人环境还存在较大差距，尤其是校园建筑缺乏历史感和文化氛围，且同质化现象明显，往往仅满足于功能性需求，缺乏学校特色和文化内涵，存在"千校一面"现象。校园景观建设大多缺乏整体谋划设计，对景观背后的文化内涵挖掘不够，许多校园里建了雕塑、立了铜像，但宣传不到位，不少师生根本不知道雕塑的内涵、铜像人物与学校的渊源及其事迹和精神，这些雕塑和铜像最后便沦为学生照毕业照的地标。此外，各个高校虽然都建有图书馆，但对图书馆图书的数量、质量、层次等落实还不到位，无法完全满足师生获取信息资源的需要。至于博物馆、艺术馆之类的文化设施建设，在很多高校才刚刚起步，而已经建成的高校，其展品等的数量不多，质量也不高。

在制度文化育人层面，经过多年的建设，目前各高校都普遍制定了高校章程，并且正在围绕章程推进制度的"立改废"，但依然存在一些问题，主要体现在三个方面：一是制度的制定还不完善。良法是善治的前提。部分高校在制度的制定修订上，缺乏长远规划，制度设计不系统、不科学，还有许多空白需要进一步填补，特别是在以制度的方式固化高校精神文化，营造自由宽松的学术氛围上还需要进一步探索。二是制度的执行还不到位。制度的生命力在于执行。当前，高校办学行政化日益浓厚，在部分高校往往行政命令高于高校制度，朝令夕改、"新官不理旧账"等现象依然存在，许多制度制定以后不能落到实处，一些制度之间还存在冲突矛盾。三是制度背后所体现的高校制度文化特别是价值追求、办学理念、高校精神等精神文化元素缺失，部分高校的一些制度是为了管理的便捷而制定的，指导思想上缺乏高校精神文化的价值追求，无法形成固守高校理念和精神的硬约束，使高校制度文化无法为学生提供正能量满满的新鲜空气。

在行为文化育人方面，校园文化活动缺乏顶层设计，品牌意识不强，常常在数量而非质量上下功夫，大量重复的、低水平的校园文化活动无法满足学生成长成才需要，最终导致师生投入了大量的时间和精力，育人效果却不佳。具体表现在：在高校校园文化活动领域，存在娱乐化甚至低俗化取向，主流价值文化作用未充分发挥，缺乏强有力的影响力和引导力；部分校园文化活动片面强调形式创新而忽略了内容的与时俱进，显得千篇一律、老生常谈，缺乏时代精神和民族文化特色。这说明部分教育主体认为只要开展与文化相关的校园文化活动就是以文化人，或者只要在活动中融入文化知识就是以文化人，造成只注重文化知识培养而忽略文化价值引导的局面①。

第四，高校文化育人的方法和途径还需拓展。方法和途径是高校文化育人取得实效的关键因素。当前，高校对文化育人方法的把握并不到位，在高校文化育人途径方面，还需进一步拓展。

高校文化育人具有无形性、渗透性、持久性和多样性的特征，这也决定了文化育人方法的独特性。由于对高校文化的关注和研究不够，许多高校在文化建设方面还处于初期和起步阶段，对文化育人方法的探索和实践也还远远不够。比如，在课堂教学主渠道育人过程中，填鸭式的灌输仍是主要方法，而互动式、体验式等教育方法运用得较少。再比如，环境濡染是很重要的文化育人方法，古人“形神兼备、情景交融”和“道法自然、天人合一”的育人理念，就是在强调环境育人的重要性。但我们今天的许多高校，往往重硬件轻育人，在硬件建设方面，校园选址往往在喧嚣的城市中心，缺乏依山傍水的自然幽雅之美，校园建筑更是简单实用的钢筋水泥结构，毫无美感可言。在软实力建设方面，一些高校不重视校风学风对学生的濡染作用，重教学轻育人的现象仍然存在，环境育人功效无从说起。又比如，经典阅读是古今中外公认的文化育人方法，但是许多高校特别是理工科高校并不重视经典阅读，学生整个大学期间忙于专业课的学习，读不了几本课外书，更遑论经典。事实上，正是文化育人的特殊性要求高校文化必须以春风化雨、润物无声的隐性、柔性方式，通过看不见、摸不着的场域力量，潜移默化地发挥育人作用。

在高校文化育人的途径上同样还有很大的拓展空间。一是课堂主渠道的文化育人作用发挥不够。教师与学生的关系受到我国传统文化中的权威中心主义影响，多年来我国各类高校进行了大量的教学改革工作，但高校课堂的教学模式依然是以教师为中心。思想政治理论课的课堂教学效果还有待提升；受到师资力量的限制，许多高校根本开设不出足够的通识教育课程供学生选修；而专业课程融入社会主义核心价值观和高校精神文化内容也很不够。二是宣传工作的育人作用发挥不够。许多高校宣传工作只是报道学校领导出席活动的情况，对基层和一线师生关注不够，对学校校史文化的宣传不够，还不能达到外树影响、内聚合力的效果。三是校园网络文化育人的作用

① 刘久凌．浅析“以文化人”在高校校园文化活动中的困境与超越［J］．赤峰学院学报（汉文哲学社会科学版），2020（4）：91-93.

发挥不够。面对互联网这把“双刃剑”和这一最大变量，有效地将其转化为最大正能量的方法和手段还不多，面对迅猛发展的网络新媒体还不同程度地存在“本领荒”的问题，网络意识形态工作还是工作的短板。四是多元文化育人作用发挥不够。随着高校国际化的不断推进，充斥大学校园的多元文化消减着主流意识形态的力量，如何统筹多元文化，走出一条具有中国特色、学校风格的大学文化育人之路还有很长的路要走①。

三、高校廉洁文化与反腐倡廉

如何建立廉洁奉公的机制，是历代执政者关注的重要问题。贞观六年（632 年），唐太宗召集群臣讨论如何治国的问题，魏徵回答：“臣闻古语云：君，舟也。人，水也。水能载舟，亦能覆舟。”民心向背决定生死存亡的思想，对历代统治者执政为民有不可低估的警醒作用②。中国共产党反腐败的决心是一贯的。早在 2013 年，习近平总书记就在十八届中央纪委二次全会上指出，要加强对权力运行的制约和监督，把权力关进制度的笼子里，形成不敢腐的惩戒机制、不能腐的防范机制、不易腐的保障机制。随着党的十九大召开，国家对反腐倡廉工作提出了新的要求。党的十八大以来，我国反腐倡廉建设步入“新常态”，取得了显著成绩，但仍存在诸多挑战。党的十九大报告对反腐倡廉的工作形势作出了明确判断：“当前，反腐败斗争形势依然严峻复杂，巩固压倒性态势、夺取压倒性胜利的决心必须坚如磐石。”我国反腐倡廉建设经历了由“运动反腐”到“权力反腐”再到“制度反腐”的过程，这一工作历程的变化适应了反腐倡廉的实践发展与客观需要。现阶段，制度建设成为反腐倡廉建设的重点。具体到高校这一领域，高校反腐倡廉建设仍存在重点领域权力寻租、集体腐败和窝案串案多发等亟须破解的难题，据统计，2017 年中央纪委监察部网站纪律审查栏目总计通报 16 名高校领导干部接受组织调查，2020 年通报 17 名高校领导干部接受纪律审查和监察调查，这表明高校反腐倡廉制度建设的实效性有待提升。

社会学制度主义在认知层面上将制度、文化与规则归纳为同一范畴。按照社会学制度主义的分析框架，高校反腐倡廉制度这一制度体系也可解构为

---

① 张立学．以文化人：大学文化育人研究［D］．北京：北京交通大学，2019.

② 田春燕．关于反腐倡廉工作的几点思考：兼谈高校廉洁文化建设［J］．铜仁学院学报，2014（3）：84-87.

规制性要素、规范性要素与文化—认知性要素三方面。高校反腐倡廉制度体系中的规制性要素体现为强制性政策法规的建立与执行，规范性要素体现为行为人的自律与共同体的他律，文化—认知性要素则体现为行为人对高校廉洁文化的认同，这三方面要素共同作用于高校反腐倡廉制度场域中的行为人，高校反腐倡廉制度建设实效性的发挥有赖于三方面要素的共存及相互影响。

第一，高校反腐倡廉制度建设的规制性要素。规制性要素主要包括国家政策法规、地方行政法规及组织内部规则等，这一要素处于制度体系最外显的方面，也是为制度主义者广为关注与强调的方面。规制性要素作用的发挥遵循“工具性逻辑”，即以行为人皆是理性人为逻辑起点，通过强制性机制来实现，具体体现为确立规则、监督行为人遵守规则及对遵守或违背规则者实施奖惩等①。对于处于制度场域中的行为人及其行为，这一要素可以发挥规制和使能功能，既能约束其行为，也能使某些行为人采取行动，获得权力和收益。在既有高校反腐倡廉制度体系中，规制性要素主要体现为国家或教育主管部门在高校反腐倡廉领域颁行的法律法规、政策规定与高校内部制定的规章制度等强制性政策法规的建立与执行。规制性要素主要包括两方面内容：一方面是强制性政策法规的建立，这一方面规制性要素的检视主要通过政策法规的完备度、科学性与协调性等指标来衡量；另一方面是强制性政策法规的执行，这一方面规制性要素的检视主要通过政策法规的执行力来衡量。规制性要素构成了高校反腐倡廉制度的主要组成部分，对制度体系中行为人的活动、资源的配置及制度建设实效性的发挥有重要影响。

第二，高校反腐倡廉制度建设的规范性要素。规范性要素主要包括价值观与行为规范，处于制度体系的中间层次，具有长效作用。对这一要素的关注起源于早期社会学家对宗教、协会等组织中价值观与共同信念的分析，继而被学者拓展至政治制度的研究，强调政治组织中的个体行为受其预期的影响。规范性要素作用的发挥遵循“适当性逻辑”，通过价值观与行为规范为制度场域中的特定行为人提供关于其行为的稳定预期，使行为人适应其所具有的特定社会角色，根据这一角色所应当持有的价值观与行为规范行动，并逐渐发生不同程度的内化。规范性要素的功能在于使制度场域中的行为人在

① 陈希，潘博. 制度分析视角下我国高校反腐倡廉制度建设实效性探微［J］. 廉政文化研究，2019（1）：62-70.

追求利益的过程中保证秩序性，使用适宜、恰当的方式实现行动目标。在高校反腐倡廉制度体系中，规范性要素主要体现为高校领导干部、行政人员、教师与学生及后勤服务人员通过自身价值观的自律，以及通过构建认同廉洁价值、遵守廉洁规范的“高校廉洁共同体”，使其受到共同体关系的他律。规范性要素实效性的检视，价值观的自律功能方面可以通过高校行为人的职业观念、责任意识等要素来衡量，共同体的他律功能方面可以通过“高校廉洁共同体”中的共同目标、身份认同及行为规范来衡量。规范性要素对于高校反腐倡廉制度体系长效作用的发挥具有重要影响。

第三，高校反腐倡廉制度建设的文化—认知要素。文化—认知要素主要指内在的认知维度受到外在文化维度的影响，这一要素位于制度体系的内部层次。社会学制度主义话语体系下的“文化”，是制度化和嵌入程度较高的文化，作为外在于个体的符号系统存在，是可以被感知的。“认知”则是指外部环境影响个体，使个体内化产生的符号表象。这一要素一方面强调认知维度的重要性，认为认知作用于个体的偏好、价值认同，并影响个体的社会行为；另一方面强调文化对认知的影响，即文化是多样化且具有竞争性的，个体和组织会同时受到多种文化框架的影响，而文化—认知要素遵循的“正统性逻辑”使行为人只能遵从其中一种文化框架的影响并形成认同。在高校反腐倡廉制度体系中，这一要素作用的发挥体现为高校廉洁文化对高校领导干部、行政人员、教师与学生的认知的影响，使行为人实现对高校廉洁文化的认同。对高校反腐倡廉制度体系中的文化—认知要素的检视，主要通过验证高校廉洁文化是否被视为行为人遵循的“正统性逻辑”，以及行为人是否对高校廉洁文化实现了认同来实现。

通过对高校反腐倡廉制度的分析可以发现，高校反腐倡廉制度建设实效性的发挥，需要三大基础性要素的健全发展与三者间的良性互动，需要三者共同作用于高校反腐倡廉制度体系这一整体，形成制度合力①。

此外，高校作为培育未来国家建设人才的基地，必须以加强大学生品德教育为基础原则培养新型复合型人才。廉洁教育在高校学生树立正确的职业观和培养职业诚信素养方面有着重要的意义。因此，高校必须在学生踏入社会之前进行廉洁教育，促使他们形成良好的反腐倡廉的观念，让他们深知廉

---

① 陈希，潘博．制度分析视角下我国高校反腐倡廉制度建设实效性探微［J］．廉政文化研究，2019（1）：62–70．

洁建设的重要性，能够保持高度分辨和防范腐败现象的能力，能够为反腐倡廉和建设社会主义伟大事业贡献自己的力量。因此，让廉洁观念融入高校文化是助力大学生成长成才的关键条件，也是深入推进反腐败斗争的重要举措①。高校的教化功能及校园的文化氛围，是高校推进廉洁文化建设的独特优势。高校应充分发挥这一优势，利用校园文化系统和丰富的校园文化载体资源，有力推进廉洁文化建设。

第一，将廉洁文化融入校园文化。廉洁文化建设，既是高校反腐倡廉建设的重要课题，又是高校校园文化建设的重要任务，廉洁文化是校园文化的组成部分，不能独立于校园文化之外。校园廉洁文化是以学校特有的方式将廉洁教育与学校教学、科研、管理进行文化融合的产物。一方面，它是学校教学目标中所要求的廉洁观念及规范；另一方面，它是教育教学过程中师生的廉洁思想、廉洁意识、价值取向和行为表现。将廉洁内涵的特殊性与文化形式的普遍性进行有机结合，形成了高校校园文化的重要组成部分，实现了文化的传承创新和规范教化的功能。

第二，廉洁教育进课堂。许多高校在思想品德教育中将廉洁修身的要求纳入教学体系，作为学生的必修课。高校为保证廉洁教育教学质量，在课程内容和形式上应力求做到贴近实际、贴近生活、贴近群众，促进廉洁教育进书本、进课堂、进校园，使学生在接受廉洁教育时入耳、入脑、入心。

第三，推进廉洁文化理论和实践体系研究。在新的社会发展时期，廉洁文化建设有许多需要研究的理论和实践问题。高校教师和科研人员以马克思主义为指导，站在科学研究的前沿，对廉洁文化建设的内涵、特点、功能、任务、方法、途径等进行系统的研究，以廉洁理念、廉洁意识、廉洁理论、廉洁法规、廉洁制度、廉洁风尚、廉洁文化建设机制、廉洁文化教育活动等为组成要素，构建廉洁文化理论和实践体系框架，推动廉洁文化建设走向纵深和不断创新。

尽管目前高校十分重视廉洁文化建设，但是高校仍然存在对校园廉洁文化建设重要性和必要性的认识不足的问题，存在校园文化与廉洁文化、校园廉洁文化与廉政文化、廉洁文化教育与廉洁教育活动、廉洁教育制度与廉洁教育活动等比较研究方面研究不充分的问题，存在廉洁文化教育的体系和形

---

① 胡虹．高校校园文化建设与大学生廉洁教育研究［J］．劳动保障世界，2018（27）：42－48．

式不完善、深度和广度不够的问题。换言之，反腐倡廉的制度体系在趋于完备的过程中，制度执行力较弱、长效性不足与行为人认知偏差等诸多问题需要引起足够的重视，才能形成制度合力。

如在制度方面，高校存在部分制度要素失灵的情况①。一方面，强制性政策法规制定不完备。首先，从制定程序上看，部分高校反腐倡廉制度制定缺少细致的前期调研，听取学校教职员工、学生与社会舆论的各个层面的意见不够充分，制定程序上的不规范导致制度设计与实践相脱节。其次，从制定内容上看，既有高校反腐倡廉制度体系中，国家层面的政策法规主要有《关于加强高等学校反腐倡廉建设的意见》《关于加强直属高校查办违纪违法案件工作的意见》《建立健全教育、制度、监督并重的惩治和预防腐败体系实施纲要》等原则性制度，在制定内容上存在抽象模糊的特点，缺乏针对性的细则，导致可操作性不强；高校层面有不同类别的校内规章，对实体性规章的责任主体、实施对象、规制方式等缺乏明确规定，容易流于形式。另一方面，强制性政策法规执行效力较低，集中表现为权力监督机制运行有待进一步畅通。高校权力监督机制应由外部监督与内部监督组成，外部监督包括上级主管部门、司法部门与媒体的监督，内部监督则包括高校纪委、审计等部门的监督，以及教代会、党代会和学代会等团体的民主监督。首先，外部缺少细致深入的监督，使高校外部监督容易流于形式。随着高校不断发展，经费投入增多，高校领导干部的选用、日常管理与教育科研等权利趋于独立，上级主管部门、司法部门与媒体对高校内部进行监督存在滞后性。其次，内部监督主体受权力结构掣肘。在高校高度行政化的现实条件下，以高校纪委等行政部门为代表的高校内部监督机制受同级党委领导，纪委等行政部门的人员选任、工作开展均受到同级党委的影响，且重大事项的监督情况、处理结果均要向同级党委汇报，对纪委等行政部门监督的独立性和实效性有一定程度上的影响；而以教代会、党代会等为代表的民主监督团体，受到高校行政化体制影响，在履行民主团体监督权时容易产生避重就轻、避难就易的问题。民主监督团队缺乏严密的组织结构与工作模式，限制了以权利制约权力的效力发挥。当今信息化社会对高校监督机制现代化提出了新的要求，但是高校还存在以下问题：信息化、网络化监督渠道不畅的问题；已经

---

① 陈希，潘博. 制度分析视角下我国高校反腐倡廉制度建设实效性探微 [J]. 廉政文化研究，2019 (1)：62-70.

设立平台，普遍使用率较为低下的问题；信息更新与意见反馈不及时的问题。这些问题都极大地影响了监督效率与效力的提升①。

在思想认识方面，也存在认识不够到位的现象。虽然各高校都在积极推动廉洁文化进校园工作，但是在廉洁文化建设的意义、内涵、主体、对象、方法途径等问题上，仍然存在着思想认识上的偏差，对廉洁文化建设的重要性认识不到位。一些干部认为党风廉政建设的重点工作是制度建设、监督惩治，廉洁文化建设只是辅助性工作；认为党政管理干部才是高校廉洁教育的重点对象，并没有把教师和学生纳入廉洁教育的主要范围；认为抓廉洁文化建设耗时耗力，增加不必要的工作量。也有一些人把校园廉洁文化建设看作形式主义的表现，没有把反腐败当成自己的社会责任，认为对师生的廉洁教育是“干部得病，群众吃药”。这些思想认识上的偏差在很大程度上削弱了高校廉洁文化建设工作的效果。高校领导思想认识上的不到位，会导致工作的自觉性不高，不真正把廉洁文化建设摆到重要议事日程，使廉洁文化建设浮于表面，进而导致反腐倡廉制度建设中“高校廉洁共同体”无法形成。

“高校廉洁共同体”的形成包括反腐倡廉共同目标的形成、“廉洁人”身份认同的确立与反腐倡廉共同规范的完善。而在现实情境中，首先，高校中存在公职人员的公共职责与私人利益之间的冲突，其中公职人员的私人身份的利益会影响他们履行义务和责任。举例来说，高校利益冲突是指高校领导干部、教师、行政人员在履行公务期间，其私人利益与公共责任存在的冲突，会对学校管理、教学质量等产生不良影响。这种利益冲突阻碍了反腐倡廉这一共同利益的实现，致使反腐倡廉的共同目标尚未形成。其次，尚未形成身份认同，无法为行为人提供效能感与归属感。“高校廉洁共同体”中的身份认同，可以采用“廉洁人”这个概念，即认同高校反腐倡廉理念与遵从廉洁规范的群体中的个体，以这种身份认同约束自身行为能够为高校反腐倡廉制度的长效性建设提供保障。但现阶段，处于高校反腐倡廉制度场域中的行为人尚未形成“廉洁人”的身份认同，对于“廉洁人”意义下的“我是谁、我该做什么”缺乏认知，无法发挥对行为人的约束作用，无法为行为人提供自我效能感与归属感。最后，共同规范尚未形成，权力、权利行使与义务履行存在偏差。在高校反腐倡廉制度建设中的共同体关系形构过程中，共

---

① 陈希，潘博．制度分析视角下我国高校反腐倡廉制度建设实效性探微［J］．廉政文化研究，2019（1）：62-70．

同规范的形成具有重要作用。但现实情况则与预期大相径庭，行为人对权力、权利的行使与义务的履行均存在偏差。如个别高校领导干部并未规范履行义务，而是选择性履行，或以自身利益为出发点，避重就轻履行义务①；个别高校教师或学生在行使民主监督权利时，并未采取适当方式，而是采用越级上报、虚假举报、模糊举报等不规范的举报方式，造成了高校反腐倡廉制度建设中资源的浪费与效率的降低②。

在教育思想体系方面，存在一些普遍性有余、具体性不强的问题。例如：对重点领域和关键岗位领导干部的教育缺乏具体性和可操作性；对教师的学术道德教育程度不够；对青年学生的理想信念、道德品质教育有待加强；等等。在实践中，缺少具有权威性和体系性的廉洁教育相关图书及影像资料等，使廉洁教育的内容不够规范，随意性较大，没有形成完善的廉洁教育思想文化体系。在廉洁精神文化建设方面，没有形成与工作作风、师德师风、学风考风等紧密联系的廉洁文化教育体系，廉洁精神文化与党风廉政教育、学校师德师风、学术道德教育、党建与思想政治教育及日常管理工作衔接得不够好，廉洁文化的育人功能还需要进一步落实。在大学生廉洁教育过程中，还需做好与优秀传统文化教育的紧密结合，做好在日常教学实践中与廉洁教育的结合，做好将大学生文化学习、科研和社会实践等环节融入廉洁文化建设的工作。

在方法手段方面，高校廉洁文化建设还存在比较单一的问题，如片面追求活动规模，忽视高校人员的复杂性和层次性，使应有的教育效果不明显，甚至还可能会产生负面影响。此外，缺乏生动活泼和令师生喜闻乐见的素材与形式，网络、广播、报纸、橱窗等舆论阵地的宣传载体尚未实现整体联动，严肃的廉洁文化与丰富多彩的校园文化尚未融为一体，未达到潜移默化、寓教于乐的教育效果。廉洁文化建设的常规形式还停留在标语式的宣传和简单的说教层面，还有待有效挖掘精神层面的文化内涵，廉洁思想、廉洁理念、廉洁制度需要达到切实入脑、入心、触及灵魂，有效发挥廉洁文化应有的渗透力和感染力，切实将个人廉洁行为转化为自觉行为③。

从现实与问题的双重导引下，要将高校廉洁文化建设落到实处，需要切

① 齐伟．高校廉洁文化建设的目标及路径探索［J］．环球人文地理，2014（8）：142-143.

② 陈希，潘博．制度分析视角下我国高校反腐倡廉制度建设实效性探微［J］．廉政文化研究，2019（1）：62-70.

③ 张文钦．我国高校廉洁文化建设探析［D］．厦门：厦门大学，2012.

实抓好廉洁文化入校园、做好廉洁文化“进教材、进课堂、进头脑”工作，要坚持将优秀传统文化教育、理想信念教育、教风学风教育、教学实践教育有机结合。高校要把培养学生的廉洁意识，树立正确的价值观，作为人才教育培养的重要目标，充分发挥思政课教师的特殊作用，有计划地通过思政理论课的教学贯穿廉洁教育，向学生讲解反腐倡廉的重要意义和党中央对反腐败的坚强决心，不断强化大学生廉洁自律的意识①。要营造崇尚廉洁的校园文化氛围，充分利用各种媒体进行廉洁文化宣传。要加强党风建设和师德师风建设，杜绝各类腐败现象的发生，努力营造人诚、事公的良好校风。充分利用党课、团课、各类党团活动进行廉洁教育，充分利用廉洁教育的各种资源，开展文艺演出活动，创编廉洁教育节目等。高校要召开以廉洁文化为内容的知识竞赛、辩论赛、演讲赛、书画展览、主题班会、座谈会，以及专题讲座、廉政报告会等活动。高校要构建“校内校外一体化”的廉洁教育育人模式，引导学生走出校门，寻找当地的廉洁文化踪迹，寻找丰富的廉洁文化资料；引导学生寻找身边的廉洁模范，搜集廉洁文化资料；组织学生参加社区廉洁文化活动；等等。高校要加强廉洁教育的实践环节，通过社会实践和调查，帮助学生在实践中更加深刻地认识到腐败对于社会的危害；选择先进典型和反面教材进行宣传，帮助学生感受到廉洁对于国家、团队、个人的重要性，领悟到做人做事必须“以廉为本”，有效地激发学生的正义感和社会责任感，从而增强廉洁自律的意识，提高防腐“免疫力”。

总之，廉洁文化是人们对于廉洁的知识、信仰、规范和与之相适应的生活方式及社会评价，是以廉洁为思想内涵，以文化为表现形式的社会意识形态及相应的制度和活动。廉洁文化是社会主义先进文化的重要组成部分，是党风廉政建设的精神支柱和文化支撑。《建立健全教育、制度、监督并重的惩治和预防腐败体系实施纲要》指出：“反腐倡廉教育要面向全社会，把思想教育、纪律教育与社会公德、职业道德、家庭美德教育和法制教育结合起来。大力加强廉政文化建设，积极推进廉政文化进社区、家庭、学校、企业和农村。”高等学校是传承文明，创造和传播先进文化的场所，是培养人才的地方，廉洁文化作为先进文化的重要内容，高校应当主动承担起传播责任。努力建设与社会主义市场经济相适应、与民主法制建设相协调、与中华

① 师桂芳，吴宝利，杜学振，等. 廉洁文化进高校的有关问题初探［C］//北京教育纪检监察工作研究会2007年年会论文集，2008：278-281.

民族传统美德相承接、与党的优良传统和时代精神相统一的具有鲜明时代特点和独具创造性的校园廉洁文化，形成以廉为荣、以贪为耻的价值体系和崇廉、尚廉、助廉、守廉的良好氛围①。

第三节　高校廉洁文化的界说

一、高校廉洁文化的内涵

从社会层面来讲，廉洁文化是一种对公共利益的保护，尤其针对国家公职人员的自身操守有很高的要求；从个人层面来讲，廉洁是人生的道德追求，无论个人身处什么地位，都应该爱国诚信、为人廉洁、时刻自律。那如果从高校角度出发，高校廉洁文化又该如何界定？有的研究侧重文化哲学层面，认为高校廉洁文化呈现于学术、制度、精神、行为及环境等诸多文化的基本形态之中；有的侧重主体分层层面，认为高校廉洁文化是高校在办学过程中，倡导和健全起来的促使教育管理者廉洁从政、教师廉洁从教、学生廉洁修身和推动高校依法治校、廉洁办学的思想观念、行为规范、规章制度和价值取向的总和，是高校校园文化和廉洁文化的有机统一体。综合已有研究，可以看出高校廉洁文化实际是廉洁和廉政文化派生而来的，虽有交叉融合之处，但两者在传播对象、制度环境、教育目标等媒介上有本质区别，这也是区别其他文化的显著特征。在一定程度上说，高校廉洁文化能拓宽廉洁文化的传播领域和教育范畴，两者可谓并蒂之花，相辅相成、辩证统一。廉洁自律是高校廉洁文化的核心思想，廉洁思想是它的文化精髓，廉洁道德标准是它的规约力，校园文化和实践活动是它的载体②。因此，当下的高校廉洁文化，是以反腐新常态的要求为导向，以社会主义核心价值观为引领，结合高校发展实际，依托形式多样的载体，依法治校，促使干部廉洁从政、教师廉洁从教、学生廉洁诚信的思想观念、价值取向、行为规范、规章制度的总和③。

---

① 师桂芳，吴宝利，杜学振，等．廉洁文化进高校的有关问题初探［C］//北京教育纪检监察工作研究会 2007 年年会论文集．2008.

② 刘小文，张娜．论高校廉洁文化的价值地位、内涵、特征与功能［J］．广西青年干部学院学报，2016（2）：82–86.

③ 颜奇英，王艳，覃志，等．反腐新常态下高校廉洁文化建设的现实与路径探讨［J］．黑龙江教育（理论与实践），2016（3）：6–7.

高校廉洁文化在主体、目标、内容、载体方面，都具有鲜明特征。首先，主体具有广泛性，即反腐新常态要求全面覆盖，要厚植廉洁奉公文化基础，用革命文化淬炼公而忘私、甘于奉献的高尚品格，因此推进高校廉洁文化建设的主体就应该包括“作为高校组织管理者的干部群体、作为教学科研工作承担者的教师群体和作为接受教育者的学生群体”，以及高校中一切为学校正常运转而提供服务的群体。其次，目标具有实践性，要用社会主义先进文化培育为政清廉、秉公用权的文化土壤培育高校廉洁文化，即高校廉洁文化建设以塑造廉洁理念为目的，增强主体的拒腐防变能力，最终提高主体对廉洁文化的认同感，自觉践行“既严以修身、严以用权、严以律己，又谋事要实、创业要实、做人要实”。再其次，内容具有综合性，即高校对学生的廉洁教育，主要强化理想信念教育、道德品质教育、规章制度教育、廉洁文化教育、克己奉公教育等各方面，教书育人者必须以身作则。最后，载体具有多样性，即高校廉洁文化建设载体是多样的，有思想理论政治课的知识载体，有文化产品等物质载体，还有各类教学研究平台、教育实践基地等实践载体①。

除此之外，高校廉洁文化还包括其实践内涵。作为高校人才培养的对象，大学生是未来社会的主力军，他们要接受廉洁文化教育，这是国家廉洁文化建设的基础，同样也是贯彻党中央创建廉洁文化校园的要求。高校廉洁文化教育的实践内涵是以高校校园为基本单位，以高校教师为管理主体，以大学生为教育对象，以廉洁文化教育为指导思想。大学生廉洁文化教育细分为四个形式：思想廉洁、行为廉洁、制度廉洁、环境廉洁。第一，思想廉洁表现在高校在校园文化中向大学生输入的道德标准。大学生在建立认知中不断建立起正确的价值取向体系。第二，行为廉洁是大学生在廉洁文化熏陶下展现的行为，这在校园风气、班风建设、个人行为考察中都能展现。第三，大学生在遵守诚信守法、杜绝作弊、廉洁修身时，就自觉营造出制度廉洁的文化氛围，这是制度廉洁的主要传承方式，也是社会廉洁的约束条件。第四，高校大学生的环境廉洁主要体现在校园环境的廉洁，大学生在日常生活中接触的校园内布景、公共设施都是特殊的廉洁文化的物化形式，这些无时无刻不提醒着大学生保持廉洁的思想与大局意识②。思想廉洁、行为廉洁、

① 颜奇英，夏侃，叶子红．高校廉洁文化建设的内涵与价值探究：基于反腐新常态视角［J］．文教资料，2015（30）：58-59.

② 郭澜．新时期高校大学生廉洁文化教育实践研究［J］．汉字文化，2020（16）：189-190.

制度廉洁、环境廉洁四方面相互影响，推进廉洁治校、廉洁治教、廉洁办学，促成管理者廉洁行政、教师廉洁从教、学生廉洁修身的高校廉洁文化。

二、高校廉洁文化的分类

廉洁文化属于社会主义先进文化的一部分，也是高校廉洁文化教育的内容。廉洁文化的形成、发展及其功能作用的发挥，能够促进廉洁文化建设，助推高校廉洁文化教育。那么，廉洁文化的范围包括哪些？大学生廉洁文化教育中的廉洁文化如何构成？这些都是高校进行大学生廉洁文化教育需要解决的基础理论问题。高校廉洁文化教育引导有以下两条依据。

第一，理论依据——廉洁文化教育分类引导逻辑起点。

马克思主义哲学为廉洁文化教育研究提供了重要的科学视角，要求我们认识事物既要看到矛盾无处不在，又要学会具体问题具体分析。随着高校改革不断推进，现在高校的研究学习对社会关注度不断提高，与社会联系越来越密切，思想碰撞与文化交融越来越频繁。以马克思主义哲学视角对高校廉洁文化教育进行诠释，提出分类引导和分层教育，有利于发现高校廉洁文化教育中暴露的薄弱环节，提出更有效的对策。社会主义核心价值观是社会主义核心价值体系的内核，体现社会主义核心价值体系的根本性质和基本特征，反映社会主义核心价值体系的丰富内涵和实践要求，是社会主义核心价值体系的高度凝练和集中表达。用这样的先进意识形态武装广大师生员工头脑是廉洁教育的逻辑起点。由于人们所处的成长环境、思维习惯、精神生活状态各不相同，呈现出复杂多变的情况，所以廉洁文化教育在坚持统一基础上，需要对受教育者进行分类教育。这种分类教育符合马克思主义关于人的全面发展思想，体现了社会主义核心价值观的精神实质。

第二，现实依据——廉洁文化教育分类引导伦理诉求。

廉洁文化教育满足了日常生活的伦理诉求，与日常生活道德要求有着密切关联。教育家陶行知曾提出“生活即教育，社会即学校”，这就意味着廉洁文化教育回归日常生活要以廉洁文化去引导个体生活，将廉洁文化教育进行分类实施使其符合群众意愿，贴近日常实际。廉洁文化教育首要任务就是示范引领，使廉政观念、廉政制度内化于心，外化于行。因此，日常廉洁文化教育必须坚持以人为本，符合不同人群需求与层次需求，进行有的放矢的教育，最终体现出对所有人的关怀①。

由于廉洁文化是个新概念，随着社会发展会有不同的廉洁观念，所以在不同发展阶段人们对廉洁文化中的廉洁也有不同的看法。传统的观点认为，廉洁文化包含三个层面：一是大众化的艺术形式的廉洁文化；二是从政之道，即推行法制及反腐倡廉的制度文化；三是以廉为荣、以贪为耻的廉洁价值观及精神信念。实际上，廉洁文化构建理论是一种系统性的文化建构现传统内容更加丰富。具体包括如下几方面的内容②。

（一）主体分类:廉洁文化教育决定因素

从实践角度来看，学校管理岗位人员、专任老师、教辅人员及大学生群体是学校廉洁教育主体因素，也是起关键作用的因素。他们一起构成了高校廉洁文化教育的主体，是廉洁文化教育的建设主体、实践主体。主体及其分类的准确界定，能够明确不同主体在高校廉洁文化建设中的地位和作用，避免出现相互推捲、责任义务不清的问题。在高校廉洁文化建设中，因各主体呈现不同特点，主体地位和责任作用也不尽相同。在廉洁文化教育过程中，分类开展廉洁文化教育显得尤为必要。

高校管理岗位人员是学校的关键岗位，尤其是领导干部，他们集行政权力、学术权力和管理权力于一身，是高校廉洁文化建设的主要对象和实施主体。如果领导干部有较强的廉洁意识，就会为广大教职员工和大学生起到表率和引导作用。通过廉洁文化教育能够使领导干部廉洁用权，常修为政之德，常怀律己之心，进一步坚定理想信念，强化宗旨意识。因此，作为高校管理岗位人员，要率先主动接受廉洁文化、率先垂范、抵制腐败。

专任老师主要承担教书育人工作，他们对廉洁文化的基本理念、价值观念及体系建构有着一定的领悟和认同，在教书育人过程中，应以高度文化自觉和使命感，主动传播廉洁文化，身体力行发挥廉洁文化凝聚功能。教辅人员在其他相关的为学生服务过程中，承担服务育人的功能，同样可以在工作中融入廉洁元素。因此推进高校廉洁文化建设，需要调动和发挥最广大教职员工的积极性、主动性，以自己的廉洁思想和高尚情操在教学、教育过程中给予学生引导，以自身言行感染教育学生，构建风清气正的校园环境。

---

① 糜红缨．核心价值观引领下高校廉洁文化教育分类引导研究［J］．海南广播电视大学学报，2016（2）：79-83.

② 陈玮．大学生廉洁文化教育研究［D］．上海：华东师范大学，2018.

高校大学生是高校廉洁文化建设的参与主体。他们肩负着祖国的未来，他们对公共权力、公共利益的态度，直接关系到社会整体素质，关系到国家前途和命运。大学生正处在人生观、价值观形成的关键阶段，要积极地参与廉洁文化活动，在实践活动中逐渐养成廉洁文化观念，树立远大理想信念，逐步形成廉洁自律价值观，自觉成为廉洁文化拥护者和实践者①。

（二）载体分类:廉洁文化教育路径选择

① 管理载体。管理载体是指廉洁文化与学校思想政治教育、行为规范教育、人才培养等方面在内容、方式上结合工作实际和思想实际，从而更加有效地开展廉洁文化教育。管理作为高校廉洁文化载体，是因为高校施教具有规定性，教育对象具有特殊性。当前高校加强管理，有效实施思想政治教育，必须努力做到内容系统化、管理统筹化，将管理渗透于廉洁文化育人全过程。

② 文化载体。文化载体是指利用文化产品来开展廉洁文化教育活动，利用文化作品中的教育因素，引导人们在听、读、看的过程中，自觉接受廉洁文化熏陶。文化是高校的灵魂，加强校园文化建设，是高校廉洁教育工作的核心环节。

③ 活动载体。活动载体是指寓廉洁文化教育于校园各种文化活动中。受教育者在文化活动中接受廉洁文化熏陶，从而提高廉洁自律能动意识。高校廉洁文化工作者能够利用多种形式的活动载体，充分激发廉洁文化活动主体意识，不断创新，通过丰富多彩的活动形式，赋予廉洁文化新的内容，努力使校园文化活动吸引人、感染人、教育人。

④ 传媒载体。传媒载体是指高校通过报纸、电台、电视、互联网等传媒工具传导廉洁文化内容，使人们在接受广泛社会信息的同时，接受廉洁文化熏陶。由于校园传媒受众对象在受教育程度、社会角色、年龄性别等方面存在不同，个人喜好、主观判断等都有所差别，因此，校园传媒内容必须认真设计，做到内容丰富，兼顾知识性、教育性、趣味性和广泛性，为广大师生喜闻乐见，切实扩大宣传覆盖面。

（三）内容分类:廉洁文化教育导向抉择

① 廉洁文化内容的伦理导向。廉洁文化建设是一项系统工程，既包括

---

① 糜红缨. 核心价值观引领下高校廉洁文化教育分类引导研究［J］海南广播电视大学学报，2016（2）：79-83.

主流价值观的建设，又包括相应政治体制和价值制度支撑。当前，中国特色社会主义进入了新时代，廉洁文化教育应夯实社会秩序和行政秩序，在廉洁内容方面突出当代伦理和廉政法律法规方面的宣传教育，以社会主义核心价值观为引领，在全社会倡导以诚信守法为核心的公共伦理，对行使公权力的国家公职人员强调以公平正义为核心的行政伦理。

② 廉洁文化内容的道德导向。廉洁文化教育内容要以道德文化为重点，坚持道德内容引领与形式创新有机统一。道德文化是高校进行廉政文化教育的重要载体，从道德上创新廉洁社会文化，培养社会成员责任意识和诚信意识，形成“以廉为荣、以贪为耻”的社会道德风尚，促进社会平等、公正法治。在制度上严明廉洁的道德规范、个人应承担责任与履行义务，监督高校党员领导干部依法行政、自觉自律，提高教职员工爱岗敬业、服务社会的敬业精神和道德信念。

③ 廉洁文化内容的兼容并包导向。作为一种中华传统美德，廉洁文化是提倡廉洁自律，秉公办事，不徇私情，不谋私利，为人民服务，清白做人的精神，它可以有力地促进社会主义先进文化的发展。在构筑惩治和预防腐败体系的过程中，应高度重视廉洁文化的建设。新时代对廉洁文化教育内容提出了新的更高要求：既要注重吸收传统廉洁文化中的精华，又要结合时代特征；既要尊重艺术规律，又不能脱离生活实际，提升文化品位，体现时代特色，努力做到教育性、艺术性和感染力有机统一，不断扩大廉洁文化辐射面和影响力①。

三、高校廉洁文化的价值

廉洁文化是一种和谐的文化，它是社会发展的必然要求，也是实现人类自身价值的追求。廉洁文化的价值目标主要有三个方面：（1）个人的内在和谐。体现在个体将其内化为一种自觉行为和理想信念，君子坦荡荡，快乐工作，快乐生活；反之，如果过分贪图享乐、追名逐利，就容易造成私欲膨胀、内心失衡。（2）人与人之间的和谐。廉洁文化是社会共识，营造崇廉尚洁的氛围，能够在人与人之间产生共鸣，获得认同，能够汇聚社会正能量。否则，容易出现劣币驱逐良币的现象。不及时进行廉洁文化建设，如果贪污

---

① 糜红缨．核心价值观引领下高校廉洁文化教育分类引导研究［J］．海南广播电视大学学报，2016（2）：79-83.

腐败盛行，对于国家发展、社会稳定都是极其有害的。（3）人与自然的和谐。例如广西巴马环境优美，被誉为“世界长寿之乡·中国人瑞圣地”，丰富的生态旅游资源和长寿养生资源吸引着大量“候鸟人”前来旅游和疗养，使巴马成为休养胜地。而当地人长寿的原因是：简单质朴的生活，既合乎天道，也合乎人性。因此，做到廉洁为人，既可以修身养性，还可以与自然和谐相处，推进可持续发展，达成人与自然和谐共生的境界，实现人类追求美好生活的目标①。

当前我国处于全面贯彻新发展理念的关键时期，社会利益的分化重组和文化思潮的多元并存，社会价值观念呈现多样化局面，现实当中出现的基于价值扭曲、道德失范的腐败现象就是价值多样性交织出现的结果，如果任其发展下去，势必影响社会健康稳定发展。所以，一定要加强社会主义核心价值观建设，以社会主义核心价值观统领文化思潮②。廉洁文化是社会主义精神文明重要的组成部分，也是中华民族优良传统美德和社会主义核心价值观的集中体现，更是代表社会主义先进文化方向、集中反映中国当代社会的主流价值取向。然而，近年来，“四风”问题、违反中央八项规定精神的问题、师德师风问题仍然时有出现。

随着互联网的快速发展和广泛应用，随着网络舆论主体的多元化、传播平台的多样化、舆论交锋的复杂化，大学生心智渐趋成熟，但部分大学生尚处在是非界限不明晰的阶段，这给高校网络意识形态阵地安全带来了严峻挑战。高校应进一步加强师生网络安全意识教育。因此，强化廉洁文化教育引领尤其重要。廉洁自律是人最起码的道德要求和文明素养，若丢掉了这种精神品质，就会出现能力越强危害越大的问题③。

廉洁文化包括廉洁的理论、廉洁的行为方式及其相互关系，是关于廉洁的知识、理念、制度及与之相对应的生活方式、行为规范的总概括。高校承担着培养人才、服务社会、创造知识、探索真理和文化传承创新的重要任务，肩负着为实现中华民族伟大复兴中国梦提供有力人才支撑和智力支持的崇高使命。高校廉洁文化具有重要的伦理价值，能够促进师生将廉洁意识内化于心并外化为行动自觉。高校廉洁文化建设应当强化使命担当，摒弃强制

---

① 邓阳艳. 论廉洁文化的运行机制及价值目标 [J]. 才智，2018 (11): 110.

② 邓学源. 论习近平廉洁文化观及其时代价值 [J]. 厦门特区党校学报，2017 (4): 1-8.

③ 刘小文，张娜. 论高校廉洁文化的价值地位、内涵、特征与功能 [J]. 广西青年干部学院学报，2016 (2): 82-86.

性、功利性的价值评判，从体现高校文化价值评判、体现伦理道德价值内涵入手，把握高校廉洁文化建设的伦理特征，探索高校廉洁文化建设的伦理方略。

伦理的价值在于阐明如何善待别人、如何修身律己，从而为实践提供具体指导。在伦理意义下，加强高校廉洁文化建设是高等教育发展的内在要求。培养规范的行政伦理观念是廉洁文化建设必不可少的内容，更是丰富和完善高校廉洁文化内涵建设的内在要求。对此有两方面的要求。一方面，要对高校现行的道德文化再设计。高校能引领社会文化前进的方向，在培养人才上尤其要有所作为。在结合伦理意义的基础上，依据道德文化运行的合理性和可操作性，对高校现行的道德文化进行再提升。当今世界日益激烈的竞争归根到底是教育和人才的竞争，一个国家高等教育的发展水平一定程度上表明这个国家的发展水平和潜力。以建设世界一流大学和一流学科为目标的“双一流”建设是引领新时代高等教育高质量内涵式发展的国家工程，对于提高中国高等教育发展水平、增强国家核心竞争力具有非常重要的意义。高校要紧紧围绕“两个一百年”的奋斗目标，始终坚持正确的办学方向，落实立德树人的根本任务，培养担当民族复兴大任的时代新人，牢记为人民谋幸福、为民族谋复兴、为世界谋大同的初心和使命，营造敢于担当、善于作为的浓厚文化氛围。另一方面，要为高校的规章制度提供价值导引。制度是对人的行为的规范，它是具有强制性的一整套社会文化规范和行为模式；道德是先于法律的软规约，道德内容的价值性属于法的范畴，道德和法规都是规范和制约人们行为的重要方式。高校应以立德树人为导向确立规章制度，从而推动高校廉洁文化建设。只有蕴含着真善美的道德因子的制度，才能被广大师生接受。就伦理道德与法规制度的内涵与价值而言，法规制度侧重于规范性和强制性的约束，伦理道德作为礼治，则偏重实现人心和道心的高度契合。因此，高校廉洁文化建设要坚持德规协同，推动两者互济互促、共同提升。此外，和谐发展理论认为，和谐与发展关系密切，和谐是发展的基础，发展是和谐的必然结果；发展是各个子系统实现新的更高层次和谐的必要条件，发展之后的和谐又是实现持续发展的最新平台，和谐与发展辩证统一。高校和谐既是廉洁文化的外在表现，也是发展的主旋律，高校廉洁文化建设是和谐的内在需求，是师生能够和谐共存、相互促进的基础，是处理各种关系最基本、最低限度的行为准则①。

高校廉洁文化建设不仅有利于树立廉洁理念，弘扬廉洁风尚，而且承担着督促管理者廉洁从政、促进教育者廉洁从教、培养学生廉洁品格的重要任务。主要涵盖以下三个方面。

第一，高校廉洁文化建设是高校教育工作应对各种复杂性挑战的迫切需要。当前，复杂的国际国内环境对我国高校教育工作提出了新的挑战。从世界范围来看，虽然和平与发展仍然是时代的主流，但由于中西方文化在意识形态差异巨大，西方国家持续不断对我国进行意识形态的攻击和思想渗透，对我国青年学生的理想信念和价值取向产生了一定影响。从国内情况来看，我国社会主义市场经济体制的建立带来经济高速发展的同时，也使得我国的社会结构发生深刻变动，思想观念发生深刻变化。拜金主义、享乐主义、个人利益主义等负面思潮给我国高校的党员领导干部和师生教工带来了一定冲击。在社会发展新形势下，我国高等教育体制必须一以贯之地保持高校党员领导干部和师生教工的纯洁性，提高他们抵御国内外各种不良思潮的能力，为高等教育事业的发展创造良好的氛围。

第二，高校廉洁文化建设是培养新时代高素质人才的客观要求。列宁说过，谁赢得了青年，谁就赢得了未来。青年学生发展关系到我国综合国力的提升和核心竞争力的提高，关系到国家和民族的未来。大学阶段是大学生世界观、人生观和价值观形成的关键时期，针对大学生开展形式多样的廉洁文化教育，用良好的道德规范积极影响学生，促进他们未来走上工作岗位之后能遵纪守法、廉洁奉公。高校廉洁文化教育能帮助大学生自觉抵制各种金钱主义、享乐主义、拜金主义和腐朽文化的侵蚀，培养大学生廉洁、诚信与无私的优良品格，帮助他们成为适应国家高质量发展的高素质人才。

第三，高校廉洁文化是构建社会主义和谐高校校园的内在要求。和谐文化是和谐校园的思想根基，构建社会主义和谐校园需要和谐文化的强力支撑，而廉洁文化是和谐文化的重要组成部分，因此，必须大力加强高校廉洁文化建设。高校廉洁文化中的廉洁自律、敬业奉献、公正无私、公平公正等理想信念，既具有高度的政治性、道德诚信的规范性，又具有合理的价值导向作用。它引导全体师生和职工树立崇高的价值理想信念，逐渐形成积极的

---

① 彭长华. 伦理视角下高校廉洁文化建设研究［J］. 学校党建与思想教育，2020（20）：16-18.

思想意识，做出正确的价值选择，因此，高校廉洁文化对构建高等教育社会主义和谐校园具有价值导向性，是高校构建社会主义和谐校园的内在要求①。

廉洁教育是我国素质教育的重要组成部分，是深化和强化拒腐防变的教育要求，更是进行高校思想政治教育的重要渠道和切入点。早在2005年，党中央就提出了廉洁文化进高校。同年，教育部又发专文，明确指出开展廉洁教育的意义，对推进廉洁教育进高校、进课堂、进学生头脑提出了要求。高校的廉洁文化教育既可以强化师生抗腐防变“免疫力”；又可以帮助师生教工树立廉洁自律意识，坚守底线思维，发挥高校凝聚力，筑牢廉洁思想道德防线；更可以培育具备优秀世界观、人生观、价值观，且适应社会发展、清正廉明、目标远大的青年，使其成为栋梁之材，成为新时代的奉献者、奋进者、开拓者②。2013年习近平总书记在中共中央政治局第五次集体学习时强调，要积极借鉴我国历史上优秀廉政文化，不断提高党的领导水平和执政水平、提高拒腐防变和抵御风险能力。2022年2月，中共中央办公厅印发《关于加强新时代廉洁文化建设的意见》，强调全面从严治党，既要靠治标，猛药去疴，重典治乱；也要靠治本，正心修身，涵养文化，守住为政之本。

① 姜显华. 浅析高校廉洁文化建设［J］. 理论观察，2013（7）：123-124.

② 刘小文，张娜. 论高校廉洁文化的价值地位、内涵、特征与功能［J］. 广西青年干部学院学报，2016（2）：82-86.

第二章

高校廉洁文化的建设维度

党的十九大报告指出："中国特色社会主义进入了新时代，这是我国发展新的历史方位。"① 在这新的历史方位，作为知识分子群体汇聚之地的高校，承载着培养人才（传授知识、科学研究）、服务社会、文化传承创新的三大功能，担负着为全面建成社会主义现代化强国提供人才资源和智力支持的时代重任，承担着提高全民族思想道德素养和科学文化素质的历史使命，肩负着人民群众对优质教育、满意教育和公平教育的期待，是建设中国特色社会主义先进文化的重要阵地。进入新时代，廉洁理念已深入人心，已成为全党和全社会共识。加强高校廉洁文化建设，发挥好高校在净化社会风气中的引领、带动和辐射作用，对于深入贯彻落实十九届六中全会精神，落实全面从严治党战略要求具有重要意义。

高校廉洁文化建设作为新时代中国特色社会主义文化建设的重要组成部分，是培育和践行社会主义核心价值观的重要途径和良好载体，同时也是党风廉政建设在高校教育中的延续和拓展。在高校进行廉洁文化建设有利于推动我国廉洁文化的宣传教育与实践创新。

"反对腐败、建设廉洁政治，保持党的肌体健康，始终是我们党一贯坚持的鲜明政治立场。党风廉政建设，是广大干部群众始终关注的重大政治立场。"② 习近平同志在党的十九大报告中指出："人民群众最痛恨腐败现象，腐败是我们党面临的最大威胁。" 要 "强化不敢腐的震慑，扎牢不能腐的笼子，增强不想腐的自觉，通过不懈努力换来海晏河清，朗朗乾坤"③。在实现 "不敢腐、不能腐、不想腐" 的三个目标中，实现 "不想腐" 是比较高的目标要求。要增强 "不想腐" 的自觉就必然要求在全党和全社会加强廉洁教育和廉洁文化建设。加强廉洁教育和廉洁文化建设是实现 "不想腐" 目标

---

① 习近平. 决胜全面建成小康社会 夺取新时代中国特色社会主义伟大胜利：在中国共产党第十九次全国代表大会上的报告［R］. 理论学习，2017（12）：4-25.

② 中共中央纪律检查委员会，中共中央文献研究室. 习近平关于党风廉政建设和反腐败斗争论述摘编［M］. 北京：中国方正出版社，2015：3.

③ 习近平. 决胜全面建成小康社会 夺取新时代中国特色社会主义伟大胜利：在中国共产党第十九次全国代表大会上的报告［R］. 理论学习，2017（12）：4-25.

要求的基本路径。正如习近平总书记强调的，要“积极借鉴我国历史上优秀廉政文化”，“要大力加强反腐倡廉教育和廉政文化建设，坚持依法治国和以德治国相结合”①。这一论述深刻阐明了反腐倡廉教育和廉政文化建设的重要性与紧迫性。高校廉洁文化建设和大学生廉洁教育，是全国党风廉政建设和反腐败工作在高等教育领域的落实和缩影。2018 年 9 月，习近平总书记在全国教育大会上再次强调：“坚持中国特色社会主义教育发展道路，培养德智体美劳全面发展的社会主义建设者和接班人，加快推进教育现代化、建设教育强国、办好人民满意的教育。”② 这一论述表明，在新时代只有进一步加强高校廉洁文化建设，提高大学生廉洁教育水平，才能培养全面发展的社会主义建设者和接班人，才能办好人民满意的教育，这也成为新时代高校理论工作者和实务工作者的一项重要任务。

第一节 精神文化

一、立德树人

（一）大学精神起源

何谓大学精神？首先要知道何谓大学及何谓精神，这是理解大学精神的逻辑起点，也是我们办好大学必须回答的问题。现代大学源于西方，因此，在回答“何谓大学”这个问题时，我们必须对西方大学概念有所了解，明确大学的真谛。在西方大学史上，有许多关于大学的解释，具体有以下几种。

一是“大学是学者的社团”。威廉·博伊德（William Boyd）和埃德蒙·金（Edmund James King）在《西方教育史》一书中指出，“按‘大学’一词的原意，只不过是为了互助和保护的目的，仿照手艺人行会（guild）的方式组成的教师或学生的团体（或协会）”③。可见，大学在中世纪时，是一个具有行会性质的由学者组成的社团。

① 习近平．积极借鉴我国历史上优秀廉政文化 不断提高拒腐防变和抵御风险能力［J］．共产党员，2013（9）：14.

② 习近平．坚持中国特色社会主义教育发展道路 培养德智体美劳全面发展的社会主义建设者和接班人［EB/OL］．（2018-09-10）［2022-04-03］．http：//cpc. people. com. cn/n1/2018/0910/c64094-30284598. html.

③ 威廉·博伊德，埃德蒙·金．西方教育史［M］．任宝祥，吴元训，译．北京：人民教育出版社，1985：137.

二是“大学是探索和传播普遍学问的场所”。中世纪时大学的正式称呼是“studium generale”，意指探索普遍学问的机构，其主要职能是教学，大学是传授普遍学问的场所。19世纪英国杰出教育家约翰·亨利·纽曼（John Henry Newman）指出：如果要用简短而又通俗的语言来阐明“大学是什么?”，可以用一句古语来表达，就是“大学是探索普遍学问的场所”（a studium generale or school of universal learning）①。他认为，大学是所有知识和智力发展的王国，应吸纳人类所有艺术、科学、历史和哲学方面的知识，并使其适得其所②。他从社会视角出发，坚持认为大学真正的功能是要“培养良好的社会公民”，提倡大学要适应社会，但绝不能沦为具有功利性的武器。

三是“大学是探索和传播高深学问的机构”。美国哈佛大学第24任校长普西（Pusey N. M.）在《学者的时代》一书中指出：每一个较大规模的现代社会，无论它的政治、经济或宗教制度是什么类型的，都需要建立一个机构来传递深奥的知识，分析、批判现存的知识，并探索新的学问领域。换言之，凡是需要人们进行理智分析、鉴别、阐述或关注的地方，那里就会有大学③。而大学无疑是这样一种机构。大学（studium genarale）由“学馆”（studium particulare）发展而来，大学是探索和传播普遍的高深学问的机构，而学馆则是探索和传播某一方面高深学问的学校。高深学问是大学产生和发展的历史和逻辑起点，因此，许多教育学家坚持大学就是探索和传播高深学问（或称真理）的机构。

四是“大学是独立思想和批判的中心”。大学从中世纪开始就享有一定自治权和学术自由，这使大学对高深学问的探索可以超越社会、政府、政党和其他外界力量的压力而仅仅服从于真理的标准。批判社会是大学的传统，是大学理念所固有的东西。德国教育学家威廉·冯·洪堡（Wilhelm von Humboldt）认为大学是受国家保护但又享有完全自主地位的学术机构。他以自己的文化国家观为基础，提出大学作为科学、学术机构本身就是国家事业的一

---

① John Henry Cardinal Newman. The Idea of a University Defined and Illustrated. Loyola University Press，1987：464.

② John Henry Cardinal Newman. The Idea of a University Defined and Illustrated. Loyola University Press，1987：437.

③ 约翰·S. 布鲁贝克. 高等教育哲学［M］. 王承绪，郑继伟，张维平，等，译. 杭州：浙江教育出版社，1998：13.

部分，以发展理性为目的。而且，大学的目标和利益也是国家的目标和利益①，大学只需要按照科学活动本身的需要，根据为科学而科学的原则进行其活动，而无须依据对社会的某项具体功能来证明它存在的意义。国家的行为也应该服从于理性原则，承认科学活动的自主性，为科学活动提供保护和支持，使理性按其自身的原则得以发展。

五是“大学是社会服务站”。从历史上看，大学为社区服务的观念源自美国赠地学院创办的时代②。美国著名高等教育家克拉克·科尔（Clark Kerr）也指出：公共服务概念始于美国的赠地学院运动③。1904年范·海斯（Charles R. Van Hise）在出任威斯康星大学校长的就职典礼上，指出威斯康星大学应该为实现威斯康星州的改革目标服务。教学、科研和服务是大学的主要职能。作为州立大学，它必须考虑每一项社会职能的实际价值。换句话说，它的教学、科研、服务都应当考虑到周围的实际需要。州立大学要为州的经济发展服务④。从此，社会服务逐渐成为美国大学的一个重要职能，社会服务的大学理念也跨过大洋传播到欧洲、亚洲和世界其他地方，成为一种具有世界影响的大学理念。

六是“大学是一个统一的有机体或多元化巨型大学”。美国教授亚伯拉罕·弗莱克斯纳（Abraham Flexner）认为，大学是一个有机体。他心中理想的大学不但是一个学问的中心，而且是一个有机体，各个部门统一在一起，靠的是大学理念或理想。他认为大学是由相同的理念或理想，而非由于行政力量所形成的富有生命力的有机体⑤。“在有机体中，部分和整体是紧密地连在一起的”⑥，增加或取消某一部分，就会影响大学的职能。

克拉克·科尔在20世纪60年代提出了“多元化巨型大学”的概念，指出：“多元化巨型大学是一个不固定的、统一的机构。”⑦ 这指的是“现代大学是一种‘多元的’机构——在若干种意义上的多元：它有若干个目标，不

① 陈学飞．美国、德国、法国、日本当代高等教育思想研究［M］．上海：上海教育出版社，1998：146.

② 朱国仁．高等学校职能论［M］．哈尔滨：黑龙江教育出版社，1999：121.

③ 朱国仁．高等学校职能论［M］．哈尔滨：黑龙江教育出版社，1999：121.

④ 韩明涛．大学文化建设［M］．济南：山东人民出版社，2006：100.

⑤ Abraham Flexner. Universities：American，English，German. Oxford University Press，1930：231.

⑥ 克拉克·科尔．大学的功用［M］．陈学飞，等译．南昌：江西教育出版社，1993：13.

⑦ 克拉克·科尔．大学的功用［M］．陈学飞，等译．南昌：江西教育出版社，1993：12.

是一个；它有若干个权力中心，不是一个；它为若干种顾客服务，不是一种。它不崇拜一个上帝；它不是单一的、统一的社群，它没有明显固定的顾客”①。多元化巨型大学的本质特征在于它的多元性，它有多个目标、多个权力中心、多个灵魂，它不再是一个有机体，而是一座城市或一个城邦——多元化巨型大学的城邦，一些部分的增减，并不会引起变化，对整体造成影响。当代美国著名教育家、哈佛大学前校长德里克·博克也持类似的观点。他认为，现代大学已经不再是传统的修道院式的封闭机构，而是变成沟通生活各界、身兼多种功能的超级复合社会组织②。

以上有关“何谓大学”的解释或相互联系，或相互对立，它们反映的是不同高等教育哲学、教育价值观给人们带来的影响，也反映了不同时期，受政治、经济、文化和科学技术发展影响而产生的不同需要。虽然有些解释是在大学产生之初就出现的，但是所有这些解释都对今日大学理念的发展有着不同程度的影响。这些解释有的反映了大学的实质，如大学是学者的社团、传授普遍知识的场所、探索和传播高深学问的机构、独立思想和批判的中心等。有的则不尽然，如大学是社会服务站的命题，虽然反映了大学应该为社会服务的特性，但服务站的概念模糊，容易引起误解；克拉克·科尔的多元化巨型大学理论尽管反映了美国社会的多元化需求，但也反映了大学理念的混乱。

在新时代，作为知识的创造者、传播者和应用者，大学已经逐步从社会经济舞台的边缘走向舞台的中心，在社会经济发展中发挥愈来愈重要的作用。当代高校要继承正确的大学理念，厘清模糊的大学理念，成为学者的社团、探索和传播高深学问的场所、探索和传播普遍学问的场所、独立思想和批判的中心。既要坚守大学以探求真理为宗旨的精神，又要关注社会现实，为社会发展服务。大学，应是具有共同的理念和目标的统一有机体，而不应是具有若干个灵魂、若干个目标、若干个权力中心、若干种顾客、若干种职能的集合体。

上面我们谈了大学，不难发现，大学是“形”“神”俱备的，大学的“形”是指一个存在的实体，它活生生地展现在人们的眼前；大学的“神”即“精神”，它是深藏于“形”的内部结构中，是“形”存在的意义和价

① 克拉克·科尔．大学的功用［M］．陈学飞，等译．南昌：江西教育出版社，1993：96.

② 赵一凡．美国文化批评集：哈佛读书札记［M］．北京：生活·读书·新知三联书店，1994：34.

值，“神”是无法仅靠视觉察觉的，必须深入其中，才可体会。因此，大学不仅是一个组织实体，更是一种精神存在。

那么何谓精神？“精神”一词抽象却富有魅力，大学的魅力正在于它的精神。大学精神既深藏于大学之中，又游离于大学之外。大学精神给大学注入了生命活力，使大学不仅仅是行政楼、教学楼、图书馆等建筑群落，也不仅仅是人才的集散地，而是思想、价值观念、理性思考以及创新、智慧与博大胸怀的代表。大学不是楼房的集合体，而是有才能的人聚集的地方。英国诗人约翰·梅斯菲尔德（John Masefield）认为：“在大学，痛恨愚昧的人可以努力求知，探索真理的人可以帮助他人洞悉事物的本质；在那里，探索者和学习者携手求知，崇尚对思考一点一滴的锤炼、锻造学术的严谨与思想的深邃。”蔡元培先生认为：“大学者，‘囊括大典、网罗众家’之学府也。”清华大学前校长梅贻琦说过，“所谓大学者，非谓有大楼之谓也，有大师之谓也”①。

“大学精神”一直以来是高等教育理论研究热点问题之一。所谓“大学精神”是指大学的办学理念和价值追求，是在长期的办学实践中逐渐积淀下来，被全体大学人所认同的群体意识和独特气质。这种群体意识和独特气质，是建立在对教育的本质、办学规律、人的发展和时代特征的深刻认识的基础之上。大学精神的基本内容包括自由精神、人文精神、科学精神、批判精神、独立精神和创新精神等几个相互联系的方面②。

自由精神是大学精神灵魂之所在，也是其他大学精神产生和发展之根基。体现在：（1）思想自由，使大学成为各种观念自由发展的场所；（2）学术自由，使大学成为自由探索高深学问的场所；（3）言论自由，使大学成为自由表达思想、观念的场所③。

人文精神就是指大学所倡导的在处理人与自然、人与社会、人与他人、人与自我关系时的价值观及建立在这种价值观基础上的行为规范。包括实现人的价值，追求人自身的完善和理想的达成；重视终极追求，执着探索超越现实的理想世界和理想人格；具有强烈的社会责任感和历史使命感，以及永恒的道德精神；坚持理性原则和主体意识；谋求个性解放，并建立自由、平等、和谐的人际关系；倡导人与自然的和谐发展。

---

① 吕开东. 和子女一起读大学［M］. 哈尔滨：哈尔滨工程大学出版社，2018：1.

② 刘宝存. 何谓大学精神［J］. 高教探索，2001（3）：13-15.

③ 杨东平. 大学精神［M］. 沈阳，辽海出版社，1999：182.

科学精神是科学工作者在科学研究和科学技术发展过程中所形成的价值准则和行为规范。它包括从事科学研究的一系列行为规范，科学研究是大学的重要职能，科学家在科学研究中所形成的价值准则和行为规范通过教育、感染而内化为一代代学人的精神气质，形成了他们的科学道德。

批判精神是指大学以真理为唯一标准的价值观及在此基础上所形成的追求真理、批判错误、纠正错误的行为规范和精神气质。批判精神体现在三个方面：其一，从文化传递的视角看，大学是整理、保存、传递、发展文化的场所，无论何时，都要以批判的眼光看待文化。其二，大学是各种思想观念兼容并蓄、自由发展的场所，各种思想观念都是在批判与反抗批判的交锋中发展的。其三，大学作为探索高深学问的机构，应当在社会批判和监督中发挥自己的独特的作用。大学是以理性透析社会的明镜，更是经济社会发展的主导力量，这是大学批判精神的精髓所在。

独立精神与自由精神联系密切而又有着不同的内涵，它包括独立人格、独立思考、独立判断等。其中，最基本的是独立人格①，在大学精神中有重要地位，因为真正的学术是人类理智和自由精神最高的表现。它是主动的，不是被动的，它是独立的，不是依赖的。

创新精神，一是指向科学研究，它通过鼓励开拓科学这个无止境的疆界，取得大量创新性的成果，培养大批的科学家、发明家；二是指向社会发展，大学以新思想、新制度改造社会，推动社会的进步；三是指向人才培养，它把培养具有开拓创新精神的人才作为自己最根本的任务；四是指向大学自身，一代代学人不断根据社会经济发展和大学的理念来改造大学、发展大学，使大学成为时代精神的体现者。

可见，大学精神之于大学正如植物的存活离不开土壤、空气、水和阳光，大学精神是大学的灵魂，是大学组织特性的标志，是大学之为大学的根本所在。大学精神的核心是以育人为第一要旨，以培养全面人才为使命。而大学的功能有以下几点：（1）大学最基本的功能是为国家建设培养高级人才。自古以来，学校的功能就是传授知识，培养人才，大学更需要发挥好这项功能。（2）大学主张进行科学研究，探求事物的本质，追求真理。大学重要的社会功能之一就是进行科学研究，探求和认识未知的领域，探求客观真

① 杜家贵. 北大红楼 永远的丰碑：1898—1952［M］. 北京：社会科学文献出版社，2012：6.

理，为一些重大科学研究课题提供理论支持。(3) 大学还承担着传播社会先进文化的社会服务功能。通过研究新领域、新知识、新思想，并向社会传播，引导社会发展，文明进步，提高全民基本文化素质。(4) 传承社会文明。大学具有保存和传递社会文明的功能，还有不断创新、发展、吸收、融合各种不同人类文明的功能。因此，大学对人类社会的文明传承起着非常重要的作用，也影响着一代又一代人不断地去发展文明。

（二）大学立德思想

人作为动物的本性就是人的自然属性。培养人，本质是使这种具有“人形”的自然生命体逐渐脱离动物的本性，而具有“人性”。教育的本质，也就在于适当抑制人的自然属性，更多地赋予其以社会性内容，诸如理智、道德等。但到底赋予哪些社会性内容，则取决于我们在进行教育活动前“在观念上建构出一个自认为理想的形象，作为教育活动所要实现的目标”①。

大学立德思想要回答“为谁培养人?”的问题。

习近平总书记强调，古今中外，每个国家都是按照自己的政治需求来培养人的。这深刻揭示了“教育为政治服务”的本质。教育有鲜明政治属性这一点，古今中外，概莫能外。我国是中国共产党领导的社会主义国家，这就决定了我们的教育必须把培养社会主义建设者和接班人作为根本任务，培养一代又一代拥护中国共产党领导和我国社会主义制度，立志为中国特色社会主义奋斗终生的有用人才。一个国家没有先进的科学技术一打就垮，而没有合格建设者和可靠接班人不打自垮。从这个意义上说，教育是维护国家安全最大的保障。不论教育发展到什么阶段、发展到什么程度，为党育人的初心不能忘，为国育才的立场不能改。

我们党的初心使命是为中国人民谋幸福、为中华民族谋复兴，在教育领域具体表现为教育工作要坚持为党育人、为国育才。中国共产党自成立起就高度重视教育工作，把教育作为民族振兴、社会发展的重要基石。党成立之初通过的《中国共产党第一个决议》就明确提出举办“工人学校”，随后创办“平民女校”，被称为“到新社会的第一步”。党在革命根据地、在大后方办学，不只是为了革命急用先学，更重要的是着眼于成立新中国，着眼于中华民族千秋伟业，力图通过办教育来培养干部、启迪群众。改革开放以来，教育牢牢坚持服从、服务于党和国家工作大局，适应党和人民事业发展

① 彭曙耀. 我们到底应该培养什么样的人［J］. 教育教学论坛，2010（12）：191.

要求，培养了一代又一代社会主义建设者和接班人，奠定了中华民族伟大复兴的坚实基础①。

可见，大学只有树立为党育人、为国育才的伟大信仰，才能弄明白“为谁培养人”，才能明确大学的职责和使命，才能真正有的放矢，才能够确定目标和坚定信念。大学只有“为党育人”，才能不断培养中国共产党可靠的接班人，立志于创造中华民族千秋伟业，世世代代牢记中国共产党人的初心和使命，切切实实为中国人民谋幸福、为中华民族谋复兴，投入实现中华民族伟大复兴的事业之中；大学只有“为国育才”，才能培养出合格的社会主义建设者，只有坚持中国特色社会主义道路自信、理论自信、制度自信和文化自信，发展中国特色社会主义事业，将个人理想融入国家前途和民族命运之中，才能肩负起民富国强的社会责任，担当起民族复兴之大任，建设社会主义现代化强国②。

当前我们正在进行的“双一流”高校建设，这既是国之大计，又是党之大计，其目标是提高大学人才培养、科学研究、社会服务、文化传承创新及国际交流与合作水平，使大学成为知识发现和科技创新的重要力量、先进思想和优秀文化的重要源泉、各类高素质优秀人才的重要培养基地，在支撑国家创新驱动发展战略、服务经济社会发展、弘扬中华优秀传统文化、培育和践行社会主义核心价值观、促进高等教育内涵发展等方面发挥重大作用。从根本上讲，新时代“双一流”建设方向要同国家发展的现实目标和未来方向紧密联系，坚持立德树人、落实“四个服务”，积极探索中国特色世界一流大学和一流学科建设之路，瞄准世界一流，汇聚优质资源，培养一流人才，产出一流成果，以“双一流”建设成效为人民服务，为中国共产党治国理政服务，为巩固和发展中国特色社会主义制度服务，为改革开放和社会主义现代化建设服务。这既是扎根中国大地推进“双一流”建设的实践路径，更是新时代高校为党育人、为国育才的根本落脚点。

（三）大学树人思想

“问渠那得清如许？为有源头活水来。”③ 党的十八大以来，习近平总书

---

① 焦扬. 为党育人 为国育才［EB/OL］.（2019-11-11）［2022-04-03］. http：//theory.people.com.cn/GB/n1/2019/1111/c40531-31447355.html.

② 于锋. 如何理解我国高等教育中的“人才培养”三问［J］. 教育教学论坛，2021（16）：5-8.

③ 陈洪，乔以钢. 中华好诗词900句［M］. 天津：南开大学出版社，2018：181.

记对教育事业特别是培养社会主义建设者和接班人工作高度重视，多次到高校考察并同师生座谈，给教师和大学生回信。2018 年 9 月 10 日，习近平总书记在全国教育大会上发表重要讲话，系统总结并深刻阐述中国教育改革发展实践中形成的新理念、新思想、新观点，聚焦培养什么人、怎样培养人和为谁培养人等教育根本问题。

育才造士，为国之本。近十多年来，有关中国大学教育目的有“一问一忧”。“一问”是“钱学森之问”，“一忧”是“钱理群之忧”。“钱学森之问”与“钱理群之忧”都一针见血地指出了我国现行学校教育中所真实存在的两个关键问题，一个涉及顶尖人才的培养，另一个则涉及更加广泛的公民精英的培养，后者是更为基本的问题。这个问题是一个“培养什么人”的问题，是“教育的首要问题”。

教育犹如雕塑，教师是雕塑家，学生即不成形的原材料。教育就像是雕塑家凭借自己的技艺，把这种无形的原料——学生，雕琢、加工成千差万别、形态各异的精美艺术品。技艺是手段、方式，而加工成什么样，则必须事先要有策划、构图。这种策划和构图，就相当于我们要培养什么样的人的具体目标。

教育必须事先对培养什么样人的目标有一个明确的把握。但是，教育目标的确定，不仅要反映时代和社会发展的要求，更要体现国家的意志，还要尊重个人发展的需要。可是，不论时代和社会的发展，还是国家意志，都对人有一个基本的要求。这一基本要求，就是人的共性。教育——培养什么样的人，注重的就是人的共性。

然而，自从改革开放以来，随着经济和社会的飞速发展，以往的教育方针、目的明显已经不能完全适应新的形势，亟待调整。可是，我们的教育目的、目标始终没有非常确切的表述。教育到底要培养什么样的人，在我们一线教师心里，已变得非常模糊。因此，回答教育到底应该培养什么样的人，已成为教育改革的当务之急。

那么，社会主义大学究竟培养什么样的人？习近平总书记给中国人民大学建校 80 周年贺信中提出：大学要解决好为谁培养人、培养什么样的人、怎样培养人这三个根本问题。这不仅是对中国人民大学的要求，对全国大学的根本要求，也是对整个中国教育的殷切期望。

社会主义大学人才培养人模式和标准存在不同解读，主要表现如下：第一，培养掌握单一技术还是德智体美劳全面发展的人才？第二，培养脱离群众的“人上人”还是有社会主义文化觉悟的劳动者？第三，培养追逐个人利益的人还是有强烈社会责任感的人？第四，培养不辨是非美丑的糊涂人还是爱憎分明的有主见的人？第五，培养虚伪的两面人还是诚实正直的人？第六，培养头脑清醒的有主体意识、民主意识的主人型人还是拜倒在权力、金钱和名利面前的奴才型人？第七，培养窝里斗、恃强欺弱、欺软怕硬的人还是人格健全、善于合作的人？第八，培养无规范意识的所谓自由自在的人还是有现代规范意识的有法治观念的人？第九，培养唯心主义、形而上学的错误思维的人还是运用唯物辩证法科学逻辑思维的人？第十，培养没有理想、信念，贪图物质享受和腐朽生活方式的人还是有远大理想、信念，为共产主义事业、为国家、民族发展奋斗终生的人①？

二、敬廉崇洁

（一）传统廉洁思想

文化是一个国家、一个民族的精神家园，体现着一个国家、一个民族的价值取向、道德规范、思想风貌及行为特征。中华文明是四大古文明中唯一没有中断的文明，中华民族在长期生产生活实践中产生和形成的优秀传统文化，为中华民族的生息、发展和壮大提供了丰厚的精神滋养。中华民族是一个具有优秀传统文化的民族，廉洁文化思想便是其中精华之一。

“廉洁”一词在《现代汉语词典》中意思是：不损公肥私，不贪污。在《词源》中解释为“公正，不贪污”，《辞海》中则是“清廉；清白”。最早出现在战国时期伟大诗人屈原的《楚辞招魂》中：“朕幼清以廉洁兮，身服义尔未沬。”东汉著名学者王逸在《楚辞章句》中注释说：“不受曰廉，不污曰洁”，也就是说，不接受他人的馈赠的钱财礼物，不让自己清白的人品受到玷污，就是廉洁②。“廉”在《辞海》中解释为“廉洁；不贪”。就是不贪取不应得的钱财。“洁”在《辞海》中解释为“干净，如：整洁；洁白”。《左传·定公三年》：“庄公卞急而好洁。”亦形容人的操行洁白。综上可见，廉洁就是不贪污，不妄取，公平正直，清白勤俭，不受世俗丑行污染，不让自己清白的人品受到玷污。

“廉洁”自古以来就是中华民族崇尚的美德。“大道之行，天下为公”

① 郝贵生．社会主义大学究竟培养什么样的人［J］．世界社会主义研究，2017（8）：89-90.

② 尹贵斌．中国古代廉政思想史简编［M］．北京：中国方正出版社，2018：48.

“富贵不染其心，利害不移其守”“心无私欲，自然会刚；心无邪曲，自然会正”这些千古传颂的廉洁名句，代表着人们对廉洁品行的美好向往。古人云：“勤善是立身之本，勤勉是立业之本，勤俭是立家之本，勤廉是立德之本。”① 在这要强调的是廉正是立国之本，一个国家的存亡，在于国民们的思想境界是否憎腐维廉。因此，一个国家，要想繁荣富强，就必须提倡清廉，只有形成人人以廉为荣、以贪为耻的良好社会风气，国家才可以繁盛下去（“廉则国昌，腐则国灭”②），人民才可以安居乐业。廉洁也是一个道德高尚、公正廉明的人应该具备的道德。故便有这样的名言警句：“松竹梅，岁寒三友；廉正清，为官三要。”“俭以廉为本，奢为贪之源，戒之，慎之。”③ 翻开历史的画卷，凡是两袖清风、务实为民的清官廉吏，总是受到百姓的崇敬与爱戴。北宋时代的包拯，刚正清廉，百姓称其为“包青天”，千百年来妇孺皆知；明朝终生为官清廉的海瑞，亦是青史留名的廉政丰碑。一心为民，克己奉公，官府的俸禄全部捐献给穷苦的老百姓，博得举国爱戴；被叫作“萝卜”“青菜”、受到乾隆重用并被赐谥“清端”“清官第一”“天下第一廉吏”的清代官员于成龙，更是严于律已，不住大房子，没有一点官架子，粗衣麻布，很少穿官服，直到他去世的时候只有一件官服，没有其他遗物，一生清廉，蜚声朝野。可见，中国传统文化蕴含着丰富的廉政思想，这对今天进行廉洁文化建设具有重要借鉴意义，应充分挖掘其本质内涵，总结其规律。继承和弘扬传统优秀的廉洁思想，对我们当今的廉洁文化建设、个人的廉洁修身及自我完善将起到积极的指导作用。

廉洁作为一种对个人人格及社会道德的评价标准，最早形成于西周时期，在春秋战国时期得到了充分发展。各家思想家都针对“廉洁”提出了各自的政治主张，有关廉洁主要思想有：（1）儒家廉洁思想。儒家文化作为中华传统文化的核心，其中的廉洁文化思想极为丰富。儒家在讲廉洁时，首先提到道德修养。廉洁不仅是为官者的道德修养，更体现在每个个体的实际生活中。儒家的廉洁思想主要体现在以义制利、爱民知耻、公平正义、克勤克俭四个方面。（2）道家的廉洁思想。道家的廉洁思想主张将廉德置于无为而治之中，主要体现在知足知止、尊道贵德、廉政爱民三个方面。庄子强调廉

---

① 唐桂莲. 人生警示录［M］. 太原：山西教育出版社，2005：51.

② 程继隆. 从政提醒：党员干部值得记取的 100 句廉政箴言［M］. 北京：中国方正出版社，2013：10.

③ 张楠，张文杰. 大学生廉洁教育 迈向新征程［M］. 北京：九州出版社，2019：3.

对于国家和个人的重要意义，指出贪会给个人发展和社会进步带来巨大弊端。老子强调的无为而治、清心寡欲、独善其身，作为我国传统廉洁思想的重要组成部分，对后世有着重要的借鉴和传承意义。（3）法家的廉洁思想。春秋时期的管子提出：“国有四维，一曰礼，二曰义，三曰廉，四曰耻。”①特别强调为政者和国家统治者更需要追求廉洁。管子认为，每个个体，特别是统治者自身应该对廉有更高价值追求，同时，也提倡礼法并重。法家的另外一个重要代表人物韩非子提出：“所谓廉者，必生死之命也，轻恬资财也。所谓直者，义必公正，公心不偏党也。”② 法家的廉洁思想特别是对官员进行监督管理的理念，值得我们研究与借鉴。

在新时代，“一个人能否廉洁自律，最大的诱惑是自己，最难战胜的敌人也是自己”。习近平同志指出：“我们共产党人更应该强化自我修炼、自我约束、自我塑造，在廉洁自律上作出表率。”“廉洁自律，必须筑牢思想防线，加强主观世界改造，牢固树立正确的世界观、人生观、价值观，加强党性修养，做到持之为明镜、内化为修养、升华为信条。要耐得住寂寞、守得住清贫。”“一旦突然凭空来了一个好处，一定要警惕。看到这些东西自己就要戒惧、退避三舍。”“一个要有情操，这是一道防线；一个要有戒惧，一定要有敬畏之心。”“主动在思想上划出红线、在行为上明确界限，真正敬法畏纪、遵规守矩。”③

在历史发展进程中，“廉洁”一词也从个人修养领域发展到政治领域，成为对官员的道德要求，今天它已经成为社会的一种普遍价值取向，是社会崇尚的一种价值追求，引领着社会向前发展。

（二）马克思主义廉洁观

马克思说过：一切公职人员必须“在公众监督之下进行工作”，这样“能可靠地防止人们去追求升官发财”和“追求自己的特殊利益”④。不难看出，清正廉洁是马克思主义执政党的政治本色，也是他们的政治目标。马克思主义廉洁观主要包括以下几类：

---

① 罗任权. 廉政文化名言警句精选解读［M］. 广州：暨南大学出版社，2011：60.

② 秦惠彬.《韩非子》［M］. 沈阳：辽宁教育出版社，1997：49.

③ 中共中央纪律检查委员会，中共中央文献研究室. 习近平关于党风廉政建设和反腐败斗争论述摘编［M］. 北京：中国方正出版社，2015：145-148.

④ 中共中央纪律检查委员会，中共中央文献研究室. 习近平关于党风廉政建设和反腐败斗争论述摘编［M］. 北京：中国方正出版社，2015：128.

一是关于党的建设的理论。马克思主义党的建设理论是马克思主义理论的重要组成，其中也蕴含了很多关于廉洁的理念，在当代具有十分重要的价值。马克思、恩格斯在《共产党宣言》中指出："共产党人不是同其他工人政党相对立的特殊政党。他们没有任何同整个无产阶级的利益的不同的利益……在无产阶级和资产阶级的斗争所经历的各个发展阶段上，共产党人始终代表整个运动的利益。"① 这说明，无产阶级政党是由无产阶级的先进分子组成的"真正的、战斗的组织"，其性质本身决定了他们的先进性，也同时决定了他们是不具有特权的，必然是代表着广大人民的利益的，是廉洁的。民主集中制是无产阶级政党党内生活的基本准则。"对待党内的官吏——自己的仆人，不要总是把他们当做完美无缺的官僚，百依百顺地服从他们，而不进行批评""任何一个身居高位的人，都无权要求别人对自己采取与众不同的温顺态度"②。民主促进了党员对党的事业忠诚，查摆了问题，消除了党内矛盾，增强了党的团结。同时强调要重视党内集中，要重视党的纪律，做到民主和集中统一，要反对教条主义、个人崇拜，勇于批评和自我批评，要敢于同违背党的原则和纪律的"腐朽分子"进行斗争，正如马克思指出的，"当各种腐朽分子和好虚荣的分子可以毫无阻碍地大出风头的时候，就该抛弃掩饰和调和的政策，只要有必要，即使发生争论和吵闹也不怕。一个政党宁愿容忍任何一个蠢货在党内肆意地作威作福，而不敢公开拒绝承认他，这样的党是没有前途的"③。遵循这样的基本原则的政党本身就是革命的、先进的和廉洁的，与资产阶级政党是截然不同的。

二是关于权力监督的理论。资产阶级的权力制约理论在马克思主义看来，无论是三权分立还是多个政党轮流执政，都不能改变生产资料由资本家所占有，公共权力由资本家所把持的本质。马克思在阐述无产阶级政权的原则时，始终强调将监督罢免权掌握无产阶级在政权中的重要性，这种监督的思想成为廉洁的保障。马克思提出无产阶级应联合起来，通过革命的手段，改变资本主义国家的性质。同时还指出，无产阶级及其政党掌握政权以后，

① 中共中央马克思恩格斯列宁斯大林著作编译局．马克思恩格斯选集：第1卷［M］．2版．北京：人民出版社，1995：285.

② 马克思，恩格斯．马克思恩格斯全集：第38卷［M］．中共中央马克思恩格斯列宁斯大林著作编译局，译．北京：人民出版社，1972：72.

③ 马克思，恩格斯．马克思恩格斯全集：第34卷［M］．中共中央马克思恩格斯列宁斯大林著作编译局，译．北京：人民出版社，1972：90.

必须遵循为绝大多数人谋利益的根本宗旨，必须同传统的生产资料私有制和私有观念实行最彻底的决裂，也必须防止国际政权“为了追求自己的特殊利益，从社会的公仆变成了社会的主人”①。因此，他们强调工人阶级要掌握国家工作人员的选举、监督、罢免等权力。

三是关于无产阶级政党纯洁性的理论。一个政党是否是廉洁的，很大程度上取决于它是否有严格的纪律和是否能够始终不渝地坚守纪律，保持高度的自觉。1859 年 5 月，在马克思给恩格斯的一封信中就明确表示：“我们现在必须绝对保持党的纪律，否则将一事无成。”② 1872 年 1 月，在反对巴枯宁主义的斗争中，恩格斯也深刻指出了党的纪律对一个政党和革命的重要性：“没有任何党的纪律，没有任何力量在一点的集中，没有任何斗争的武器！那么未来社会的原型会变成什么呢……会得到一个早期基督教徒那样的畏缩胆怯的而又阿谀奉承的组织……而这种革命方法无产阶级是无论如何不会仿效的!”③ 可见，马克思很早就认识到无产阶级政党想要成为一个与旧政党完全不同的政党，需要铁的政治纪律来实现，纪律是一个政党具有凝聚力和组织力的最重要的保障，马克思敏锐地发现了这一点，并且十分注重在实践中发挥纪律的约束作用，从根本上保证了无产阶级政党的方向性和纯洁性。

四是关于人的全面发展的理论。马克思主义关于人的全面发展理论的内容十分丰富，马克思认为：“人的本质在其现实性上是一切社会关系的总和。”④ 人是一种包含理性在内的感性活动的存在，即实践的存在。实践是人所特有的生存方式。“每个人的自由发展是一切人的自由发展的条件。”⑤ 马克思关于人的全面发展的理论有三个层面，第一个层面是指人的劳动能力的发展，包括个人的体力、智力、个性和交往能力的发展等；第二个层面指的是人的社会关系的丰富，社会关系的全面性使人的发展也具有全面性；第

---

① 中共中央马克思恩格斯列宁斯大林著作编译局．马克思恩格斯选集：第 22 卷［M］．北京：人民出版社，1965：227.

② 马克思，恩格斯．马克思恩格斯全集：第 29 卷［M］．中共中央马克思恩格斯列宁斯大林著作编译局，译．北京：人民出版社，1972：413.

③ 马克思，恩格斯．马克思恩格斯全集：第 17 卷［M］．中共中央马克思恩格斯列宁斯大林著作编译局，译．北京：人民出版社，1963：519.

④ 中共中央马克思恩格斯列宁斯大林著作编译局．马克思恩格斯选集：第 1 卷［M］．3 版．北京：人民出版社，2012：135.

⑤ 马克思，恩格斯．马克思恩格斯全集：第 23 卷［M］．中共中央马克思恩格斯列宁斯大林著作编译局，译．北京：人民出版社，1972，649.

三个层面指的是人的个性的全面发展。马克思关于人的全面发展的理论，是其共产主义理想的核心思想，“共产主义既是一种制度，又是一种价值。它的最高成果是人的自由个性的实现，它的最大财富是个人能力的全面发展，每个人的自由而全面发展将与人类社会的和谐发展相得益彰”①。马克思主义人的全面发展理论是我国教育方针的理论依据，是我国高等教育的重要理论，也是实施大学生廉洁教育的理论之基。人的全面发展是人的体力和智力得到充分、自由、和谐的发展，它不是轻易就能够实现的。

三、修身正己

古人云：“人有所优，固有所劣；人有所工，固有所拙。”② “金无足赤，人无完人。”③我们每个人都不是完美的人，正如老子所言：“知人者智，自知者明。”④ 正因如此，我们才要保持“吾日三省吾身”⑤ 的态度，自省自知，认识自己的优势，发现自己的缺点，正所谓“择其善者而从之，其不善者而改之”⑥ 这样才能知己不足而后进，望山远岐而前行。人贵自知，修身正己。“修身正己”可以理解为提高自己的各种修养，一般指道德方面，这句话简单地说就是用修身来自己端正自己，用诚信来自己要求自己。“修身正己”是我们为人做事的根本。

（一）传统修齐思想

“修齐”即修身齐家。揭徯斯《送程叔永南归序》有云：“凡修齐经济之道，进退揖让之节，忠孝廉恪之本，宜皆饫闻而熟见之矣！”⑦

儒家“修齐治平”思想最早是在《礼记・大学》中提出来的。《礼记・大学》开篇论述“三纲领八条目”，其中，“三纲领”为：“大学之道，在明明德，在亲民，在止于至善。”⑧ “八条目”为格物、致知、诚意、正心、修身、齐家、治国、平天下。“物格而后知至，知至而后意诚，意诚而后心正，

---

① 马克思，恩格斯．马克思恩格斯全集：第 23 卷［M］．中共中央马克思恩格斯列宁斯大林著作编译局，译．北京：人民出版社，1972：649.

② 白维国．现代汉语句典：中［M］．北京：中国大百科全书出版社，2001：1159.

③ 洪应明．文白菜根谭：4［M］．柯继铭，编译．北京：线装书局，2016：595.

④ 李清泉．《老子》大义［M］．北京：中央民族大学出版社，2019：246.

⑤ 徐欣，左振硕．新编国学读本［M］．天津：天津科学技术出版社，2019：47.

⑥ 申笑梅，王凯旋．诸子百家名言名典［M］．沈阳：沈阳出版社，2004：456.

⑦ 志于道．四库存目子平汇刊：3［M］．庄圆，校．北京：华龄出版社，2014：37.

⑧ 李颂华．领导干部用典［M］．北京：国家行政学院出版社，2016：66.

心正而后身修，身修而后家齐，家齐而后国治，国治而后天下平。”① 上述“三纲领八条目”的思想，我们通称为儒家的“修齐治平”理想，也称为“内圣外王”之道，它实际上是儒家伦理思想的精神实质所在。宋儒朱熹将《礼记·大学》单独列出来，作为“四书”之一，并对此“三纲领八条目”的思想做了理学式的解释，从而强化和突出了“修齐治平”理想的地位和作用，使得儒家思想的精神实质由此得以彰显。

儒家“修齐治平”理想究其实质来说，就是孔子所说的“推己及人”，或忠恕之道。这一实质，在《礼记·大学》也明确指出：“君子有诸己而后求诸人，无诸己而后非诸人。”从“三纲领”来说，所谓“明明德”就是“明天理，窒人欲，唤醒人内在心性的良知与善性”，是“对个人主体道德自觉及道德意志的强调”；所谓“亲（新）民”，就是“一个由先知之‘圣贤’推己及人、教化大众、感化众生的过程”，是“将个人道德理性转化为社会道德的集体理性”；而“止于至善”就是“各阶层、各色人等在‘天理’支配下的同心合意”②。从个人先知（在儒家思想中，“知”更多强调的是伦理道德认知）到教化大众、致成新民，由己及人，“成己成物”，己与物相依而立，和谐共存，这正是儒家思想的真正追求。“八条目”则是对上述“三纲领”学说的具体展开说明，格物、致知、正心、诚意是修身的必要条件和环节，个人修身之后还要推己及人，以至于齐家、治国、平天下，从个人修身推及家、国、天下之政，其主旨也正在于此③。从以往对《大学》思想的朴素社会认知来看，“修齐治平”通常被分为三个部分递进阐释，即：以自我完善为基础（个人），通过治理家庭（家族），进而取得国家天下太平（国家天下）。然而随着时代的变迁，当今社会结构发生了根本性变革，“家”的概念变得宽泛，除了传统意义的家族之外，还可以引申为各种党群、干群、社区及其他社会团体，狭义上的国家也可以称之为“家”。在新的时代背景下，随着全球一体化进程的推进和人类命运共同体的形成，“修齐治平”思想也发生了逻辑重构：“修身”的根本地位不变，“齐家治国”成为一个新的整体，作为修身的外化和巩固，“平天下”则是修身的最高理想，

---

① 王周锁．中华经典晨读百篇［M］．2版．西安：西北大学出版社，2019：4.

② 李禹阶．从主体道德自觉到集体道德理性：论朱熹“修、齐、治、平”的社会控制与整合思想［J］．重庆师范大学学报（哲学社会科学版），2006（6）：14-15.

③ 万远新．儒家“修齐治平”理想与中国现代公民观念的形成［J］．社科纵横，2018（8）：74-77.

也是中国目前正在大力倡导的“人类命运共同体”理念的传统文化渊源。

（二）马克思主义人才观

人才资源是第一资源，人才问题是关系到我们党和国家事业发展的关键问题。要更好地发挥人才在社会主义各项事业中的作用，就必须正确认识“人才”的真正内涵，为此我们有必要回归到马克思主义经典著作中，揭示问题的本质。

在马克思著作中，“人才”一词最早出现在《1848年至1850年的法兰西阶级斗争》一文，“置身于官方反动派的行列或者完全处于选举权享有者的范围之外的有上述阶级的意识形态代表和代言人，即它们的学者、律师、医生等等——简言之，就是它们的那些所谓‘专门人才’”①。这可以看成是马克思主义人才思想的肇始。虽然马克思没有专门论述人才问题的著作，但在他许多的著作如《1844年经济学哲学手稿》《德意志意识形态》《共产党宣言》和《资本论》等著作中都有他独特的人才观。他认为符合人的本性，其创造性劳动有益于社会进步，这样的劳动主体就是“人才”，“人才存在于人民群众之中”。人才的活动是合目的性与规律性的统一，“动物只是按照它所属的那个种的尺度和需要来构造，而人懂得按照任何一个种的尺度来进行生产，并且懂得处处都把内在的尺度运用于对象；因此，人也按照美的规律来构造”②。可见，马克思的人才观是在人性层面上探讨人才问题，并不是一串空洞的名词，它有着丰富且深刻的理论内涵，同时也和现代社会的历史演变密切相关。

马克思的人才观是马克思主义创始人及其后继者对人才问题的基本观点和总看法③。它在马克思主义人才思想体系中具有十分重要的理论基础地位和实践指导价值。“马克思、恩格斯运用辩证唯物主义和历史唯物主义的观点，以现实的个人为对象，以人的彻底解放和实现人的自由全面发展为最终目标，阐述了人才在经济社会发展中的地位作用、人才的本质、人才的成长和发展规律等重大问题，形成了一个比较系统的人才思想体系，主要包括人是生产要素理论、人的本质理论、劳动价值理论、实践成才理论、人的自由

① 中共中央马克思恩格斯列宁斯大林著作编译局．马克思恩格斯选集：第1卷［M］．2版．北京：人民出版社，1995：378.

② 马克思，恩格斯．马克思恩格斯全集：第3卷［M］．中共中央马克思恩格斯列宁斯大林著作编译局，译．北京：人民出版社，2002：274.

③ 孙安宁．马克思主义人才观的传承与创新［J］．人民论坛，2012（17）：182.

全面发展理论等。”①

作为马克思主义的重要组成部分，马克思主义人才思想是一个与时俱进、不断创新的理论体系。2003 年 12 月 26 日《中共中央 国务院关于进一步加强人才工作的决定》明确指出：“树立科学的人才观。人才存在于人民群众之中。只要具有一定的知识或技能，能够进行创造性劳动，为推进社会主义物质文明、政治文明、精神文明建设，在建设中国特色社会主义伟大事业中作出积极贡献，都是党和国家需要的人才。要坚持德才兼备原则，把品德、知识、能力和业绩作为衡量人才的主要标准，不唯学历、不唯职称、不唯资历、不唯身份，不拘一格选人才。鼓励人人都作贡献，人人都能成才。”可见，“科学人才观”是新时期党中央对马克思主义人才理论的创新和发展，是实施人才强国战略、统领我国新时期人才工作的重要原则和理论基础②。

第二节　制度文化

文化是相对于政治、经济而言的人类全部精神活动及其产品，是一个复杂的整体系统。对其结构解剖，有两分说，即分为物质和精神文化；有三层次说，即分为物质、制度、精神文化；有四层次说，即分为物质、制度、风俗习惯、思想与价值文化；有六大子系统说，即物质、社会关系、精神、艺术、语言符号、风俗习惯等。可以看出制度文化是文化整体的一个有机组成部分，主要包括社会的法律制度、政治制度、经济制度及人与人之间的各种关系准则等。制度文化由三个层面构成。一是传统、习惯、经验与知识积累形成制度文化的基本层面；二是由理性设计和建构的制度文化的高级层面；三是包括机构、组织、设备等的实施机制层面③。

西方学者对“制度”一词的定义是：由规则调节着建立起来的秩序④。制度或者是现实社会中实际存在的规章制度和建制结构或者是典章化与法典化的过程。在马林诺夫斯基看来，文化最重要的属性就是其工具性、目的性

① 张国锋. 马克思主义人才思想的创新发展与实践应用研究［D］. 天津：南开大学，2013：39.

② 周丹，孙大伟. 论马克思主义人才观的真实内涵［J］. 山西大同大学学报（社会科学版），2013（3）：8-12.

③ 施强. 大数据、知识服务与当代图书馆学［M］. 杭州：浙江大学出版社，2020：271.

④ 韦森. 哈耶克式自发制度生成论的博弈论诠释：评肖特的《社会制度的经济理论》［J］. 南大商学评论，2004（2）：141-166.

或者说功能性。制度就是它普遍有效的组织形式。“文化的真正要素有它相当的永久性，普遍性，及独立性的，是人类活动有组织的体系，就是我们所谓‘社会制度’”①。组织化行为是人类社会普遍存在的现象。因此人类组织行为的普遍有效性是一项可以被观察到的事实，并不需要理论的证明。制度作为文化的组织形式，其目的和功能，无非就是满足人的各种具体的需求，所以制度既属于文化的一种形态，又是文化的功能体现。具体而言制度文化是文化的一个组成部分、一个子系统、一个层面；与精神文化、物质文化的有机组合，形成文化的复杂整体；作为文化的一个组成部分，既是精神文化的产物，又是物质文化的工具；作为精神文化的产物和物质文化的工具，构成了人类行为与活动的习惯、规则；作为人类行为和活动的习惯、规则，也主导或制约了精神文化与物质文化；作为主导或制约了精神文化与物质文化的文化层面，提供了观察和理解人类行为和活动的钥匙或模式②。同样大学制度文化是学校文化的重要组成部分，是实现教育目标而制定的有组织的规范体系，主要包括组织结构、行政管理制度、行为规范等内容③。

一、根本制度

上述可知，制度文化是人类为了自身生存、社会发展的需要而主动创制出来的有组织的规范体系，是人类在物质生产过程中所结成的各种社会关系的总和，反映和维系着文化的物质层面、精神层面构成的整体，是文化的集中体现，在物质文化与精神文化二者之间发挥中介支撑作用。制度文化是为了培养人、管理人、约束人而创立的带有普遍性的社会文化。大学制度是大学精神文化的具体表现，一般包括大学的组织体制、领导机制、管理制度等。大学制度文化包括柔性与刚性两部分，柔性制度文化是指大学的传统习惯、道德约束、心理定式等，刚性制度文化是指文本形式的系列规章、制度、规则的约束与规范。大学制度文化是保障大学正常运转、推动大学发展的必要机制，是大学文化建设的制度维护保障体系④。

建设现代大学制度，是我国在新时期确立的高等教育改革和发展的重要任务与目标，其核心是在国家的宏观调控政策指导下，大学面向社会，依法

---

① 马林诺夫斯基．文化论［M］．费孝通，译．北京：中国民间文艺出版社，1987：18.

② 曾小华．什么是制度文化［J］．中共杭州市委党校学报，2001（1）：51-53.

③ 陈聪富．学校发展性督导新探索［M］．杭州：浙江工商大学出版社，2019：94.

④ 刘珂珂，徐恪东．中国地方本科大学文化育人研究［M］．北京：中国经济出版社，2018：29.

自主办学，实行科学管理，是大学目前和将来重点建设的根本制度。现代大学制度涉及规范和理顺大学与政府、大学与社会的关系，涉及大学内部治理结构的完善和改革。现代大学制度的构架包括两个层面，一个是宏观层面（学校与外部的关系）：政府宏观管理、市场适度调节、社会广泛参与、学校依法自主办学；另一个是微观层面（学校内部）：校长负责、教授治学、民主管理。现代大学制度建设的核心使命是要改变落后的大学办学状况，其建设的具体任务关键在于培养大学的自主创造精神，在于创建一个使大学教授们潜心于科研与教学的学术活动平台，在于创造一种能激发大学生自觉成才的校园氛围，其建设的基本轮廓是要重新梳理大学与政府的关系、大学与社会的关系、大学与教授的关系及大学与学生的关系，这些正是制定大学章程要做的工作。

大学的根本使命就在于发展学术，实现知识创新，通过教学科研活动服务于社会经济建设各方面的需要。因此，大学要清晰明确自己的任务和使命，正确处理好外部和内部的各种关系，有效回应社会发展过程中知识创新和学术发展的需要。为此，大学就必须具有主动反映社会需要的机制。这一机制必然是自主的、自律的机制，是一种能够反映大学内在学术创造需求的制度规范和组织构架。在这种组织构架中，充分反映大学教授的基本需求，把保护他们的学术创造精神放在第一位，激发他们投身知识探索和知识传播的热情，就是大学制度规范建设的核心内容。唯如此，大学制度建设才是成功的，也才可以说我们的大学制度属于现代大学制度①。从本质上讲，现代大学制度建设是一种创造，只有适合知识创造和知识传播的制度才是有效的。

怎样处理大学内部的关系，建立“善治”的大学内部治理结构呢？对一个大学来说，不断完善内部治理结构很重要，就是要通过制定科学的、符合教育规律的大学章程来固化它。但是大学章程及大学内部的规章制度是不能与《中华人民共和国教育法》《中华人民共和国高等教育法》等法律相冲突的，因此大学章程作为大学里面最高的行为准则，大家都得遵守，按章程办事。按照《中华人民共和国高等教育法》的规定，中国公立大学的核心治理结构是党委领导下的校长负责制。完善这一治理结构的关键在于依法明确并落实党委领导、校长的职权，充分发挥他们在学科建设、教育教学、学术研

① 王洪才．现代大学制度建设的根本在于创造［J］．中国高等教育，2012（24）：1．

究、学术评价和学术发展中的重要作用，加强师生员工的民主管理和民主监督的作用。

当前中国高等教育进入了全面提高质量的阶段，也就是以提升质量为核心的内涵式发展阶段。同时，我国高等教育进入了一个“充满矛盾的时期”。所以在这种时候有法可依、有法必依尤为重要。我们要构建现代教育法律体系，明确政府、社会、大学的关系，明确政府的管理权限和职责，明确大学的权利和责任，这是构建现代大学制度的前提。也就是说，一个好的教育制度，要用法律把它很好地确定下来①。

二、内控制度

内控制度是大学制度文化的具体表现，属于刚性制度文化范畴，规范并约束大学人的言行举止，是保障大学正常运转、推动大学发展的必要机制，是大学文化建设的制度维护保障体系。进入新时代，随着“双一流”大学创建步伐的扎实推进，各大学呈现出办学主体多元化、经费来源多样化、体制结构复杂化等特点，同时社会上各种不良现象对高校的侵蚀力和渗透力增强。这就要求大学深入改革其管理体制，发挥内部控制在大学的运行与管理中的重要的作用。当前内部控制已经成为各大学提高其自身运行效率和可持续发展的必要管理手段和工具。

内部控制即“内控”，是由人制定的，也是由人来实施的。内部控制是相对于风险管理外部控制而言的，是风险管理的重要组成部分②。目前学界普遍认可的内部控制定义是 1992 年 COSO 委员会（Committee of Sponsoring Organizations of the Treadway Commission）发布的《内部控制——整体框架》报告中的定义，即由企业董事会、经理阶层和其他人员共同实施的，旨在为企业经营的效率与效果的达到、财务报告的可靠性和法律法规的遵循性提供合理保证③。2008 年由财政部、证监会、审计署、银监会、保监会五部委联合印发的《企业内部控制基本规范》中所称内部控制，是指由企业董事会、

① 对话黄进：法治生活方式与现代大学制度［EB/OL］.（2012-05-01）［2022-04-03］. http：//www. xueliedu. cn/htdoc/chengkao/yuanxiaoxinxi/2012/0501/27625. html.

② 杨奕. 巴塞尔新资本协议下的风险管理［J］. 财经界，2013（26）：31-32.

③ 童丽丽. 中国企业内部控制动力分析与约束机制研究［D］. 北京：华北电力大学，2008.

监事会、经理层和全体员工实施的旨在实现控制目标的过程①。可见，内部控制涉及的手段和方法，既有制度性的，也应有技术性的。

而“制度”是约束个人行为的各种正式规则和非正式规则的集合体，它具有规范性、强制性、程序性和稳定性②。邓小平曾经指出：“制度问题更带有根本性、全局性、稳定性和长期性。”③ 党的十六大报告强调，“一定要把思想建设、组织建设和作风建设有机结合起来，把制度建设贯穿其中，既立足于做好经常性工作，又抓紧解决存在的突出问题”④。突出强调制度在党的建设特别是党内法规制度建设中的重要地位，突出惩防腐败主题。党的十七大报告首次提出了思想建设、组织建设、作风建设、制度建设和反腐倡廉建设五位一体的党的建设新格局，同时还特别指出“在坚决惩治腐败的同时，要更加注重治本，更加注重预防，更加注重制度建设”，“坚持用制度管权、管事、管人，建立健全决策权、执行权、监督权既相互制约又相互协调的权力结构和运行机制”⑤。这标志着党风廉政建设由此进入了一个崭新的发展阶段——制度反腐阶段。其主要目的是通过建立一个完善的制度体系框架，消除滋生腐败的土壤和条件，依靠完善的制度从源头上防治腐败。党的十八大以来，以习近平同志为核心的党中央以前所未有的勇气和定力推进全面从严治党，探索出一条长期执政条件下解决自身问题、跳出历史周期率的成功道路，构建起一套行之有效的权力监督制度和执纪执法体系。

任何制度都有目的，而且目的要通过一定手段来实现，因此制度是目的和手段的统一，实体性制度是目的，程序性制度是手段⑥。内控制度是高校根据国家和党内的法律及规章，紧密结合自身实际情况，针对易发生廉政风险的重点部位和关键环节制定的实体性制度和程序性制度的总称。其建设要以习近平新时代中国特色社会主义思想为指导，旗帜鲜明讲政治，盯准目标，扭住关键，扎实推进。内控制度建设首先要完善实体性制度。要规定制

---

① 中华人民共和国财政部等．企业内部控制基本规范［M］．北京：中国财政经济出版社，2008：48-50.

② 高惠民，李克勤．试论反腐倡廉制度建设［J］．理论导报，2013（5）：19.

③ 向洪，邓洪平．邓小平思想研究大辞典［M］．成都：四川人民出版社，2007：273.

④ 高波．中国共产党的自我革命：党章中的纪律和规矩［M］．北京：中国方正出版社，2018：367.

⑤ 胡锦涛：高举中国特色社会主义伟大旗帜 为夺取全面建设小康社会新胜利而奋斗——在中国共产党第十七次全国代表大会上的报告［M］．北京：人民出版社，2009：55.

⑥ 庄德水．防止利益冲突与廉政建设研究［M］．北京：西苑出版社，2010：295.

度目的、基本要求和基本原则等内容，即规定“做什么”，体现制度的价值取向①。这些制度主要涉及全面从严治党和党风廉政建设责任制、“三重一大”决策制度、科学民主决策监督、干部人事财务管理、基建修缮管理、设备物资采购、科研项目和经费管理、国有资产管理和校办产业、招生考试录取管理等。其次是建设好程序性制度。程序性制度规定执行制度的流程、方法和措施等内容，即规定“怎样做”，是制度操作规则的总和，即制度的实施机制②。加强程序性制度建设，必须体现全面性、科学性、精细化等特点③。一是全面性。工作流程以过程管理为中心，对各项具体业务管理的诸多环节分别把关监控，从而实现对决策、执行事项的全程留痕、全程可控、全程监督，为更及时地发现问题、更迅速地弥补失误、更客观地追究责任提供了客观依据。二是科学性。工作流程遵循不同事项的规律和要求，根据国家及学校内部有关规章制度，依据部门之间、业务之间的管理关系和逻辑顺序而设计，体现出较强的科学性。三是精细化。工作流程要求各责任主体和参与人在工作时，以精细化的眼光审视和解决问题，将本环节做精做细，以便主管领导在审批时能对各类重要事项有全面的了解和判断。

习近平总书记指出：“我们的制度不少，可以说基本形成，但不要让它们形同虚设，成为‘稻草人’，形成‘破窗效应’。很多情况没有监督，违反了也没有任何处理。”“所以，我说一分部署还要九分落实。制度很重要，更重要的是抓落实，九分力气要花在上面。”④ 因此，大学要把内控机制建设摆在重要议事日程，作为“一把手”工程，认真研究，靠前指挥，确保实效；要狠抓督促落实，密切协作配合，凝心聚力推进内控制度、防控措施落地生根。同时，通过多形式、多渠道加强宣传引导，实现“要我控”到“我要控”的思想转变，将内控工作“朝深里做、往宽处拓、向高处集、于实处落”⑤，为落实全面从严治党要求和高质量推进新时代高等教育高质量

---

① 黄百炼. 遏制腐败：民主监督的程序与制度研究［M］. 北京：人民出版社，1997：213-221.

② 刘政湖. 关于反腐制度建设的几点思考［J］. 湖南行政学院学报，2005（1）：106.

③ 鲁霜慧. 依法治校背景下的高校程序性制度建设［J］. 重庆工商大学学报（社会科学版），2012（4）：82-86.

④ 中共中央纪律检查委员会，中共中央文献研究室. 习近平关于党风廉政建设和反腐败斗争论述摘编［M］. 北京：中国方正出版社，2015：128-129.

⑤ 刘明扬：撸起袖子加油干 扑下身子抓落实［EB/OL］.（2021-06-22）［2022-04-03］. http：//www. chinatax. gov. cn/chinatax/n810219/n810744/c101763/c101790/c5165639/content. html.

发展提供坚强有力的保障。

三、监督制度

监督即监察督视，是对现场或某一特定环节、过程进行监视、督促和管理，使其结果能达到预定的目标。《周礼·地官·乡师》："遂治之。"郑玄注："治，谓监督其事。"《后汉书·荀彧传》："臣闻古之遣将，上设监督之重，下建副二之任。"① 监督制度是防止权力滥用、以权谋私的关键性制度。要实现党的全面领导、长期执政，最大挑战就是对权力的有效监督。习近平同志在十八届中央政治局第五次集体学习时说："我们都知道，一九四五年，毛泽东同志在回答黄炎培提出中国共产党如何跳出中国历代王朝兴亡的历史周期率时说：只有让人民来监督政府，政府才不敢松懈；只有人人起来负责，才不会人亡政息。"② 毛泽东同志回答黄炎培的问题时，提出要用人民群众的监督去破解这个历史难题。习近平同志也指出："我们党是中国工人阶级的先锋队，同时是中国人民和中华民族的先锋队，我们党的宗旨是全心全意为人民服务。只要我们始终坚持党的性质和宗旨，不变色，不变质，就一定能够跳出这个历史周期率。"③ 可见，党内监督是根本，群众监督是基础。只有把党内监督和群众监督紧密结合起来，制度的震慑效果才能真正显现④。

党的十九大报告中明确提出要"健全党和国家监督体系"的目标。对于高校来说，健全监督制度和完善内部权力监督体系，是贯彻落实党的十九大精神的重要任务，也是加强廉政建设，实现自身长远、健康、协调发展的必然要求。

我国高校是中国特色社会主义事业的重要组成部分，高校内部权力监督必须在中国特色现代大学制度视域下进行。《中国共产党普通高等学校基层组织工作条例》明确规定："高等学校实行党委领导下的校长负责制。""高等学校党的委员会实行民主集中制，健全集体领导和个人分工负责相结合的

---

① 李伟民. 法学辞海：第3卷［M］. 北京：蓝天出版社，1998：2265.

② 中共中央纪律检查委员会，中共中央文献研究室. 习近平关于党风廉政建设和反腐败斗争论述摘编［M］. 北京：中国方正出版社，2015：6.

③ 中共中央纪律检查委员会，中共中央文献研究室. 习近平关于党风廉政建设和反腐败斗争论述摘编［M］. 北京：中国方正出版社，2015：6.

④ 中国纪检监察报社. 学思践悟［M］. 北京：中国方正出版社，2017：355.

制度。"[①] 这是新时代大学内部权力运行的基本制度。"就大学的内部治理结构而言，其基本框架是党委领导、校长治校、教授治学、学术自由"[②]。在此制度下，高校的内部权力主体包括：以党的委员会为领导核心的党委权力、以校长为首的行政权力、以学术委员会为主导的学术权力、以广大师生为主体的民主参与权力，其中党政权力在高校内部权力主体中处于强势地位。高校内部权力监督主要包括党内监督、行政监督和群众监督三种形式。在这三种监督形式中，党内监督是根本手段，行政监督是重要保证，群众监督是基础工程。具体来说有以下几点。

党内监督是根本手段。习近平同志在党的十八届中央纪委六次全会上指出："对我们党来说，外部监督是必要的，但从根本上讲，还在于强化自身监督。"[③] 科学揭示了党内监督的根本性作用，全会通过的《中国共产党党内监督条例》为新时代党内监督提供了制度依据和行动指南。"世间事，做于细，成于严。从严是我们做好一切工作的重要保障。"[④] 高校的党内监督是五位一体的，即党委的全面监督、纪委的专责监督、党的工作部门职能监督、党的基层组织日常监督和党员民主监督。具体而言：第一，党委的全面监督是党内监督的关键，也是党委总揽全局、全面领导、从严治党的题中之义。党委负责领导学校的党内监督工作，在党内监督中负主体责任。"为什么要强调党委负主体责任？是因为党委能否落实好主体责任直接关系党风廉政建设成效。"[⑤] 党委监督的重心是对党委常委和党委委员的监督。高校党委作为学校的领导核心，日常由学校的党委常委会代行党委决策权。第二，党的纪律检查委员会是党内监督的专责机关，施行对学校党组织和领导干部遵守党章党规党纪、贯彻执行党的路线方针政策情况的监督检查，工作任务可以概括为"监督执纪问责"。同时，"增强权力制约和监督效果，必须保

---

① 教育部政策法规司，教育部高等教育司. 中国特色现代大学制度文件辑要：2013 年版［M］. 北京：教育科学出版社，2013：56.

② 张应强，蒋华林. 关于中国特色现代大学制度的理论认识［J］. 教育研究，2013（11）：35-43.

③ 习近平. 在第十八届中央纪律检查委员会第六次全体会议上的讲话［N］. 人民日报，2016-05-03（2）.

④ 中共中央纪律检查委员会，中共中央文献研究室. 习近平关于党风廉政建设和反腐败斗争论述摘编［M］. 北京：中国方正出版社，2015：46.

⑤ 中共中央纪律检查委员会，中共中央文献研究室. 习近平关于党风廉政建设和反腐败斗争论述摘编［M］. 北京：中国方正出版社，2015：60.

证各级纪委监督权的相对独立性和权威性”①。第三，党的工作部门职能监督指学校党委办公室、组织部、宣传部、统战部、教师工作部、学生工作部、武装部等党委职能部门实施的对本单位、本系统的监督。第四，党的基层组织日常监督不仅承担着维护和执行党的纪律，对基层党员和干部进行监督的责任，还负有定期向上级党组织反映情况、提出意见建议的责任。第五，党员的民主监督要求广大党员要敢于有根据地开展批评和评议，负责任地揭发、检举任何组织和个人的违纪违法事实。

行政监督是重要保证。行政监督是指高校监察处、审计处等行政部门对学校具体的行政工作和权力运行各环节进行监督，行政监督部门负责向学校的行政领导（校长）报告工作。具体而言：第一，监察监督。我国大部分高校采用的是监察处和纪委合署办公的工作体制，监察处是行政监督主体，其工作职责包括对学校各类行政行为和行政工作人员执法执纪、廉政、效能情况进行监察，受理学校违反行政纪律行为的控告、检举，调查处理违反行政纪律行为，受理行政人员不服主管行政机关给予处分决定的申诉等。高校监察监督的重点领域主要是招生录取、评奖评优、职称评审、经费开支、基础建设等方面。第二，审计监督。指的是高校审计部门依据相关法律法规和学校制度规定对学校及所属机构的业务活动、内部控制进行审计，对各内部组织机构负责人的经济责任进行审计，主要开展财务审计、基建项目跟踪审计、领导干部经济责任审计、内控制度审计、经济效益审计等审计事项，通过审计以保证资金合理有效地使用。高校的审计监督主要是聚焦效率和效益问题，发挥免疫系统的功能。

群众监督是基础工程。群众监督是指广大师生依据国家法律和学校制度规定对办学治校行为实施监督。主要有三种方式：第一，广大教职工通过教职工代表大会对学校工作和事务进行监督。教职工进行有效监督建立在对校情的了解和掌握基础上，即通过学校的信息公开了解学校的政务、事务，参与监督活动。第二，广大师生可以根据学校的制度安排，按照相应的工作程序，通过致电、信访等方式向学校纪检监察部门、学校办公室等反映情况，发挥监督作用。第三，广大师生可以通过工会和学生会等群团组织向高校有

① 中共中央纪律检查委员会，中共中央文献研究室．习近平关于党风廉政建设和反腐败斗争论述摘编［M］．北京：中国方正出版社，2015：59.

关职能部门反映情况和问题，提出意见和建议，履行监督职责①。

第三节　环境文化

马克思曾经说过："人创造环境，同时环境也创造人。"② 马克思主义环境论告诉我们：一方面，人的发展受到环境的影响和制约，身处学校之中的师生，时时都与身边的人、事、物、景发生着"对话"，其精神生活正是在这种"对话"中得以塑造、陶冶和提升。正如美国著名教育学家、斯坦福大学第一任校长戴维·斯塔尔·乔丹在他的开学致辞中所说："这些长廊连同它们的华贵的圆柱，也将对学生的培养教育起到积极的作用。每一块砌墙的石头必定会给学生以美和真的熏陶。"③。另一方面，人也在积极主动地影响环境。人的思想和行为是具有目的性的，这种目的性有时会受环境的直接影响。在外部环境的诱导下，人往往会发生有目的的行为，这就是人受外部影响的主观能动性的体现。"文化"是特定的人类共同体在社会实践行为过程中，主观意识的状况和水平之群体性的反映样态。

环境文化是指一切有关人类认识、适应、利用和改造自然环境的事物与相应的行为、心智状态的总和，是致力于人与自然、人与人的和谐关系，致力于可持续发展的文化形态④，是"人类在环境保护的实践过程中所形成的物质成果和精神成果的总和"⑤。它由"环境认知文化""环境规范文化""环境物态文化"三部分构成，三种文化交融互摄、循环扩展，形成一个动态的复合体。环境文化与精神文化、制度文化、活动文化是高校教育的重要组成部分。环境文化是外显的文化，它包括学校的物质文化及硬件条件，为学校文化建设提供基础；相对应的，制度和精神文化是学校办学特色和文化内涵的内显形态即隐性文化。外显文化看得见，摸得着；内显文化看不见，但可以感觉到。正如哲学家爱尔维修曾说过："我们在人与人之间所见到的精神上的差异，

---

① 左伟．中国特色现代大学制度视阈下高校内部权力监督体系研究［J］．东北师大学报（哲学社会科学版），2018（5）：200-204．

② 马克思．1844 年经济学哲学手稿［M］．3 版．北京：人民出版社，2000：85．

③ 周少南．斯坦福大学［M］．长沙：湖南教育出版社，1991：24．

④ 徐云主，北京中关村国际环保产业促进中心，等．绿色新概念［M］．北京：中国科学技术出版社，2004：46．

⑤ 杨朝飞．环境保护与环境文化［M］．北京：中国政法大学出版社，1994：291．

是由于他们所处的不同环境、由于他们所受的不同教育所致。”① 所以，我们必须注重学校环境这一外显文化的建设，大力建设高雅环境文化。

一、行为文化

“行为”在《现代汉语词典》解释为“受思想支配而表现在外面的活动”。具体而言，行为是行为主体本能地回应内部或外部的某种刺激的活动和自觉地为了某种需要而进行的有目的的活动。行为是动物界的共同特征，就人而言，行为是人通过内在的生理和心理作用而产生的本能和自觉的外显性活动，是人和环境相互作用的产物和表现，它是相对于野蛮、粗俗行为而言的，它是指人类在主观意识支配下，理智地按照某种规范进行并取得成果的客观活动。行为文化直接源于人类由野蛮时代进入到文明时代的文化行为，是人类长期、丰富、进步的文化行为积淀下来的社会心理、思维方式和风俗习惯等具有外显性文化形态的总和。可见，文化行为是行为文化的基础，行为文化则是文化行为的升华。

“行为是现实的可变方面。一切事物不论它是否有生命都在行为”②，大学文化也不例外。大学行为文化是在大学系统中长期形成的、并通过大学各主体的行为活动而展示出来的文化形态的总和，是大学文化的重要组成部分，既具有文化的历时性的特点，又在表现形式及功能上不同于大学文化的其他组成部分。大学行为文化起源于大学系统内大学人的各种文化行为，其建设主体是大学人，大学行为文化会在大学人为实现大学目标而进行的文化活动中展现，通过各种文化活动反映了他们所共同具有的理想志向、愿望和行为习惯等，从而在教学、科研、学习、管理等群体活动中形成了一种集体行为风尚，这种集体行为风尚就是我们通常所说的校风③。这是因为大学行为文化是大学管理的方式和体现，对内体现为大学的管理能力和师生教工的综合素养，对外通过学校及师生的行为活动展示大学的形象④。并且，大学的行为文化是学校精神在大学人身上的具体体现与动态折射，大学人通过自

---

① 姚安译. 哲学实用手册［M］. 厦门：鹭江出版社，1988：177.

② 布莱克. 法律的运作行为［M］. 唐越，苏力，等译. 北京：中国政法大学出版社，2004：1.

③ 张桂霞. 刍议大学行为文化建设［J］. 青岛科技大学学报（社会科学版），2007（2）：105-109.

④ 刘剑波，陈超. 对大学行为文化建设的几点思考［J］. 重庆科技学院学报（社会科学版），2010（14）：142-144.

己的形象和素质展现着大学的宗旨理念和价值观念等。大学行为文化的外显能为大学形成良好的口碑和印象，大学治理中怎样看待学校和学生、教师、家长、管理人员及社会公众之间的关系和处理这些关系时产生的一系列活动都是大学行为文化的具体形式，它包含大学对内行为与面向社会的外部活动，即学生的行为、教师的行为、行政管理人员的行为和教学服务人员的行为。大学行为文化是一种动态文化，大学人的生活、学习和工作方式在不断变化，反映的价值观念与文化氛围也在不断地提升，体现的是大学的校风。

大学行为文化建设是一项长期系统性工程，需要国家、社会、高校多方主体的协调配合，要准确把握大学行为文化发展方向，一方面必须把握好我国大学行为文化发展的主流趋势，坚持以社会主义先进文化指引大学行为文化，汲取我国悠久历史文化特色，提升大学行为文化竞争力，立足高校发展实际，培育特色鲜明的学科门类行为文化，凝练大学行为文化，开拓一条适合我国的大学行为文化发展的建设道路。另一方面，大学应注重加强内部主体行为文化建设，主体主要包括一支具有人格魅力、学术造诣深、善于治学育人和科学研究的教师、科研人员队伍，一支高素养的行政管理和教学服务人员队伍，一届届朝气蓬勃、志向远大、知识丰富的学生团体①。

大学行为文化是大学文化的重要组成部分，对推动大学文化的发展有着重要的意义。行为文化作为大学文化的浅层，有着独特的显性表征，它是校园文化中的显性的活的文化，是大学文化的“活化”与“动态化”。大学行为文化反映着大学文化发展程度，是大学文化发展的标志之一，也受到大学文化的整体影响和制约。大学行为文化包含在大学文化之中，只有大学文化提升了，大学行为文化才能有所提升。

二、景观文化

“景观”一般是指自然风光、地面形态和风景画面，是人们观察周围环境的视觉总体②。“景观”一词在中国正式出现于20世纪80年代，当时主要作为一个地理名词，被解释为自然地理区划中特定类型的区域。如今，

① 张桂霞．刍议大学行为文化建设［J］．青岛科技大学学报（社会科学版），2007（2）：105-109.

② 王华东，王建．城市景观生态学雏议［J］．城市环境与城市生态，1991（1）：26-27.

“景观”一词已超越了“风景画”的界限而成为真实生活中视觉影像的一部分。“景观”一词的本意等同于“风景”“景色”，其用法在专业领域的发展过程中，派生出了“陆上风景”“风景画”和“模仿自然景色的庭院布置”等含义。人类对景观的理解随着对自身与自然关系之间的认识不断变化，并在原有的基础上不断丰富拓展。

人们常把人类欣赏的自然景物或自然现象称为“景观”。《辞海》对“景观”的定义是：地理学名词，从整体概念来讲，兼容自然与人文景观；从一般概念来讲，泛指地表自然景色①。对于“景观”的概念，不同学科的理解方式不一样。景观按照形成的时间特征，可分为历史人文景观和现代景观；按照人与景观的关系，可分为天然景观、人工景观、复合景观；按照地域特征，可分为城市景观、乡村景观、小城镇景观、荒野景观；按照地理面貌特征，可分为陆地景观、淡水景观、海洋景观；按照质感特点，可分为硬质景观和软质景观；等等。根据景观一词的来源、不同学科对景观的理解和实际运用中景观的主要内容，景观可以理解为具有视觉特征的大自然风貌、形态和具有生态性特征的自然空间及附在其上的文化现象②。

在一定的经济条件下，景观是指自然、社会、文化三位一体而形成的整体，它是被限定在一定的地域空间范围内和时间域内的，景观作为环境的一部分必须满足相应的社会性服务功能，同时要遵循生态原则及自然规律，也要与文化范畴相融为一体。

目前，景观概念已成为一个复杂的综合体系，它总是随着人们对人与自然关系认识与了解的不断发展而变化。因此，社会、科学、艺术多角度结合所形成的事物才是景观真正的意义。

景观文化则是一个较大的文化概念，在20世纪90年代中期才被首次提出。景观文化与建筑文化呈现出相似性，都包括物质与精神两个方面，但景观文化又明显不同于建筑文化，是更为纯粹的艺术。相比于文学、诗歌、曲艺等形式，景观文化的表现是有所不同的。文学、诗歌、曲艺是有关精神领域的内容，其目标是满足人们高层次的需求，而景观文化功能的实际价值的实现必须建立在物质形态基础之上。

景观文化在国内是一个较新的研究领域，其中心问题是景观文脉延续与

---

① 辞海（缩印版）[M]. 上海：上海辞书出版社，1980：1402.

② 王佩环. 景观概念设计中的审美重构 [M]. 武汉：武汉大学出版社，2016：20-22.

人的需求之间的互动关系，涉及人文景观生态学、地理学、人类学与社会学等学科。景观文化由四部分内容所组成。第一是景观的“形”，它是物质的、外烁的东西，是人们接触景观文化最初也是最直接的感受，是景观文化的外在表露，是景观文化物化的体现。第二是景观的“意”，它是文化的、内在的东西，是景观直接依托和体现的文化。第三是景观的“背景文化”，它是外在于景观的文化、思潮和社会。景观的“意”，也就是它的内在文化，常常会受到外在文化的制约。第四是景观的“阅读文化”，它是人们对景观的认识、理解和利用，也就是人们与景观之间审美与被审美之间的文化关系，具体包括景观的正读和误读。景观文化是上述四方面内容完整和有机的结合①。

校园景观是校园用地范围的外部空间所构成的环境系统，由一系列物质要素所构成，包括广场、建筑、植物、地形、水体、景观小品等。校园景观是可以通过视觉感知的、相对稳定的物质存在。校园景观的形成与其所在地域的自然环境、人文历史及校园自身文化等因素密切相关，是自然要素与文化要素交融的空间环境系统。正如眭依凡所言，“校园景观是校园环境的重要组成部分，校园景观不仅具有供师生观赏、休憩等实际功能，还是校园文化的物质载体，蕴涵着深厚的文化内涵”②。大学校园景观因具有特殊的天然属性，一方面能够再现自然景观，体现美学价值，发挥生态作用，另一方面也能巧妙地表达大学历史文脉、办学特色、人文精神等文化内涵。通过和校园景观的沟通，师生得以在享受校园优美环境的同时解读大学文化精神，强化、激励师生的内在精神特质，提高人的道德品质、艺术修养，完善人格，保持学校蓬勃向上。③

中共教育部党组于2017年12月印发的《高校思想政治工作质量提升工程实施纲要》强调要深入推进文化育人，“建设美丽校园，制作发布高校优秀人文景观、自然景观名录，推动实现校园山、水、园、林、路、馆建设达到使用、审美、教育功能的和谐统一”④。达到校园建设“文化底蕴深厚、

---

① 陈宗海. 旅游景观文化论［J］. 上海大学学报（社会科学版），2000（3）：108.

② 眭依凡. 关于大学文化建设的理性思考［J］. 清华大学教育研究，2004（1）：11-17.

③ 崔建霞. 环境教育：由来、内容与目的［J］. 山东大学学报（哲学社会科学版），2007（4）：147-153.

④ 中共教育部党组关于印发《高校思想政治工作质量提升工程实施纲要》的通知（教党［2017］62号）［EB/OL］.（2017-12-05）［2022-05-03］. http：//www. moe. edu. cn/srcsite/A12/s7060/201712/t20171206_ 320698. html.

校园特色鲜明、景观环境优美、生态文明和谐”的目标要求，使学校环境真正尊重人、关心人、塑造人。

上述目标的实现要遵循整体性原则。在大学校园里，那些具有悠久历史风貌的景观是最为师生校友铭记的校园印记，是校园文化传承的重要元素。因此在校园景观建设中，应注重挖掘校园悠久深厚的文化内涵，构建人文气质浓厚的校园环境，使师生校友在共同的文化背景中获得认同感和归属感。这种共同性在景观文化建设中表现为整体性原则。拿雕塑来说，校园中的雕塑不仅是学校艺术品位的体现，也是校园文化精神的传承与表达。优秀的校园雕塑不仅可以陶冶学生心灵，激发其奋发向上的进取精神，还可以有效地提高校园环境的品质。例如，位于水木清华景区的闻一多和朱自清两位先生的雕像，分别取材黑色大理石和汉白玉，一个忧国忧民、庄严肃穆，一个文雅浪漫、洒脱不羁，两种不同的性情和境遇被刻画得入木三分。立此雕塑来纪念前人、激励后人，具有较高的文化价值和纪念意义①。

二要遵循特色性原则。大学校园是学习领会、科研创造和传播文化知识的领地，其文化气质是独特的，这正是大学校园景观与城市景观差异所在。一个大学校园景观文化的来源和依据可以是多种多样的，表现形式可以是丰富多彩的，但必须有一个文化主题引领。所以，在校园景观建设中要充分探索学校的文化背景、治学理念和历史内涵，形成一个特色突出、底蕴深厚的文化主题，使每所大学校园景观呈现出有别于其他院校的独特气质②。从植物景观来看，每所大学都有其不同的办学特色，在植物种植上，应注重运用不同的树木花卉，进行合理而精致的植物配置，体现大学特有的办学理念及育人环境。例如，江苏大学主校区三江楼前的五棵松树是学校最重要的标志之一。

三要遵循艺术性原则。校园景观作为一种艺术形式，应该让师生有美的感受，渴望去感知和解读景观背后所蕴含的文化内涵。大学校园的主要使用对象是在校师生，他们具有较高的文化素养和艺术欣赏水平，因此在校园景观建设中，应当以美学为基础，灵活运用色彩、轮廓、尺度、肌理及线条等多种艺术元素，形成具有文化底蕴和艺术气质的景观形象，使大学文化精神

---

① 赵坤．大学校园景观文化建设的原则和方法：以清华大学为例［J］．安徽农业科学，2017（24）：174-178.

② 周玲玲．高校校园环境景观特色创意研究［D］．南京：南京林业大学，2010.

在校园景观中得以展现，得以涵养①。

四要遵循生态性原则。生态设计的核心是人与自然的和谐统一。校园内各个景观文化是相互联系、有机共生的。校园景观文化是由萌芽、成长、调整至壮大的生态演进过程，承认景观文化的生态性原则是把握校园文化脉络的切入点。大学校园是师生工作学习的重要场所，必须遵从自然科学的客观规律，秉承尊重环境、爱护环境的原则，通过自然景观的营造和生态材料的应用构建生态绿色校园②。

景观是文化的物质载体，文化是景观的精神灵魂，只有蕴涵深厚文化内涵的景观才能拥有真正的生命力和持久力。校园景观文化应具有鲜明的时代特点和一定的艺术水平，具有较高水平的思想内涵，要提倡人文优先、张扬传统文脉，更要融入现代精神。

三、校情文化

“校情”是指高等学校内、外部环境相互作用和历史与现实相互融合的一种动态表现③。校情体现的是个体学校发展的程度，反映的是单一学校过去、现在和将来的历史变迁。校情即一个学校在特定社会历史时期的发展性质、基本特征、主要矛盾等情况的综合，包括办学理念、办学特色、学校各方面的相关制度、学校前景展望等。一般谈到校情必然要提到校史，常常表达为“校史校情”。校史是对一所学校发展轨迹的真实记录，是办学经验、教训、智慧等方面的长期积淀，是大学文化的映射和风格特色的集中体现，也是大学的战略规划、管理体制、学科建设等一系列重要工作得以展开的历史依据。校史蕴含着大学发展规律和文化理念，可不断启人新知，生成新的大学精神和大学理念。

校史校情文化作为一种校本特色的宝贵资源，是独特的历史文化资源，也是大学校园文化的重要组成部分。将校史校情文化教育有机地融入校园文化建设之中，不仅可以构筑具有特色的校史校情文化，也可以推进校园文化建设，提升高校文化软实力。校史校情文化蕴含的思想、理念和精神是维系

---

① 袁浩东．重塑大学校园景观的独特气质［J］．艺术与设计（理论），2008（4）：96-98.

② 徐庚阳．大学新校园景观的人文性设计［J］．安徽建筑工业学院学报（自然科学版），2007（4）：65-69.

③ 谌虹．从高等教育发展看高校校情研究的价值［J］．中国地质大学学报（社会科学版），2001（1）：65.

和促进大学校园文化延续和发展的根本，是大学先进文化不断发展、创新的根基。通过校史校情文化教育，能够使师生充分认识到学校的办学特色、办学理念和办学思想，增强认同感、使命感和爱校情感，提高广大师生的奉献意识、责任意识和主人翁意识，从而塑造特色鲜明、健康和谐、科学发展的校园文化环境。

校史校情文化也是学校加强素质教育、进行思想政治教育的重要载体，是做好高校思想政治教育工作的重要环节和有效途径。学习校史，了解校情，能够让师生把学校的前世今生和荣辱发展与社会的历史背景、时代特点、曲折进程联系起来，从而增强个人的历史责任感和使命感，提高对学校发展历史的客观认识。同时，良好的校风校训、师德师风是学校经过长期历史发展过程积累、选择、凝练而成的精神产品，也是当前师生公认且自觉遵循的思想认识、价值观、行为准则和思想作风，是滋润师生美丽心田、净化科学思想、提高精神境界的重要教育力量。广大师生在校史校情文化的影响下，实现对学校管理制度的普遍认同和共同遵守，视学校的事业为自己的事业，视学校的发展为自己的发展，在思想上和行为上自觉与学校保持一致，自觉投入到学校的各项事业发展中，确保各项规章制度的有效执行①。

在学校发展进程中，广大师生活动需要一个舞台的背景。这个舞台，既应有人造的建筑，也应有自然的景观。正所谓“离开了红楼，就不好叙说北大的故事；没有了荷塘，清华的记忆也要抹去相当的一块”②。新时期，随着经济的快速发展和高等教育体制改革的加速推进，我国的高等教育也由精英型迈入大众化。在办学规模不断扩大、原有办学条件受限的情况下，不少高校采取了建设新校区的方式来满足高等教育发展的需求。新校区建设为学校的发展带来了机遇，同时也带来了前所未有的挑战，如校园建设与使用同步调，校园环境不完善。按照现在大学的办学理念，新校区的建设规划是需要精心设计的，不但体现了学校的长远发展大计，还意味着学校的历史与文化传承。由于空间的制约，很多大学的新校区使用往往是在建设过程中就开始了，这虽然能满足最基本的需要，但也容易造成建设的相对滞后③。再如，大部分新校区会出现校园文化底蕴缺乏、人文氛围不浓，不能彰显办学特色

① 曹秀芬，江书平．谈校史文化的时代价值［J］．高等农业教育，2015（11）：42．

② 周良书．大学校史研究中的若干问题［J］．当代中国史研究，2006（4）：60．

③ 颜忠诚．高校新校区管理的问题与对策［N］．光明日报，2015-05-19（14）．

等问题。在新校区学习、生活、工作的师生们感受不到大学的文化氛围，①软环境建设出现“文化沙漠”地带等现象。

为此，各高校在加大新校区建设过程中，必须克服新校区文化基础薄弱、忽视文化建设的问题，避免出现新校区文化建设缺乏或与学校校史文化不匹配、不相称、不融合现象，要重视把校史校情文化应用到新校区校园文化建设之中，让新校区继续保持学校校史文化的传统，汲取、继承并发扬校史文化的精髓，进一步提升文化实力和竞争力，以史明志、以史明鉴、薪火相传，实现文化育人、文化兴校，向着建设特色校史校情文化目标阔步前进。

另外，为彰显办学传统和办学特色，应进一步挖掘校史校情资源，可实施校史资料征集、校史校志编研、校史校情展示、校史校情教育、校史文化产品开发等建设项目。兴建校史文化苑或文化长廊，积极打造集体主义教育和爱校荣校教育基地。同时，将社会主义核心价值观根植于学校发展史的肥沃土壤中，以史为鉴、以史为源，真正在新时期将社会主义核心价值观落细、落小、落实。

总之，我国历来有崇尚廉洁的文化传统，廉政是儒家治国理政的基本要求。新中国成立以后，更是把廉政作为治国理政的根本。历届党和国家领导人都高度重视我国廉洁文化建设，指导我国社会开展了丰富的廉洁文化建设实践。特别是党的十八大以来，以习近平同志为核心的党中央高度重视党风廉政建设和反腐败斗争，强调党要管党、从严治党、全面推进廉政建设，提出了一系列新的理念、思路、举措，出台了一系列关于廉政建设的具有极强的指导性、针对性、示范性和可操作性的重要规定，防止“物必先腐，而后虫生”②，要深刻认识社会主义廉洁文化建设在推动社会主义文化大发展大繁荣中的重要性、必要性，强化文化担当。要充分发挥廉洁文化建设在提升高等教育质量、促进高校科学发展中的基础作用，加强文化引领，用廉洁文化引领教师队伍建设，促进教师廉洁执教；用廉洁文化引领人才培养，促进大学生廉洁修身；用廉洁文化引领高校科学管理，提升管理质量，全面深入推进高校廉洁教育和廉洁文化建设③。

---

① 刘翠玉．论提升大学文化软实力［J］．高等农业教育，2014（10）：30-32.

② 朱祖延．引用语大辞典［M］．武汉：武汉出版社，2000：714.

③ 教育部：提出全面深入推进高校廉洁教育和廉政文化建设［EB/OL］．（2012-09-29）［2022-05-03］．http：//edu．people．com．cn/n/2012/0929/c1053-19154752．html.

第三章
高校廉洁文化的实践维度

第一节 干部廉洁从政

一、廉洁从政的引领作用

（一）高校领导干部廉洁从政的内涵

“廉洁”一词最早出现在战国时期诗人屈原的《楚辞·招魂》中：“朕幼清以廉洁兮，身服义尔未沫。”东汉著名学者王逸在《楚辞章句》中注释说：“不受曰廉，不污曰洁”，也就是说，不接受他人的馈赠的钱财礼物，不让自己清白的人品受到玷污，就是廉洁。

“廉者，政之本也。”廉洁从政，秉公用权，是我们党的光荣传统和优良作风。《中国共产党章程》把“清正廉洁”与“信念坚定、为民服务、勤政务实、敢于担当”一道，明确为党的各级领导干部的基本素质。《中国共产党廉洁自律准则》要求，党员领导干部要“廉洁从政，自觉保持人民公仆本色”。

习近平总书记高度重视廉洁文化建设，多次对领导干部修身正己提出要求，比如“领导干部特别是高级干部要带头落实关于加强新时代廉洁文化建设的意见，从思想上固本培元，提高党性觉悟，增强拒腐防变能力”“党员、干部要不断提升人文素养和精神境界，去庸俗、远低俗、不媚俗，做到修身慎行、怀德自重、清廉自守，永葆共产党人政治本色”“领导干部要讲政德。政德是整个社会道德建设的风向标。立政德，就要明大德、守公德、严私德”等，这些重要论述为领导干部廉洁从政提供了根本遵循。

高校并非国家行政机关，但因相关法律法规和规章的授权而取得教育行政职权①，是具有行政职能的事业单位，领导干部也拥有相应的行政级别。2010年，中共教育部党组印发了《直属高校党员领导干部廉洁自律“十不准”》，对高校党员领导干部在民主决策、人事管理、基建工程、招生录取、专业技术职务评聘、科研项目评审、后勤管理、学术建设及对亲属和身边工

① 蒋伟龙，张胜先．我国公立高校行政权力问题研究［J］．学术界．2009（5）：259-263.

作人员管理等方面的行为提出了具体要求，充实和完善了高校党员领导干部廉洁从政的行为规范①。此外，教育部还印发了《严禁教育系统领导干部违反规定插手干预基本建设工程项目管理的若干规定》，进一步规范了高校领导干部参与基本建设工程项目管理的行为。

（二）领导干部廉洁从政与高校廉洁文化的关系

廉洁文化和廉洁从政的核心都是“廉洁”，以崇尚廉洁、摈弃贪腐为价值取向，但两者侧重点又有所区别，廉洁从政体现一个政党的执政理念和执政方式，而廉洁文化既要以党员干部和公职人员为重点，又要重视社会环境与社会风气的改造②。高校廉洁文化建设与领导干部廉洁从政具有相互促进的关系。

1. 领导干部廉洁从政有利于推进高校廉洁文化建设

一方面，高校领导干部承担廉洁文化建设的主体责任。《党委（党组）落实全面从严治党主体责任规定》中指出，党委（党组）要加强党的纪律建设，履行党风廉政建设主体责任，支持纪检监察机关履行监督责任，一体推进不敢腐、不能腐、不想腐。《关于加强新时代廉洁文化建设的意见》中指出：各地区各部门要担负起廉洁文化建设的政治责任，把廉洁文化建设纳入党风廉政建设和反腐败工作布局进行谋划，建立廉洁文化建设统筹协调机制，久久为功抓好落实，推动新时代廉洁文化建设深入开展。由此可见，领导干部是高校廉洁文化的领导者、组织者、推动者，领导干部需要明确自己在高校廉洁文化建设中的重要作用，切实履职尽责，切实担负起领导责任，推动廉洁文化建设。另一方面，高校领导干部是学校的“领头羊”，能否做到廉洁从政将会对高校其他主体产生示范效应，对形成干部廉洁从政、教师廉洁从教、学生益智尚廉的高校廉洁文化氛围有着较大的促进作用。领导干部要带头涵养廉洁文化，将廉洁自律各项要求内化于心、外化于行，以身作则、率先垂范，做清正廉洁的榜样。

2. 高校廉洁文化建设是对领导干部廉洁从政的有力保证

廉洁文化建设以廉洁为主题，通过开展理想信念教育、思想道德教育、党章党规党纪教育等，夯实清正廉洁思想根基、培养廉洁自律道德操守、弘

① 王立英. 促进高校党员领导干部廉洁从政 为教育规划纲要贯彻实施提供有力保障［J］. 中国高等教育. 2011（2）：4-8.

② 何艳，李晓阳. 加强新时代廉洁文化建设：学习习近平总书记关于廉洁文化的重要论述［J］. 中国纪检监察. 2022（5）：15-17.

扬崇廉拒腐社会风尚，培育清正廉洁、秉公用权的文化土壤。加强高校廉洁文化建设有助于筑牢领导干部廉洁从政的思想防线，养成领导干部廉洁从政的行为习惯，营造领导干部廉洁自律的良好氛围，是领导干部自身健康成长、干事创业的有力保证。

（三）领导干部廉洁从政的重要意义

1. 领导干部廉洁从政对高校其他主体具有重要的示范意义

高校领导干部具有行政管理和教书育人双重身份，领导干部的一言一行、一举一动，都会在干部职工和学生群体中产生重要的引领作用。“其身正，不令而行；其身不正，虽令不从”。领导干部廉洁从政有利于建立高校师生对党的信任，加强党对高校的领导，也将影响到全校干部职工的价值理念和行为方式，对高校良好政治生态的形成和廉洁文化建设有着巨大的影响。高校领导干部的第一身份是教师，教师是学生成长成才的人生导师，“身教甚于言教”，倘若高校领导干部出现廉洁问题，将会对学生人生观、价值观、社会观的形成产生负面影响。因此，领导干部应该带头走正路、干正事、扬正气，从自身做起，强化党性修养、坚定理想信念、涵养道德情操，清正廉洁、务实担当，为国家下一代的廉洁教育发挥积极表率作用。

2. 领导干部廉洁从政有利于高校全面贯彻党的教育方针、推动内涵式发展

高校的建设和发展，不仅需要良好的政治环境、宽松的学术环境、和谐的人文环境，更需要严明的廉政环境①。高校领导干部是高校改革发展的领导者、组织者、推动者，高校领导干部一旦发生腐败，必将造成教育资源的浪费、财产的流失，引发教职员工的不满，有损学校的声誉。因此，高校领导干部要正确行使自己的职责，按程序按规范做决策，保证高校正确办学方向；要加强廉洁自律，树立正确的政绩观、利益观，不为私心、名利、物欲所惑，不以权谋私，自觉维护干部良好形象；要创造和维护公平、公正、透明的环境，营造安定团结的环境和良好的干事创业氛围，凝聚人心，形成合力，不断推动高校各项事业高质量、内涵式发展。

① 江苏省教育厅．高校领导干部廉洁教育读本［M］．南京：南京大学出版社．2012：27.

二、行政权力的制约

（一）高校行政权力的发展现状

1. 高校行政权力的概念

行政权是国家权力之一，是一定行政主体执行法律、管理社会行政事务而享有的国家的权力①。具体来说，行政权力是一个国家权力体系中负责执行国家权力机关的意志，维护社会、经济文化秩序，增进社会福利，管理社会事务的权力②。

高校并非国家行政机关，而是一种教育行政部门的授权组织或委托组织。高校行政权力与一般意义上所说的行政权力不同，学者一般从内部和外部两个层面对高校行政权力进行定义。有学者认为高校行政权力是指国家、政府和党政机关为规范高校办学活动等行政事务而进行资源配置和行为管理的力量，在此过程中，权力主体是政府及其职能部门，权力客体是高校。也有学者认为，高校行政权力是指“高校依教育方面的法律法规和规章的授权而取得的权力”③；行政权力主要指大学的行政系统为实现组织目标依照一定的规章制度通过经费的筹措与规划、协调与指导等一系列方式对高校进行管理的权力④。此种观点认为，高校行政权由法律授予，主体是以校长为首的行政系统，包括行政组织（校长办公室、教务处、科技处等）和行政人员（处长、副处长、科长等），客体则是指权力主体职责范围内的事务、活动等。

高校行政权力是指以校长为首的学校行政机关及其行政人员依靠国家法律法规及相关规章制度等要求，通过不同方式对其职责范围内的行政事务或活动进行管理的一种权力，其目的是保障学校各项事务顺利、高效运行，保证党的教育方针全面贯彻落实。

2. 高校行政权力的主要内容

从法律授权来看，高校行政权主要包括招生权、有限的行政处分权、教

---

① E. 博登海默. 法理学：法律哲学与法律方法［M］. 邓正来，译. 北京：中国政法大学出版社. 1998：364.

② 王连昌. 行政法学［M］. 北京：中国政法大学出版社. 1999：1.

③ 蒋伟龙，张胜先. 我国公立高校行政权力问题研究［J］. 学术界. 2009（5）：260.

④ 朱健，董石桃. 论高校行政权力的来源及其优化机制［J］. 高校教育管理，2011，5（3）：18-20.

育行政许可权、制定校内软法权等。如《中华人民共和国教育法》第二十八条规定，学校有按照章程自主管理，组织实施教育教学活动，招收学生或者其他受教育者，对受教育者进行学籍管理、实施奖励或者处分，聘任教师及其他职工、实施奖励或者处分等权利；《中华人民共和国高等教育法》规定，高等学校的校长全面负责本学校的教学、科学研究和其他行政管理工作，行使拟订和实施发展规划、组织教学活动、任免内部组织机构的负责人、聘任与解聘教师及内部其他工作人员、对学生进行学籍管理并实施奖励或者处分、拟订和执行年度经费预算方案等职权。

从工作内容来看，根据高校日常事务的类型，高校行政事务主要包括领导班子决策、人事安排、财务管理、工程建设、考试招生、学术风气、设备物资采购等方面的内容。

（二）高校行政权力的失范与腐败

1. 高校行政权力的失范导致腐败

高校行政权力在运行过程中偏离其应有的作用方向，导致权力失范。权力失范有行政不作为、越位、错位等表现形式。例如有的领导干部虽然拥有权力，但责任意识淡薄，遇事推诿扯皮，不担当、不作为；有的“双肩挑”领导干部利用其行政权力“越位”干预学术事务，挤压了学术权力；有的领导干部利用职权和职务上的影响违反规定，干预和插手经济活动、为亲属及身边工作人员谋取利益的问题等，即为权力错位。权力错位与权力腐败两者关系较为密切，权力错位达到一定的度就容易演变成权力腐败，而腐败的本质就是权力错位。

近年来，高校行政权力的失范导致腐败现象呈现多发、易发态势。仅2021年1月至10月，中央纪委国家监委网站“审查调查”栏目通报的来自高校系统的中管干部有2人，省管干部有18人，平均一个月有2名高校系统中管或省管干部落马。

根据媒体对2010年至2020年400余份涉高校腐败犯罪裁判文书的统计分析来看，目前我国高校腐败犯罪呈现六个特点：一是涉案人员的年龄主要集中在50岁以上，多数在高校担任一定职务，掌握一定权力和资源，存在大量的腐败机会；二是高校腐败犯罪的风险职级由高到低依次为处级、校级、科级、普通职员及教师；三是涉案人员的受教育程度普遍较高；四是涉案领域相对集中，主要是基建工程、组织人事、财务管理、物资采购、招生就业、科研经费使用等领域；五是主要集中在受贿罪、贪污罪等罪上，如贪污科研经费；六是窝串、串案突出，共同犯罪案件占相当比例，这与高校相对封闭，腐败分子彼此勾结，结成利益同盟有关①。

2. 高校行政权力的失范的原因

（1）权力过于集中

一方面是行政权力过于集中。高校的内部权力主体包括：以党的委员会为领导核心的党委权力、以校长为首的行政权力、以学术委员会为主导的学术权力、以广大师生为主体的民主参与权力。现在高校中存在一个较为普遍的现象，就是行政权力占主导地位。在一些大学中，学校党委常委会、校长办公会成员是同一套人马，客观上造成了党委权力主体和行政权力主体的一致，导致决策、管理、执行、监督难以有效分开②。

另一方面是行政权力集中在少数人手上。目前，高校内部行政管理机构的设置往往与国家部委和地方教育行政管理机构设置形成一一对应的关系，主要包括人事处、教务处、科技处、财务处、国有资产管理处、基建处、采购与招标处等部门。依学校规模的不同，一般各部门工作人员在 5 至 20 人之间，一般配备正职 1 人，副职 1 至 3 人。对应的高校校级行政领导干部（含校长）一般在 5 至 10 人③。高校行政管理事务千头万绪，但最终参与决策或者说有决策权的管理人员却并不多，权力集中度较高。特别是近年来国家对高等教育事业投入不断加大，高校在自主招生、基建、物资采购、经费使用等方面的自主权越来越大，掌握的资源也越来越多，这也为行政权力失范甚至腐败提供了空间。

（2）制度约束不够紧

一方面是高校行政管理制度不够健全。高校行政管理制度虽然依据国家相关法律法规和高校章程等制度而制定，但制度的针对性、系统性和可操作性还不够，一些制度内容空洞、针对性不强；一些制度建立在传统管理任务的基础上，手段较为落后，不能适应新形势下高校行政管理和高质量发展的需要；一些制度甚至在内容上存在冲突，导致相关职责划分不清，工作人员无所适从，出现推诿、扯皮现象；近年来许多高校开展廉政风险排查、内控

① 彭新林．从 400 余份裁判文书看高校腐败犯罪特点［J］．廉政瞭望．2021（21）：24-26.

② 常亮，李成恩．中国特色大学内部治理体系的协调与建构：基于完善内部权力运行制约和监督体系的视角［J］．国家教育行政学院学报．2016（12）：38-44.

③ 罗春明，李和中．完善高校行政权力监控体系的路径分析［J］．中国高等教育．2015（9）：47-49.

机制建设，围绕经费管理、基建、采购、后勤等重点领域、关键环节建章立制，但往往只是头痛医头、脚痛医脚，不能形成一套完善的风险防控内控机制。

另一方面是制度执行的刚性不够。由于高校事务公开性不够等原因，使得一些制度往往只有少数人知道，社会公众更是无从知晓，导致不少制度没有得到很好的贯彻执行，其他人也难以依照制度对行政人员进行监督。此外，许多制度缺乏对行政人员不按章办事，违规操作的监督、追责机制，使得高校行政管理制度有一定的伸缩性，监督部门对行政违纪违规行为追责“失之于宽、失之于软”的现象普遍存在。

（3）监控体系不够完善

一是高校纪检监察机构的监督存在薄弱环节。虽然实施了纪检监察体制改革，但仍存在“一把手”监督难、人员业务素质不过硬、监督手段不多等问题，导致纪检监察机构监督成效不明显。二是民主监督不力。教代会发挥的作用不明显、师生员工监督意识不足、党务政务信息不对称、反映问题渠道不通畅等，导致民主监督难以发挥作用。三是未能形成监督合力。校内巡察监督、审计监督、党委工作部门和职能部门条线监督等各自为政，未能有效建立资源共享、优势互补的监督合力。此外，高校校内人员规模庞大，同学、同好或同宗、同乡等关系复杂，属于典型的熟人社会，使得社会监督鞭长莫及。

（4）拒腐防变意识不足

随着高校的办学自主权不断增加，高校领导干部拥有越来越多的权力，也面临越来越多的诱惑与考验。一些领导干部重教学科研、轻党政管理，对政策理论的学习特别是党风党纪的学习不积极，对党风廉政建设和反腐败工作不重视，不知不觉地脱离了廉洁自律的轨道；一些领导干部权力观、利益观扭曲，拜金主义、享乐主义盛行，与民争利、以权谋私等现象频发；一些领导干部主动接受监督的意识不强，千方百计地逃避上级监督、不配合同级监督、不尊重下级监督，甚至存在“侥幸”“冒险”心理，对抗监督。

（三）高校行政权力制约的主要途径

1. 权力制约

习近平总书记强调，要强化权利制约，合理分解权力，科学配置权力，不同性质的权力由不同部门、单位、个人行使，形成科学的权力结构和运行机制。高校内部权力的制约可以从两个维度来考量。

从横向上看，中国高校实行“党委领导下的校长负责制”，高校内部权力是包括党委、行政、学术、民主权力在内的多元权力结构。结合当前高校内部权力运行现状，高校应明确四种权力的权责边界，各司其职，避免权力的随意侵犯或僭越，特别是在保证党委领导核心地位的前提下，要着重提升学术权力、民主权力在学校的地位和影响力，形成相互制约又相互协调的权力运行机制。

从纵向上看，我国绝大多数高校实行校院二级管理模式，但由于部分高校并没有实现真正意义上的权力下移，使得人、财、事等重大权力仍过度集中在学校领导层和职能部门，造成权力分配的不合理。因此，要继续深化校院两级管理体制机制改革，进一步理顺学校与学院的权责利关系；职能部门要建立归口管理制度，制定“三定”方案，明确岗位名称、职责及工作要求，保证部门之间各司其职；要建立权力清单制度，明确权力的界限，以保证权力依法依纪依规行使。

2. 制度制约

坚持用制度管权、管事、管人，形成有效的高校权力运行制度体系，切实提高制度执行力，增强制度实效，把高校权力关进制度的笼子里。一是完善各项决策制度，完善大学章程，建立健全校党委（常委、全委）会的议事规则、校长办公会议事规则、学术委员会章程、教职工代表大学议事规则，完善“三重一大”议事决策机制，界定本单位重大决策、重要人事任免、重大项目安排、大额资金使用等事项的具体内容和认定标准，推进高校决策集体化、规范化。二是完善内部控制制度。突出重点领域和岗位，建立健全对工程建设、财务管理、考试招生、国有资产、科研管理等重点领域和关键环节的制度建设，不断堵塞制度漏洞，完善运行机制。三是强化制度执行。建立规范性文件审查与清理机制，按简便、有效、管用的原则定期做好制度“存、改、立、废、释”等工作，提升制度的普及率和知晓率；强化对制度执行情况的监督和对违反制度的责任追究等，增强制度执行刚性。

3. 文化制约

以文化制约权力，其作用机理是通过营造良好的制度文化、学术文化和廉政文化，广泛借助于社会舆论机制和以“互联网+”为代表的网络文化渠道，使权力主体在行使权力的过程中自觉产生抵制其滥用权力的欲望与冲动，并在权力主体中形成“不敢腐、不能腐、不想腐”的主观意识、思想防线和外部氛围①。要抓住高校领导干部这个“关键少数”，加强对其教育、管理和监督，促进高校领导干部廉洁从政，确保权力正确行使。要坚持以“零容忍”态度惩治高校腐败，严格审查和处置高校党员干部涉嫌腐败的行为，并做好以案说法、以案为鉴、以案促改工作，教育引导高校党员干部、教师自觉做到知敬畏、存戒惧、守底线。高校要加强校务公开的力度，畅通师生员工民主决策和民主监督的渠道，提高高校其他监督主体的参与度，使民主监督制度真正运作起来。要从重塑大学精神的高度出发，增强立德树人意识，强化师德师风建设，同时进一步加强高校反腐倡廉和法制宣传教育，持续推进廉洁校园建设，营造风清气正的校园环境，打造具有感染力的高校权力运行与制约文化。

三、权力监督机制的健全

（一）行政权力监督的概念与内容

1. 行政权力监督的概念

行政权力监督是伴随着行政权力的产生而出现的。孟德斯鸠说：“一切有权力的人都容易滥用权力，这是万古不易的一条经验，有权力的人们使用权力一直到遇有界限的地方才休止。”党的十九大报告中明确提出要“健全党和国家监督体系”的目标，并指出要“加强对权力运行的制约和监督”。

监督是指对现场或某一特定环节、过程进行监视、督促和管理，使其结果能达到预定的目标。顾名思义，行政权力监督则是指通过建立科学、合理、有效的制度和机制来监督行政权力的运用情况和行使行政权力的行政人员，以保证行政权力在规定的范围内运行。

2. 高校行政权力监督的体制机制

（1）外部监督

高校是重要的社会公共部门，高校行政权力的外部监督力量既包括教育行政部门根据其职责权限进行行业监督，也包括企业、教育中介组织、校友、学生家长、社会公众、媒体等外部利益相关者进行的社会监督②。

高校是教育行政部门的授权组织或委托组织，高校的招生额度分配、高

---

① 常亮，李成恩．中国特色大学内部治理体系的协调与建构：基于完善内部权力运行制约和监督体系的视角［J］．国家教育行政学院学报．2016（12）：38-44．

② 许慧清．大学外部治理视野中的社会监督［J］．中国高教研究．2013（1）：82-85．

校经费的划拨使用等，都由相关政府部门进行调度、管理。《中华人民共和国高等教育法》规定："高等学校的办学水平、教育质量，都要接受教育行政部门的监督和评估。"教育行政管理部门对高校进行行政监督，如通过定期开展审计、开展国有资产管理工作检查等方式，对高校行政权力的运行进行评估和检查，监督的内容主要涉及办学条件、招生录取、教育收费、经费管理、教学管理、教学效果和教育改革等方面。

高校因其教书育人、科学研究等职能，与企业、校友、学生家长、社会公众等联系密切，发挥着重要的社会功能。因此，社会监督也是高校行政权力监督的重要力量。如媒体监督、舆论监督等，监督的内容主要集中在招生公平、学术诚信、社会服务、党风廉政等方面。

（2）内部监督

高校内部监督是指为了确保高校内部权力合法有效地运行，通过对高等学校治理中若干事务的内部约束，针对高等学校内部权力的来源、主体权责、运作效能等，而相对独立地开展的检查、审核、评议、督促活动①。目前，高校内部监督主要包括党内监督、行政监督及群众监督等。党内监督包括党委的全面监督、纪委的专责监督、党委工作部门职能监督、党的基层组织日常监督和党员民主监督，如高校党代会、党委全委会对党委常委和党委委员进行全面监督，纪委依据党章、党规、党纪等对学校党组织和领导干部进行专责监督，党委工作部门根据职责权限对相关领域进行日常监督，等等。行政监督是指高校行政部门对学校具体的行政工作和权力运行各环节进行监督，如审计处对高校内设机构、领导干部经费使用情况进行审计。群众监督主要指广大师生员工的监督，主要通过职工代表大会、党务校务公开、特约监督员、干部述职述廉等形式进行。

（二）高校行政权力监督的现状

① 党内监督机制不完善。一是权力运行程序不够规范和严密，尚未形成决策、执行、监督相互衔接、环环相扣的党内监督网络②。二是"不会监督""不想监督""不敢监督"的现象客观存在，有的领导干部党内监督意识还很薄弱，抓早抓小、防微杜渐意识不够，民主生活会、组织生活会"红

---

① 毕宪顺. 决策·执行·监督：高等学校内部权力制约与协调机制研究［M］. 北京：教育科学出版社，2013：114.

② 李战军，朱轩林. 高校权力监督体系现状分析及机制构建［J］. 学校党建与思想教育. 2015（12）：76-77.

脸出汗”不够，主动规范运用监督执纪“第一种形态”的意识不强。

② 纪检监察机构监督存在薄弱环节。高校纪检监察机构改革尚处于起步阶段，纪检监察机构的独立性和权威性还不够；一些纪检监察干部专业能力素养还不够高，业务知识掌握还不够全面，实战经验也比较缺乏，存在“本领恐慌”；一些纪检监察干部的斗争意识还不强，对“一把手”特别是校领导班子的监督力度不够，方法不多，依然存在熟人社会监督难等问题，导致监督的针对性、有效性不高。

③ 民主监督难以发现问题。一是师生群众监督的意识不足。很多师生没有进行监督的习惯，事不关己高高挂起；有的师生对同级不愿监督，怕影响同事、同学关系，对上级不敢监督，怕被打击报复。二是监督的渠道不够通畅。要师生对领导干部进行监督，首先必须要让师生了解领导干部行使权力的过程，而现实情况是，高校虽然推行了校务公开工作，但公开的多是决策的结果，而不是决策过程，一些决策细节、执行情况没有做到完全的公开、透明，信息不对称导致监督难以发现问题①。三是教代会作用发挥不够，代表的履责意识和履责能力，提案反映的问题能否得到高度重视、能否妥善解决等，都会直接影响教代会的作用发挥。

（三）健全行政权力监督的主要路径

《中国共产党党内监督条例》明确提出，要建立健全党中央统一领导，党委（党组）全面监督，纪律检察机关专责监督，党的工作部门职能监督，党的基层组织日常监督，党员民主监督的党内监督体系。十九届中央纪委六次全会指出，要按照党统一领导、全面覆盖、权威高效要求，在党内监督主导下做实专责监督、贯通各类监督。这为我们健全高校行政权力监督机制指明了方向。

1. 强化全面监督

党内监督第一位的是党委（党组）监督。高校党委对行政权力的制约和监督负有全面责任。《中国共产党党内监督条例》规定，党委（党组）在党内监督中负主体责任，书记是第一责任人，党委常委会委员（党组成员）和党委委员在职责范围内履行监督职责。一要全面领导党内监督工作，坚持民主生活会、党内谈话、干部考察考核、述责述廉、领导干部个人有关事项报告、领导干部插手干预重大事项记录等制度，重点加强对下一级党组织主要负责人的监督。二要加强对纪委工作的领导，支持纪委履责，定期研究党风

① 曲雁．高校权力运行的内部监督机制研究［J］．学术交流．2014（1）：198–201．

廉政建设工作，定期听取纪委工作汇报，确定重点工作，协调解决重大问题，对纪委履职不到位的及时纠正。三要加强对党委常委会委员（党组成员）、党委委员，同级纪委、党的工作部门和直接领导的党组织领导班子及其成员的监督，规范党委（常委、全委）会、校长办公会、二级党组织党政联席会议议事规则和“三重一大”决策机制，重大问题集体研究，防止个人专断；定期召开民主生活会，严肃认真开展批评与自我批评，规范运用监督执纪“四种形态”尤其是第一种形态，让“红红脸出出汗”成为常态。

2. 做实专责监督

作为党内监督的专责机关，要继续深化高校纪检监察体制改革，进一步理清相关方面职责要求，保证纪检机构的相对独立性和权威性，强化上级纪委对下级纪委的监督领导，压实监督责任，提高监督水平，推动高校党风廉政建设和反腐败工作向纵深发展。一是强化政治监督，加强对高校落实立德树人根本任务、坚持社会主义办学方向，贯彻党中央关于高校工作的重大决策部署等的监督检查，协助党委把“两个维护”落实到各项具体工作中。二是突出对“一把手”的监督，落实《中共中央关于加强对“一把手”和领导班子监督的意见》，严格按照《中国共产党章程》《中国共产党廉洁自律准则》《关于新形势下党内政治生活的若干准则》《中国共产党纪律处分条例》等规定，加强对党员干部自觉遵守党的纪律、廉洁自律各项规定的监督检查。三是做实日常监督，聚焦关键人、关键事、关键处、关键时，加强对工程建设、资金使用、入学招生、选人用人等的监督检查，着力查处违纪违法问题，一体推进不敢腐、不能腐、不想腐。

3. 贯通各类监督

贯通纪律监督、监察监督、巡视巡察监督、审计监督等，延长监督链条，扩大监督探头；建立完善各监督主体定期会商、专业人才统筹协调、监督成果共享共用等制度，解决监督过程中存在信息壁垒、监督成果共享不充分、整体效能发挥不充分等问题，形成信息共享、优势互补、成果互用的综合监督体系。

（1）巡视巡察监督

巡视是党内监督的战略性制度安排。党章规定，党的中央和省、自治区、直辖市委员会实行巡视制度，在一届任期内，对所管理的地方、部门、企事业单位党组织实现巡视全覆盖。中央有关部委和国家机关部门党组（党委）根据工作需要，开展巡视工作。党的市（地、州、盟）和县（市、区、旗）委员会建立巡察制度。巡视是上级党组织对高校党委和领导干部进行的政治监督，其根本目的是强化党对高校的领导，紧紧抓住高校党委和党员领导干部这个“关键少数”，着力解决党的领导弱化、党的建设缺失、全面从严治党不力等问题。而巡察则是高校党委对其所属的二级党组织和领导干部开展的监督检查，是巡视制度向高校的延伸，也是全面从严治党向基层延伸的重要手段。目前，许多高校都建立了巡察制度，成立了专门机构，并明确了在党委一届任期内实现巡察全覆盖的工作目标。高校一要全面落实主体责任，贯彻巡视工作方针，把握政治巡察定位，围绕“四个落实”监督重点，紧盯“一把手”和关键少数开展巡察监督，着力提升监督质效。二要强化巡视巡察上下联动，认真办理巡视移交的问题线索，校内巡察要将巡视反馈问题的整改落实情况纳入重点监督内容，要及时分析巡视巡察发现的普遍性、倾向性问题，举一反三，激发“1+1>2”的倍增效应。

（2）审计监督

审计监督是高校一项重要的监督制度。高校应强化审计部门监督职能，着力提升审计质量和监督效能。一是要坚持审计监督的政治属性，用政治眼光审视高校经济运行存在的问题，对高校坚持立德树人、坚持社会主义办学方向等方面进行监督。二是坚持任中审计为主、离任必审、任中审计与离任审计结合原则，力求将审计端口前移，增强领导干部的廉洁自律意识，促进权力运行的规范化。三是加强审计整改和审计结果的运用，将审计结果作为干部评价、任免、奖惩的重要依据，同时将审计中发现的问题贯通起来分析，及时揭示高校权力运行中存在的风险隐患，为高校各项事业健康发展保驾护航。

（3）民主监督

民主监督是高校监督体系中的重要内容，是高校各相关主体民主权利的重要体现，也是权力规范运行的必要保证。一要推进党务政务公开，建立健全学校的信息公开机构和制度，保证教职工、学生、社会公众对学校重大事项、重要制度的知情权。二要健全教代会、学代会制度，充分发挥教职工代表会议等群众性组织的作用，凡是涉及师生权益的重要事项，在决策前必须广泛听取师生意见，在决策之后的执行过程中，接受师生监督。三要畅通问题反映的渠道，通过校领导接待日，调研，召开座谈会、论证会，向离退休人员、民主党派和无党派人士通报工作等方式，广泛听取师生群众意见建议、接受监督。

4. 创新监督方式

除此之外，随着信息手段的进步，高校还可以通过建立信息化平台，运用大数据手段对本校领导干部进行监督。同时发挥高校理事会的监督作用，主动建立理事会，扩大高校行政权力监督的社会参与性。

第二节　教师廉洁从教

一、廉洁从教的示范效应

百年大计，教育为本。教育是民族振兴、社会进步的基石。党和国家高度重视教育事业。新中国成立以来，在党中央的领导下，全国人民同心同德，艰苦奋斗，开辟了中国特色社会主义教育事业发展道路，建成了世界最大规模的教育体系，保障了亿万人民群众受教育的权利。教育事业的发展极大提高了全民族的素质，推进了科技创新、文化繁荣，为经济发展、社会进步和民生改善做出了不可替代的重大贡献。放眼未来，教育事业的重要性将会更加凸显。它对中国实现全面建设小康社会奋斗目标，建设富强、民主、文明、和谐的社会主义现代化国家，具有决定性意义①。

习近平同志在党的十九大报告中指出，建设教育强国是中华民族伟大复兴的基础工程，必须把教育事业放在优先位置，加快教育现代化，办好人民满意的教育②。2022 年 3 月 5 日，李克强总理代表国务院在第十三届全国人民代表大会第五次会议上做政府工作报告，报告中指出，要促进教育公平与质量提升，落实立德树人根本任务，加强师德师风建设③。然而，我们必须看到，当前教育领域存在着一些腐蚀教育事业成就、破坏教育事业进一步发展的消极力量，那就是教育腐败。教育腐败泛指教育界和办学过程中种种不健康的、异化或变质的状态。它涵盖了社会违法犯罪、以权谋私、行业不良风气、个人私德败坏等不同问题。教育腐败行为的受益主体不仅是个人，还包括教育主管部门、学校、考试机构等。这种“集体腐败”比个体性的腐败

---

① 《教育规划纲要》工作小组办公室．教育规划纲要学习辅导百问［M］．北京：教育科学出版社，2010：7.

② 习近平．决胜全面建成小康社会 夺取新时代中国特色社会主义伟大胜利：在中国共产党第十九次全国代表大会上的报告［R］．理论学习，2017（12）：4-25.

③ 李克强．政府工作报告［EB/OL］．（2022-03-12）［2022-05-20］．http：//www.gov．cn/premier/2022-03/12/content_ 5678750．htm.

危害更大，性质更为严重。

“大学之道，在明明德，在亲民，在止于至善”。高校立身之本在于立德树人。作为建设社会主义先进文化的前沿阵地，高校负有极其重要的历史使命。一方面它蕴含着文化积淀，另一方面它承载着创新机能。新时期下的高校廉政文化，要形成廉为荣贪为耻的理念，营造风清气正的良好风气，为国家培养具备廉洁意识和廉政作风的中国特色社会主义的接班人。高校廉洁文化建设是廉洁文化进校园的必然要求，是增强党风廉政建设实效性的必然选择，是从源头上预防腐败的重要手段。2022 年“两会”期间，全国政协委员、兰州大学校长严纯华就提出，要加强教师思想政治和师德师风建设，引导广大教师自觉做塑造学生品格、品行、品位的“大先生”，切实承担起“传道、授业、解惑”的神圣使命。广大教师要争做“崇尚大德”的典范、“崇尚公德”的典范、“崇尚私德”的典范。2018 年 5 月 2 日，习近平总书记在北京大学师生座谈会上指出：“大学是立德树人、培养人才的地方，是青年人学习知识、增长才干、放飞梦想的地方。”因此，开展高校教师廉洁从教教育，不断提升教师的思想政治素质和职业道德水平，特别是增强其廉洁意识，养成廉洁行为，将会凝聚强大的正能量，进而传递给大学生，对高校落实立德树人根本任务起着基本的保证作用①。

高校廉洁从教文化是高校教师关于“公平执教、严谨治学、廉洁自律”的理念、习惯、思维方式、制度及与之相对应的生活方式、行为规范的总和②。廉洁从教文化是高校廉洁文化的重要组成部分③，建设高校廉洁从教文化，对于营造风清气正的校园文化氛围、影响和带动大学生养成廉洁品格及促进教育公平、提高育人质量、办好人民满意的高等教育等，都具有十分重要的意义④。

师者，使命不可谓不光荣，责任不可谓不重大。能为师，则需先为人，正派光明，磊落坦荡，身正方能为范；善为师者，则需精为学，严谨细致，尚学尚善，学高方能为师。一直以来，教师特别是高校教师都是传道授业解

① 曲嘉．新时代高校教师廉洁从教教育路径探析［J］．决策探索，2020（12）：50．

② 洪振涛．高校廉洁从教文化建设现状探析［J］．山西高等学校社会科学学报，2011，23（8）：108-110．

③ 洪振涛．论高校廉洁从教文化建设［J］．中共郑州市委党校学报，2011（3）：117-119．

④ 洪振涛．高校廉洁从教文化建设现状探析［J］．山西高等学校社会科学学报，2011，23（8）：108-110．

惑的楷模，具有非常高的社会认可度。因此，建设高校教师廉洁从教文化，把廉洁从教放在教师管理制度规范的重要位置，常抓不懈，规范教师廉洁从教行为，对于建设高校校园廉洁文化具有重要意义。

具体来说，一方面，廉洁从教有利于建立健全教师的学术管理制度。从宏观层面上来讲，加强学术管理，可以促进高校学术的繁荣发展；从微观层面上来讲，可以规范教师的学术活动，提升教师的个人品德。加强学术管理和倡导学术自由并行不悖。通过规范高校教师廉洁从教行为，可以更好地建立健全高校学术管理制度体系（具体包括科研项目、科研经费、科研成果转化等管理制度），进而以制度的形式将廉洁确立为重要的学术道德，有利于充分发挥制度的教育、导向、规范、警示、惩戒等作用，使广大教师的学术活动有制度可依、有措施可循、有监督可用，进而做到廉洁自律、自觉抵制学术道德失范现象，为学生树立良好的学术廉洁榜样。另一方面，廉洁从教有利于健全和完善教师行为规范和教学管理制度，进一步深化师德师风建设。教师廉洁从教的示范效应，对于引导广大教师形成良好的行为品质和勤勉求实、严谨创新的治学精神，坚持以高尚的人格和师德去感染学生，以满腔的热情和和蔼的态度对待学生，以优良的行为和行动去引导学生，具有极为重要的现实意义。通过对教师行为规范和教学管理制度的严格落实和执行，使教师养成良好的做人、做事的行为习惯，严于律己、宽以待人，使教师将廉洁从教内化为内心坚定的信念，固化为习以为常的行为，真正做到不仅要教好书，更要育好人①。

二、学术行为的规制

英国教育学家纽曼将大学看作一个“传授”学问的“教学机构”，其主要目的是培养人的价值观。德国教育学家洪堡则认为，大学的作用不仅仅在于“传授”知识（即培养人的价值观），更重要的应该是“发展”知识。大学教师应该自由地从事“创造性学问”。到了20世纪30年代，美国学者在吸收英国和德国的大学理念后提出了大学的三大职能：人才培养、科学研究和社会服务②。王冀生在《大学文化的科学内涵》中指出，大学是一种具有

① 谭琦. 社会主义核心价值观视野下的大学生廉洁教育［M］. 哈尔滨：哈尔滨工程大学出版社，2015：129-130.

② 赵明. 大学的逻辑［J］. 中国大学教学，2006（3）：31-33.

独特功能的文化机构，与社会的经济机构和政治机构存在密切的联系，但又有其独立性。大学作为高等学府，其主要功能是传承、研究、融合和创新高深学术①。高等教育工作者肩负“传道授业解惑”的职责，是品行高洁、遵规守纪的代表。《中华人民共和国高等教育法》第四十七条规定，高等学校实行教师职务制度。高等学校教师职务根据学校所承担的教学、科学研究等任务的需要设置②。《普通高等学校本科教学工作水平评估方案（试行）》规定“专任教师”是指具有高等教育教师资格、专门从事教学工作的人员。已经调离教学岗位不再承担教学工作，专职担任行政领导工作或其他工作的原教学人员及兼任教师和代课教师均不属于“专任教师”③。张成华（2003）认为，高校教师是指具有比较完善的知识结构、开拓创新意识和能力、拼搏奉献精神和良好心理素质、善于与人合作同时具有独立个性的教师，在教学科研过程中追求自主性、个性化、多样化和创新精神④。高校教师作为高校学术工作的核心力量，肩负着传承、创造和发展学术的重要责任，高校教师学术行为的好坏将直接影响高校的教育质量和学术水平。作为学生的引导者和科学研究的从事者，高校教师不仅承受着教学、科研等工作任务，还肩负着为社会服务的重要职能，高校教师的学术行为对学生、学校、社会皆会产生重要影响。

然而，近年来，随着市场经济的不断发展，社会环境不断复杂化，一些高校教师面对巨大的竞争压力，不觉走进了“经济人”的范畴，不断地出现学术不端行为。同时，由于高校教师在进行学术活动或处理学术事务的过程中缺乏必要的法律规范和制度约束，就容易导致学术不端行为的发生。清代学者郑珍曾说过：“学术正，天下乱，犹得持正者以治之；至学术亦乱，而治具且失矣。”学术不端乱象给社会各个方面都造成了严重的负面影响。相较于高校学生学术不端，高校教师因掌握更多学术资源、承担着教书育人的重要责任，故其发生学术不端行为的危害更大。高校教师学术不端行为严重地破坏了学术的严肃性，阻碍了学术的健康发展，对高校、教师的声誉和社

① 王冀生．大学文化的科学内涵［J］．高等教育研究，2005（10）：9-14.

② 江沈红．高校辅导员教师身份及实现路径研究［D］．武汉：武汉大学，2013.

③ 唐凤琼．民族地区普通中学专任教师管理现状研究［J］．基础教育研究，2016（13）：26-28.

④ 张成华．高校教师管理的博弈分析［J］．太原师范学院学报（自然科学版），2003（4）：30-33.

会信誉产生严重影响，造成恶劣的社会影响。

高校教师作为高校学术活动开展的中坚力量，其学术行为备受瞩目，已然成为社会关注的焦点。近些年，我国涉及高校教师学术不端行为的案例时有发生。笔者根据媒体公开报道的信息进行了简单整理，发现在近年曝光的众多学术不端案件中，发生在高校教师身上的占了较大比例。由于笔者能力和视域所限，表 3-1 仅盘点了近十年我国高校教师学术不端行为的部分案例。

表 3-1　近年高校教师学术不端行为案例

年份	姓名	职务职称	学术不端行为
2012	石某某	湖北某大学教授	抄袭学生作品获世界大奖
	王某某	新疆某某大学文学艺术学院音乐系教授	学术论文抄袭
	刘某某	湖南某学院教授	作为评委在评审过程中出现“开房收钱”的行为
2014	张某友	重庆某大学马克思主义学院教授	学术论文抄袭
	黎某某	安徽某大学传媒学院副院长	著作抄袭
2016	雷某某	湖南某大学体育学院副院长	学术论文抄袭
2018	梁某	南京某社会学系教授	学术造假、科研造假
2019	邓某某	华中某大学青年长江学者、教授	一稿多投和重复投稿
2020	张某	南京某大学教授	学术论文重复使用图片、篡改试验数据
	王某	哈尔滨某大学副教授	通过第三方公司代写代发论文
	郑某某	中国某大学副教授	学术论文抄袭剽窃、署名不实、操作同行评议
2021	谢某某	西北某大学副教授	学术论文代写代投、虚构论文作者
	芈某	北京某学院英语学院跨文化系副教授	著作抄袭

由于篇幅有限，本节选择较为典型的张某友案件，对其进行简要分析。力图在揭示高校教师学术不端行为现状的基础上，探究其背后的深层原因。

张某友，生于 1969 年 12 月。2006 年晋升为教授，2010 年开始任教于重庆某大学马克思主义学院。曾先后获得多种奖励和荣誉称号，其学术道路可谓相当顺利。但好景不长，2014 年，张某友教授在网上被指多篇学术论文存在抄袭现象。经中国青年报记者仔细检查，发现其 8 篇文章的内容与参考文献的内容有大量重合，甚至有的文章就是由相关文章拼凑而成。而张某友在接受采访时表示，并不接受他人对该现象的举报，并且对当前和以往论文抄袭的界定标准质疑。但从其发表的文章来看，以其2005年在《重庆工学院学报》发表的文章《论高校学生职业道德的“势”与“导”》为例，其中第一部分与2003年《湖南体育》杂志《职业道德建设的重点是加强思想道德教育》一文的第一部分的分论点，几乎一样。此外，对于每个论点的研究表述，与另一篇文章几乎也一致。另外，该文章其余部分内容也不同程度的与参考文献中的文章内容有相似之处。

张某友所在的大学得知此事件后，便采取了一系列相应措施。通过专家、学校的学术委员会对张某友的学术成果进行审查鉴定，最后公布了调查结果。经核实，张某友同志的确曾经出现过学术不端行为。不仅违反了相关的学术研究制度，而且也反映出其学术诚信及职业道德素质的缺失，对其自身、所在高校及社会都产生了不良影响。鉴于此，经重庆某大学决议，对张某友做出解除教授岗位聘任、撤销其曾在该校所获学术职务和称号、调离教学工作岗位等处理。

张某友案件是近年发生的一起关于高校教师学术不端行为的典型案件。该案件中的学术不端行为是较为常见的，此类行为的发生无论从成本消耗还是到风险承担都相对较小，仅就平时对文献数据库中同一专题的文献进行检索和阅读，就会时常发现很多论文在内容或观点上存在极高的相似性。这反映出目前我国对学术研究的管理在很多环节上存在问题。因此就产生了高校教师面对日益激烈的学术竞争开始铤而走险，钻制度的空子的现象。第一，如本案例中的当事人，为了取得职称晋升，不惜采取抄袭或过度引用等学术不规范的手段。这反映出他所经历的学术评价制度、学术成果发表制度等不够严密；第二，针对此案例中当事人提出的“其行为是否构成学术不端，标准与前些年并不相同”，这一点值得学术界的深思，是否应该用现在的标准来衡量发生在几年甚至十几年前的行为？这在某种程度上体现出了高校学术规范制度还需要进一步完善；第三，浏览该校官方网站可以发现，涉及教师评价公告的点击量数以千计，而教师学术规范公告的点击量只有几百。虽然公告发布的时间不同，但也在一定程度上反映出教师的关注倾向。而这一现象也不是该校所仅有。因此，高校需要进一步有针对性地提出解决对策，净化高校学术风气，促进学术事业健康发展。

朱邦芬院士针对我国当前的学术诚信问题的现状，曾用两个“史无前例”来描述。一是在我国经济环境、社会环境的双重影响下，学术界对研究人员的评价更加倾向于数字化，评价依据集中在论文数量、项目经费、奖励头衔等方面，我国的学术诚信问题涉及面之广，一些学术不端问题的严重程度史无前例。二是当前我国对科技的投入和对科技创新的重视程度都极大增长，互联网与自媒体更加普及，社会各界对学术诚信问题的关注史无前例①。

为进一步净化学术风气、严惩学术不端行为，2009 年教育部颁布《关于严肃处理高等学校学术不端行为的通知》，对高校学风建设工作提出明确要求；2014 年教育部颁布《高等学校学术委员会章程》，强调高等学校要规范和加强学术委员会建设，完善内部治理结构；2016 年教育部颁布《高等学校预防与处理学术不端行为办法》，具体指出了学术不端行为的认定条件和处理办法②。2019 年 3 月，政府工作报告中首次出现“加强学风建设，惩戒学术不端”。多数高校也根据国家要求，制定了符合本校实际情况的相关制度规范，以防治学术不端。然而，从现状来看，却收效甚微。究其原因，是多方面的。既有社会大环境的影响，如“官本位”和功利主义的观念不断深入人心，也与高校教师自身的学术道德素养有关。同时也与我国高校教师学术管理制度不够完善有关。具体来说，一是学术规范制度不完善，一方面高校学术规范制度缺乏可操作性，另一方面高校缺乏相应的学术规范教育或培训；二是学术评价制度不科学，具体表现在学术评价指标不合理、方法不科学、过程不公平等；三是学术问责制度不健全，例如，对学术不端行为缺乏有效监督，调查阶段的制度体系不健全，对学术不端行为的处罚力度不够等；四是学术期刊制度不合理，当前主要存在学术期刊审稿制度不规范、学术成果发表制度不合理等问题；五是相关法律法规的缺位，如学术法律立法和执法的缺位。

对高校教师学术不端行为的有效治理，将直接影响高校的学风建设，有利于推动整个学术事业的快速进步和健康发展。经上述分析可知，制度因素是导致高校教师出现此类行为的实质性原因，结合制度归因，笔者认为，从制度层面对其进行治理完善应主要包括：

---

① 朱邦芬．我国学术诚信问题的现状分析与应对策略［J］．科学与社会，2019，9（1）：34–40.

② 田贤鹏．高校学术不端行为惩戒之过程审思：基于程序正义视角［J］．北京社会科学，2017（5）：4–13.

（一）重视和加强学术规范制度建设

学术规范制度的建立是一个较为长期的过程，需要在整个学术活动的过程中不断完善。学术规范制度要想真正发挥长效作用，应该明确制度建设的目标。一方面要遏制学术不端及学术腐败，另一方面是要建立良好的学术环境，在保证学术自由、学术民主和学术创新的基础上，促进学术发展和知识资源的有效开发利用，以确保学术研究过程的规范化和合理性①。

基于这一目标，首先应该不断完善原有的学术规范政策，强化其可操作性。对学术规范进行准确的定位，在原有各高校将学术规范定位在学术道德层面的基础上，将其不断地向具体的学术行为层面扩展。一部完善的学术规范既应涉及内容层面，还应涉及技术和道德层面。各高校可在严格贯彻教育部学风建设的基础上，结合自身的实际情况，制定适合自己的学术规范，并细化学术规范的操作办法，力图每所高校都能拥有自己的“学术规范手册”，让更多的细节包括其中。另外，为体现和发扬民主精神，各高校在建立学术规范制度的过程中，应该让教师群体参与到制度的制定过程中，使高校教师在进行学术研究的过程中能做到有章可循。其次，为提升高校教师的学术规范素质，高校在建立具体明确的学术规范的基础上，还应充分发挥学术委员会的作用。学术委员会可针对学术规范为教师定期开展相应的讲座和培训活动，通过教育培训活动使教师在认识层面上提高对学术规范的重视程度，使其明确违反学术规范会承担什么严重后果，不断反思自己的学术行为。学校应针对相关制度设计相应的考核体系，同时通过学术委员会为学校学术规范制度提供组织保障。

（二）以质量和创新为导向，构建科学的学术评价体系

学术评价作为高校学术管理的核心构成要素，具有引导教学和科研方向、调整学术资源合理配置的作用，是学术活动的“指挥棒”。目前学术研究中出现的种种不正当行为，很大程度上是由学术评价体系不合理造成的。所以要想规范教师的学术行为，高校必须根据自身实际情况，构建科学合理的评价体系。把质量和创新作为学术评价的主旋律，不断破除阻碍学术发展的种种弊端。

通过分析目前我国学术评价制度存在的问题，可知完善该制度，首先应明确其目的是提高学术研究的质量和鼓励创新。要将评价的重点聚焦在学术

---

① 王恩华．大学学术失范与学术规范［M］．长沙：湖南师范大学出版社，2010：3.

成果的质量而非数量上，并且通过提高质量来引领学术创新。高校对教师进行评价，要全面考察教师的综合素质，根据我国大学的三大职能明确教师肩负的教学、科研和社会服务责任，不能偏废其中任何一个方面。另外，对于不同学科还应结合其学科的特点对评价指标和权重进行衡量后加以确定。这就需要合理设置评价指标，利用评价结果来激励和引导教师朝正确的方向发展。其次，应使用定量和定性相结合，且以后者为主的评价方法。从辩证唯物主义的角度出发，同行评议和量化评价是一种质与量的辩证统一，二者应该是相辅相成的。因此，要正确认识两种评价方法的利与弊，对于量化评价应肯定其较为客观、简单方便的优越性，在一定程度上的确促进了学术的繁荣。但是也要承认其催生大量学术泡沫、导致学术不正当行为产生的严重弊端。高校应合理运用同行评议法，不断完善合理遴选专家、回避、推荐及结果公开等制度，避免评议人过于主观、弄虚作假现象的发生。高校将量化评价和同行评议合理结合，在评价过程中适当保持二者的张力，以提高学术评价的准确性和公正性。此外，在学术评价过程中要尊重学术自由，减少行政力量的干预，充分发挥学术同行的作用，使其从专业的角度对其所在领域内的相关研究做出正确的价值判断。

（三）建立健全有效的学术问责制度

当前高校教师学术诚信、学术不端问题频发，与目前我国学术不端行为所承担的成本过小不无关系。为了防治该行为，高校既需要高校教师加强自律，也需要加大对学术不端行为外部机制的监督与问责力度。对高校教师学术不端行为的问责，要经历发现即监督、调查与处理三个阶段。因此，高校健全和完善学术问责制度体系也须从上述三个方面采取措施。

完善学术问责制度，首先应该拓宽监督渠道。校内可设置类似学术委员会的专门组织机构，负责受理关于学术不端行为的投诉与举报，并对本校教师负有监督职责。校外可借鉴国外的有益经验，成立专门的第三方组织和机构，来履行监督、调查和处理此类行为责任，如美国设有专门负责管理此类事件的“研究诚信办公室” （ORI）、丹麦有固定的“科研不端委员会”（DCSD）。另外，随着信息化社会的高速发展，要充分利用各种媒体的传播和监督作用。近年来，我国高校教师学术不端行为被屡屡曝光，这很大程度上得益于网络和媒体的监督，如“新语丝”“学术批评网”“无忧论文网”“新华网”等互联网媒体。同时设置专门的检举机制，鼓励教师、学生等敢于并善于监督举报这种不正当行为。由于一些原因，个人举报的方式只能作为一个个案，最终还是需要制度上的规定，充分发挥学校和其他强制性部门的监督作用。

其次，不断完善学术问责体系，可以成立专门的组织机构负责对不正当或可疑问题行为进行调查，以此明确问责的主体。重视并鼓励对理论的研究，进一步完善问责内容和标准，合理认定学术不端行为。从实际出发，完善学术问责程序。事件立案后即组织专项调查，相关部门要立即暂停教师有关职务并及时采取有效措施，如隔离涉嫌教师以确保证据的安全性，明确审理期限，等等。保持问责信息的公开和透明，使处理结果得到有效落实，并且起到警示后人的作用。从而使学术问责更加合理和规范，达到有效治理学术不端行为的效果。

最后，应加大对此类行为的惩戒力度。2014 年，教育部颁发《关于建立健全高校师德建设长效机制的意见》，提出要严格师德惩处，发挥制度规范约束作用，建立健全高校教师违反师德行为的惩处机制。并且将“在科研工作中弄虚作假、抄袭剽窃、篡改侵吞他人学术成果、违规使用科研经费以及滥用学术资源和学术影响”的情形纳入高校教师师德禁行行为中①。并强调，对有上述情形的，依法依规给予相应处分，对严重违法违纪的要及时移交相关部门。建立问责机制，对教师严重违反师德行为监管不力、拒不处分、拖延处分或推诿隐瞒，造成不良影响或严重后果的，要追究高校主要负责人的责任。近年来，国家陆续出台相关规章制度，对学术不端行为加大惩戒。如《事业单位工作人员处分暂行规定》明确规定“有抄袭、剽窃、侵吞他人学术成果，伪造、篡改数据文献，或者捏造事实等学术不端行为”应给予警告或者记过处分；情节较重的，给予降低岗位等级或者撤职处分；情节严重的，给予开除处分②；2018 年教育部制定《新时代高校教师职业行为十项准则》，将“遵守学术规范”纳入其中③；同年 5 月，中共中央办公厅、国务院办公厅印发《关于进一步加强科研诚信建设的若干意见》，明确指出，要综合采取教育引导、合同约定、社会监督等多种方式，营造坚守底线、严

---

① 教育部关于建立健全高校师德建设长效机制的意见［EB/OL］.（2014-09-30）［2022-05-20］. http：//www. moe. gov. cn/srcsite/A10/s7002/201409/t20140930_ 175746. html.

② 事业单位工作人员处分暂行规定［EB/OL］.（2012-08-22）［2022-05-20］. http：//www. mohrss. gov. cn/SYrlzyhshbzb/zcfg/flfg/gz/201601/t20160112_ 231613. html.

③ 教育部关于印发《新时代高校教师职业行为十项准则》《新时代中小学教师职业行为十项准则》《新时代幼儿园教师职业行为十项准则》的通知［EB/OL］.（2018-11-14）［2022-05-20］. http：//www. moe. gov. cn/srcsite/A10/s7002/201811/t20181115_ 354921. html.

格自律的制度环境和社会氛围。坚持零容忍，强化责任追究，对严重违背科研诚信要求的行为依法依规终身追责①。可见，只有加大惩戒力度，让学术不端行为者或即将要出现类似行为的人员意识到问题的严重性，才能从思想上杜绝侥幸心理，防患于未然。

（四）规范学术成果出版和发表制度

面对频发的学术不端行为，2008 年 10 月 15 日，《中国社会科学》杂志社发起了关于“抵制学术不端行为”的号召，该举动在学术期刊界获得了积极反响，随后通过了《关于坚决抵制学术不端行为的联合声明》。这一举动表明，在学术风气形成的过程中，学术期刊发挥着不可忽视的作用。作为学术成果的发表平台，高校教师的学术成果通过学术期刊得以展示，与此同时大部分高校教师的学术不端行为也都是在学术期刊上显露出来的。因此作为防治此类行为的最后一道关卡，建立规范的学术期刊出版和发表制度意义重大。面对种种学术不端行为，仅仅靠编辑或专家等个体的力量是完全不够的，必须要健全和规范相关制度，使学术期刊规范发展，从而实现学术事业健康稳定可持续发展。

对于学术期刊而言，首先，要建立严格的审稿制度，规范审稿程序。可聘请高校或研究机构中专门从事学术研究的专家兼任外审专家，负责审稿事宜；聘请若干专职执行主编或编务，负责其他编辑业务，在审稿的后续阶段，执行主编或编务要认真落实专家的审稿意见，并与作者及时作出有效沟通，尽量缩短作者投稿后的等待时间，有效防止一稿多投、一稿多发等不正当情况，全面保证被录用文章的质量。另外学术期刊要建立双向匿名的审稿制度，杜绝审稿过程中的一切不公正因素。学术期刊还要规范专家遴选制度，完善专家队伍建设，确保期刊的审稿专家是本专业的专家。其次，建立规范的署名责任制度。这一制度可以在学术规范制度中加以体现，使高校教师在学术成果发表中严格履行自己的署名权，使其明确“论文署名首先是责任，其次才是荣誉”。一旦某篇文章被举报存在学术不端问题，只要作者在该篇文章中署名，不管对其有无贡献、是否知情，都理应承担相应的责任。最后，应该建立核心论文制度，替代核心期刊制。针对核心期刊制度带来的种种弊端，可以用核心论文制来加以克服和替代。设置专门的机构或组织来认定核心论文，候选核心论文可由各学术期刊进行推荐，再经由第三方组织

---

① 关于进一步加强科研诚信建设的若干意见［M］. 北京：人民出版社，2018.

来认定。第三方组织可通过建立专家库鉴定论文，以制度创新来杜绝学术不端。另外，为提高期刊和论文质量，建议政府增加对学术期刊的财政支持，从而避免因收取高额版面费，产生学术不端行为的现象。总之，学术期刊作为体现研究成果价值的工具，对于引导学术发展的方向，具有不可忽视的影响和作用①。

（五）完善和加强学术法制建设与宣传

针对目前我国学术法律制度存在的缺陷，建议国家立法部门进一步修订已有法律法规，针对其法律言辞过于抽象笼统的问题，做出相应完善。另外，为促进学术事业健康持久的发展，建议国家制定出台一部专门与学术有关的《学术法》，并对其各个方面，如学术规范的遵守、学术失范的认定及学术不端行为的惩处，做出详细具体的规定，增强其可操作性，建立一套科学的执法程序，并严格按照法定程序执法。在此基础上还要做好学术法律的教育宣传工作，可通过教育培训课程加强教育或发挥媒体作用，确保高校教师知法懂法，自觉守法。

长期以来道德的规范和约束是治理学术不端行为的主要渠道，违反相关法律法规也只需负民事和行政上的些许责任，相关的处罚措施和力度都十分有限。为加强对学术不端行为的法律规制，可通过国家法律部门设置专门的监督和监察组织或机构，专门负责对学术不端行为的监督、调查及处理。为保证监督和监察机构的中立性和公正性，可参照民事诉讼程序中的陪审制度，由同行专家和其他公众人员组成评审团队，对其认定和处罚进行裁定②。

三、师德师风建设的深化

“百年大计，教育为本。教育大计，教师为本。”党的十八大以来，以习近平同志为核心的党中央高度重视教师队伍建设问题。习近平总书记在不同场合多次强调教师工作的重要意义。2018 年 5 月 2 日，习近平总书记在北京大学师生座谈会的讲话中强调，评价教师队伍素质的第一标准应该是师德师风。师德师风建设应该是每一所学校常抓不懈的工作，既要有严格制度规

① 张卫东. 50 家学术期刊发表《关于坚决抵制学术不端行为的联合声明》[N]. 光明日报，2008-11-04（10）.

② 窦靖伟. 论学术不端行为的法律规制 [J]. 河南财经政法大学学报，2012（3）：182-186.

定，也要有日常教育督导。我们的教师队伍师德师风总体是好的，绝大多数老师都敬重学问、关爱学生、严于律己、为人师表，受到学生尊敬和爱戴。同时，也要看到教师队伍中存在的一些问题。对出现的问题，我们要高度重视，认真解决①。高等学校是社会先进生产力的培养基地，也是先进文化的重要发源地和传播地，肩负着人才培养、科学研究、社会服务、文化传承和创新、国际交流合作的重要使命。2016 年 12 月 7 日，习近平总书记在全国高校思想政治工作会议中强调，教师是人类灵魂的工程师，承担着神圣使命。传道者首先要明道、信道。高校教师要坚持教育者先受教育，努力成为先进思想文化的传播者、党执政的坚定支持者，更好担起学生健康成长指导者和引路人的责任。要加强师德师风建设，坚持教书和育人相统一，坚持言传和身教相统一，坚持潜心问道和关注社会相统一，坚持学术自由和学术规范相统一，引导广大教师以德立身、以德立学、以德施教②。高校师德师风建设是我国社会主义精神文明建设的重要组成部分，是教师队伍建设的重点，是做好教学工作、培养高素质人才的必备条件。高校教师的思想政治素质和道德情操直接影响着青年学生世界观、人生观、价值观的养成，决定着人才培养的质量，关系着国家和民族的未来。加强和改进高校师德建设工作，对于全面提高高等教育质量、推进高等教育事业科学发展，培养中国特色社会主义事业的建设者和接班人、实现中华民族伟大复兴的中国梦，具有重大而深远的意义。

师德是教师职业道德的简称，是教师的道德意识、道德关系和道德活动的总和，是教师在从事教育教学活动、履行教书育人职责时所必须遵守的行为准则和道德规范，也是教师的世界观、人生观、价值观的体现。师风是教师的教学、学术作风，是教师的思想文化素养和人格修养的综合体现，是教师的道德、才学、素养的集中反映。师德师风是一个紧密联系、不可分割的统一整体。师德不仅仅是教师个人问题，同样也是教师群体问题，即教育风气问题。师风是一个教师，乃至整个教育行业应该具备的思想道德修养和精神风范。师德是师风的基础，没有良好的师德作为土壤，就不会孕育出良好

---

① 习近平：在北京大学师生座谈会上的讲话[EB/OL].(2018-05-03)[2022-05-20].http://www.gov.cn/xinwen/2018-05/03/content_5287561.htm.

② 习近平出席全国高校思想政治工作会议并发表重要讲话[EB/OL].(2016-12-08)[2022-05-20].https://www.xuexi.cn/746bd106b7d5dca0bc01f747f5bf37c0/e43e220633a65f9b6d8b53712cba9caa.html.

的师风；同时，师风又是师德培养和成长的环境。师风决定了学校的校风和学风，左右着学校的人文风格和精神风貌，是思想和工作作风的具体体现①。师德师风是一种社会意识形态，既有历史的继承性，也有鲜明的时代特征。师德师风在不同阶级、不同社会、不同历史时期，都有不同的具体内容。习近平同志在党的十九大报告中指出，经过长期努力，中国特色社会主义进入了新时代，这是我国发展新的历史方位②。当前，我国社会、政治、经济、文化得到全面发展，新时代师德师风建设也被赋予了新内涵。2022 年 4 月 25 日，习近平总书记来到中国人民大学考察调研。他强调，好的学校特色各不相同，但有一个共同特点，都有一支优秀教师队伍。对教师来说，想把学生培养成什么样的人，自己首先就应该成为什么样的人。培养社会主义建设者和接班人，迫切需要我们的教师既精通专业知识、做好“经师”，又涵养德行、成为“人师”，努力做精于“传道授业解惑”的“经师”和“人师”的统一者。教育是一门“仁而爱人”的事业，有爱才有责任。广大教师要严爱相济、润己泽人，以人格魅力呵护学生心灵，以学术造诣开启学生智慧，把自己的温暖和情感倾注到每一个学生身上，让每一个学生都健康成长，让每一个孩子都有人生出彩的机会。老师应该有言为士则、行为世范的自觉，不断提高自身道德修养，以模范行为影响和带动学生，做学生为学、为事、为人的大先生，成为被社会尊重的楷模，成为世人效法的榜样③。

自 1994 年 1 月 1 日《中华人民共和国教师法》施行以来，为进一步深化高校教师师德师风建设，中共中央、国务院、教育部等相继出台了一系列文件，深刻阐释了新时期建立健全高校师德师风建设长效机制的重要意义，明确了新时期高校师德师风建设的原则和总体要求。加强高校教师师德师风建设对教师、高校、国家发展都具有非常重要的价值。如《高等学校教师职业道德规范》明确将“爱国守法、敬业爱生、教书育人、严谨治学、服务社会、为人师表”列入其中④；为深入贯彻习近平总书记 2014 年 9 月 9 日在北京师范大学师生代表座谈会上的重要讲话精神，大力加强和改进师德建设，

---

① 万里平．略论敬业奉献是师德师风建设的核心［J］．中国教育科研与探索，2008（3）：6.

② 习近平．决胜全面建成小康社会 夺取新时代中国特色社会主义伟大胜利：在中国共产党第十九次全国代表大会上的报告［R］．理论学习，2017（12）：4-25.

③ 习近平．在中国人民大学考察时强调 坚持党的领导传承红色基因扎根中国大地 走出一条建设中国特色世界一流大学新路 王沪宁陪同考察［J］．党建，2022（5）：4-6.

④ 高等学校教师职业道德规范[EB/OL].(2011-12-23)[2022-05-20]. http://www.moe.gov.cn/srcsite/A04/s7051/201112/t20111223_180798.html.

教育部发布《关于建立健全高校师德建设长效机制的意见》（教师〔2014〕10号），提出了建立健全高校师德建设长效机制的原则和要求以及主要举措，明确建立健全高校教师违反师德行为的惩处机制，划出对高校教师具有警示教育意义的师德禁行行为“红七条”，并建立问责机制，对教师严重违反师德行为造成不良影响或严重后果的，追究高校主要负责人的责任①；为深入贯彻习近平新时代中国特色社会主义思想和党的十九大精神，深入贯彻落实全国教育大会精神，扎实推进《中共中央 国务院关于全面深化新时代教师队伍建设改革的意见》的实施，进一步加强师德师风建设，2018年11月，教育部印发《新时代高校教师职业行为十项准则》，将“坚守廉洁自律”列入“十项准则”之一②；随后，教育部又印发《关于高校教师师德失范行为处理的指导意见》，就教师违反《高等学校教师职业道德规范》《教育部关于建立健全高校师德建设长效机制的意见》和《新时代高校教师职业行为十项准则》等规定，发生师德失范行为的处理提出具体指导意见③。

近年来，随着上述法律法规相继出台，我国高校教师师德师风建设取得了一定成效，广大教师在不断提升业务素质的同时，加强了个人修养，但随着我国经济、政治、文化事业的全面发展，广大教师的思想状况也在发生变化，高校师德师风建设中仍存在一些不容忽视的问题，主要表现在以下方面。

1. 缺乏爱心，师生人际关系冷漠

师生关系是高校的基本关系之一。然而，当前高校师生关系存在一些突出问题，如师生之间交往方式单一，双方主动性不强；师生之间交往内容和深度有限，多数为学习方面的交流，缺少生活、情感等方面的沟通。这些问题导致现实中的高校师生关系日渐疏远、趋于冷漠④。出现这种情况，固然有学生方面的问题，但在师生关系中占主导地位的高校教师也具有不可推卸的责任。少数高校授课教师、辅导员和班主任对学生缺乏关心，很少主动与学生谈心交流，也不愿花精力去主动理解学生，师生关系存续仅局限在课堂

① 关于建立健全高校师德建设长效机制的意见[EB/OL].(2014-09-30)[2022-05-20]. http://www.moe.gov.cn/srcsite/A10/s7002/201409/t20140930_175746.html.

② 关于印发《新时代高校教师职业行为十项准则》的通知[EB/OL].(2018-11-14)[2022-05-20]. http://www.moe.gov.cn/srcsite/A10/s7002/201811/t20181115_354921.html.

③ 关于高校教师师德失范行为处理的指导意见[EB/OL].(2018-11-14)[2022-05-20]. http://www.moe.gov.cn/srcsite/A10/s7002/201811/t20181115_354923.html.

④ 李秉德. 教学论[M]. 北京：人民教育出版社，2001：141-146.

之上或者开会、活动之时，下课、散会、活动结束后便形同路人，双方交往沟通的发展受到时空的限制。此外，个别辅导员和班主任以发挥大学生的主动性、能动性为幌子，放松了对自己的要求，对学生疏于管理，放任自流；个别教师对学生不能一视同仁，对自己喜爱的学生关爱有加，对其他学生则漠不关心，等等。

2. 自身政治觉悟不高，不能有效抵御不良影响

部分高校教师不注意日常思想道德修养和政治学习，对党的基本路线和方针政策学习不够，对学生的思想道德状况不关心，思想道德水平低下，政治观念淡薄，没有坚定的政治立场。有些高校教师在学校和相关部门组织的各类培训和学习中敷衍了事，漫不经心，放松了对自己的政治要求，导致自身的思想道德修养不足，政治素质不高，没有打下坚实的思想根基，容易受到外来思想和行为的负面影响，没有坚定的立场①。部分教师言行不谨，不能有效过滤社会不良思想行为和言论，在课堂或公共场所发表一些不利于学生健康成长的言论，发泄个人不满情绪，对学生自身和校园氛围造成了不良影响。

3. 过分追求个人利益，缺乏团队精神

在当前多元化的社会环境中部分高校教师产生了价值迷失现象，他们的人生观、世界观和价值观发生了很大变化。这类教师不是把教师职业当作一种报效祖国、实现自己人生价值的崇高事业，而仅仅当作一种谋生手段，他们追求个人利益，金钱至上，贪图享乐，骄奢淫逸，丧失了事业心、责任心和工作原动力②。有的教师为追求个人利益，利用学校的平台，置学校和学生于不顾，擅自离职离岗，轻校内课堂教学，重校外兼职，甚至利用学校公共教育资源来搞经营或外出代课赚钱，牟取个人不正当经济利益。部分高校教师不能正确对待同事和其他人际关系，只讲竞争，不讲合作；有的宽以待己，严以待人；有的损人利己，藐视别人，唯我独尊。

4. 学风浮躁、弄虚作假，学术道德下滑

部分高校教师学术功利化倾向严重，治学不严谨，科研成果经不起推敲，甚至还出现剽窃等弄虚作假现象，与教师良好的师德师风风貌格格不入。近年来，社会上有很多负面新闻是关于这方面的，很多教师为了评职称

① 李方. 现代教育研究方法［M］. 广州：广东高等教育出版社，2004：11-17.

② 檀传宝. 学校道德教育原理［M］. 北京：教育科学出版社，2003：15-18.

或科研项目等，“拉关系”，“走后门”，甚至不惜弄虚作假，出现严重的学术舞弊行为，背弃了起码的学术道德、学术规范，丧失了学术尊严。这在社会上造成了比较恶劣的影响，使人们对高校教师的印象大打折扣①。如前文所述，少部分教师因无法抵挡利益和名誉的诱惑而陷入“学术腐败”的泥潭，不仅自己身败名裂，还给所在高校带来极坏的负面影响②。

5. 不安心本职工作，缺乏责任心，教学水平不高

部分高校教师工作责任心不强，得过且过，对教学、科研和管理工作精力投入不足，心态浮躁，好高骛远，不安心本职工作，不能脚踏实地③。有些教师授课不注意仪容仪表，行为太过随意敷衍，不能做到为人师表。有些教师视教学工作为副业，把大量精力用于社会兼职及一些商业性活动，无心钻研业务，备课不认真，教案缺乏新意。部分高校教师缺乏进取精神，自身文化素质不高，专业知识不足，不注重获取新知识，不钻研业务，不求上进，仅仅满足于一般性的工作，不能遵守教学规律，不能有效改进教学方式方法，导致业务水平低下，教学水平不高。有些教师干工作讨价还价，斤斤计较，缺乏奉献精神。有些教师上课气氛死板，照本宣科，索然无味，无法活跃课堂气氛，不能调动学生的求知欲望，导致学生学习动力不足，出现课堂睡觉、聊天、心不在焉的现象，甚至出现学生逃课现象。

上述问题之所以存在，大致有以下三个原因：一是部分高校教师思想认识不到位，自身素质不高。如某些教师认为学校的中心工作是教学、科研工作，这是看得见摸得着的事情，应当全力以赴去做，至于思想政治工作则是虚的东西，看不见摸不着，没有具体的硬性指标去评价，做多了会影响自己的教学、科研工作。部分高校教师缺乏思想理论基础，自身思想、文化等综合素质不高，对社会上的消极现象不能有效抵制，放松对自己的要求，放松理论学习，忽视自身的道德修养。有些青年教师刚刚毕业走上工作岗位，任务重，压力大，工作和生活条件与心理预期存在一定差距，容易产生心理不平衡。二是学校或教育主管部门管理体制不健全，机制不到位。比如有些院校为了在评估中提高排名，过于强调论文发表数量、科研课题的级别、数量和经费，以此为标准，导致高校教师产生很大的心理压力，在这种政策的引

---

① 陈琦. 教育心理学：原理与应用［M］. 合肥：安徽教育出版社，2004：13-16.

② 马和民. 新编教育社会学［M］. 上海：华东师范大学出版社，2002：22-44.

③ 徐德凤. 加强高校师德师风建设的思考［J］. 重庆邮电学院学报（社会科学版），2004（6）：1-3.

导下，他们不安心教学和科研，投机取巧，想方设法达到要求。有些学校主管部门对高校教师职称晋级考核中重智轻德，对师德考核流于形式，敷衍了事，管理制度不合理。有的院校忽视对高校教师的思想政治教育，忽视他们的思想道德修养，高校教师入党程序不规范、不严格，相关考核制度落实不到位。有的院校在引进人才时，缺乏完善的招聘考核机制，重学历，轻道德，招聘入校后不进行岗前培训或岗前培训流于形式，不能充分发挥老教师的传帮带作用，这些都可能导致高校教师师德师风部分缺失。三是某些社会不良因素对高校师德师风建设产生负面影响。近年来，我国经济、政治和文化事业蓬勃发展，高等学校办学自主权的扩大，高等教育的开放程度也在不断增强，这些社会因素对高校教师师德师风建设产生了不良影响，导致部分高校教师个人主义、拜金主义和享乐主义泛滥。社会上的一些错误观念、不良风气等都侵蚀着高校教师的思想，造成一些青年教师思想混乱，部分高校教师的人生观、世界观、价值观发生了改变，他们迷失了人生方向，主要表现为人生理想过于趋向实际，个人幸福过于追求实在，价值标准过于注重实用，行为选择过于偏重实惠①。

高校师德师风建设是一个复杂的系统工程。学校管理者和教师都应当认识到良好的师德师风是学校的生命线。在当前高校师德师风建设实践中，存在较多的认识偏差和操作误区。面对新时代新要求，增强高校师德师风建设的有效性，必须结合各高校的实际情况，在师德师风建设的认识、途径、制度等方面实现具有可操作性的创新。

（一）加大宣传力度，充分发挥典范作用

学校管理部门要善于采用教师喜闻乐见的方式，积极宣传师德师风建设的重要意义和紧迫性，倡导具有可操作性的良好的师德师风规范，构建高校师德师风宣传和交流平台，激励高校教师相互交流师德师风学习体会。师德师风宣传工作要坚持团结鼓劲、正面宣传为主的方针，努力探索加强师德修养的有效途径，利用网络、校报、校内广播等宣传平台，开展生动活泼、形式多样的宣传报道，充分调动全校教师关心和支持师德建设的积极性。在师德师风建设中，要营造一个方向明确、气氛浓厚、声势浩大的舆论环境，有效发挥宣传武器的积极作用，让全社会都关注甚至积极参与到高校的师德师

① 刘朝云. 高校师德建设探析［J］. 集美大学学报，2005（3）：24-27.

风建设工作中来①。

榜样的力量是巨大的，榜样代表着一种积极向上的前进力量，可以产生巨大的影响力、感召力和激励作用。坚持在教师队伍中树立并宣传一批教书育人的先进典型，营造学校良好的教育氛围和环境，是高校师德师风建设的重要环节。高校要积极开展多种形式的师德师风教育活动，大力宣传师德师风建设取得显著成绩的单位和师德高尚教师的先进事迹。部分高校通过评选优秀教师、先进集体、设立师德奖项，开展向先进典型学习、争当师德标兵和师德建设先进教师的活动来表扬先进，激励和引导广大教师更好地发挥教书育人的积极性、主动性和创造性，提高教学水平。要注意发现师德师风建设中的真人、真事，大力宣传师德师风先进典型的好思想、好经验、好方法，努力营造争当师德师风建设工作先进的校园氛围，进而全面推动高校师德师风建设工作的开展。

（二）加强思想和政治教育，强化党建工作

师德师风建设的基础是道德自律，教师应对自己的思想、行为进行自我认知、自我评价，并在此基础上对其思想、行为进行自我约束和规范。高校教师从事的是为人师表的职业，应当有一定的道德自律能力。师德师风建设要加强引导教师进行道德自律，提高综合素质。广大教师在师德师风建设中要主动进行自我学习与教育，强化自我修养，积极参与相关部门组织的师德师风教育活动。

师德师风建设中思想政治教育工作是十分重要的环节。当今世界，国际形势风云变幻，各种社会思潮不断涌入；我国政治、经济和文化也在不断地变化。高校改革逐步深化对高校教师产生的影响也越来越大。加强高校教师队伍思想政治工作的一个重要任务就是要用马列主义、中国特色社会主义理论体系和习近平新时代中国特色社会主义思想武装广大教师，全面贯彻党的教育方针，以立德树人为根本，以理想信念教育为核心，以社会主义核心价值观为引领，切实抓好基础性工作，全面提升思想政治工作水平，牢固树立政治意识、大局意识、核心意识、看齐意识，坚定不移维护党中央权威和集中统一领导。各级党委和党员干部要在教育活动中担负起领导者、组织者、推动者的职责，坚持把党员先进性教育与师德师风教育结合起来，强化勤奋

① 程新治. 网络文化对高校师德建设的影响及对策［J］. 科技创业月刊，2005（8）：98-99.

学习的观念，实现边学习、边思考、边升华、边提高的良性循环，不断追求更高层次的道德目标。我们必须坚持在思想上武装广大教师，牢牢把握高校教师的思想动向。高校党组织要旗帜鲜明地坚持马克思主义在高校的指导地位，引导教师树立正确的世界观、人生观和价值观，把个人的理想融入教书育人中去，融入科教兴国的实践中去，融入培养又红又专、德才兼备、全面发展的中国特色社会主义合格建设者和可靠接班人目标中去。

此外，各高校还要加强教师队伍的党建工作，发挥党员教师在师德建设中的骨干作用。加强教师队伍的党建工作，重中之重是要狠抓中青年教师的党建工作。当前，各高校教师队伍的结构发生了很大变化，青年教师在教师队伍中占有很大的比例，并逐渐成为教师队伍的主体。这为高校队伍建设带来了新的生机和活力，同时也对高校党建工作提出了新的要求。近些年，一些青年教师因缺少必要的教育和培养，缺乏敬业精神，政治进取心不强，部分青年党员教师名义上入了党，但思想上没有入党。加强青年教师的党建工作，不仅能激励他们全面进步，而且能使高校党组织不断发展和壮大。因此，各高校党组织必须扩大和加深党在青年教师中的影响力，发挥党员教师在教育工作中的模范带头作用，全面推进学校师德师风建设工作。

（三）加强专业技能培训，提高教育教学水平

教师的专业技能培训，既是教师队伍建设的重要内容，也是进行师德师风建设的重要途径。各高校应建立新进教师“导师”制度，选择一部分德高望重、业务水平精湛的中老年教师担任新进教师的“导师”，在思想、品德、工作和生活上帮助新进教师全面提高综合素质，引导他们快速适应学校环境，健康成长，尽快进入工作状态。各高校应完善新教师岗前培训制度，每年对新进教师进行专门的岗前师德教育，每年对新上岗的班主任、辅导员进行一次以上的师德教育专题培训；组织新教师认真学习党的基本路线、方针、政策，领会相关法律法规对教师的基本素质要求，从师德师风教育、人事制度、教学、科研等不同角度进行全方位培训，使新进教师对高校开展的师德师风教育工作的内涵有更为深刻的了解①。

各高校应建立师德教育学习培训制度，定期开展以师德师风教育为主题的教师轮训活动，多渠道、分层次地开展各种形式的师德师风教育。要定期

① 肖芳. 论师德建设中的“以人为本”思想［J］. 湖南师范大学教育科学学报，2005（5）：49-51.

组织广大教师深入学习中国特色社会主义理论体系和习近平新时代中国特色社会主义思想，把依法治教和以德治教有机结合起来，努力提高教师的政治素质和道德修养；此外，还要进一步加强教师的职业理想和道德教育、法制教育、心理健康教育、学风和学术规范教育等。

各高校还应定期开展教书育人经验交流活动，开展岗位竞赛、教学基本功比赛、教学科研成果展览等活动，激发教师的工作积极性，培养教师的爱岗敬业和无私奉献精神。

（四）加强组织领导，建立健全规章制度

高校相关党政负责人在师资队伍建设方面要加大人力、物力和财力的投入，有条件的高校要专门成立师德师风建设工作领导小组，包括校党政领导、人事处、组织部、宣传部、教务处、监察处、工会等相关职能部门，加强管理力度，负责师德教育活动的规划、组织和落实工作，共同承担起师德师风建设工作的领导责任，制定相关政策和规范，并率先垂范，以身作则，同时定期和不定期地检查、监督、指导师德师风建设工作执行情况。有计划地统筹与协调师德师风建设工作与学校教学、科研工作的关系，把师德师风建设作为提升高校人才培养、科学研究、教学发展水平的重要指标来衡量①。

师德师风制度建设的关键是建立健全高校行政规章制度。在严格遵守《中华人民共和国教师法》的前提下，各高校应结合近年来教育部发布的相关制度，进行深入实际的调查研究，制定切实可行的师德师风规章制度，保证可以从不同层面提出高校教师师德师风建设工作的指导思想、工作目标、基本思路及实施的基本原则，从而使广大教师的思想、道德、作风建设有章可循，有“法”可依，使高校的师德师风建设工作逐步规范化、制度化，这是师德师风建设能否取得实效的关键所在。

（五）规范考核管理，完善考核激励机制

首先，高校应将师德师风建设贯穿于学校教育管理的始终，建立并完善自身的教学考核机制、学术评价机制，严格规范教学纪律和学术奖惩制度，把端正教学态度、严肃学术学风、加强思想道德建设纳入学校校风建设的整体工作中去，融入教学和科研工作中去。各学院的师德师风建设情况可列入党建业务考核中去，通过落实责任、明确任务，切实促进学校师德师风建设。

① 周介铬．着力制度建设构建师德建设的长效机制［J］．中国高等教育，2005（Z3）：7-8.

其次，高校要进一步完善教师资格认定和聘用制度，完善师德师风水平综合评定制度，把思想政治素质、思想道德水平等相关内容作为考核认定的必备条件和重要考察方面。师德师风综合评定每学期或每学年进行一次，重点考核教师的职业道德状况、教学态度、讲课效果等，让听课学生积极参与评定，建立师生共同参与和监督的评价体系。师德师风综合评定应与教师的岗位年度考核同时进行。对教师的师德评定可采用单位考核和群众考核两个方面，采取听课、书面考试、调查问卷等方式，对教师师德师风水平进行综合评定，并按比例量化为分值，细化等级，最后将评定结果存入教师档案，以此作为教师岗位聘任、职称评定和工资福利待遇的重要依据。

最后，要建立和完善高校师德师风建设的激励机制，就必须要注意高校教师的思想特点，运用各种方式方法，深入教师基层进行调查研究，建立标准明确、公平合理、操作性强的奖惩机制。对于师德师风高尚，受学生爱戴，教书育人成绩突出的教师，学校要予以相应的表彰和奖励，并进行大范围、高强度的舆论宣传，在教师职务评聘、职称评定等方面予以政策倾斜。对于那些师德师风表现不佳的教师，应进行及时的教育和指正，使其引以为戒并改正不良作风。如果经劝诫仍不改正的，学校相关部门则要进行严肃处理，与工资、奖金、福利等挂钩；此外还应鼓励学生、家长和社会有关方面对教师职业道德状况进行舆论监督，对于考核严重不合格的教师，学校应痛下决心解聘其教师职务，坚决实行“一票否决制”，严肃考核奖惩纪律，树立师德师风考核奖惩制度的威信①。

（六）改善教师的工作、生活条件

物质决定意识，社会存在决定社会意识，社会存在是社会意识产生的基础。在师德师风建设的问题上，应实事求是地分析主观和客观因素，在分析造成师德师风偏失的主观原因的同时还要分析客观原因，更多地站在教师的角度进行思考。在当前社会主义市场经济的环境下，除了大力弘扬爱岗敬业、无私奉献的师德精神外，还要切实关注教师的利益需求，关心教师的切身利益，时刻把教师的需要和冷暖放在心上，关心、理解、体贴教师，多为教师办实事、办好事，才能增强师德师风建设工作的感召力和影响力。高校

① 王蓓颖. 21世纪高校师德建设初探［J］. 江苏教育学院学报（社会科学版），2005（4）：32-33.

相关部门要努力改善高校教师的学习、生活和工作条件，如待遇、福利、医疗、住房、子女教育等方面问题，尽力做好培训、进修、留学和继续攻读学位等方面的规划和安排，最大限度地创造条件，为提高青年教师的业务水平和师德水平打下最坚实的物质基础和保障①。这也是科学发展观中“以人为本”精神的具体体现。学校只有为广大教师切实解决了后顾之忧，做好教师的后勤保障工作，才能让他们全身心地投入教学和科研工作中去，才能有效推进师德师风建设工作的顺利开展。

第三节　学生廉洁修身

修身，意为陶冶身心，涵养德性，即通常所说的修养身心，加强自身的德行素养。修身的具体行为表现是日常生活中择善而从，博学于文，并约之以礼。廉洁修身，则是以廉洁文化正心修身，培养、践行和弘扬正确的世界观、人生观和价值观。学生廉洁修身，即学生自觉接受廉洁文化教育洗礼，以廉洁文化涵养身心，不断提升道德情操，学习本领技能，提升人格魅力，在廉洁文化引导下开展廉洁行为，成为合格社会公民、成为德智体美劳全面发展的社会主义建设者和接班人。

我国历代文人志士注重廉洁修身。战国时期诗人屈原在《楚辞·招魂》中写道“朕幼清以廉洁兮，身服义而未沬”，意即“我年幼时秉赋清廉的德行，献身于道义而不稍微减轻”，将自己献身道义的行为与其幼时的廉洁修身密切联系；唐朝诗人孟郊在《上达奚舍人》的自荐信中用“万俗皆走圆，一身犹学方”推荐自己的廉洁品行，用“大贤秉高鉴，公烛无私光”称赞达奚舍人；诗人李商隐《咏史》“历览前贤国与家，成由勤俭破由奢”，将勤俭这一廉洁表现作为决定国家兴衰的重要因素；南宋官员吕本中在其所著《官箴》中说“当官之法，惟有三事：曰清、曰慎、曰勤”，将廉洁修身作为自己安身立命的重要方法；明朝官员年富《官箴》刻石有言“吏不畏吾严而畏吾廉，民不服吾能而服吾公；公则民不敢慢，廉则吏不敢欺；公生明，廉生威”，将廉洁作为自己的为官座右铭，终成一代名臣；清代官员郑板桥的题画诗《潍县署中画竹呈年伯包大中丞括》言“衙斋卧听萧萧竹，

① 王蓓颖．21世纪高校师德建设初探［J］．江苏教育学院学报（社会科学版），2005（4）：32-33.

疑是民间疾苦声。些小吾曹州县吏，一枝一叶总关情”，表达自己对百姓疾苦的关注。廉洁也是中国共产党人的优秀品质，焦裕禄坚持“任何时候都不搞特殊化”，杨善洲坚持“捧着一颗心来，不带半根草去”，谷文昌坚持“当领导的要先把自己的手洗干净，把自己的腰杆挺直”，杨业功坚持“共产党员的党性阵地不能在一张宣纸上失守”等。中华优秀传统文化和红色文化是廉洁文化的重要源泉，当代学生要学会从中汲取文化营养，做好廉洁文化传承。

廉洁修身是学生成长成才的现实需求。党的十八大以来，中国特色社会主义进入新时代，中国的经济社会发展水平取得前所未有的巨大成就，中华民族比任何时候都接近伟大复兴的目标。但与此同时，伴随着社会主义市场经济的深入发展，对外开放水平的不断扩大，人们的思想活动更加独立多元，一些不良社会风气也变换形式涌现，严重影响社会公平正义，危及党和国家安危。为此，以习近平同志为核心的党中央坚持自我革命，在全党掀起了一场雷霆万钧的“反腐风暴”。经过全党不懈努力，反腐败斗争取得压倒性胜利并全面巩固。但不可否认反腐败形势依然严峻复杂，“必须一刻不停推进党风廉政建设和反腐败斗争”。“时势造英雄”，身处新时代的学生，“走出去”的道路越来越宽，沟通合作的“朋友圈”越来越大，面临着的机遇和挑战也越来越多，更需要以廉洁文化涵养身心，加强廉洁自律，克服急功近利、拜金主义、享乐主义等错误思想，坚定共产主义理想信念，树立社会主义核心价值观，将个人理想与社会需求紧密结合，在实现中华民族伟大复兴的征途中发光发热。

廉洁修身是学生成长成才的内在需求。高校是个小社会，是学生进入社会之前的最后一站，步入社会，成为社会中的一分子是学生成长中的必然。学生融入社会，首先要做一名和谐社会中的合格公民。合格公民包含广泛内容，包括身心、德智体美劳、知识与能力诸多方面，还要求公民要讲诚信，要廉洁自律，要有创造力和创造精神。尤其是对于受过高等教育的大学生，爱国主义、集体主义、人民至上、洁身自爱是其理应具备的道德品质，亦是社会对大学生的期许。其次，学生是潜在的未来行业精英和公职人员，作为未来行业精英，需要更强大的心理素质、行动能力和自律品格，要能够引领行业新风正气、营造诚信公正的行业环境，赢得更广阔的市场。作为未来公职人员，要认清反腐倡廉的大势，纠治腐败意识、贪腐作风，树立崇廉尚洁的风尚。

一、廉洁修身的成才效用

人才是富国之本、兴邦大计，是创新的根基与核心要素，成才是每一名学生的目标理想，廉洁是新时代人才的必备素质。《中国共产党廉洁自律准则》明确要求，党员领导干部廉洁从政、廉洁用权、廉洁修身、廉洁齐家，学生是潜在的党员领导干部，更要尽早接受廉洁文化教育，自觉主动用廉洁文化修养身心，练就拒腐防变的内功，肩负起实现中华民族伟大复兴的历史使命。

（一）人才的概念

“致天下之治者在人才”①，古往今来人才都是为社会关注并引领社会发展的核心力量。

我国古代谓德、量、才、志、绩者为“贤者”，即人才②。所谓德，主要指政治操守好。所谓量，是指能接受正确意见，容纳贤才。所谓才，是指才能，有创造力，有驾驭能力和应变能力。所谓志，是指志向远大，意志坚定，有韧劲。所谓绩，就是政绩，在工作中，能奋发有为，尽心尽力，有所建树，人民群众能各得其所，安居乐业。

中共中央办公厅印发《党政领导干部考核工作条例》规定领导干部的考核内容主要包括德、能、勤、绩、廉五方面。“德”主要指干部在思想政治素质和个人道德、职业道德、社会道德等方面的表现。重点是是否有正确的价值观、权力观、事业观，是否公正、真正的工作、敢于负责，是否坚决执行组织的决策配置等。“能”主要是指干部履行职责的综合素质和业务能力。综合业务素质主要包括个人素养、专业知识、政策水平、创新意识等，业务能力主要包括履行职责所需的工作能力和解决实际问题的水平等。“勤”主要指干部事业心、责任感、工作态度、工作风格等表现。重点了解发扬革命精神、斗争精神，坚持“三严三实”，勤勉敬业、恪尽职守，认真负责、紧抓快办，锐意进取、敢于担当，艰苦奋斗、甘于奉献等情况。“绩”主要指干部完成工作的数量、质量、效率和利益，包括干部在完成任务目标和履行职责过程中提出的工作思路、采取的措施、发挥的具体作用和业绩。“廉”

① 宋代胡瑗《松滋儒学记》：“致天下之治者在人材，成天下之材者在教化，职教化者在师儒，弘教化而致之民者在郡邑之任，而教化之所本者在学校。”

② 韩萌．论习近平的新时代人才观［J］．山东师范大学学报（社会科学版），2020（3）：82．

主要指干部廉洁自律等方面的表现。着重于是否廉洁奉公，是否履行职务廉洁的责任，是否自觉接受监督，是否有积极健康的生活方式等。

（二）人才的基本素质

纵观古今，“德”都是人才的选拔和聘任的第一标准。古代的“德”主要指政治操守好，同时囊括孝廉、忠诚、勤俭等品德，包含个人道德和社会公德两个方面。当下，优良的品德仍然是领导干部应具备的首要条件，而把个人品德、职业道德、社会公德作为衡量人才的首要标准，也是我党多年总结且行之有效的宝贵经验。“德”也是中国共产党人一贯的识才用人要求。习近平总书记要求：“坚持德才兼备、以德为先，努力做到选贤任能、用当其时，知人善任、人尽其才，把好干部及时发现出来、合理使用起来。”

廉洁本质上是一种德，是古往今来人才的一种价值需要，一种文化，一种必然。它既是一种政治生活、社会活动的需要，也是一个人修养、自我升华的需要；它既是一种经年永续、亘古不灭的文化，也是一种知行合一、更待发扬的文化；它既是一种人类发展、文明延续的历史需要，也是一种宁邦固本、富民强国的现实需要。历史经验告诉我们，只有廉洁修身，个人才能安身立命、有所作为；只有崇廉尚洁，国家才能繁荣昌盛、长盛不衰。

廉洁更是新时代青年人才的必备素质。习近平总书记指出“青年一代的理想信念、精神状态、综合素质，是一个国家发展活力的重要体现，也是一个国家核心竞争力的重要因素”。2022 年 4 月国务院新闻办公室发布的《新时代的中国青年》白皮书指出“新时代中国青年刚健自信、胸怀天下、担当有为，衷心拥护党的领导，奋力走在时代前列，展现出前所未有的昂扬风貌：追求远大理想，心中铭刻着对马克思主义的崇高信仰、对共产主义和中国特色社会主义的坚定信念；深植家国情怀，与国家同呼吸、与人民共命运，时刻彰显着鲜明的爱国主义精神气质；传承奋斗担当，先天下之忧而忧、后天下之乐而乐，勇做走在时代前列的奋进者、开拓者、奉献者。”①《新时代的中国青年》白皮书对新时代青年提出了新的要求，更需要新时代青年结合国家和人民需求，从廉洁修身开始，不断培养自身的综合素质与能力。

① 《新时代的中国青年》白皮书（全文）[EB/OL].（2022-04-21）[2022-05-20]. http://www.scio.gov.cn/zfbps/32832/Document/1723331/1723331.htm.

（三）廉洁修身有利于学生成才

唯物辩证法内外因辩证原理认为事物的发展是内外因共同作用的结果，内因是事物自身运动的源泉和动力，是事物发展的根本原因，外因是事物发展、变化的第二位的原因。内因是变化的根据，外因是变化的条件，外因通过内因而起作用。人才的养成同样是内外因共同作用的结果，个人的努力起决定性作用。2009 年 1 月，时任中共中央政治局常委、中央书记处书记、国家副主席习近平到天津大学考察，勉励同学们“成才之路就在脚下，靠我们自己走”，可见成长成才固然需要良好的外部条件，但更离不开个人的规划和自律。廉洁修身是学生成才的良好开端。

① 廉洁修身能够提高个人道德修养。德者，才之帅也。道德水准和精神风貌是社会对个人的第一印象，也是当今社会对人才考评的第一标准。人才不仅要有才华、有本领，更要有德行、有修养①。“有才”而“无德”是危险的，会因缺乏成为对社会和人民有用之才的持久动力和价值取向而难以行稳致远，甚至会走向祸国殃民的极端。近些年的反腐案例也表明，腐败年轻化呈上升趋势，一些青年人才因为廉洁问题断送了远大前程，究其原因在于未能具备廉洁道德。因此，在校学生要吸取教训，用廉洁涵养身心，不断提升道德品质，充分认识到有高尚的道德，才有高尚的人格；有高尚的人格，才有高尚的人生。

② 廉洁修身有助于养成自律好习惯。唯物辩证法认为内因是决定事物发展的根本因素，对于人才而言，自律就是成才的内因。自律，即遵循法纪，自我约束，强调的是无人监督下的自觉，是人才或成功者的必备素质。廉洁和自律有着天然联系，自律是廉洁的前提和保证，廉洁是自律的必然结果②。廉洁文化教育影响下的个体，习惯于在多种角色中保持自律，能够不断充实完善自己，身处顺境能戒骄戒躁，身处逆境能坚持不懈，助力个体成为为社会或行业接受的人才。

③ 廉洁修身有助于培养正确价值观。价值观决定个体的所作所为，拥有正确价值观的人，拥有更为强烈的爱国主义和家国情怀，能够根据国家和人民需要树立理想信念，而理想信念是成才的力量之源，能够指引人生方向，决定事业成败。学生廉洁修身，就修牢了“齐家、治国、平天下”的根

① 刘文佳．习近平青年人才观探析［J］．中学政治教学参考，2020（9）：19.

② 江苏省教育厅．大学生廉洁教育读本［M］．南京：河海大学出版社，2012：10.

基，能够自觉用马克思主义中国化最新理论成果武装头脑，树立和践行社会主义核心价值观，将自身发展与共产主义事业紧密结合，顺应历史发展潮流趋势，成为时代洪流中的弄潮儿。

（四）廉洁修身的内容

廉洁本质上是一种道德，廉洁文化是中华优秀传统文化、红色文化和当代优秀文化的重要组成部分，廉洁修身就是要从种种优秀文化中汲取营养，涵养自身道德水准。

① 诚实守信[①]。“诚者，天地之道也；思诚者，人之道也”，“信，诚也，从人从言”，“诚”和“信”是两个意义相近、可以互相阐释的概念。《论语》云：“人而无信，不知其可也”“信以成之”“言而有信”，可以说诚信是中华传统文化为人之道的重要思想，是中华文化的重要特征。作为新时代学生，要理解诚信在当今社会更为丰富的内涵，掌握诚信三个不同层次的要求：一是在思想层面，要内诚于心，即应当有一种恭敬、尊重、诚实信仰、忠诚信奉的心理和道德品质；二是行为层面，要外化于行，即信守承诺、童叟无欺、不妄不伪、言行一致；三是在价值层面，要自觉地取信于人，真诚负责。即诚信是内在信仰和外在行为的统一，其与信义、道义结合，才能体现忠于职守的责任心和义务感。诚信本身蕴含着公正、正义、负责等内涵。

② 廉洁法制[②]。法律制度体系是指导廉洁行为的底线，也是反腐倡廉、长久廉洁的保障。学生廉洁修身，一是要学习社会主义法制的基本知识。培养社会主义法治理念，树立“法律面前人人平等”的观念；深刻理解我国“有法可依、有法必依、执法必严、违法必究”的社会主义法制建设工作方针和“依法治国，建设社会主义法治国家”的基本政策；国家治理体系和治理能力现代化的要求。二是要学习党和政府关于党风廉政建设和反腐败工作的方针政策、法律法规。深刻理解我国“标本兼治、综合治理，惩防并重、注重预防”的反腐倡廉建设工作方针，以及我国纪检监察体制机制改革和一体推进不敢腐、不能腐、不想腐的整体策略，熟悉和了解具有中国特色的惩治和预防腐败框架体系。

---

① 江苏省教育厅．大学生廉洁教育读本［M］．南京：河海大学出版社，2012：39.

② 江苏省教育厅．大学生廉洁教育读本［M］．南京：河海大学出版社，2012：59.

③ 廉洁道德①。廉洁是道德的一种，不仅包含个人私德，还包含社会公德、职业道德和家庭美德等公共道德。学生廉洁修身，要从修私德开始，如杜绝考试作弊、拒绝论文抄袭、买卖、一稿多投等学术不端行为，掌握个人品德的形成规律，由己及人，理解社会公德、职业道德和家庭美德等公德建设的重要性和意义，逐步具备合格的现代公民所应有的个人品德。

④ 廉洁心理。廉洁或贪腐有时候是一种心理选择。学生廉洁修身，就要熟悉和了解廉洁行为和贪腐行为的社会心理，如“有钱能使鬼推磨”的心理、侥幸心理等；充分认识腐败行为的心理动机和主要表现，如急功近利、攀比、“权利不用过期作废”等；熟练掌握廉洁行为的心理优化途径，逐步增强拒腐防变的良好心理品质。

⑤ 中华优秀文化。中华优秀文化是廉洁文化的源泉，既包括我国在革命战争年代，由中国共产党人、先进分子和人民群众共同创造的极具中国特色、蕴含着丰富革命精神和厚重的历史文化内涵的红色文化，如井冈山精神，红船精神，延安精神等。中华优秀文化也包括中华历代的先进文化和思想政治制度等，学生廉洁修身就是要熟练掌握这些文化中具有代表意义的廉洁思想精华。

二、学为本位的回归

2014 年五四青年节，习近平总书记来到北京大学考察，嘱咐同学们“人生的扣子从一开始就要扣好”，勉励青年学生从现在做起，从自己做起，“勤学、修德、明辨、笃实”。对于学生而言，“第一粒扣子”就是学习。要想学习好，必须把学习作为第一要务。

（一）学为本位的概念

学为本位，即学生以学习为第一任务。2016 年教育部党组提出，高等教育要回归常识、回归本分、回归初心、回归梦想。2018 年 6 月，时任教育部部长陈宝生在新时代全国高等学校本科教育工作会议上的讲话——坚持以本为本 推进四个回归 建设中国特色、世界水平的一流本科教育②——再次提出“四个回归”，并将之作为加快建设一流本科教育的基本要求。

---

① 江苏省教育厅. 大学生廉洁教育读本［M］. 南京：河海大学出版社，2012：77.

② 陈宝生. 坚持以本为本 推进四个回归 建设中国特色、世界水平的一流本科教育［EB/OL］.（2020-03-16）［2022-05-20］. https://news.hnu.edu.cn/info/1186/20854.htm.

“四个回归”从四个方面，对学生、教师、高等学校和高等教育提出了具体要求。回归常识，就是学生要刻苦读书学习；回归本分，就是教师要潜心教书育人；回归初心，就是高等学校要倾心培养建设者和接班人；回归梦想，就是高等教育要倾力实现教育报国、教育强国梦。回归学为本位，实质上就是回归常识，学生要把读书学习作为第一任务。

（二）回归学为本位的重要性

回归学为本位，是高校立德树人的必然要求。立德树人是高校的重要任务，学生是立德树人的主体。德育内容进课堂，对学生进行系统教育是立德树人最有效的途径，也是高校的优势所在，学生回归学为本位，能够拥有更多的学习时间，充分认识和发现德育课程的必要性，进而接受系统的道德教育，真正将德育入脑入心。学校也可以进行系统地课程体系设置，将廉洁教育等德育内容编入德育课程体系，完成立德树人的根本任务。学生回归学为本位，将更多精力放在学习上，形成自己的自由之思想、独立之人格，就能自觉摒弃社会上纷繁复杂的价值观念，将自身理想与国家和民族的需要紧密联合，成为社会需要的人才。

回归学为本位，是教师教书育人的内在要求。“教师是太阳底下最光辉的职业”“是人类灵魂的工程师”，自古以来，教师职业在人们心中有着神圣的地位，承担着极大的社会期许。同时，“学高为师，身正为范”，也对教师提出了严格要求。“四个回归”中，回归本分，就是要求教师要潜心教书育人。这一要求的提出，一方面，教师作为学生的学习共同体，教师潜心教书育人能够促进学生回归学习本位，产生教学相长的良好结果，有助于教师在“授业解惑”的过程中，把科学的、正确的“道”传给学生，使学生树立正确的世界观、人生观、价值观。另一方面，在急功近利的社会大环境下，高校部分教师过度追逐经济利益与物质利益，对教学科研和学习目标的价值认同有所动摇，在教学和学习过程中缺少踏实态度和吃苦精神，不能做到潜心从教，甚至出现在学生考试成绩中打“人情分”的现象，在学生评优、评先、入党中违规操作，在科研方面发生抄袭、剽窃、造假等行为，严重影响了人民教师的光辉形象①。这些问题的根源就在于教师忘记了自己潜心教书育人的本分。教师是学生的引路人，教师自身的思想倾向、言行举止对学生的行为规范的养成有着直接的影响，因此，回归学为本位，教师回归

① 王蕊．关于加强新时代高校学风建设的思考［J］．学校党建与思想教育，2020（1）：87．

教学显得尤为重要。

回归学为本位，是学生成才的现实需求。习近平总书记指出：“青年一代有理想、有本领、有担当，国家就有前途，民族就有希望。”对于学生而言，本领就是科学文化知识和专业技能，是未来人生和事业发展的坚实基础，也是学生时代要完成的第一要务。任何人想要实现人生价值，想要在推动社会发展、民族复兴大业中有所作为、有所贡献，就必须有与之相适应的基本知识、技能和素养等本领。学生时代，是获取本领的黄金时期。但是，如今的高校也不再是单纯的“象牙塔”。一方面就业形势日益严峻，毕业生很难找到理想的工作；另一方面因行业差异导致收入差异巨大，新的“读书无用论”又有所抬头，这种现象不可避免地使学生变得浮躁，以至于部分学生出现了热衷于参加各种社团活动忙于社交、牺牲课程学习时间做兼职等不理智行为，其实质是价值观扭曲，功利主义作祟①。究其原因有社会因素的影响，更主要是学生自己，未能充分认识到求得真学问、练就真本领才是决定其能否找到好工作，决定其人生的深度和厚度，影响其事业宽度和广度的关键。尤其是信息大爆炸的今天，知识经济对劳动者素质提出了更高要求，人与人的竞争拼到最后拼的是文化。回归学习本位，回归课堂，能够帮助学生摒弃功利思想，排除外界诱惑，学好科学文化知识和专业技能；有益于学生养成终身学习的观念，用廉洁自律好习惯持续学习、终身学习。

（三）回归学为本位的路径

学生回归学为本位要以成为时代需要的人才为目标。2018 年 9 月，习近平总书记在全国教育大会上讲话强调：“培养德智体美劳全面发展的社会主义建设者和接班人，加快推进教育现代化、建设教育强国、办好人民满意的教育”。对于学生而言，就要充分利用学生时代的黄金学习期，努力汲取科学文化知识，加强社会实践锻炼，使自己成为德智体美劳全面发展的社会主义建设者和接班人。

① 德。即品德，既包含个人品德，又包括社会公德、热爱祖国和人民的大德。要不断提高思想水平、政治觉悟、道德品质、文化素养，做到明大德、守公德、严私德；要坚持马克思主义指导地位，贯彻新时代中国特色社会主义思想；要自觉培育和践行社会主义核心价值观，做到品德润身、公德善心、大德铸魂；要学好思想政治理论课程，理解贯彻新时代党的教育方

---

① 王蕊．关于加强新时代高校学风建设的思考［J］．学校党建与思想教育，2020（1）：87.

针；要接受廉洁法治教育，养成遵纪守法、崇洁尚廉的良好习惯；要学会从中华优秀传统文化、革命文化、社会主义先进文化和英雄人物与时代楷模的身上汲取营养，培根铸魂、启智润心；要知行合一，从做好小事、管好小节开始起步，学会感恩、学会助人，学会谦让、学会宽容，学会自省、学会自律，成为有大爱大德大情怀的人。持之以恒加强道德修养，明辨是非曲直，增强自我定力，自觉抵制拜金主义、享乐主义、极端个人主义、历史虚无主义等错误思想，追求更有高度、更有境界、更有品位的人生。

② 智。即聪明才智，想象力、创造力是聪明才智的重要表现。想象力、创造力从哪里来？要从刻苦的学习中来。知识越学越多，知识越多越好，学生要像海绵吸水一样学习知识，既要勤学书本知识，又要多学课外知识。要保持对知识的渴望，保持对探索的兴趣，培育科学精神，要勤于思考，多想想，多问问，培养自己的创造精神。学习中要突出主干、择其精要，努力做到又博又专、愈博愈专。特别是要克服浮躁之气，静下来多读经典，多知其所以然。还要重视知识的宽度和学习的深度，在学习中增长见识，丰富学识，通晓天下道理，掌握事物发展规律，做到敏于求知、勤于学习、敢于创新、勇于实践，沿着求真理、悟道理、明事理的方向前进。

③ 体。即体育，既包括身体健康教育，也包括心理健康教育，其目的在于通过获取健康知识、技能，发展体力、增强体质、培养意志力。身体是人生一切奋斗成功的本钱，体育强国也是中华民族伟大复兴事业的重要组成部分。学生进行体育锻炼，要树立健康第一的理念，学好上好军事训练课和体育课，培养一到两项体育爱好，在体育锻炼中享受乐趣、增强体质、结交朋友、健全人格、锤炼意志。

④ 美。即美育，旨在培养学生的鉴赏美、创造美的能力，以美润心、践美于行，培养高尚情操和文明素质。美是纯洁道德、丰富精神的重要源泉。有美滋养的人生能更好地发现生活中的美，珍惜生活中的美，才能热爱生活；美是全面发展的重要环节，美与美术、艺术、科学、技术相辅相成、相互促进、相得益彰，没有良好艺术爱好和艺术修养的人是不可能全面发展的；美是可以学和做的，学习美的过程中要扎根时代生活，注重从文化和历史中发现美。

⑤ 劳。即劳动。劳动可以树德、可以增智、可以强体、可以育美。进行劳动教育，要树立劳动光荣的观念，自己的事自己做，他人的事帮着做，公益的事争着做，用劳动播种希望、收获果实。要学会并弘扬劳动精神，崇

尚劳动、尊重劳动，懂得劳动最光荣、劳动最崇高、劳动最伟大、劳动最美丽的道理，能够辛勤劳动、诚实劳动、创造性劳动。要在劳动中磨炼意志、锻炼自己。

三、向上向善学风的重塑

（一）学风的概念

学风，即学校、学术界或一般学习方面的风气①，具体表现为学术研究的倾向、风气或校园中的习惯、风尚等。学风是凝聚在教与学过程中的精神动力、态度作风、方法措施等，它依不同学校的不同特点表现出独有的特色和丰富的内涵，并通过学校全体成员的意志与行动，逐步地形成和固化，成为一种传统和风格。这些传统和风格对学生的成长起着重大的作用，对学校的发展和建设产生深远的影响。

高校学风，是指高校学习的风气，是高校文化的灵魂②。狭义上讲是指高校学生在学习和生活中表现出来的具有共性和典型性的思想行为倾向。广义上讲是指高校师生员工在治学精神、治学态度和治学方法等方面的风格，也是学校全体师生知、情、意、行在学习问题上的综合表现。高校学风本质上讲是“高等学校为实现一定的学习目标，在长期的实践过程中积淀形成的、被高校学生共同认可且相对稳定的价值观念和行为准则，其外部表现形式为一定的治学精神、治学原则和治学态度，并对处在环境中的个体产生影响的一种氛围”③，对学生成长成才意义重大。向上向善学风，则是学校将向上向善的价值取向融入教书育人、治学治校的行动中，培养高校学生群体养成向上向善的价值观念和行为准则，树立远大目标理想，不断提高道德修养和本领技能，自觉服务于社会、服务于人民。

（二）向上向善学风的重要性

重塑向上向善学风，就是塑造学生正确的价值观。向上向善是两种积极的价值观念。向上即进取，意味着奋发向上、追求进步。向善即崇德，意味着明德惟馨、择善而从。向上是人们不断提升本领和境界的动态尺度，是向

---

① 中国社会科学院语言研究所词典编辑室．现代汉语词典［M］．7版．北京：商务印书馆，2016：1488.

② 张文强．党的十八大以来高校学风建设研究述论［J］．学校党建与思想教育，2020（5）：79.

③ 陈玉栋．试论高校学风建设的概念、主体及特性［J］．高教探索，2014（4）：5.

善的前提和基础；向善是向上的具体体现和标志，是向上的动力源泉和崇高境界。向上向善是中华民族的优良传统和生生不息的强大动力，也始终是促进人类社会文明进步的强大精神力量。

向上向善学风是高校的光荣传统。高校学风是高校文化的重要组成部分，是高校历史文化的深厚积淀。学风建设是推动构建和谐社会、全面推进素质教育、培养高素质人才的关键，也是校风建设的关键内容。学校校训凝结并反映了高校学风，如苏州大学校训“养天地正气，法古今完人”：“养天地正气”，就是培养天地间坚毅不屈的浩然正气，这股天地正气赋予了高尚的品德和坚贞的气节，不仅刚正不阿，还疾恶如仇；不仅维护正义，还为民效力；“法古今完人”，就是追求尽善尽美的道德，培养顶天立地的人格。这一校训对苏州大学影响深远，彰显着苏州大学的学风。

重塑向上向善学风是现实需要。随着高校开放度的不断提高，校企合作等合作模式的深化，学校和社会之间的相互影响不断加剧，学校风气也在随着社会风气的影响而改变。而这一变化突出反映在学生身上：如在社会上历史虚无主义、实用主义、消费主义价值观影响下，学生出现了浮躁、“躺平”、“佛系”等消极心态；部分高校学生学习目标不明确或不切实际，缺乏职业规划；部分高校学生遵规守纪意识薄弱，自律不严；诚信问题日益突出，考试作弊、论文抄袭造假问题屡禁不止；过度依赖手机的“低头族”越来越多，“注意力缺失”“拖延症”等问题日益增多；校园欺凌、精致利己等行为时有发生。这些不良现象亟须改变。

（三）重塑向上向善学风的路径

学风建设是个系统工程，需要学校、教职工和学生统一认识、坚定信心、齐心协力、久久为功，方能实现既定目标。

① 学生增强学风建设主体意识。学生是学风建设的主体，学风建设的好坏直接影响并反映在学生的学习生活上，间接影响学生成长成才和就业发展。因此，学生自身首先要充分认识学风建设的重要性，提高学风建设意识，从学好科学文化知识入手，打牢参与学风等学校建设的基础；其次，要充分发挥主观能动性，积极参与到学校各项建设中来，发挥自己的主体作用，代表学生群里利益发声；严格自律，掌握党和国家最新教育方针、政策导向，以及学校规章制度，严格按照政策和纪律规矩办事；最后，要注重理论知识与实践能力的转化，自觉把学风建设中的主体性融合渗透到设立学习目标、端正学习态度、培养学习兴趣、创新学习方法、取得学习效果、遵守

学习纪律等方面。

② 教师充分发挥教书育人的示范效用。教师是学风塑造的主体之一，肩负培养新时代新人才的神圣使命。塑造学风需要把改进教风放在前面。首先，要培养教师热爱教育、热爱学生的情怀。积极引导教师以德立身，忠于职守，勤勉工作，使其真正明白教学是第一工作，上课是第一责任，把心思和精力放在教学上。其次，教师要学会及时关注和回应学生在学习和生活中遇到的各种疑难困惑，为学生解答人生应该在哪用力、对谁用情、如何用心、做什么样的人，以对教育的热爱、对学生的热爱及严谨求实的精神影响和感染学生，真正成为塑造学生心灵、品行的“大先生”。最后，教师要自觉主动汲取新知识，丰富自己的学识修养，决不能故步自封，止步于一本教案讲授一生。

③ 高校注重向上向善校园文化的营造。学风建设与校园文化密切关联，向上向善学风的重塑，不仅需要学生、教师的努力，更需要学校的顶层设计和大力推广。一是要传承与弘扬学校传统文化。学风建设植根于学校的办学历史和文化传统之中，它既是历史积淀的成果，也是与时俱进的产物。高校要将从校史中提取的向上向善的元素，融入校园的文化和学风建设中。二是要将向上向善的价值取向贯穿三全育人始终。“三全育人”即全员育人、全程育人、全方位育人，是高校立德树人的新要求。学校贯彻“三全育人”，就要坚持以学生学习为中心、以学生发展为中心，将全校教职员工的思想统一到一切工作都是为了学生成长成才上来。三是要开展丰富多彩的校园文化活动。高校要着眼于提高学生的综合素质，努力打造特色校园文化，传播学术精神、学科文化，举办各类有利于向上向善学风传播的辩论赛、演讲赛、知识竞赛等。要利用学校的宣传橱窗、校报及网络媒体宣传典型师生的先进事迹，激励更多的师生勤奋钻研、探索求知，使校园充满向上向善的学风。

第四章

高校廉洁文化的建设路径

第一节　基本原则

加强高校廉洁文化建设是建设社会主义先进文化的题中之义，是构建社会主义核心价值体系的重要内容，是党中央加强高校党风廉政建设的重要举措，是推进高等教育高质量发展的必然选择，是全面推进和谐社会建设的必然要求。高校作为全社会廉洁文化建设的重要组成部分，作为培养社会主义事业建设者和接班人的重要阵地，担负着倡导和推进廉洁文化建设的历史责任。高校廉洁文化建设是一个需要不断探索和创新的系统工程，在不同的历史时期有不同的内容和要求，不同的内容与要求则需要通过不同的形式和途径去实施。新时代开展高校廉洁文化建设必须尊重校史、符合校情，与时俱进，培育具有时代特色的大学精神文化。

一、价值引领

（一）构建和谐大学校园

廉洁文化作为高校文化的重要组成部分，在和谐校园建设中具有重要作用。高校廉洁文化是廉洁文化与高校文化相结合的产物，它以先进的廉洁思想为核心，以廉洁制度为保障，以高校的校园文化为载体，教育和引导师生形成崇廉尚洁的良好风尚。构建和谐大学校园，要将廉洁文化融入高校的价值观和精神中，充分发挥文化的生命力、创造力和感召力。

1. 引导党风廉政建设大方向

优秀的高校廉洁文化能营造良好道德氛围，对广大师生的工作、学习、生活等具有强大的导向、规范和定型作用。廉洁文化作为高校文化的一个重要组成部分，也潜移默化地影响和指导着人们的观念与行为。如今，我国部分高校仍存在党风廉政建设针对性和实效性不高、惩治和预防腐败体系存在薄弱环节、权力的监督监控机制不健全等问题，其根本就在于没有构建良好的廉洁文化。廉洁文化就是要破除人们原有思想痼疾，倡导纯洁、高尚、清廉的思想风尚。廉洁文化引导高校顺应党和国家反腐倡廉建设大趋势、大方向，积极创新廉洁文化建设的机制、制度和方式、方法，倡导广大高校教职工、学生自觉规范个人行为，建设风清气正的校园党风廉政环境。

2. 培养师生崇廉尚洁的自觉性

高校廉洁文化是全体师生通过发展、融合学校文化而提炼出的一种价值判断和精神气质，其蕴含的育人力量具有较强的针对性和深远的影响力。高校廉洁文化建设通过营造廉洁文化氛围，感染和熏陶师生，使他们在潜移默化中接受廉洁思想并内化为自己的信念与行为。高校廉洁文化还具备浸润全体师生的力量，将廉洁修身的思想在校园里发扬光大，并扩大和渗透到每一位师生中，在与高校文化的交互中形成学校师生自觉崇廉尚洁的文化场，推动校园廉洁文化的发展。高校要在教学、科研、管理等环节有机融入廉洁文化，以廉洁文化的教育力和辐射力帮助师生培养崇廉尚洁的自觉性，为高校和谐校园建设提供文化力量支撑。

3. 增强和谐校园建设的文化内驱力

高校廉洁文化是高校廉洁思想和精神的集中体现，在继承大学精神、传统廉洁文化的同时，通过吸收和利用外来文化中的先进成分，不断产生新思想和新观念，逐渐形成的具有本校特色的廉洁文化。当前，部分高校在和谐校园文化建设方面缺乏创新性，在认识上固守陈旧观念、廉洁文化建设收效不显。在新形势下，高校构建和谐校园氛围，要着力加强廉洁文化建设，以文化的创造力和创新力为和谐校园制造持久的内在动力，消除陈腐杂念，在继承中不断发展，在发展中不断创新，逐步孕育出独具特色的廉洁文化。

（二）引领良好社会风气

高校作为社会大机器的重要组成部分，高校的党政管理干部、高校教师与在校大学生的思想与言行势必会影响到社会上的各种风气，高校的廉洁文化氛围在一定程度上引领着社会风气的发展。高校不可能自立门户，不可能独善其身。因此，引领人民群众自觉抵制腐朽没落文化的侵蚀，大力营造风清气正的社会风气，是高校的重要社会责任。

1. 有益于营造清廉社会环境

党的十八大以来，党中央出台了一系列的制度加大反腐力度，规范政治、经济行为，既规范了权力的行使也形成了良好的社会监督环境，为营造廉洁清正的社会环境奠定了制度基础。习近平总书记在十九届中央纪委四次全会上强调：“我们坚持以正风肃纪反腐凝聚党心军心民心，坚决惩治腐败、纠治不正之风，坚决清除影响党的先进性和纯洁性的消极因素。”① 高校是人们心中的净土和圣洁的知识殿堂，承载着培养人才、传承文明的重要历史使命，更应该成为社会廉洁环境的重要组成部分。高校要以培养廉洁的高素质人才和提供廉洁环境并向社会辐射为己任，为营造廉洁、清正的良好社会环境做出自己的贡献。因此，深入、有效地开展高校廉洁文化建设和大学生廉洁教育，从净化社会环境的视阈来看，同样具有十分重要的意义。

2. 有利于促进社会和谐发展

社会长久稳定离不开清正廉洁的社会风气，营造清正廉洁的风气既要从内因着手大力倡导以廉为荣的社会价值观，又要从外因着手清理社会环境中不廉洁的因素，建设风清气正的廉洁社会文化。只有营造一个相对清正廉洁的社会环境，才能在全社会树立“以廉为荣、以贪为耻”的社会荣辱观，才能增强整个社会对抗腐败的免疫力。大学生作为社会发展建设的生力军，作为引领文化传承与创新的先锋队，经过高校的知识教育、文化熏陶、实践锻炼，走向社会参与创新创业，必将成为潜在的促进社会长久和谐发展的“助推器”。十年树木、百年树人，高校廉洁文化建设不是一蹴而就、一针见效，必须持之以恒、久久为功。只有经过社会、高校等多方面的努力形成合力，才能不断促进社会整体环境趋于廉洁，使得身处其中的大学生能够在潜移默化中接受廉洁教育，最终促进社会和谐发展。

（三）助力师生健康发展

廉洁文化是“以人为本”的文化，维护广大师生的利益是高校廉洁文化建设的价值归宿。高校廉洁文化建设要以师生为主体，尊重师生员工的主体地位，发挥师生的主体作用，以师生为中心，促进师生员工的健康成长与全面发展。

1. 塑造大学生正确的“三观”

新时代大学生的生活环境与以往不同，更为开放也更为宽容，也存在更多诱惑和陷阱，需要更多的指引和教育。高校廉洁文化建设不仅是将廉洁的理念辐射学生的心灵、学生的性格和品质，更有助于学生在成长过程中树立正确的世界观、人生观和价值观。高校关于大学生的廉洁文化教育就是要传承和弘扬中国传统的优秀廉洁文化，学习并内化现代社会的廉洁理念，更能使大学生达到学养深厚、品格高洁的精神世界，造就优秀的高素质人才。大

① 习近平．坚持以正风肃纪反腐凝聚党心军心民心［N］．人民日报，2020-01-19（4）．

学阶段是大学生人生的一个阶段，学生不是终身职业，大学生终会走入社会，成为社会人和职业人，面对的环境会更加多元和复杂，难以避免会受到社会上多元价值观的影响。因此，大学生廉洁文化教育还要着眼于作为人才的大学生的未来发展。2007 年，教育部颁布实施《关于在大中小学全面开展廉洁教育的意见》（以下简称《意见》），意味着我国各级各类学校廉洁教育的全面铺开。《意见》中提到大学生廉洁教育的目标是“逐步形成廉洁自律、爱岗敬业的职业观念”①，这意味着需要对大学生进行廉洁教育，帮助他们形成爱岗敬业、廉洁自律的职业观念。高校的廉洁文化建设要着力培养学生良好的道德品质和抵制各种腐朽文化的侵蚀能力，帮助学生形成良好的道德品质和职业操守，在走向工作岗位和融入社会后能廉洁从业、遵守法纪，做廉洁的社会公民。

2. 铸造教师高尚的师德师风

爱因斯坦认为：学生对教师尊重的唯一源泉在于教师的德和才……学生品格主要是通过与教育者的亲身接触而形成的。高尚的师德师风，是对学生最生动、最具体、最深远的教育。显然，引领高校教师担当学生知行的榜样和示范，强化教职工的育人职责意识，是培养学生成为集“道德人”“知识人”于一体的高素质人才的内在需要。建设高校廉洁文化，将廉洁文化中蕴含的健康向上、积极进取、清正廉洁、服务社会的价值观念和道德情操传递给高校教师，在他们心灵深处构筑起一道拒腐防变的思想道德防线，让“修身、齐家、治国、平天下”的中华民族传统和“公生明，威生廉”的廉洁自律文化融为一体。因此，高校教师把廉洁文化建设作为培养具有廉洁理念的健全人格和塑造高尚师德的内在要求，坚决同各种有悖于先进文化的腐朽思想、没落文化斗争，引导教师追求积极健康的文化时尚，形成崇尚廉洁的思想观念和积极向上的人格精神。

二、服务大局

（一）发展中国特色社会主义文化

文化是一个国家赖以生存和发展的智力资源和精神动力，一个文明大国的崛起，一个民族的伟大复兴，文化的力量起着至关重要的作用。高校是学

① 教育部. 关于在大中小学全面开展廉洁教育的意见［Z］. 教思政〔2007〕4 号，2007.

校教育体系的龙头，是文化与传承创新的高地，既是传播中国特色社会主义文化的主要阵地，又是社会主义先进文化的辐射源，应该始终走在发展中国特色社会主义文化的前列。

1. 廉洁文化是中国特色社会主义先进文化的重要组成部分

党的十九大报告中，习近平总书记提出“要坚持中国特色社会主义文化发展道路，激发全民族文化创新创造活力，建设社会主义文化强国。”① 具有中国特色社会主义性质的廉洁文化是马克思主义廉洁文化、中华优秀传统廉洁文化与中国共产党在实践过程中形成的先进廉洁文化的总和。廉洁文化是廉洁和文化结合的有机整体，是战胜腐败文化的有力武器，是社会发展进步的产物。廉洁文化所宣扬的“廉洁从政、以廉为荣、以贪为耻”的社会风尚和思想观念，体现了马克思列宁主义、毛泽东思想、中国特色社会主义理论的要求，是对社会主义先进文化的丰富和发展；廉洁文化是先进的文化，是“三个代表”重要思想中“代表着先进文化的前进方向”的体现，是贯彻落实“坚持以人为本，树立全面、协调、可持续的发展观，促进经济社会和人的全面发展”科学发展观的体现。廉洁文化必然是中国特色社会主义先进文化的重要组成部分。

2. 高校廉洁文化是对中国特色社会主义先进文化的传承与发展

高校的根本任务是培养社会主义合格建设者和可靠接班人，这一根本任务决定了高校廉洁文化作为社会主义文化的重要组成部分，要始终坚持社会主义先进文化的发展方向。因此，高校廉洁文化建设必须坚持中国特色社会主义文化发展道路，坚持为人民服务、为社会主义服务的方向，努力建设贯穿社会主义先进文化、体现时代特征、继承中华廉洁文化的优秀遗产和彰显学校特色的廉洁文化。高校廉洁文化建设只有坚持先进文化的发展方向，才能以先进文化占领校园文化主阵地，发挥先进文化在校园文化中的主导作用，打造风清气正、健康向上的校园风气，营造“不敢腐、不能腐、不想腐”的廉洁氛围，才能发挥廉洁文化引领校园风尚、教育师生员工、保障学校健康发展的重要作用，为师生廉洁自律提供生长的土壤。高校廉洁文化建设继承了中国特色社会主义先进文化的思想精髓，但是这种继承不是简单地照抄照搬，而是一种“扬弃”，即去粗取精、去伪存真、剔除糟粕、汲取精

---

① 习近平. 决胜全面建成小康社会 夺取新时代中国特色社会主义伟大胜利——在中国共产党第十九次全国代表大会上的报告[EB/OL]. (2017-10-27)[2022-05-20]. http://www.gov.cn/zhuanti/2017-10/27/content_5234876.htm.

华。在此基础上，根据新时代大学生的特点和高等教育实践的现状，进行理论创新和实践创新，以增强时代感，发展中国特色社会主义文化。

（二）培育社会主义核心价值观

所谓廉洁文化，是指人们关于廉洁的知识、信仰、规范和与之相适应的生活方式及社会评价总和，是社会价值观的反映。社会价值观对社会存在有着积极的能动作用，能够指导人们的社会实践。廉洁文化作为一种积极向上的文化，本质上是一种先进的社会价值观，它所内含的廉洁精神、廉洁理念对人的思想和行为有着积极的引导功能，这与社会主义核心价值观具有一致性。在社会主义核心价值体系中，无论是“民主、公正”，还是“法治、诚信”，都与“廉洁”有着共生共存、共荣共辱的依赖关系，能够引导人们分辨社会现象的美丑，把握社会善恶尺度，促进人们沿着正确的方向发展。因此，高校廉洁文化建设要与培育和践行社会主义核心价值观统一起来。

1. 高校廉洁文化与社会主义核心价值观的育人理念存在一致性

“文化而润其内，养德以固其本。”加强高校廉洁文化建设，对于高校全体师生培育和践行社会主义核心价值观，提升道德素质和法律素质有着重要的作用。廉洁文化体现了社会主义核心价值体系的根本要求，与社会主义核心价值观具有一致性，代表了社会主义先进文化的前进方向，能够促进师生对廉洁价值理念的认同，使廉洁观念内化为人格修养。加强廉洁文化建设，对高校师生进行廉洁精神的教育、廉政制度的规范、廉洁环境的熏陶和廉洁行为的养成，使广大师生正确处理国家利益和社会利益、集体利益和个人利益，正确审视和对待人生、正确选择生活道路、正确把握生活准则，树立起“富强、民主、文明、和谐”的国家理想、“自由、平等、公正、法治”的社会理想和“爱国、敬业、诚信、友善”的个人理想，进而使党员干部和师生严格按照国家的法律法规、学校的校纪校规和章程办事，引导他们廉洁从政、廉洁从业和廉洁修身，为学校和经济社会健康发展尽职尽责。

2. 高校廉洁文化与社会主义核心价值观互相促进

高校廉洁文化作为师生对廉洁行为在文化上和观念上的反映，它是在一定的生产方式基础上和一定的经济、政治文化环境中形成的。所以，高校廉洁文化就必定是中国特色社会主义的廉洁文化，必定离不开社会主义核心价值观的指导。如，高校廉洁的政治文化需要民主、法治意识的培养，廉洁的校园文化既需要诚信友善的社会风尚也离不开文明与和谐的社会环境等。可以说廉洁文化的各个层面都离不开社会主义核心价值观的内容。因此，作为社会主义核心价值体系内核的社会主义核心价值观，理所应当地承担着为高校廉洁文化发展提供理论支撑的重任。廉洁文化作为社会先进文化的一部分，它的形成意味着大多数社会成员都具备相当的廉洁意识，能够判断某种行为是否是廉洁行为，会自觉抵制贪污腐败。在高校风清气正的廉洁文化环境中，教职工爱岗敬业、诚信友善、平等公正，学生热爱学习、诚实守信、崇廉尚洁，就会无形中起到一种榜样示范作用，带动整个校园风气的改善，有助于文明和谐校园的建设。因此，廉洁文化的形成对于增加师生形成社会主义核心价值观具有积极的促进作用，它能够使师生真切地感受到社会主义核心价值观所倡导的核心价值，有利于社会主义核心价值深入到师生内心之中。

（三）推动高等教育高质量发展

高校廉洁文化建设，就是以高等教育事业为第一要义，以学生为本，全面提高学生素质，提高教学、科研和为社会服务的能力和水平，实现学校的全面可持续发展。建立健全高校党的作风建设和廉洁文化建设常态化的长效机制，是高校党的作风建设和党建工作的重要内容，是高校党组织工作的重点，也是实现高校教育事业高质量发展的现实要求。

1. 巩固高校立德树人的大方向

高校贯彻落实党和国家的教育方针，需要坚持立德树人的文化价值指向。高校的立身之本在于人才培养，立什么德、树什么人的问题，是高校廉洁文化建设全过程、全方位必须思考和回答的问题，也必然应成为检验评价高校人才培养的根本依据。高校应借助廉洁文化的力量加强大学生思想政治教育，实施以文化人、以文育人，坚持正确的政治方向，紧紧围绕高等教育为人民服务、为中国共产党治国理政服务、为巩固和发展中国特色社会主义制度服务、为改革开放和社会主义现代化建设服务的理念，落实高校立德树人根本任务，结合新时代大学生思想特征，用廉洁文化夯实大学生的德行基础、坚定大学生的理想信念，不断增强社会主义意识形态的凝聚力和引领力，筑牢大学生抵御防范错误思潮侵袭的堤坝，营造大学生健康成长成才的文化环境。

2. 引领高校党建工作新风尚

加强高校廉洁文化建设，有利于营造和谐的校园氛围，健全新时期高校党的作风建设，本质上就是坚持以人为本、促进师生全面发展的过程。因此，高校应着力加强廉洁文化建设，促进党的作风建设，建立健全高校党的作风建设常态化的长效机制，以人的能力的个性化发展和发挥、以需要的个性化满足、以个性意识和个性化的价值观念的彰显、以充分尊重人的尊严和价值作为社会发展的最高价值准则，确立师生的主体地位，保障师生的合法权利，满足师生的合理需求，才能使师生的积极性、创造性得到最大限度发挥，才能为创建和谐校园提供强大和持久的动力，最终促进学校事业的全面发展。

3. 营造高校风清气正的大环境

随着高等教育的快速发展，办学规模的不断扩大，教育资金的投入越来越多，基建规模和物资采购数量越来越大，高校参与经济活动越来越频繁，与社会交往也越来越密切、越来越复杂，这些因素不仅破坏了校园的和谐，不利于学校事业的全面可持续发展，甚至有可能成为高校各种腐败和职务犯罪的“土壤”。因此，高校除了在监督机制的物理建设外，还要着力营造廉洁文化氛围，增强廉政监督的合力与实效，建立高校风清气正的政治生态。高校应把全体师生的利益作为出发点，密切师生关系，充分调动广大师生参与学校事业发展的积极性，不断增进师生间的情谊，促进和谐校园的构建。同时也能够强化促进学校科学发展的服务意识，提高服务的效能，加强科学决策的能力，为构建和谐校园，促进学校事业全面发展提供有力保障。

三、契合校情

（一）尊重校史

校园文化是学校师生共同创造的以育人为目的的物质和精神财富的综合表现。从校园文化的定义可以看出，校园文化是以校园为空间，以学校师生为主体，以包括廉洁文化在内的各种文化活动为运作方式的具有学校特色的一种组织文化。校史文化体现着学校的文化传统和办学精神，是全校师生共同遵守的文化契约，是学校师生价值选择、评判对错的内在标尺，是全校师生共同情感的同源血脉。校史文化决定着校园文化的精神内容，而精神内容是校园文化的核心内涵。可见，高校廉洁文化建设中，必须以校史文化为中心，扩大其外延，不断创新的文化载体和形式，发展具有历史底蕴的校园廉洁文化。

校史具有向上导向功能。高校校园作为一个开放的系统，各种思想、理论、观念都会在这里汇集和碰撞。积极向上的文化能促进文化交流，活跃校园气氛；反之，落后腐朽的文化则会助长校园的歪风邪气，不利于学生的健康成长。在这种情势下，校史文化的导向示范作用就十分重要。高校校史文化的首要任务是引导大学生树立正确的价值观。当代大学生是国家的希望，他们肩负着中华民族伟大复兴的使命。一个合格的优秀人才，不仅应学识渊博、体格健壮，还要有远大的理想追求和高尚的道德情操。美好品德的养成需要正确价值观的引领，高校校史文化不仅继承了大学精神，也在吸纳和创新文化，它既是一种具有内涵有活力的文化，也是具有正确价值观导向的文化。高校校史文化是大学生学习生活的外在氛围，它潜移默化地影响着大学生的世界观、人生观和价值观，对大学生树立正确的价值取向具有促进作用。

校史具有文化育人功能。文化的激励凝聚功能是指一种价值观被某个群体共同认可之后，就会产生一种向心力，这种向心力将这个群体黏合起来，带着这个群体蓬勃向上并朝共同的目标前进。优良的校园文化就像是一种黏合剂，它能将有共同爱好、共同追求的师生凝聚起来，互相交流、互相提高，并在这一过程中形成良好的人际关系和成才环境。校史文化作为校园文化的重要组成部分，自然带有激励凝聚的功能。高校的校史文化反映的是历代大学人共同的理想诉求，它所包含的价值观念、理想信念、行为准则、思维方式等是以特定的心里定式及氛围存在在师生群体中，虽然看不见、摸不着，但是能在师生中形成的强大的向心力和凝聚力，带领师生自觉地按照学校主导的价值观去工作、学习。高校校史文化能从各个方面感染和熏陶生活在其中的大学生，形成大学主体共有的认同感、归属感、责任意识。在这种氛围下，不仅能激发大学生的学习热情，学习潜能，更能在学生群体中形成互帮互助、共同进步的群体关系。由此可见，无论在校园氛围的营造上还是教师队伍的招引上，校史文化都发挥着极其重要的育人作用。

（二）符合校情

开展廉政文化建设是高校自身发展的客观要求。近几年来，高等教育的发展日新月异，给高校带来机遇的同时也给高等学校的发展带来了严峻挑战，高校之间的竞争日趋激烈，谁不科学发展，谁就要落后，谁就会被淘汰。而高校发展要有一个良好的发展环境，其中最重要的是要有一个风清气正、上下同心、共谋发展的思想环境。只有不断加强廉政文化建设，把反腐倡廉建设同加强高校党的思想建设、组织建设、作风建设、制度建设结合起来，把廉洁教育渗透到教学、科研、管理和服务各个环节中去，用阳光心态、和谐思维正确对待学校发展中存在的困难和问题，努力营造廉洁治校、廉洁治教、廉洁治学的思想氛围，防止权力失控、决策失误、行为失范，最大限度地减少和预防腐败问题的发生，才能最大限度地把师生团结起来，最大限度地把他们的积极性创造性发挥出来，才能使大家在一个团结和谐、心舒气顺的环境里学习、工作和生活，学校才会充满生机和活力，才能健康有序发展。反之，如果不重视廉政文化建设，学校的发展就会因为没有深厚的廉政文化这块基石的支撑而缺乏持久的内在活力，就会阻碍甚至破坏学校的发展。

开展廉洁文化建设要契合高校发展实际。高校廉洁文化建设要紧贴高校实际，遵循高校办学、教学、科研的基本规律，以促进学校民主管理、实现高校科学发展为目的。在制度设计上，应在“客观性、符合性、针对性、适用性”等方面下功夫，切忌求全责备，笼而统之，使制度流于形式，变成一纸空文，无法落地。高校反腐倡廉制度的设计与制定，要覆盖到学校的组织人事、教学科研、财务管理、招生就业、后勤服务、物资设备采购和招投标等各个领域和环节。要结合学校热点问题，规范管理，堵塞漏洞，促进学校各项工作的公开、公平、公正，力促高校干部廉洁从政、教师廉洁从教、学生廉洁修身。陶行知先生指出，“生活教育是生活所原有、生活所自营、生活所必需的教育”①，“过什么样的生活，便是受什么样的教育”②。廉洁文化建设不是坐而论道，而是要融入学生实际生活中，否则学生难以感受到教育的作用和力量，对廉洁文化教育就会产生抵触甚至敌视心理。高校廉洁文化建设要结合新时代大学生身心成长实际，与时俱进地开展廉洁教育活动，提升大学生廉洁文化教育的丰富性和多样性，让学生在学习生活中把握廉洁的“应然”，把理论的廉洁外化为现实的廉洁，实现“应然”向“实然”飞跃。

（三）培育特色

高校廉洁文化建设是开展特色校园文化建设的重要途径。高校校园文化历经岁月积淀，凝聚着学校的精神，体现着学校的校风，在一定意义上是高校形成自己所特有的教育资源和教育文化的重要展现方式。高校将对高校学生的廉洁文化教育适时恰当地融入校园文化建设之中，能够丰富校园特色文

① 徐莹晖，王文岭．陶行知论生活教育［M］．成都：四川教育出版社，2010.

② 董宝良．陶行知教育论著选［M］．北京：人民教育出版社，1991.

化建设的内涵发展，有效增强校园精神文化的育人作用，促进校园清正廉洁文化环境的形成。

高校精神是高校内在生发出来的，只有植根于高校赖以生存与发展的文化之中，才能根深叶茂，高校精神才会具有强大的感召力、凝聚力和生命力。作为校园文化重要组成部分的廉洁文化，只有以培育高校精神为核心，与高校精神相融合，相互促进，共同发展，增强廉洁文化的渗透性、实效性，才能将廉洁文化建设与高校的科学发展有机结合起来，落到实处，才能促进高校廉洁文化的健康、持续发展。校风是高校精神的具体表现，是校园文化的深层和重要方面。在高校廉洁文化建设过程中，要把廉洁文化融入校风建设之中，把校风建设贯通于高校教学、科研和管理的各个方面和各个环节，建立崇廉尚洁的校风、教风、学风，促进学校各项工作的健康发展。60多年前，交通大学师生响应党的号召，从黄浦江畔迁到渭河之滨，铸就了坚毅厚重、可歌可泣的“西迁精神”。新时代传承弘扬西迁精神，有助于进一步激发教育和科技战线的爱国主义精神和艰苦创业精神。中国人民大学是中国共产党创办的第一所新型正规大学，在抗日烽火中诞生，在党的关怀下发展壮大，始终坚持“为党育人、为国育才”，展现了“党办的大学让党放心，人民的大学不负人民”的使命担当①。

廉洁文化精神是高校廉洁文化的核心，它集中体现了廉洁文化建设的理念和追求。加强高校廉洁文化精神建设，要求高校加强党风廉政建设的宣传教育和师德师风、廉洁诚信的宣传教育，加强马克思主义基本理论特别是中国特色社会主义理论的灌输，用马克思主义中国化的最新成果武装教职员工和学生的头脑，用科学发展观统领高校廉洁文化建设，把科学发展观落实到学校党的建设、思想政治工作、德育工作、教学科研和各项管理工作中去。加强社会主义荣辱观的学习和实践，引导教职工和学生知荣拒耻，树立高尚的思想道德品质和“敬廉崇洁”的道德观，筑牢拒腐防变的思想道德防线，自觉抵御腐败文化的侵蚀。加强廉洁文化建设的理论研究，深入研究国际国内廉洁从业思想，反腐倡廉做法，为高校廉洁文化建设提供理论支撑。认真总结高校廉洁文化建设的经验，树立廉洁从政、廉洁从教的模范标兵，积极探索廉洁文化建设的思路与格局、内容与形式的创新，切实推进校园廉洁文

---

① 习近平在中国人民大学考察时强调 坚持党的领导传承红色基因扎根中国大地 走出一条建设中国特色世界一流大学新路 王沪宁陪同考察［J］. 党建，2022（5）：4–6.

化的理论建设与实践。

第二节　工作重心

新时代高校廉洁文化建设就是通过廉洁文化的教育和熏陶，使大学师生及员工身上体现出风清气正的集体风尚，要在清朗网络文化空间、崇廉尚洁学生社区及廉洁教育创新实践的路径上下功夫，聚焦主责主业、完善廉政制度、强化服务保障，提升师生幸福感，涵育高校干部廉洁清正、一心为公的从政作风，教师德艺双馨、廉洁施教的教学作风，学生廉洁修身、奋斗不息的进取学风。

一、育人维度——全方位拓展

（一）建好崇廉尚洁学生社区

随着高校教学资源网络化、无固定授课教室等教学方式的转变，学生的学习方式发生了明显变化。传统的思想教育模式，从时间、空间、形式等方面都使得学生工作队伍、教师很难真正走近学生、走进学生。高校是培养中国特色社会主义事业接班人的重要阵地，学生社区是推进思想政治工作有力抓手，高校廉洁文化建设应该与时俱进，更加注重学生社区的廉洁文化建设。高校廉洁文化建设要遵循学生成长规律，以主动走近学生为基本原则，以服务学生发展需求为导向，通过优化成长环境、健全队伍管理、拓展活动内容、加强服务保障，努力将学生社区打造为浸润式、体验式、互动式的廉洁文化育人阵地，充分发挥学生社区在文化育人、管理育人、服务育人中的积极作用。

1. 搭建廉洁社区文化交流平台，营造良好的育人环境

在高校廉洁社区文化建设过程中，良好的交流平台和育人环境是廉洁文化发展的基础。其中包含物理环境和精神文化环境。只有做到物理环境和精神文化环境的共同发展，才能营造良好的廉洁文化育人环境。物理环境主要是廉洁文化活动场所，让学生在学习和交流中感受崇廉尚洁的文化氛围，如图书馆、活动室、会议室等。精神文化环境主要是营造廉洁文化氛围，结合学院和学生专业的特点，创设学生宣传栏和文化长廊，宣传栏及时更新学校、学院廉洁文化活动信息，文化长廊为同学们提供廉洁文化宣传交流的展

示平台。在重要节点上，各学生组织通过布置廉洁社区环境、举办廉洁文化活动，营造崇廉尚洁的文化氛围。

2. 健全廉洁社区队伍管理制度，培养学生的自我管理意识

管理队伍是廉洁社区建设的推进者，要实现学生的自我管理，便需要建立科学的师生队伍管理制度。由社区责任老师、校级学生干部、班级学生干部、宿舍长建立分层分级的社区管理队伍。学校根据学科专业、学生年级等状况，建立学生社区廉洁文化建设队伍，由社区责任老师指导、把握社区廉洁文化建设的方向，选择和培养政治立场坚定、管理能力强的学生作为助手和各学生组织的负责人；在社区管理层面，发挥学生的主体精神，依托学生组织，对社区廉洁文化进行细致的管理，制定详细的组织制度和活动开展制度，指导兴趣社团等学生组织有序地开展廉洁文化活动；在班级和宿舍层面，通过班级学生干部及宿舍长的组织和监督，在鼓励同学们参加廉洁文化活动的同时，提醒他们遵守学校、学院的各项规定。

3. 丰富廉洁社区文化品牌内容，塑造学生廉洁自律的文化自觉

丰富的文化内容可以开阔学生视野，而品牌效应则更能吸引学生的主动参与，引导学生向社会主义先进文化靠拢，从而增强思政教育的实效性。学生社区廉洁文化建设应立足学生的专业特点及需求，将中国优秀传统文化、革命文化和社会主义先进文化融入社区文化中，打造如廉洁文化长廊、廉洁文化名片等活动，努力构建积极健康、文明高尚、有特色的高校社区文化。还要注重形成特色的廉洁社区文化，通过主题鲜明的廉洁社区文化，让学生学会在生活中挖掘自己的潜能，培养学生廉洁自律的文化自觉。

（二）打造清朗网络文化空间

习近平总书记强调，“要运用新媒体新技术使工作活起来，推动思想政治工作传统优势同信息技术高度融合，增强时代感和吸引力”① 在新媒体时代，网络是师生获取、交流信息的主要渠道，而网络文化作为一种新的文化形式已经变成高校思想文化的集散地，以互联网为信息平台的网络舆论空间，正日益成为影响高校师生思想观念的重要阵地。然而海量资讯、热点频繁、更新无限的网络信息，也使网络生成舆论、影响舆论的能力空前增强，

① 习近平在全国高校思想政治工作会议上强调：把思想政治工作贯穿教育教学全过程 开创我国高等教育事业发展新局面[EB/OL].(2016-12-08)[2022-05-20]. http://www.moe.gov.cn/jyb_xwfb/s6052/moe_838/201612/t20161208_291306.html.

校园舆论生态愈加呈现复杂性、易变性和多样化。如何牢牢掌握网络舆论工作的主动权，着力培育和打造一批导向正确、影响力大的校园新媒体，净化、优化网络舆论空间，不断提高思想舆论统领能力，积极引导校园的舆论导向，引领师生明辨是非，是高校廉洁文化建设的新课题。

1. 构建和谐、文明的高校廉洁文化网络环境

首先，必须加强培养大学生网络安全意识和自律意识，帮助大学生明确网络道德规范，使大学生能严格遵守国家法律法规和学校的规章制度，提高辨别力与判断力，自觉抵制不良信息，共同维护和谐、文明、积极向上的网络氛围，为高校廉洁文化的高效传播创造良好的环境。其次，要主动加强网络信息内容建设，创新改进主流舆论和正面信息的网上宣传，弘扬主旋律，激发正能量，用丰富多彩、积极健康的信息内容占领网络空间，巩固壮大主流思想舆论，把握好网上舆论引导的时、度、效，培育健康向上的网络舆论生态，营造崇尚廉洁的网上舆论氛围，优化网络文化的育人环境。

2. 发挥崇廉尚洁的校园文化育人功能

高校要积极发挥网络廉洁教育的功能，要认识网络廉洁教育的重要作用，将网络作为推动廉洁教育的新载体，通过在门户网站上开辟廉洁教育专栏等形式进行宣传，引导青年学生坚定理想和信念，用科学的廉洁观分辨是非。同时，要适应社交网络的快速发展，积极整合网络资源，构建全方位的网络教育平台。优化、整合、升级学校网络资源，积极把廉洁舆论引导工作向社交网络拓展、延伸，在校园微博、学生班级（社团）QQ 群、微信群等社交网络上营造浓郁的廉洁氛围，共同发挥廉洁教育的作用。

3. 健全高效、公开的校园网络监管机制

在新媒体快速发展的当下，高校的廉洁制度也迫切需要与时俱进。一方面，要建立健全信息公开机制，高校应通过网络平台及时发布有关校内外重大事件的具体情况，及时通报违纪违法行为的处罚情况。另一方面，要建立健全校园廉洁举报制度，新媒体的开放性、匿名性为检举腐败现象打通了渠道，为实现人人参与反腐创造了有利条件。应完善校园廉洁文化举报制度，使新媒体成为真正的反腐利器，高校师生可以通过网络平台，毫无顾虑地检举揭发校内腐败现象，提高打击校园腐败的效率，真正实现把权力关进制度的笼子，使校园腐败无处躲藏。

4. 建立专业性强、综合素质高的廉洁网络文化队伍

首先，高校廉洁文化建设者必须对新媒体技术在高校廉洁文化建设中所

发挥的重要作用有深刻的认识。其次，新媒体环境下的高校廉洁文化传播要求建设者既要掌握新媒体运用技术，又要具备过硬的政治素养。要有清醒的头脑，扎实的政治理论基础及敏锐的判断力，做到正确理解国家大政方针政策，自觉抵制不良思想的侵蚀，对反腐倡廉的热点、难点问题进行正确地引导，能灵活运用新媒体平台创新宣传方式，丰富教育宣传内容。只有打造一支在技术上、思想政治上都具备专业性的高校廉洁文化建设队伍，才能在新媒体时代下进一步提升高校廉洁文化建设水平。

（三）创新廉洁教育实践路径

1. 打造廉洁主题校园文化活动

建设以廉洁文化为主题的校园活动是开展大学生廉洁教育的重要实践形式，廉洁文化是廉洁的理论和行为方式及其相互关系的文化总和。寓廉洁教育于校园文化活动之中，精心设计和组织内容丰富、形式新颖、趣味性强的廉洁教育活动，有益于传播廉洁文化、弘扬廉洁精神。一方面可以通过学生活动来开展廉洁教育，如围绕大学生廉洁意识和廉洁行为的养成，通过开展读廉洁书籍、唱廉洁歌曲、讲廉洁故事、举办廉洁征文比赛、知识竞赛、演讲比赛等，引导大学生崇廉尚洁；同时还可以通过创作廉洁文艺作品等形式，大力讴歌清正廉洁的形象、鞭笞腐败丑恶现象。另一方面可以通过充分发挥高校党、团组织的政治优势和组织优势，开展各类廉洁修身的实践活动。如开展特色党（团）日活动、主题班会等，就一些重大的、典型的正反案例进行讨论，针对发生在大学生身边的不正之风之事进行深入讨论等。通过丰富多彩的活动，增强廉洁教育的感染力和吸引力，让大学生在活动中感知和接受廉洁教育，帮助大学生提高对反腐倡廉重要性的认识，提高辨别是非的能力，树立廉洁思想，形成崇尚廉洁、追求廉洁、反对贪腐的感情倾向，增强廉洁教育的针对性和实效性。

2. 建设廉洁主题校外实践活动

大学生群体有一个特殊的学习阶段即社会实践时期，主要集中在寒暑假。应当利用好社会实践、三下乡、社区志愿服务等契机，增强学生历史使命和社会责任感，将廉洁教育的课堂由校园延伸至社会。要充分挖掘社会教育资源，开展大学生社会实践活动。充分利用公共图书馆、博物馆、廉政教育基地、廉政研究机构等社会机构，积极开展各类廉洁教育活动。公共图书馆可以利用自身优势，组织廉洁论坛、廉洁讲堂、廉洁读书会等活动，增强廉洁认同感；利用好廉政教育基地等教育实践场所，组织学生参观，听取一线人员的讲解，进一步增强学生对腐败和廉洁两种不同价值观的直观认识；组织学生走访勤政、廉政的模范人物、优秀领导干部等，在调研和走访中受到直接的教育和感染；积极与社会上的廉政研究机构对接，邀请专家进行专题讲座和现场交流等，从学理上和实践上增进学生对廉洁的认识和认可；此外，还可以加强对学生关于政务诚信、商务诚信、社会诚信和司法公信建设方面的信息传输，让学生了解社会对失信行为的惩戒力度，深刻认识守信光荣、失信可耻的同时，也认识到诚信与自身的生活、工作息息相关，将开展道德实践活动与培育廉洁价值理念相结合，营造崇尚廉洁、鄙弃贪腐的良好社会风尚。总之，大学生实践廉洁的开展不仅仅是在学校内部开展各类实践活动，还需要整合社会资源，利用好社会力量，多管齐下才能取得更好的效果。

二、育人广度——全员参与

（一）德廉并举 构建高校廉洁文化新格局

校园文化建设是高校思想政治工作和精神文明建设的重要载体，廉洁文化建设是校园文化建设的重要内容和组成部分，应把廉洁文化建设融入校园文化建设之中，构建高校廉洁文化新格局。

1. 健全廉洁教育机制，构建文化育廉格局

高校应加强组织领导建设，明确职责分工，精心谋篇设计，科学规划发展，认真学习和贯彻落实党中央关于党风廉政建设的法律法规，制定科学的廉洁教育教学目标和培养方案，健全廉洁教育工作体制和配套机制，构建教育环境全域化、教育模式创新化的廉洁教育工作体系。高校要加强廉洁教育的教师队伍建设，增强教师的思想政治素养，提升教师的教学技能，提高教师的教学感染力，打造一支政治素质高、综合能力强的廉洁教育师资队伍。高校廉洁教育要坚持校纪委牵头，宣传部、教务处和学生工作处等各部门密切配合，不断提升廉洁教育的整体合力，共同推进高校廉洁教育工作。同时，高校要不断整合社会资源，积极加强与政府部门、社会团体、基层组织和家庭的联系，强化各部门之间的沟通和交流，积极构建科学性、多元化的高校廉洁教育协同育人新模式。把中华优秀传统文化、社会主义核心价值观及校园文化建设与廉洁教育结合起来，营造良好的廉洁教育教学风气，在校园中形成廉洁文化氛围，让学生在良好的氛围中得到潜移默化的教育。另

外，当下的高校廉洁教育还要具有国际化意识，接受全新的思想，兼收并蓄，在实际行动中不断增强民族自信心和自豪感。

2. 培育廉洁校园风气，营造文化倡廉氛围

高校要通过良好校风、学风、教风等建设促进校园廉洁文化建设。校风是学校各种风气的总和，是长期办学中逐步形成的具有道德和行为层面的风气，具体说来可以包括学校行政人员的工作作风、教师的教风、学生的学风等内容，是一个学校精神内涵的总括。廉洁向好的校风对身在其中的大学生具有极为重要的影响。教风主要指的是教师在从事教育的过程中所表现出来的道德品质的总和，作为直接对学生开展教育的主体，其是否能够坚持廉洁从教对学生影响深远。建立健全高校教师职业道德规范，将爱岗敬业、刻苦钻研、严谨笃学、淡泊名利、廉洁从教等作为教师职业道德的重要内容，有助于形成良好的教风，给予学生正向的影响。当下高校教师在论文发表、项目申报、评奖等方面偶有发生的不规范行为，会对开展学生廉洁教育工作产生非常不利的影响。通过强化优良教风有助于广大教师提升他们从业规范程度和廉洁意识，有助于他们形成高尚师德。教师师德高尚才能更有说服力地对学生开展廉洁教育。学风既是校风的重要组成部分，也体现了学生思想道德建设成果。通过严肃学风，抓好学生考风考纪等，帮助学生端正认识，提升他们对违规违纪考试作弊等行为的认识，有利于增进他们诚信意识，提升廉洁意识。

3. 凝练尚廉大学精神，涵养文化促廉力量

“大学精神”的本质特征可以概括为创造精神、批判精神和社会关怀精神，其核心是为社会培养有抱负、有政治远见、有广博知识、有责任心的人。大学精神是一所大学的灵魂精髓和品格魅力，它不仅包含人文精神、科学精神、创新精神三个层面，还应包含尚廉精神，如尊重科学不唯权、唯才是用不滥权、崇尚民主不专权、严谨朴实不奢华、求真求实不浮夸、清正诚信不欺诈等。只有把这些尚廉精神在办校宗旨、教育理念、校训、制度规范、人才培养方向等方面彰显出来，大学精神才能更具有感召力、凝聚力和生命力。只有建立在廉洁公正基础上的大学精神，其内涵的各种宗旨和要义才能落到实处、走向深处。

（二）春风化雨 树立良好师德新风尚

加强高校廉洁文化建设，教师是主导。良好的师德风范是引导学生健康成长的重要因素，教师的垂范作用具有无形的精神力量。高校教师负有教书

育人的神圣职责。教师长期与大学生朝夕相处，其言行、态度和思维方式不可避免地会对大学生的价值取向产生影响。

1. 更加重视面向党政管理干部的廉洁从政教育

加强高校廉洁文化建设，管理干部特别是党员领导干部是重点。高校各级党政管理干部是贯彻落实党的教育方针、推动高校各项事业发展的领导者、组织者和服务者，是深化高校综合改革的设计者、推动者和实践者，其思想境界、工作作风和廉洁自律情况，直接关乎学校未来的发展和人才培养的质量。高校要把廉洁教育作为校、院两级党委理论中心组学习的重要内容，纳入党政管理干部培训计划，实行年终中层党政管理干部述职述廉制度，开展党政管理干部廉政谈话、诫勉谈话；要把廉洁教育贯穿于党政管理干部培养、选拔等各个方面，通过深入开展“学党章党规、学系列讲话，做合格党员”学习教育、“讲党性、重品行、作表率”主题教育、“三严三实”及“讲诚信、懂规矩、守纪律”专题教育等活动，搭建党政管理干部廉洁从政教育的有效载体，引导党政管理干部拒腐防变，守住清廉底线；加强管理干部的廉政教育，要从落实党风廉政建设责任制入手，建立教育崇廉、制度保廉、监督促廉的工作机制，发挥教育、制度、监督和惩处各个环节的作用，扶正祛邪，激浊扬清，为建设先进的廉洁文化带好头，用实际行动为广大师生员工作出示范。

2. 更加注重面向教师的廉洁从教教育

高校教师不仅承担着教书育人、培养社会主义事业合格建设者和可靠接班人的神圣使命，而且肩负着推动科学文化技术发展的重要职责。加强对教师的廉洁从教教育，关键在于引导高校教师养成崇高的师德师风和优良的教风、学风。各高校要把廉洁教育、诚信教育、职业道德教育贯穿师德师风建设和教风学风建设的各个环节，不断增强教师廉洁自律的自觉性和主动性，为大学生树立廉洁正直、无私奉献的榜样；要把学术道德教育作为廉洁从教教育的重要内容，引导广大教师自觉抵制学术腐败现象和学术不端行为，努力成为优良学术道德的践行者和良好学术风气的维护者。同时，广大教师还要牢固树立“以开展廉洁教育为己任”的教育理念，要在教育教学过程中，不失时机地向广大学生宣扬廉洁文化，播种廉洁理念，倡导廉洁修身，把廉洁教育贯穿到教育教学过程中去，培养学生的廉洁品质，真正做到既为人师表又教书育人，在高校廉洁文化建设中切实发挥主导性作用。

（三）廉洁修身 涵育向上向善价值观

大学生是高校教育教学、管理服务的主要对象，在高校各项工作中占据了主体地位。加强高校廉洁文化建设，要遵循大学生成长成才规律，把握思想观念引导，注重学风考风建设，要将廉洁修身教育融入大学生的学习、生活之中，使修身养德、诚实守信、廉洁自律成为大学生的一种行为习惯、一种文化自觉、一种价值理念。

1. 注重“廉洁修身”的理想信念教育

2007 年 3 月，教育部下发了《关于在大中小学全面开展廉洁教育的意见》，指出大学阶段廉洁教育的目标和主要内容是：以社会主义核心价值体系为引领和主导，加强法制和诚信教育，加强社会公德、职业道德和家庭美德教育，引导大学生树立报效祖国、服务人民的信念，不断提高大学生的道德自律意识，增强拒腐防变的良好心理品质，逐步形成廉洁自律、爱岗敬业的职业观念①。高校要以对党的事业高度负责和对青少年学生健康成长高度负责的态度，认真做好大学生廉洁教育。要充分发挥思想政治理论课的主渠道作用，把廉洁教育作为专章内容进行讲授，对学生进行“廉洁修身”教育；充分发挥高校党校对入党积极分子和学生党员进行集中培训的阵地作用，开设专题讲座，对他们进行党性修养专题教育；充分利用各种教育资源，把理想信念教育同廉洁观念教育结合起来，把形势政策教育同反腐倡廉教育结合起来，把廉洁文化建设渗透到校园文化建设中去，帮助大学生树立正确的世界观、人生观和价值观，引导大学生树立崇高的理想信念和高尚的道德情操，锻造良好的廉洁品质，为他们今后“廉洁从政”“廉洁从业”打下坚实的思想基础。

2. 强化“无规矩不成方圆”的规则意识教育

无规矩不成方圆，良好的规则意识是学生成长成才的重要前提和基础。高校应在青年学生尤其是学生骨干中，加强遵守校纪校规、廉洁自律的规则意识和敬畏意识的教育，真正地将廉洁教育贯彻其中。首先，学校层面应建立学生个人遵纪守法档案，将日常相关表现记录在案，在发展入党、评奖助学金、入选学生干部队伍时做到有证可查，实行一票否决制，这样有利于对学生产生威慑和约束作用，规范其行为。其次，学校要抓好学生干部的教育

---

① 教育部. 关于在大中小学全面开展廉洁教育的意见[EB/OL].(2007-03-03)[2021-09-27]. http://www.gov.cn/zwgk/2007-03/30/content_566681.htm.

管理机制，引导学生干部带头遵守校纪校规。学校可通过微信公众号或者电子邮箱、信箱，广泛征集学生群众对学生干部工作的建议与意见；对收到的建议与意见进行客观的判断，对建议与意见进行批判性吸收采纳，要注意在教育的同时采取一定激励手段，激发学生干部的潜能。学生干部服务于广大学生，学生群众是强有力的发声者、支持者和监督者，要利用好学生群众的作用，进一步完善大学生廉洁教育体系。最后，完善学生违纪处分条例，明确规定高校大学生在校期间的处分管理规定，通过科学、人性的教育方法提升和塑造学生规则意识，确保廉洁教育落到实处，促进其规则意识、廉洁自律意识培养。

三、育人深度——全过程推进

（一）聚焦主责主业 助推廉洁教育入脑入心

我国高校的根本任务就是为社会主义事业培养合格的建设者和可靠的接班人。当代大学生是未来社会的建设者和管理者，是党的干部队伍的主要后备军，是未来国家建设的中坚力量。他们的素质如何，将直接关系到党和国家的前途和命运，关系到中华民族伟大复兴战略目标的实现。高校应当聚焦主责主业，努力创新大学生廉洁教育的内容和形式，在大学生中传播廉政知识，弘扬廉政精神，使其时时处处都能够感受到廉洁文化的熏陶，让廉洁文化融入大学生的生活和学习之中，成为一种文化自觉和行为习惯，为他们走出校园、走向社会奠定终身廉洁修身、遵纪守法、诚实守信、奉献社会的思想和品德基础。

1. 丰富廉洁教育内容，端正大学生廉洁态度

高校要秉承立德树人的教学理念，时刻坚持与时俱进的原则，准确把握廉洁教育的精神实质，强化廉洁教育的渲染能力和丰富理论内涵，切实发挥高校对大学生进行廉洁教育的铸魂育人作用。高校要密切结合新时代发展的客观要求，始终坚持正确的德育宣传导向，着力深化廉洁教育和教学体系建设，不断优化廉洁教育的内涵，创新教育教学的模式，整合廉洁教育资源，强化廉洁文化的构建，改进廉洁教育的方法，拓宽廉洁教育的活动形式。另外，高校还需将廉洁教育摆在首要位置，始终坚持两个课堂教学，以第一课堂为根本基础，以第二课堂为基本支撑，并将第二课堂设定为第一课堂的外向延伸，建构专业性强、综合化的实践教育平台，切实做好两个课堂教学的

衔接工作。高校要加强党风廉政建设，积极开展多种形式的廉洁自律教育活动，组织大学生党员干部认真学习《中国共产党廉洁自律准则》《中国共产党纪律处分条例》及习近平总书记党风廉政建设和反腐败斗争重要论述，结合社会主义核心价值观，帮助大学生牢固树立廉洁的意识，端正廉洁的态度，增强大学生廉洁自律的自觉性。

2. 创新廉洁教育形式，增强大学生廉洁意识

大学生廉洁教育是一项长期且艰巨的任务。高校要不断增强大学生的廉洁认知，不断调整廉洁教育的内容，丰富廉洁教育的方式手段，优化教育资源，切实提高大学生廉洁自律的意识。高校要科学运用现代新媒体技术，将新媒体与课堂教学有机融合，创设新颖灵活的在线微课堂教学模式，通过网络授课、在线研讨交流等实现师生双方互动，着力打造专业化、科学化和系统化的在线教学环境。高校要通过宣传栏、学校网站、校园广播和微信公众号等平台，不定期地推送我党关于党风廉政建设的法律法规、政策文件等，不断优化和整合廉洁教育的资源，丰富传播渠道，切实增强廉洁教育的感召力和影响力。高校通过组织大学生观看《廉政风云》《反贪风暴》《廉政第一击》等廉政电影和《抉择》《尺度》《开创反腐倡廉新时代》等党风廉政建设教育片，邀请国内知名专家和学者开设廉政知识讲座，切实将党风廉政建设法律法规和廉政相关伦理知识融入校园廉洁文化建设，切实提升廉洁文化的感召力、吸引力和震撼力。

（二）完善廉政制度 促进高校内部治理

廉洁的制度既是廉洁文化的重要层面，又是廉洁文化的物质层面和思想层面的载体与保障。要将廉洁文化建设与坚持依法治校结合起来，以大学章程为核心，建立层次合理、科学规范、严明公正、运行有效的大学制度体系。以廉洁的制度为支撑，规范师生员工的行为，以刚性的制度规定和严格的制度执行，使“守纪律，讲规矩，履责任”成为校园风气。这既是不断完善大学内部治理结构、提升大学治理能力的坚实后盾，也是大学廉洁文化建设的核心支撑。

1. 推进全员共建

高校廉洁文化是一个整体性、系统性和过程性的概念，高校廉洁文化的建设既不可能一蹴而就，也不可能毕其功于一役，浓郁丰厚的高校廉洁文化的形成和发展只能依靠师生员工整体的、长期的、持续不断的努力。因此，高校要建立健全高校廉洁文化建设的领导体制和工作机制，要从全局上加以

谋划、从整体上加以推进，常抓不懈，做到长流水、不断线。学校各部门要齐抓共管、分工合作、协同配合、师生共同参与，形成建设廉洁文化的合力，建立廉洁文化建设的长效机制。把廉洁文化建设纳入学校总体发展战略中去谋划和布局，既要对廉洁文化建设进行整体谋划和设计，又要制定廉洁文化建设的工作计划和年度工作要点，细化建设方案，统筹而又扎实地推进廉洁文化的建设。

2. 强化制度建设

廉洁文化制度既是廉洁文化建设的规范化表现形式，也是高校扎实推进廉洁文化建设的有力保障。在制度设计上，要以规范高校领导干部正确行使权力为重点，按照党委领导下的校长负责制的要求，完善并严格执行议事规则与决策制度，坚持和完善以贯彻“三重一大”为主要内容的民主决策制度；要以高校重点领域和关键岗位的制度建设为关键，加强高校财务资金管理制度建设，严格执行财务预决算制度，完善专项资金审批制度，加强内部审计监督。要加强基建工程和修缮项目管理制度建设，严格执行基本建设审批程序和管理制度。要加强物资（设备）采购管理制度建设，严格程序，加强监督，防止暗箱操作。要严格执行招生工作“六公开”制度，使招生工作在阳光下运行。要加强科研经费管理制度建设，完善学校内部科研经费管理制度，确保科研经费专款专用，切实提高科研经费使用效益。要紧紧抓住高校学术管理制度建设这个核心不放松，进一步建立健全对学术不端行为的惩处机制，加强学术规范制度建设，倡导学术诚信，端正学术风气。

3. 重视监督考评

加强高校廉洁文化建设，防止高校党政管理干部乱用或滥用权力，必须要加强对干部行使权力的监督，特别是对管人、管财、管物等重要岗位和重点部门管理干部的管理与监督，确保权力为高校科学发展服务，为广大师生所用。高校要严格执行《中国共产党党员领导干部廉洁从政若干准则》，教育和引导高校各级党政管理干部严格执行廉洁从政的各项规定，带头履行廉政承诺，主动接受教师、职工、学生的监督，切实做到为民、务实、清廉、高效。同时，要强化考评考核，严格实施责任追究，加大腐败风险成本，始终对高校腐败行为保持利剑高悬。高校党政管理干部考核有任期届满换届考核、届中考核和年度考核，既要注重平时考核，又要注重关键时候的考核。要坚持全面考核的原则，全面考核干部的德、能、勤、绩、廉等方面的表现。要特别注重对干部的思想品德和廉洁从政情况的考核。

（三）强化后勤服务 提升师生幸福感

在全面推行廉洁文化建设和廉洁教育的大环境下，高校应该重视提高后勤部门的工作效能，强化管理服务人员的廉洁教育工作，全面开展廉洁教育及反腐倡廉宣传教育，增强后勤部门全心全意为学校教学、科研及师生服务的宗旨和责任意识，促进高校后勤各项事业的发展，为高校的高质量发展提供强有力的后勤保障。

首先，加强高校后勤管理服务人员的廉洁教育。一是建立后勤管理服人员廉洁教育的机制。结合高校后勤部门的实际，制定完善廉洁教育的有关规章制度，做到开展廉洁教育有章可循、有据可依，为完善教育运行机制打牢制度保障；采用多渠道、多形式、多层次的教育方式开展廉洁教育工作，比如以班组、小组、一对一等形式。二是提高后勤管理服人员廉洁教育质量及成效。根据后勤管理服务人员的特点，探索适合该群体的廉洁教育形式，挖掘古今、国内外廉洁教育的题材，切合教育对象的实际和认知，满足廉洁教育的需求。通过卓有成效的廉洁教育，有效提高后勤管理服务人员廉洁思想、廉洁意识、廉洁行为和廉洁文化，切实打造一支廉洁素养过硬的后勤服务队伍。

其次，深化高校后勤管理服务人员的育人意识。高校廉洁文化建设必须要解放思想，充分发挥后勤部门在饮食服务、公寓管理、校园美化和物业管理方面的育人功能，才能使对高校学生的廉洁教育具有完整性和互补性。高校应通过后勤管理服务人员廉洁素质的提高、制度制定与完善、学生习惯养成、廉洁文化建设、生活知识教育、传统美德教育和学生的参与等途径来实现服务育人。后勤管理服务人员要提高思想认识，树立起正确的价值观，充分认识到后勤工作对加强大学生思想政治工作的重要性。后勤人员的言行举止对学生起到潜移默化的作用，要不断提高自身的素质和服务水平，做到言传身教，达到育人的功能；高校后勤管理与服务具有让学生由学校生活过渡到社会生活的桥梁作用。高校后勤自身是校园中社会化程度较高的部门，学生在参与其建设和管理的过程中，可以了解社会的发展和状态、见微知著，以便将来更快地融入社会生活。

最后，提高后勤部门的管理水平和服务质量。高校后勤工作的目的就是为高校教学、科研和师生员工创造一个良好、优美的环境，高校后勤工作直接关系到学校师生的工作质量、学习质量和生活质量。一是要强化高校后勤管理人员的廉洁自律意识，增强业务水平，提高整体素质，以适应后勤管理工作现代化发展的需要；还要有法制意识，严格依法办事，并在法律规定的范围内充分行使自己的权利，正确运用法律武器，以此来解决和克服后勤管理中的种种矛盾。二是要具备较高的业务技能，树立后勤为教学科研服务的思想，树立为全体教职工服务的观念；要强化责任意识，将责任意识体现在具体的、繁杂而细致的业务工作中，贯穿于复杂的管理环节中；要加强专业技能和业务知识水平的修养，从工作需要出发，不断学习廉洁文化知识和现代科技知识，提高后勤服务质量。高校后勤廉洁文化建设要靠服务育人来支撑，服务育人是衡量后勤服务质量和社会效益的重要标志。

第三节　评价体系

习近平总书记多次强调教育的根本任务就是立德树人，就是培养德智体美劳全面发展的社会主义建设者和接班人。真正落实好立德树人根本任务，就必须从根本上解决好培养什么人、怎样培养人、为谁培养人的问题，真正做到把提升立德树人的成效作为检验学校一切工作的根本标准，推进高校治理体系、治理能力现代化，以制度化、体系化的廉洁文化建设助推高校风清气正政治生态，助力高等教育高质量发展和高水平大学建设。

一、以立德树人成效为根本

（一）立德树人成效是检验高校一切工作的根本标准

2018 年 5 月，习近平总书记在北京大学师生座谈会上，把培养社会主义事业建设者和接班人问题作为教育的“根本任务”加以突出强调，提出要“把立德树人的成效作为检验学校一切工作的根本标准”①。为新时代高校全面贯彻党的教育方针，办学治校、教书育人，建设一流中国特色社会主义大学提供了鲜明价值导向和根本评判标准。

1. 立德树人成效事关党和国家的伟大事业

高校立德树人成效的最大体现就是服务好坚持和发展中国特色社会主义伟大事业。“我国高等教育发展方向要同我国发展的现实目标和未来方向紧密联系在一起，为人民服务，为中国共产党治国理政服务，为巩固和发展中

① 习近平．在北京大学师生座谈会上的讲话［N］．人民日报，2018-05-03（2）．

国特色社会主义制度服务，为改革开放和社会主义现代化建设服务”①。这“四个服务”为高校立德树人提出了具体要求，新时代高校要深刻把握“国之大者”，毫不动摇地坚持办学的正确政治方向，立足新发展阶段、贯彻新发展理念、服务构建新发展格局，加强党对学校工作的全面领导，全面贯彻党的教育方针，用习近平新时代中国特色社会主义思想铸魂育人，着力健全立德树人落实机制，提升立德树人成效，围绕防范化解意识形态领域重大风险进行具有许多新的历史特点的伟大斗争，用高质量立德树人成效服务党和国家的伟大事业高质量发展。

2. 立德树人成效事关高校立身之本

高校立德树人成效的最根本体现就是培养出社会主义建设者和接班人。习近平总书记指出，“我国社会主义教育就是要培养社会主义建设者和接班人”②。我国高校是在马克思主义指导下建立起来的，是党领导下的中国特色社会主义高校，只有坚持立足我国独特的历史、独特的文化和独特的国情，在培养社会主义建设者和接班人上有作为、有成效，培养出一流人才，才能够办好中国特色、世界一流的中国特色社会主义大学。新时代高校要始终践行为党育人、为国育才的初心使命，努力提升立德树人成效，确保成为培养社会主义建设者和接班人的坚强阵地，为实现第二个百年奋斗目标和中华民族伟大复兴的中国梦，源源不断地培养“拥护中国共产党领导和我国社会主义制度、立志为中国特色社会主义事业奋斗终生的有用人才”③，以确保中华民族千秋伟业薪火相传，生生不息。

3. 立德树人成效事关学生成长成才

高校立德树人成效的最直接体现就是教育引导学生扣好人生的“第一粒扣子”，树立正确的世界观、人生观、价值观，成为德才兼备、又红又专、全面发展的大学生。习近平总书记指出，“青年是祖国的未来、民族的希望，也是我们党的未来和希望”④。大学生正处在价值观形成的关键期，最需要精心引导和栽培，“该培土时就要培土，该浇水时就要浇水，该施肥时就要

---

① 习近平在全国高校思想政治工作会议上强调：把思想政治工作贯穿教育教学全过程 开创我国高等教育事业发展新局面[EB/OL].(2016-12-08)[2022-05-20]. http://www.moe.gov.cn/jyb_xwfb/s6052/moe_838/201612/t20161208_291306.html.

② 习近平．在北京大学师生座谈会上的讲话［N］．人民日报，2018-05-03.

③ 习近平在全国教育大会上强调坚持中国特色社会主义教育发展道路培养德智体美劳全面发展的社会主义建设者和接班人［N］．人民日报，2018-09-11.

④ 习近平在庆祝中国共产党成立95周年大会上的讲话［N］．人民日报，2016-07-02（2）.

施肥，该打药时就要打药，该整枝时就要整枝”。习近平总书记指出，“现在这一代年轻人，也在变化之中，他们的心态、思想也在改变”。新时代高校要深刻把握思想政治工作规律、教书育人规律和学生成长规律，不断加强和改进新形势下思想政治工作，提高学生思想水平、政治觉悟、道德品质、文化素养，提升立德树人成效，教育引导学生立大志、明大德、成大才、担大任，增强“四个意识”，坚定“四个自信”，做到“两个维护”，努力在全面建设社会主义现代化强国新征程上建功立业。

（二）基本内容

加强高校廉洁文化建设是高校落实立德树人根本任务的重要方面，是高校贯彻全面从严治党战略部署的必然选择，也是做好大学生思想政治工作的客观要求，要大力推进校园廉洁文化建设，促进和谐校园建设，不断增强廉洁文化的影响力、辐射力和渗透力，形成人人崇廉、人人促廉的文化氛围和以廉为荣、以贪为耻的优良风尚，促使大学生树立正确的世界观、人生观、价值观，以良好的干部作风、师德师风和学风确保敬廉、守廉的良好校风，为高校立德树人提供良好的作风保障。

开展大学生廉洁文化教育是高校贯彻落实“立德树人”根本任务的内在需求。“立德树人”是高校大学生思想政治教育工作的中心环节。2016 年 12 月，习近平总书记在全国高校思想政治工作会议上指出，高校的立身之本在于立德树人，要坚持把立德树人作为中心环节，不断提高学生思想水平、政治觉悟、道德品质、文化素养，让学生成为德才兼备、全面发展的人才①。“立德树人”就是以德育人，育人成德，而廉洁文化教育在本质上就是一种德育教育，即以爱廉重洁之德，育人清正廉洁之行。与德育教育的本质相一致，实施廉洁文化教育的主要目的就是培养大学生良好的道德素养，引导其树立科学的世界观、人生观、价值观，自觉抵制各种腐朽思想的侵蚀，使其在思想上和行动上都能做到诚实守信、廉洁自律。在这个意义上讲，作为高校思想政治教育的重要内容，开展大学生廉洁文化教育不仅可以提高高校思想政治教育的针对性和有效性，更重要的是落实“立德树人”宏伟目标，贯彻高等教育育人为本、德育为先教育思想的重要举措。

---

① 习近平在全国高校思想政治工作会议上强调：把思想政治工作贯穿教育教学全过程 开创我国高等教育事业发展新局面[EB/OL].(2016-12-08)[2022-05-20]. http://www. moe. gov. cn/jyb_xwfb/s6052/moe_838/201612/t20161208_291306. html.

开展大学生廉洁文化教育也是大学生提升自身综合素质、实现自身全面发展的必然要求。实现每个人自由而全面的发展是马克思主义政党追求的最终理想目标，社会主义事业合格的建设者和接班人必然是全面发展的人，尤其是在对其职业道德素养与个人人格品德要求方面，因此无论是在校大学生还是未来即将走上不同行业工作岗位的毕业生，廉洁意识及行为的培养与塑造对于其形成良好的职业道德和个人品德至关重要，充分利用学校多种形式的廉洁文化教育形式及载体，提升大学生的廉洁素养，是实现其全面发展的必要的内在需求。对在校大学生而言，他们正处于价值观、世界观、人生观形成的“拔节孕穗期”，他们的是非判断力、自我控制力比较弱，学习能力、适应能力很强。加强高校廉洁文化建设，在校园内营造廉荣败耻的道德风尚和文化氛围，用清正廉洁、积极向上的引领前进方向，营造宽松的学术环境、和谐的人文环境和浓厚的文化气息，对增强学生的价值取向都具有重要引导作用。可以说，加强高校廉洁文化建设是优化育人环境的净化剂，对于构建良好的育人环境具有深远的战略意义。

（三）指标框架及评价标准

从检验立德树人成效出发，高校廉洁文化建设必然要以人为本，相关评价指标、评价标准应以高校领导层、教职工层和学生层为主体，结合外部环境因素和内部工作环境，分别考虑三个评价对象在高校中的不同层级及在廉洁文化建设中的不同职能和作用、反映高校长期形成、相对稳定的廉洁物质环境文化建设和社会环境建设及高校廉洁文化即时状态的指标的组合。

首先，高校廉洁文化建设评价对象包括领导干部在内的高校行政人员队伍。目前高校结构主要有两个系统，即管理系统和教学科研系统，并由此形成高校中两大基本组成群体，教师和行政人员。高校的行政人员群体是高校内从事行政管理工作的专职人员或以行政管理工作为主的人员。行政人员群体承担着高校除教学以外的人事管理、财务管理、学生管理、教科研的管理工作等，其主要职能是制定行政规范，维持高校业务的正常运转和保证教育目标的实现。其中，领导干部作为高校的管理者，是高校党风廉政建设的重点对象。他们能否以身作则，直接关系到高校的党风廉政建设和反腐败斗争的成败。重点对象还包括高校廉政评价结果的反射对象，即重点岗位和重点人员。重点岗位和重点人员是指易滋生腐败的高校部门和岗位人员，如工程建设、物资采购、招生、财务管理等部门及人员。

其次，评价对象包括教师。高校教师是学校教学科研的主力军，教师的行为不仅影响着学生，还直接关系到学校的声誉、建设和发展。另外，教师群体中有一部分人担任行政领导职务，也有一部分人是知名专家学者，这部分教师基于其行政领导职务或学术地位，掌握着一定的行政权力或学术权力。

最后，评价对象包括在校大学生。针对大学生开展廉洁评价工作，对他们树立廉洁思想观念，养成终身廉洁做人的信念，以及构建和谐校园都具有重要意义。而且从长远来讲，对我们国家、民族的未来也会产生积极深远影响。

指标框架及评价标准可以通过“一级指标”“二级指标”及“评价标准”等三级内容来呈现，见表 4-1：

表 4-1

一级指标	二级指标	评价标准
领导层的廉洁价值观	高校廉洁目标明确程度	高校制定的廉洁文化发展远、中、近期规划是否有廉洁目标，是否能够拥有具体的实施目标和保障实施的措施
	校领导班子反腐倡廉工作的情况	是否能够指导和督促校内行政职能部门履行反腐倡廉工作职责
	院系、职能处室领导班子落实反腐倡廉责任情况	权责明晰、逐级负责、层层落实的反腐倡廉建设责任体系执行情况
教职工层的廉洁态度和责任感	报告腐败因素的责任感	是否如实报告单位腐败现象
	对廉洁监管人员的态度	对廉洁监管人员的监督管理和调查工作是否会主动配合
	对廉洁规范重要性的认识程度	是否认为廉洁规范非常重要
学生层的廉洁信仰和态度	廉洁的态度和个人价值取向	学生形成崇尚廉洁、向往廉洁、以廉为荣的情感认同的情况
	对不正之风的认识和态度	学生形成反对腐败、抵制腐败、厌恶腐败，形成以贪为耻的情感认同的情况
	诚信态度	学生中是否有讲诚信、拒绝考试作弊的氛围

二、以高校治理能力现代化为目标

（一）治理能力现代化是高水平大学建设的重要保证

在推进国家治理体系和治理能力现代化进程中，高等教育应率先实现现代化，即根据高等教育自身发展规律和教育现代化的基本要求，提升高等教育法治化水平，提高政府管理服务能力，完善高等学校内部治理结构，建立系统完备、科学规范、运行有效的现代高等教育制度体系。要在遵循高等教育发展规律的基础上，通过完善治理结构，合理处理大学内外部各种权力关系，构建起能够促进大学可持续发展的制度体系，形成高校自我管理、自我发展、自我规范、自我约束的发展机制，最终实现高等教育的可持续发展。如何实现高校治理能力的现代化对建设现代大学制度、创建高水平大学宏伟目标具有重要的意义。

1. 高校治理能力现代化是推动高水平大学和学科建设的现实需要

从本质上来讲，推行现代大学制度就是在尊重高校办学规律的基础上，经过完善高校内部治理结构的过程，正确地处理好高校内部各教学管理机构和教学院系及其他部门之间的各种利益关系，从而实现高校可持续发展的一系列的举措或制度安排体系。高校治理能力现代化要实现治理理念的现代化、治理制度的现代化和领导治理能力的现代化。必须坚决按照高等教育内涵式发展的要求，立足高校自身的具体情况，以完善大学治理结构作为主要任务，加强高等院校内部的制度建设，提高领导依法治理、民主治理、科学治理的能力。实现高校治理能力现代化，提升高校现代化治理能力对推动我国高校和重点优势学科进入世界一流行列具有重要的现实意义。

2. 高校治理能力现代化是深化高等教育改革的重要内容

高校毕业生为我国社会主义现代化建设提供坚实的智力支持，但是近几年由于国家经济发展的速度下滑和放缓，高校毕业生的就业出现较大的困难。在看到高校为国家做出重大贡献的同时，我们也应当认识到高校目前的管理水平尚不能满足国家和社会的现实需要，与国际一流高校的管理、教学水平还有较大的差距。在这样的背景下，我国高校必须深化高等教育改革。深化高等教育改革，其中最重要的一个方面就是实现高校治理能力现代化，提升高校现代化治理能力。高校治理能力现代化实现与否，决定我国高等教育改革的成功与否。我国高校必须提升高校现代化治理能力，在建立高校治理架构和完善各项管理制度等方面为深化高等教育改革做出贡献。

3. 高校治理能力现代化是促进高校行稳致远的重要举措

20 世纪，通过国家和高校一系列的改革，我国高等教育管理体制和教学体制基本建立，基本适应国家高等教育的现实状况。随着我国高等教育的发展，在总体上我国高校的治理能力并不能满足高校的发展现实和内在需要。在外部，高校与教育行政管理部门的关系没有理顺，教育行政管理部门的职能定位、高校的运行体制等需要进一步地完善和调整；在高校内部，教学管理机构与教学院系之间的关系、科研管理机构与科研人员的关系、高校教学人员和教学辅助人员之间的关系及高校的职称管理等存在较多的问题。这些问题制约高校教学质量的发展，它们产生的原因归根结底是我国高校现代化的治理能力还比较弱，不能适应高校发展的新形势。只有按照现代化的要求，提升高校治理能力的现代化，才能真正解决我国高校存在的一些问题，从而实现建设世界一流高校的目标。

（二）基本内容

1. 高校廉洁文化建设是推进高校治理能力现代化的关键着力点

党的十八届三中全会提出：“全面深化改革的总目标是完善和发展中国特色社会主义制度，推进国家治理体系和治理能力现代化。”① 高等教育改革作为全面深化改革的重要领域，其中一个重大治理变革即是高校从原先单纯的外延式发展向着外延式发展与内涵式发展并重的深刻转变。大学的内涵式发展主要强调办学质量的提升、治理结构的优化、特色发展的突出、开放包容的理念、绩效评估的多元，实际上是一种冲破陈旧思想观念障碍、攻克原有体制机制束缚和突破既有利益固化藩篱的“破冰”过程，其本质是要突出高校治理体系与治理能力在现代化过程当中所彰显的公平与正义性。廉政制度文化对高校内部权力运行、财务监督审计、干部选拔任用等方面有着明晰且严格的规制，凸显治理所拥有的“刚性”与“硬性”，同时廉政精神文化又能够以一种春风化雨、润物无声的形式让廉洁奉公、诚信治学的思想在高校范围中蔚然成风，展现治理所特有的“弹性”与“韧性”。两者紧密结合不仅可以为其他各项制度的顶层设计与具体执行起到保驾护航的作用，又能最大限度减少深化高等教育改革所带来的各种阻力与各项制度执行的成本。从这个角度来讲，高校廉洁文化建设对高校内涵式发展能起到一定程度的促进作用，也是今后推进高校领域治理能力现代化的一个关键着力点。

2. 高校治理能力现代化是夯实高校廉洁文化建设的重要支撑点

高校廉洁文化是学校的内在灵魂和精髓所在，高校廉洁文化的培育对于高校校风、学风和教风建设具有重要的作用。高校作为人才培养、文化传承创新的思想高地，必须把治学治教、文化育人摆在首要位置，着力加强廉洁文化建设。高校治学治教、文化育人水平突出体现在学风校风和文化特色

① 中共中央关于全面深化改革若干重大问题的决定［J］．求是，2013（22）：3.

上。良好学风校风建设关系到大学人才培养的质量，也是高校治理水平的反映。健全高校内部治理结构，提升高校治理能力，是强化高校廉洁文化建设的重要内容。高校治理能力现代化为建设良好学风校风提供了保障，通过理论创新、实践创新、文化创新等提升治学治教水平，促进学校内涵式发展。高校是缔造优秀文化、传播先进思想的文明胜地。但在功利化、世俗化等不良社会风气的影响下，校园风尚世风日下。要引导广大文化工作者和文化单位自觉践行社会主义核心价值体系，坚持社会主义先进文化前进方向，坚决抵制庸俗、低俗、媚俗之风（“三俗”）。“三俗”败坏道德、腐蚀心灵，弘扬正能量、主旋律，开展积极健康的文化活动，如宣讲会、报告会、校园文化创作大赛、先进人物评选等积极向上的活动，增强校园文化活动的思想性和高雅性，引领大学文化新风尚，引导师生轻于形式与物欲的比拼，而重视精神、能力的提升，逐步塑造良好的校园风气和氛围。

（三）指标框架及评价标准

新时代高校治理能力现代化的重要实践应当是明确的廉洁文化管理机制、监督机制和教育机制。高校既相对独立又与外界发生千丝万缕的联系，在进行日常教学科研及行政事务时与高校的外部环境发生人员、信息、财务、物资等多方面的交互关系。因此，在评价高校廉洁文化建设状况时应当确定以高校为主体的评价范围，同时考虑与高校发展交互关系的制度因素，如国家相关廉政法制建设、教育部门对高校的监管、高校系统内部的廉洁管理、监督、教育机制建设状况。

高校廉洁文化建设在制度文化方面主要指廉洁管理、廉洁监督、廉洁教育。廉洁管理主要包括人事管理制度、财务管理制度、基础设施建设管理制度、物资采购管理制度、校办企业管理制度、科研经费管理制度、高校招生管理制度、学术道德建设制度、学风建设管理制度、廉洁优先模奖励制度建设、提出廉洁建议奖励。廉洁监督主要包括，国家廉政监管部门的监督制度、学校所在地廉政监督部门的监管、高校自身监督部门的监督、党内和民主党派监督、教职工代表大会制度情况、廉洁问题揭发与反馈机制。廉洁教育主要包括，对领导干部反腐倡廉教育、对重要岗位、重点部位工作人员反腐倡廉教育、师德建设、大学生廉洁教育、廉洁教育的经常性、廉洁教育的及时性、廉洁教育的前瞻性、教育方式灵活多样。

指标框架及评价标准可以通过“一级指标”“二级指标”及“评价标准”三级内容来呈现，见表4-2：

表 4-2

一级指标	二级指标	评价标准
廉洁管理机制	人事管理制度建设	是否深化干部人事制度改革，建立健全干部选拔任用、任期、经济责任审计、定期轮岗交流的要求
	财务管理制度建设	是否学校经济责任制、内部财务委派制及学校财务集体决策、专家咨一询和决策责任追究等制度
	基础设施建设管理制度建设	是否执行基建（修缮）项目集体决策和按规定报批制度、建立并执行基建（修缮）工程的项目管理与财务管理分离制度，和基建部门负责人经济责任审计制度
	物资采购管理制度建设	是否严格执行政府采购有关规定，建立健全学校内部各项采购监管制度
	科研经费管理制度建设	是否建立完善的科研经费使用和管理的约束制度，统一管理，集中核算，明确细则，加强审计监督
	高校招生管理制度建设	是否有严格的招生计划管理制度
	学术道德管理制度建设	是否建立健全处理学术不端行为的工作机构，建立健全对学术不端行为的惩处机制
	学风建设管理制度建设	是否建立健全处理学生违规违纪的监考机制，惩处机制，加强对学生违规作弊的规范管理
廉洁监督机制	国家廉政监管部门的监督	国家建立的廉政建设监管体系对学校廉洁文化建设进行监管的情况
	高校自身监督部分的监督	学校自身的廉洁文化建设监管机构，对学校廉洁文化建设进行监管的情况
	党内和民主党派的监督	学校发展党内民主，建立党内情况通报制度，对廉洁文化建设进行监管的情况
	廉政问题反馈机制	教职工向上反馈渠道建设的程度及非处罚性反馈制度的建立程度
廉洁教育机制	领导干部反腐倡廉教育方面	对领导干部开展理想信念、廉洁从政、党的作风和政治纪律反腐倡廉教育工作情况
	师德教育方面	对教师开展淡泊名利、廉洁从教、学为人师、行为示范教育工作情况
	大学生廉洁教育方面	面向所有专业开设廉洁相关公共课程供学生选择，定期举办教育相关的学术报告情况
	教育方式方面	教育方式是否灵活多样，如通过授课、开会、看录像、上党课、举办演讲会、集中学习、召开座谈会、专题讨论会和自学，开展廉洁文化主体活动，鼓励学生社团和个人开展廉洁文化活动，为学生开设廉洁文化方面的课程，等等

三、以高校风清气正政治生态为落脚点

（一）风清气正政治生态是学校高质量发展的重要保障

我国高校有科学研究、人才培养、服务社会、文化传承创新、国际交流合作的责任，肩负着为党育人、为国育才，不断培养出能够承担起中华民族伟大复兴重任的栋梁之材的使命。高校必须坚持正确的政治方向，不断营造有利于高校育人、发展、传承的政治生态，强化科学办学理念，用浓郁端正的政治发展环境巩固与发扬立德树人，优化实施理想信念教育、党风廉政建设、师德师风建设、意识形态建设及与其相配套的监督管理与考核评价体系，不断实现高校政治生态净化与升级，推进高校各项事业不断前进。

1. 风清气正政治生态是高校坚持中国特色社会主义办学方向，办好人民满意的教育的重要保障

我国独特的历史发展进程及当代不断变化发展的国情要求我们必须坚定走中国特色社会主义道路。高校教育事业作为国家未来发展的基石，也必须坚持中国特色社会主义办学方向。高校“立德树人”要求中的“德”就是指坚定共产主义理想之德，就是指全心全意为人民服务之德，“立德树人”要求中的“人”则是指“又红又专、德才兼备、全面发展的中国特色社会主义合格建设者和可靠接班人”。良好的高校政治生态，不仅仅是党的建设和干部队伍建设的需求，更是提升教学质量，保持高校健康长久发展的迫切要求。新形势下，高校教育事业使命神圣，任务艰巨，加强高校政治生态建设，才能培养出政治素养高、工作能力强、听党话跟党走，能够担负起中华民族伟大复兴重任的人才，才能使高校教育事业不忘初心，砥砺前行，在发展中始终坚持党的政治方向不动摇。

2. 风清气正政治生态是营造高校优良育人氛围的关键

高校学术研究广泛，思想碰撞，理论纵横，青年师生思想独立，崇尚自由，对高校政治生态建设提出了高要求。学术研究无禁区并不意味着学术探讨无纪律，部分教师受到西方新自由主义价值观影响，在课堂上传播不当的价值观，对学生产生误导作用，对党和国家形象产生负面影响，不利于高校教育事业开展。同时，随着经济社会的不断发展，社会各层面、各组织的交往越来越密切，一些高校受到社会不良习气诱导，逐步出现了行政化和官僚化趋向，产生了部分教职员工过分追求权力的不良现象。因此，在新时代全

面从严治党形势下，加强高校政治生态建设，有利于坚持社会主义核心价值观在高校的意识形态主导地位，提高全体师生员工思想意识，不断去行政化和去官僚化，营造一个学术气息浓厚、师德师风纯厚、教风学风朴实的教书育人氛围。

3. 风清气正政治生态提升办学治校水平的政治保证

不断提升办学治校水平是新时代我国高等教育的生命力所在，是我国各类高校的重要使命和责任。习近平指出，办好我国高等教育，必须牢牢掌握党对高校工作的领导权，高校党委要对学校实行全面领导，承担管党治党和办学治校的主体责任，把方向、管大局、作决策、保落实。新时代背景下，高校风清气正政治生态最关键的目标指向就是，党委领导班子要增强自身主体责任意识和改革创新意识，提高自身正确把握方向大局能力和科学决策能力，充分激发广大高校党员干部、教师的服务意识和教育教学积极性、创造性，增强高校各级党组织凝聚力和战斗力，使我们党的教育方针在高校教学科研等各项工作中得到全面贯彻落实，这有利于从整体上提高高校办学治校的科学化水平。只有发展积极健康的高校政治生态，才能有效保证党对高校实行全面领导，将我国制度优势转化为办好我国社会主义大学的实践效能，从而把正确的政治方向、价值导向和育人目标贯穿到高校办学治校全过程，加强师德师风建设，培育社会主义核心价值观，把“思想价值引领”和“实际问题解决”有机结合起来，使“立德树人”贯穿到教育教学全过程和各环节，形成育人育才同向发力的长效机制。

（二）基本内容

高校作为高等教育的实施机构，承担着立德树人、教书育人的根本任务，高校的党内政治生态关系着高校党的建设的可持续发展。风清气正的党内政治生态，是办好具有中国特色社会主义大学、促进学校高质量发展的政治保障。高校的政治生态建设不仅要做好“顶层设计”，更要着眼于校园文化建设，用廉洁的校园文化侵染心灵、武装头脑、规范行为，真正承担起党风建设的责任与担当，以廉洁文化涵养高校党内政治生态，促进高校党内政治生态的可持续发展。

1. 高校廉洁文化与良好政治生态相辅相成

在党和国家大力开展的反腐倡廉工作中，高校建设良好政治生态与建构廉洁文化密切相关、相辅相成。高校政治生态建设侧重在改善管理干部从政环境和校园风气，廉洁文化的开展侧重在对师生的思想和行为进行教化和引导，本质上都是为遏制腐朽思想，预防腐败行为；高校净化政治生态与开展廉洁文化建设不应被割裂开来，二者是不可分割的整体。开展廉洁文化建设，铸就的思想堡垒是构建良好政治生态的前提和基础，而风清气正的政治生态环境则是开展廉洁文化建设的最终目的和归宿；只有大力开展廉洁教育才能净化政治生态和有效遏制腐败；政治生态得到改善，会减轻廉洁文化建设担负的压力。廉洁文化建设是一个长久的过程，需要良好而稳定的校园环境做支撑。优良的校园环境必然会给师生以正确的导向，也会给师生的信念和行为以积极影响。政治生态建设就是要促进校园环境得以改善，促使社会风气得以净化，这必然会为廉洁文化建设提供良好的氛围、潜移默化的环境影响，促使高校廉洁文化建设事半功倍。

2. 以廉洁文化为核心，建构高校政治生态

加强高校党内政治生态建设，不仅要在高校各级党组织中发展积极健康的政治文化，而且要以优良的党内政治生态引领校园文化建设。廉洁是党内政治生态的鲜明底色，也是高校校园政治生态的基本要求。新时代背景下，为了更好地坚持党对高校的全面领导，落实好“立德树人”根本任务，高校校园政治生态建设，理应突出“廉洁文化”这一主题。围绕廉政主题开展系列校园文化教育活动，使廉洁文化理念深入到广大师生员工的内心深处，在大学校园营造起以廉为荣、以贪为耻的良好氛围。要发挥“关键少数”在校园廉洁文化建设中的示范引领作用，带头廉洁自律，崇廉耻贪，堂堂正正做人，清清白白为政。充分发挥高校广大师生在校园廉洁文化建设中的主体作用。校园廉洁文化建设，离不开广大师生的积极参与。一方面，高校广大教师要“不忘初心、牢记使命”，坚持廉洁从教，在“立德树人”中发挥出关键作用，为培养中国特色社会主义事业的合格建设者和接班人无私奉献；另一方面，广大高校青年学子要培育和践行社会主义核心价值观，树立起爱国奉献、遵纪守法、诚实守信等廉洁文化理念，自觉扣正扣紧人生的“第一粒扣子”。

（三）指标框架及评价标准

风清气正政治生态体现在高校廉洁物质文化、精神文化、制度文化和行为文化建设的全过程。高校廉洁物质文化建设是整个高校廉洁文化建设的物质载体和基础；高校廉洁制度文化建设既是高校廉洁物质文化建设、高校廉洁行为文化建设和高校廉洁精神文化的反映形式，又是其实现的保证；高校廉洁行为文化建设既受制于高校廉洁物质文化又受制于高校廉洁精神文化建

设形成的观念，是高校廉洁精神文化建设在高校师生中的具体表现；高校廉洁精神文化建设是最高层次的廉洁文化建设，它既是高校廉洁物质文化建设、高校廉洁制度文化建设和高校廉洁行为文化建设的升华，又同时决定了三者的发展方向。

高校廉洁文化建设就是要使高校廉洁物质文化建设、高校廉洁精神文化建设、高校廉洁制度文化建设、高校廉洁行为文化建设四个层面共同协调发展。高校廉洁物质文化建设、高校廉洁精神文化建设、高校廉洁制度文化建设、高校廉洁行为文化建设相互联系、相互渗透和影响，是不容分割的整体。

指标框架及评价标准可以通过“一级指标”“二级指标”及“评价标准”三级内容来呈现见表4-3：

表 4-3

一级指标	二级指标	评价标准
廉洁物质文化建设	廉洁文化基础设施	廉洁文化基础设施是否齐全，廉洁宣传工作职责是否健全
	廉洁文化载体	廉洁宣传工作是否呈现良好态势；是否有固定的传播文渠道和阵地，廉洁宣传工作职责是否健全
廉洁精神文化建设	廉洁育人氛围	学校是否设有专职教师、教授廉洁文化相关课程，并且已形成规模
	廉洁学术氛围	学校是否有教师从事廉洁文化相关领域的高层次课题研究，并发表了相关主题的高水平论文
廉洁制度文化建设	高校廉洁工作部分健全程度	廉政部门是否职能明确，职责健全
	高校各部门廉洁工作负责人工作职责	高校各部门是否有90%以上设立了廉洁工作负责人，且职责健全
廉洁行为文化建设	不滥用权力	行政干部是否不滥用权利、形成办事公开制度
	教师清廉执教	教师坚持高尚情操、不索要钱物、不乱订购学习资料的情况
	辅导员清廉管理	面向全体学生、尊重学生人格，反对“学钱交易”、杜绝“以教谋私”的情况
	考试诚信行为	学生考试中是否有教师舞弊现象
	生活诚信行为	日常生活中，是否有故意拖欠助学贷款或学费等不诚信现象

下篇

江苏大学廉洁文化建设的实践探索

第五章

江苏大学廉洁文化建设概览

百年大计教育为本，育人之基清廉为要。建设清廉高校，是落实立德树人根本任务、培养中国特色社会主义事业合格建设者和接班人的内在要求和重要保障。习近平总书记指出，一体推进不敢腐、不能腐、不想腐，不仅是反腐败斗争的基本方针，也是新时代全面从严治党的重要方略，扭住“不想”这个根本，要靠加强理想信念教育，靠提高党性觉悟，靠涵养廉洁文化，要夯实不忘初心、牢记使命的思想根基。着力建设安定团结和谐的清廉高校，就是要紧紧围绕落实立德树人这个根本任务，奋力打造干部清正、教师清廉、学生清白、校风清明的教育高地。

江苏大学是2001年8月经教育部批准，由原江苏理工大学、镇江医学院、镇江师范专科学校合并组建的重点综合性大学，是江苏省人民政府和教育部、农业农村部共建高校，是首批江苏省高水平大学建设高校、全国本科教学工作水平优秀高校、首批全国50所毕业生就业典型经验高校、全国创新创业典型经验高校、首批全国来华留学质量认证高校、全国“三全育人”综合改革试点高校。

学校具有百年办学历史，文化底蕴深厚。为贯彻毛泽东同志关于“农业的根本出路在于机械化”的重要指示，1960年由南京工学院（现东南大学）分设独立建校，办学历史可追溯到1902年刘坤一、张之洞等创办的三江师范学堂。学校作为国内最早设立农机专业、最早系统开展农机教育的高校，坚持立足江苏、服务行业，始终以推动我国农业机械化、现代化为使命，培养了我国第一批农机学士、硕士和第一位农机博士、博士后，为我国农业装备人才培养、科技创新，为推动农民增收、农业发展和农村稳定做出了积极的贡献，形成了“工中有农，以工支农”的鲜明办学特色和独特文化情怀。

学校坚持以习近平新时代中国特色社会主义思想为指导，深入贯彻习近平总书记对我校的重要批示精神，砥砺“立德树人”初心、践行“强农兴农”使命，认真落实管党治党、办学治校政治责任，不断推动全面从严治党、党风廉政建设和反腐败工作向纵深发展，连续2年荣获省委年度综合考核省高水平大学类别“第一等次”、校领导班子荣获“优秀等次”。校纪委

（监察专员办）持续夯实“领雁、强责、肃纪、润廉、固本”五项工程，主动谋事、创新做事，认真协助校党委落实主体责任，坚守职责定位，有力有效精准监督，严肃执纪执法问责，一体推进不敢腐、不能腐、不想腐，为学校事业高质量发展提供了坚强保障，连续四年获评省纪委监委年度综合考核“第一等次”，荣获“全省纪检监察系统先进集体”（省部属高校唯一）。学校坚持以“润廉”工程为抓手，通过开展全方位、多层次、宽领域的廉政文化建设活动，积极引导党员干部廉洁从政、教师廉洁从教、医务工作者廉洁行医、学生益智尚廉，积极营造风清气正的良好政治生态和育人环境。学校是江苏省省级廉政文化示范点，廉洁校园建设经验受到中国纪检监察报、清风扬帆网等媒体宣传报道。

第一节　提高政治站位

党中央高度重视廉洁文化建设，强调反对腐败、建设廉洁政治，是我们党一贯坚持的鲜明政治立场，是党自我革命必须长期抓好的重大政治任务。2022 年 2 月，中共中央办公厅印发了《关于加强新时代廉洁文化建设的意见》（以下简称《意见》）。《意见》坚持以习近平新时代中国特色社会主义思想为指导，全面贯彻党的十九大和十九届历次全会精神，以理想信念强基固本，以先进文化启智润心，以高尚道德砥砺品格，惩治震慑、制度约束、提高觉悟一体发力，推动廉洁文化建设实起来、强起来，不断实现干部清正、政府清廉、政治清明、社会清朗。

高校作为中国特色社会主义事业的重要组成部分，肩负着立德树人根本任务、培养社会主义事业建设者和接班人的使命。开展廉洁文化建设，既是高校党风廉政建设和反腐败工作的有效载体、重要抓手，也是落实立德树人根本任务、培养中国特色社会主义合格建设者和接班人的内在要求与重要保障。江苏大学将廉洁文化建设纳入校园文化建设总体规划和反腐倡廉宣传教育规划，将廉洁文化建设融入校园生活，统筹协调，整体推进。学校党委将廉洁文化作为全面从严治党的重要方面和校园文化的重要组成部分；学校纪委把廉洁文化建设作为一体推进“三不”的重要内容去规划落实。构建线上线下互动、校内校外融通、点线面结合的廉洁文化建设立体矩阵，把廉洁文化建设融入管党治党、办学治校、立德树人全方面、全过程。

学校党委行政高度重视校园廉政文化建设工作，《江苏大学章程》明确，在学校党委和上级纪检监察部门的领导下，加强和做好学校党风廉政建设和反腐败工作，保障和促进学校事业健康发展。早在 2007 年，学校成立了江苏大学廉政文化建设工作领导小组，负责学校廉政文化建设工作的总体规划、统筹协调、组织指导、检查考核等工作，切实加强对学校廉政文化建设工作的领导，廉政文化建设工作领导小组组长由校纪委书记担任，副组长由宣传部、纪委机关、工会主要负责同志担任，成员单位有党委办公室、教师工作部、学工部、研究生工作部、机关党委、离退休党工委、团委、妇联、图书馆、马克思主义学院、廉政法治研究与评估中心、附属医院纪委等。2018 年，制定实施《江苏大学廉政文化建设实施意见》。《江苏大学廉政文化建设实施意见》以习近平新时代中国特色社会主义思想为指导，以培养“江大精神”为核心，以“润廉”工程为抓手，把廉政文化建设纳入校园文化建设总体规划，统筹协调，整体推进，营造“崇廉尚洁”的校园文化氛围。

将廉洁文化建设成效纳入学校“党的建设”年度目标任务考核，各二级党组织开展党史党章党规和党性党风党纪教育、警示教育情况，廉政文化示范点（创建点）创建工作，重要制度宣讲开展情况等均作为独立指标进行考核；将廉洁文化建设情况纳入二级党组织向校党委述责述廉的重要内容，加强考核评价及成果运用。学校在附属医院、京江学院、后勤服务集团等 3 个单位设立二级纪委（副处级建制）；在机械工程学院、医学院、管理学院等 3 个学院分别配备专职科级纪检员 1 人，在其他单位配齐配强兼职纪检委员，赋予专兼职纪检干部开展廉洁文化建设的工作职责，工作成效作为二级党组织纪检工作考核的重要依据，激励广大专兼职纪检干部在廉洁文化建设中发挥积极作用。

第二节　打造文化品牌

一、示范引领，廉政文化示范点建设有成效

根据《江苏大学创建廉政文化示范点工作实施方案》，按照精心培育、严格验收、好中选优，推进建立和完善廉政文化建设的长效机制的建设目标，学校自 2018 年开始启动廉政文化示范点（创建点）建设工作。

截至 2022 年 5 月，共评选江苏大学廉政文化示范点（创建点）29 家

（其中三星级示范点1家，二星级创建点6家，三星级创建点22家）。各示范点（创建点）单位充分结合本单位的实际情况，以评促建、评建结合，通过开展全方位、多层次、宽领域的廉政文化建设活动，融廉于景，寓廉于物，推出“本土”气息浓郁的廉政文化作品和廉政文化建设措施，有效提升了本单位廉洁文化氛围。

二、宣传引导，制度“菜单式”宣讲有办法

2018年，江苏大学启动重要制度“菜单”宣讲工作，首批遴选江苏大学组织部等9个部门开展集中宣讲。2021年，监督推进学校“制度完善年”工作，做好制度的“存改废立释”，学校全年立项新文件23项、废止旧文件73项、修订文件155项。2022年，为巩固扩大制度宣讲的成果，切实提高制度的普及率和知晓率，推动学校内控机制建设，促进制度的刚性执行，进一步优化重要制度“菜单”，制定了涉及26个职能部门192项重要制度的宣讲目录，持续做好“菜单式制度宣讲”工作。

自学校开展宣讲工作以来，各宣讲单位及宣讲人高度重视宣讲工作，能够认真履行重要制度执行和宣讲的职责，认真备课授课，创新方式，精心宣讲，宣讲工作得到邀请单位及师生员工的认可，如财务处通过官方微信推送“财务学堂”，介绍部分财务制度；艺术学院主动邀请校办、国际处等宣讲单位开展联合宣讲，并将制度宣讲与警示教育相结合；科学技术处、实验室与设备管理处常态化开展科研诚信、实验室安全管理宣讲工作；等等。校内各单位能够结合自身实际，主动与宣讲单位联系，邀请宣讲人授课，精心组织好宣讲会，为广大师生创造制度学习、贯彻执行和沟通交流的平台。

三、线上线下，党史党规党纪学习有路径

注重将党史党规党纪学习教育融入日常、抓在经常，通过“清风江大”公众号、校园LED大屏常态化推送、更新党史党规党纪学习会议文件精神、图文及影像视频，校党委书记、纪委书记在党委常委会、党委理论学习中心组学习中专题讲授（领学）党史党规党纪知识；校领导、校纪委、各二级党委（纪委）为师生员工专题讲授廉政党课。

开展“读书思廉”系列活动，向全校师生推荐《江苏历代贤吏为官之

道》，并向处级领导干部赠送廉政书籍。通过“学廉”“书廉”“话廉”，引导广大师生，尤其是党员领导干部，见贤思齐，进一步增强廉洁从政、廉洁从教、廉洁行医、益智尚廉的思想自觉和行动自觉。

依托中国教育干部网络学院平台，建设江苏大学干部在线学习中心，并将党史党规党纪学习内容纳入其中。每年组织全校党员教师开展党史党规党纪知识在线测试，对新提任领导干部开展党纪法规测试，切实增强党员干部法纪观念和廉洁自律意识。

四、浓郁氛围，廉洁文化系列活动有特色

在校园廉洁文化活动中，着力突出党员干部和教师廉洁教育的主体示范作用，以教师的清廉师德，影响和教育学生养成廉洁品德，用实际行动为学生树立廉洁榜样。

整合“崇廉尚洁”的文化素材和廉洁教育资源，将廉洁文化教育融入“形势政策课”“思想道德修养与法律基础”等课堂教学之中，专门加入廉洁教育的内容；开展京剧廉政文化进课堂活动，以“国粹”京剧为载体，把廉洁文化建设、爱国主义教育等内容有机融入思政课教学。在“先进基层党组织”“优秀共产党员”“优秀党务工作者”“最受学生欢迎的十佳教师”“十佳青年教职工”等评选中，注重挖掘候选人、获奖人的廉洁事迹并予以宣传报道。

开展“喜迎二十大、奋进新征程”廉政书画摄影展及作品征集活动，组织开展大学生廉政主题辩论赛、“创新、奋进、报国”主题教育活动、“学习雷锋好榜样”青年志愿者行动、研究生“科学道德与学风建设”宣讲教育活动、“干净做人，认真为学”研究生学生道德沙龙活动、毕业生廉洁教育课等系列活动教育引导青年大学生“扣好人生第一粒扣子”。

成立“江苏大学清风廉学社”学生社团，在校纪委和校团委的双重领导下，开展大学生廉洁教育工作。社团成立以来，积极围绕“5·10”——“我要廉”和“12·9”国际反腐日等廉洁教育时点，组织开展主题教育、廉洁文创作品设计等系列活动；将廉洁文化活动与暑期社会实践相结合，社团成员深入镇江市新民洲社区，聆听学习老党员的廉洁故事。

第三节　坚持理论创新

一、加强与国家级、省级平台的联系

（一）中国社会科学院中国廉政研究中心

中国社会科学院中国廉政研究中心目前是国内最有影响的廉政智库之一，中心紧紧围绕中央和中央纪委党风廉政建设和反腐败工作重大决策部署，开展“国际反腐败体制机制比较研究”“惩治和预防腐败体系绩效测评”“中外预防和打击腐败措施比较研究”“廉政文化建设研究”“事业单位防治腐败研究”“廉政学特殊学科建设”“党和国家监督体系绩效测评研究”等研究，产出了一批高质量的优秀成果。

中国廉政研究论坛是国内在党风廉政建设和反腐败斗争研究领域具有深度影响力的全国学术交流平台。江苏大学申请承办第十五届中国廉政研究论坛已获中国社会科学院中国廉政研究中心（主办单位）批准，本次论坛将于2022年11月首次在江苏省举办，主题为“国家治理现代化与纪检监察学科发展”。学校高度重视论坛的承办事宜，校党委常委会专题研究部署论坛筹备工作，并成立了由校党委书记任组长的论坛筹备工作组，将倾力办好本次论坛，确保办出特色、办出水平、办出质量、办出影响，为推动全面从严治党和新时代纪检监察工作高质量发展做出应有贡献。

（二）中国监察学会机械分会

中国监察学会机械分会是全国机械行业企事业单位纪检监察机构开展理论研究、纪检监察工作经验交流的重要平台，分会不仅为机械行业企事业单位的纪检监察人员提供了一个相互学习、取长补短、共同提高的交流平台，同时也为各单位有效开展党风廉政建设和反腐工作提供了决策依据与经验借鉴。

江苏大学是具有机械行业特色的高等院校，作为分会成员单位，积极申报承担重点课题、一般课题，推荐提交高质量纪检监察学术论文，并多次获奖，优秀论文被分会编入《年度机械行业纪检监察工作论文选集》，在机械行业产生了较大影响。

（三）江苏省纪检监察学会

江苏省纪检监察学会是在为改革开放和经济建设服务的前提下，从事研究党风廉政建设和反腐败方面的理论；探索在发展社会主义市场经济条件下坚持从严治党、从严治政，切实搞好党风廉政建设的规律；解决党风廉政建设和纪检监察工作中的政策性问题的重要机构。

学校积极加强与学会联系，参与学会举办的各类考察调研活动、报告会、研讨会、座谈会，宣介江苏大学廉洁文化建设工作经验，并就高校纪检监察工作、廉洁校园建设理论与实践问题开展交流，相关工作得到学会领导的肯定。

二、打造江苏大学廉洁理论与实践研究新平台

（一）江苏大学廉政法治研究与评估中心

学校设有“廉政法治研究与评估中心”（以下简称“中心”），2014 年 6 月，学校明确廉政法治研究与评估中心为副处级建制，挂靠法学院。中心是廉政评估专业机构，拥有一支专业、精干的廉政研究与评估团队，其中包括教授 2 人、博士 7 人、注册会计师 1 人、审计师 1 人、硕士 1 人，涵盖了法学、政治学、历史学、统计学、会计学和计算机等多个专业。中心还拥有一支由 70 余名本科生组成的廉政评估志愿者团队，为廉政评估提供坚实的保障。通过学校纪委，中心可“链接”到 24 个学院 87 个专业的教师，涵盖了工学、理学、医学、管理学、经济学、法学、文学、历史学、教育学、艺术学等 10 大学科门类，由此所组建的外展团队能够为开展各个领域、各种类型的廉政评估提供智力支持。

2012 年以来，中心承担了江苏省纪委、镇江市纪委、丹阳市纪委委托的重大课题 10 余项，相关研究成果获得了中纪委领导的肯定与好评，并被纳入纪检监察工作的重要参考。今后，中心将在廉政研究、廉政资讯、廉政教育和廉政评估四大领域展开工作，努力为廉政建设贡献力量。

（二）镇江市反腐倡廉建设研究中心

2011 年学校党委与镇江市纪委联合共建了“镇江市反腐倡廉建设研究中心”。10 余年来，该“中心”围绕地方效能革命、地方党组织建设、地方法治政府评估、地方政治生态建设等廉政治理问题展开了专题研究，形成调研成果，应用于地方实践，产生了积极的社会影响，同时也为我校法学人才培养与学科建设做出了一定贡献。

（三）江苏大学廉政与法治研究院

2021 年 1 月，学校整合廉政法治研究与评估中心、镇江市反腐倡廉建设

研究中心等现有研究平台，成立廉政与法治研究院，系省属高校首家。该研究院下设三个研究中心，包括廉政法治研究与评估中心、高校廉政文化研究中心、农村法治生态研究中心，同时镇江市反腐倡廉建设研究中心挂靠研究院，研究院旨在建成省级乃至国家级研究基地（智库）。研究院的成立，将进一步拓展学校法学学科的特色研究领域，助力提升高校治理体系和治理能力现代化。

（四）江苏大学纪检监察学院

2021 年 12 月，国务院学位委员会拟新增纪检监察学为一级学科。纪检监察学科的设立，将为完善党和国家监督体系提供更加有力的理论支撑、智力支持和人才保证，有利于标本兼治推进党风廉政建设和纪检监察工作规范化、法治化、正规化建设。

学校党政领导高度重视纪检监察学科建设，强化机遇意识，积极谋划，开展专家咨询论证，2022 年 2 月，决定成立江苏大学纪检监察学院，挂靠法学院。新设的纪检监察学院将认真贯彻落实《中国共产党纪律检查委员会工作条例》《中华人民共和国监察官法》关于加强纪检监察理论研究和学科建设的要求，密切跟进上级决策部署，注重学科方向凝练、课程专业设置和人才团队引进，着力打造特色亮点，不断丰富我校学科建设内涵，力争在培养高素质的纪检监察专业人才中走在前列。

（五）校内其他纪检监察理论研究平台

学校设有江苏大学党的建设研究会纪检监察研究分会，分会由校纪委书记担任会长，纪委办公室负责日常工作。分会成立以来，积极开展纪检监察课题研究工作，研究成果多次获奖。学校纪委自 2019 年起，设立纪检监察研究专项课题，对获准立项的研究课题按照重点项目和一般项目给予经费资助。3 年来，共设立专项委托课题 3 项，重点课题 17 项，一般课题 36 项，丰富了学校全面从严治党理论与实践经验，取得了较好的效果。

此外，我校教师在纪检监察领域的研究成果受到学习时报、中央纪委国家监委网站等关注，如张先昌著《惩贪与纠错：中国古代的监察官制度》（《学习时报》2018 年 4 月 30 日），被中央纪委国家监委网站刊载；于晓琪著《司法廉政视域下“两会”代表个案监督规范化思考》（《理论探索》2017 年第 2 期）；于晓琪、梅园撰写的两篇论文被收录进《“四种形态”理论与应用》。

第四节　注重实践教育

一、贯彻落实“室组地”联合办案

认真贯彻落实“室组地”联合办案工作机制，有力有序推进省纪委监委交办的3所省属高校4个问题线索处置工作，已对1所高校党委和多名党员领导干部实施追责问责，推进对1名副厅级干部涉嫌违纪问题的立案审查工作。近年来，选派多人次参加省委巡视和省纪委监委跟班锻炼。认真落实省纪委监委分类指导工作机制。作为苏南地区组高校纪检监察机构首轮组长单位，牵头召开月度会议，就信访举报、审查调查等深化业务沟通交流，强化协同监督工作，有效发挥省纪委监委分类指导工作机制作用。

学校与镇江市纪委监委签订校地协作配合框架协议。发挥学校“智库”优势，强化资源共享和优势互补，共同在理论研究、队伍建设、阵地共建、协同监督等方面加强合作、深化实践，积极构建协调有序、贯通有力、运转高效的协作机制，着力构建校地党风廉政建设联动协作新格局。2017年以来先后选派17人次赴市纪委监委联合查办案件、以案代训。2020年，在办理涉及我校某干部的留置案件中，学校纪委与镇江市丹徒区监委组成联合专案组，对留置对象进行审查调查，其中违法犯罪问题的调查以镇江市丹徒区监委为主，违纪问题的审查以江苏大学纪委为主。该案件移送司法机关审理后，组织被审查调查人所在单位20多名党员干部参加庭审旁听，接受廉政警示现场教育，近距离感受法律的威严和违法犯罪带来的惨痛教训，引导党员干部以案为鉴，警钟长鸣，自觉筑牢拒腐防变的思想防线，做到知敬畏、存戒惧、守底线，依法用权、廉洁从政。

二、共建廉洁教育（警示教育）基地

遴选江苏大学廉洁教育基地，与句容茅山新四军纪念馆签订“廉洁教育基地共建协议”，进一步挖掘廉洁文化，共同开展教学研究，打磨优秀廉洁文化教学课程，充分利用人才聚集和智力优势，积极同茅山新四军纪念馆加强交流合作，依托各自资源优势，拓展共建共享平台，创新交流合作机制，优化现场教学方式，深化教育教学成果，发挥廉洁文化教育作用。

丰富和拓宽廉洁文化教育的载体和渠道，组织全体校领导、党委常委赴

江苏省党风廉政警示教育基地开展反腐警示教育学习；每年常态化组织广大党员干部、师生员工赴中国共产党纪律建设历史陈列馆、王荷波纪念馆、镇江市党风廉政警示教育基地、新四军四县抗敌总会纪念馆、镇江监狱等廉洁教育（警示教育）基地参观学习，开展教育培训和实践教学，实现廉洁文化建设校内校外融通。

三、扎实做好案件查办“后半篇文章”

2017 年以来，学校自办各类违纪违法案件 10 多件，案件查办即注重对被审查调查人的批评教育和挽救帮扶，更注重做好“后半篇文章”，充分发挥案件查办治本功能。坚持“一案一通报”，通报正式行文，并在学校党务工作例会通报全校，深刻剖析每一个案件的成因、深刻教训，引导广大党员干部、师生员工以案为鉴、深刻自省，要求党委各部门、各二级党组织切实担负主体责任，切实加强对本单位党员干部、师生员工的教育管理，深化以案促改、以案促建。

对受处分党员干部开展回访教育，是挽救犯错误党员干部的“暖心工程”，也是检验案件查办效果的试金石。学校纪委制定实施《受处分人员回访教育工作办法》，做深做细回访教育工作，使受处分人员感受到组织“治病救人”的初衷，帮助他们卸下包袱，重整行装再出发。受回访党员干部普遍反映，监督执纪工作不是冷冰冰的惩戒，而是有温度的。党组织的处分，不仅是对犯错党员的惩罚，更是对党员干部的保护，避免了小错酿成大错。

四、因地制宜建设校园廉洁文化

全校各单位切实担负校园廉洁文化建设责任，因地制宜建设具有自身特色的校园廉洁文化。校纪委机关坚持以政治建设为统领，持续深化“打铁必须自身硬”专项行动，带头建设“模范机关”，制作“廉政屏保”，定制“廉洁鼠标垫”，打造“廉洁文化走廊”和“廉洁读书角”；定期召开纪检监察工作例会，对全体纪检监察干部进行集体廉政谈话，开展业务培训、交流研讨，编印发放学习资料；加强廉洁文化建设校际、校地交流，组织赴华中师范大学、广西大学、南通大学等院校及宿迁市纪委监委开展调研学习，经验互鉴。

如京江学院党委细化“润廉工程”，着力构建组织重廉、警示促廉、教育倡廉、环境示廉、活动兴廉、家风助廉和媒介宣廉等七项举措，学院“师生廉政书法展”两次被江苏教育微信公众号一周动态发布，“廉政文化进家庭”被江苏教育在线微信公众号推送。后勤党委开展“一中心一特色”廉政文化活动，饮食服务中心开展“拒绝舌尖上的腐败”廉政活动，面向师生倡导光盘行动，面向食堂职工加强廉政教育；公寓服务中心开展廉政教育进社区，打造社区廉政文化长廊；运输服务中心开展“开门纳廉关门拒腐——打造流动廉政文化风景线”活动，推进廉政文化进车厢，开设公交微课堂，打造岛式站台廉政文化墙等。医学院党委在办公楼宇打造廉政文化墙，将医学文化精神与廉洁教育相融合，达到了润“廉”细无声、寓教于日常的功能效果，等等。

第六章

江苏大学下设纪委廉洁文化建设

第一节 让廉洁行医成为医护人员的自觉行为——附属医院廉洁文化建设

一、加强公立医院廉洁文化建设的意义

（一）推进全面从严治党向纵深发展的必然要求

文化而润其内，养德以固其本。党的十八大以来，党中央高度重视廉洁文化建设，将廉洁文化建设纳入全面从严治党战略布局，思想建党和制度建党同向发力。习近平总书记更是指出，文化自信是更基础、更广泛、更深厚的自信，是更基本、更深沉、更持久的力量。全面从严治党，既要靠治标，猛药去疴，重典治乱，也要靠治本，正心修身，涵养文化①。

1. 廉洁文化建设是党的建设之基

思想建设是党的基础性建设，也是守住为政之本的基本要求。思想建设是党的建设的第一步，对于党的建设新的伟大工程来说具有夯基垒台、强基固本的作用。思想具有先导作用，用什么样的思想理论作指导，党就会制定什么样的路线方针政策；用什么样的思想理论武装头脑，党员就会有什么样的行动。廉洁文化建设作为思想建设的一项重要内容，是推动我们党始终保持自我革命精神，是坚持全面从严治党战略方针、永葆党的先进性和纯洁性的必然要求。要从思想上固本培元，提高党性觉悟，增强拒腐防变能力，以理想信念强基固本，以先进文化启智润心，以高尚道德砥砺品格，推动廉洁文化建设实起来、强起来。

2. 廉洁文化建设是实现不敢腐、不能腐、不想腐一体推进战略目标的重要举措

不敢腐、不能腐、不想腐既各有侧重，又相辅相成，“不想”是根本。

① 新华社．中共中央办公厅印发《关于加强新时代廉洁文化建设的意见》［EB/OL］．（2022-02-24）［2022-05-16］．http：//www. gov. cn/zhengce/2022-02/24/content_ 5675468. htm.

中医有云：上医治未病，中医治欲病，下医治已病。“不想腐”可谓未雨绸缪、防患于未然，是腐败治理的未病境界。要实现“不想腐”，需要不断涵养廉洁文化，厚植廉洁文化基础，培养廉洁操守，通过廉洁文化建设，实现廉洁意识的自我觉悟，从内心拒绝低级庸俗，在思想上筑牢“不想腐”堤坝，持续加强理想信念教育，继承党的光荣传统和优良作风，夯实不忘初心、牢记使命的思想根基。一体推进不敢腐、不能腐、不想腐，是反腐败斗争的基本方针，也是新时代全面从严治党的重要方略。

3. 廉洁文化建设是巩固发展反腐败斗争压倒性胜利的重要保障

习近平总书记强调，全面从严治党，既要注重规范惩戒、严明纪律底线，更要培育和弘扬清正廉洁价值理念。教育引导党员、干部特别是领导干部从思想上正本清源、固本培元，夯实理想信念根基。大力推进廉洁文化建设，厚培廉洁奉公的文化土壤、文化基础，推动各级党组织提高政治站位、强化思想认识，进一步压实各级党组织的政治责任和领导责任，把全面从严治党的有效做法和成功经验上升为制度规范，把党章党规有关廉洁自律的要求进一步具体化，把全面从严治党向更广范围、更深层次推进，既教育引导党员干部永葆清正廉洁的政治本色，又重视塑造崇廉拒腐、崇德向善的社会环境，不断从量的积累迈向质的突破，实现干部清正、政府清廉、政治清明、社会清朗①。

（二）纠治医疗卫生领域不正之风的必然要求

2021 年 2 月，中央纪委国家监委在官方网站要闻板块发表文章《铲除医疗腐败滋生土壤》，再度点名医疗腐败问题。因此加强新时代廉洁文化建设，坚定信仰信念信心，筑牢拒腐防变思想防线是纠治医疗卫生领域不正之风的必然要求。

1. 坚定理想信念、厚植反腐文化是廉洁文化建设的根基导向

理想信念是共产党人的精神支柱和政治灵魂，决定我们的方向和立场，也决定我们的言论和行动。廉洁文化建设正是以坚定理想信念、厚植反腐文化根基为导向，从精神层面着手，崇德尚廉、崇廉拒腐，在人们心底筑起一道反腐败的思想防线。随着党的十八大以来正风肃纪的持续深入和惩贪反腐的高压推进，医疗领域灰色空间不断被挤压，但不可否认，在医疗领域仍然

---

① 王鹏. 大力加强新时代廉洁文化建设：学习习近平总书记关于加强廉洁文化建设重要论述[J]. 秘书工作，2022（4）：14-16.

存在作风和腐败问题，主要集中在药品、医疗设备、试剂耗材等的采购上①。药价虚高、乱收费、骗取医保资金及人民群众深恶痛绝的过度检查、过度医疗、收受红包回扣等顽症痼疾，暴露出医疗卫生行业监管存在明显漏洞。如医疗卫生行业从业人员法纪教育存在短板，规矩意识和纪法意识淡薄；药品和医疗器械采购制度执行、监管不到位，未能彻底斩断利益输送链条；单位内部岗位设置不合理，领导权力过于集中等，这些滋生腐败的土壤必须全力铲除。只有把坚定理想信念作为党的思想建设的首要任务，教育引导牢记党的宗旨，解决好世界观、人生观、价值观这个“总开关”问题，从心而清，从医而廉，筑牢行业作风建设之基，营造风清气正的政治生态。

2. 筑牢拒腐防变思想防线是廉洁文化建设的内在要求

坚决反腐倡廉，是我们党自我革命的鲜明体现。反腐倡廉的决心，决定着党在人民群众中的形象和威信，影响着人民群众对医疗卫生领域的信任。梳理党的十八大以来被查处的医疗卫生行业腐败案件，大部分腐败人员都是临床优秀的技术专家、业务骨干，而且存在每次受贿金额不大，累计起来却不少的“温水煮青蛙式”腐败。基层公立医院纪检部门发现问题后，对本单位的医务人员一般处理都会偏轻，有的甚至为了维护本单位的声誉，选择大事化小、小事化了，在侥幸心理驱使下，腐败就不断滋生。因此，要加强道德修养，严格党的纪律，坚持积极的精神追求，培育高尚的道德情操，养成良好的生活作风，模范遵守社会公德和家庭美德，树立良好的职业道德，以良好医德医风为引领，不断提高廉洁从政、廉洁从医的自觉性，构筑起“自己不愿为、别人击不破”的拒腐防变的思想道德防线，牢固树立“清白做人，干净干事”的廉洁文化理念。

（三）构建和谐医患关系的必然要求

医德医风建设是医院廉洁文化建设的重要组成部分，树立良好医德医风对于构建和谐医患关系有着重要意义，也是医务人员的职责要求。以持续深入推进廉洁文化建设为契机，坚持用优秀文化启智润心，加强新时代公立医院的文化建设，牢固树立良好职业道德，深化医德医风建设，构建和谐医患关系。

① 习近平总书记在党的十九大报告中提出要在“病有所医”上不断取得新进展，解决好人民群众的就医问题是民生领域的一项重点工程，也是构

---

① 温金明. 加强廉政文化建设 净化滋生腐败土壤［J］. 理论学习与探索，2014（5）：24-25.

建和谐社会的重要一环。在当前经济水平不断提高，新医改不断推进的背景下，人民对个人生命健康关注度也不断提高，对医院提供的医疗服务要求也提升到新高度。加强道德修养、提升道德境界，对每位党员干部来说都是必修课。医疗卫生行业与人民群众生活息息相关，直接面向社会、面对群众，是社会主义精神文明的重要窗口。公立医院肩负着人民健康重担，提升医疗服务，建立和谐医患关系，更是离不开树立良好的职业道德。医务人员在诊疗工作中，表现出来的职业道德风貌，直接影响到患者治疗的情绪状态。通过加强职业道德和法律法规教育，切实提升法律意识；强化责任和服务意识；通过廉洁文化耳濡目染，树立良好的行业风尚，医务人员不断增强自身使命感和责任感，形成严谨、认真、廉洁的工作作风，培养良好的职业习惯，提高医院凝聚力、吸引力、竞争力，达到医患和谐相处①。

② 文以载道，文以化人。习近平总书记强调，“党员、干部要不断提升人文素养和精神境界”“做到修身慎行”。医院文化是医院价值观念、道德观念、行为准则、行业作风等意识形态的总和。廉洁文化凸显一种信念，代表一种形象，是医院文化的重要组成部分。要弘扬“敬佑生命、救死扶伤、甘于奉献、大爱无疆”的医疗职业精神，以“廉洁从政、廉洁行医”为理念的医院廉洁文化在全院职工身上内化于心、外化于行，大力推进廉洁文化建设，厚培文化土壤，廉洁文化的深入开展，使职工廉政意识和自律性增强，服务意识进一步提高，服务质量稳步提升。廉洁文化潜移默化、沁入职工心田的过程正是医院文化深入人心的过程，先进的文化引领人，充分运用公立医院自身优秀文化启润心智，淬炼甘于奉献、为人民服务的高尚品格，通过引导职工把个人发展与医院发展相结合，正确处理社会与医院、医者与患者之间的关系，以高尚精神境界和实际行动提升公立医院的服务水平，构建和谐医患关系。

二、附属医院廉洁文化建设的实践

（一）切实加强党对廉洁文化建设的领导

中共中央办公厅印发的《关于加强公立医院党的建设工作的意见》明确加强了党对医院工作的全面领导，但是公立医院作为差额财政拨款单位，现

① 宋静，刘卫东，牛晓兵，等．我院采用多维度医患沟通方式的实践效果探讨［J］．中国医疗管理科学，2021，11（5）：62-65.

行体制机制使各级公立医院普遍把工作重心放在治病救人和创造经济效益上，“重业务、轻党建”的事实仍然存在。江苏大学附属医院高度重视医院党的建设工作，把加强廉洁文化建设作为一体推进不敢腐、不能腐、不想腐的基础性工程，为推进医院全面从严治党向纵深发展提供重要支撑，保障医院各项工作健康有序开展。

1. 切实履行政治责任

院党委按照中央、省委文件的规定及学校党委的要求，以习近平新时代中国特色社会主义思想为指导，坚决贯彻落实新时代党的卫生健康工作方针，把廉洁文化建设纳入党风廉政建设和反腐败工作布局进行谋划，切实承担起把方向、管大局、做决策、促改革、保落实的职责任务，以又严又实作风坚决扛牢抓实主体责任，培养干部职工树立正确的理想信念和价值观，让广大党员干部、医务人员在廉洁文化的熏陶和感染下，树立廉洁从政、廉洁行医的观念，促进形成良好的职业道德规范，使之自觉抵制腐败思想的侵蚀，树立良好的行业风尚，从而培育江苏大学附属医院清正廉洁的政治生态。

2. 党建引领廉洁文化建设

院党委注重加强对廉洁文化建设工作的统一领导，成立领导工作小组，由医院“一把手”担任组长，将廉洁文化建设纳入医院中心工作的整体规划，按期召开领导工作小组会议，提出并广泛讨论、深入研究医院廉洁文化建设存在的问题、整改措施，做到与业务工作同部署、同检查、同考核。医院各部门、科室按照工作安排，群策群力，发挥协同作用，制订切实可行的实施方案，加强相互之间的沟通交流，稳步协同推进医院廉洁文化建设。廉洁文化建设工作领导小组下设办公室，挂靠在纪委办公室，充分发挥纪检部门组织协调作用，形成党委统一领导、党政齐抓共管、纪委组织协调、部门各司其职的领导体制和工作机制，全院密切协作、相互支持，不断推动新时代廉洁文化建设深入开展。

3. 强化业务和党建并重

抓住公立医院基层党组织“重业务轻党建”“上热中温下冷”问题形成的重要源头，强化思想认识，提升医务人员的思想觉悟，在对医务人员明确临床、科研和教学等业务要求和考核标准的同时，进一步加强党建工作的考核。加强党建宣传力度，营造浓厚党建氛围，让临床科室、重点岗位的医务人员全面了解上级和医院的路线方针政策，透彻掌握精神内涵，指导并融入自己的日常工作。创新方式方法，利用新媒体平台大数据信息化手段，使每位医务人员发展临床业务、科研教学的同时，积极参与医院的各项党建工作。

（二）不断完善廉洁从业内控机制建设

作为公立医院，为了预防权力行使过程中不廉洁行为的出现，在权力行使过程中所涉及的领域，对可能存在的廉洁风险进行排查，确定廉洁风险点，构建责任清晰、权力明确、程序规范、有力有效、严谨及时的廉政风险防控体系，但防控体系的建立没有可参照的模式，且受各个公立医院自身条件的影响，仍然存在一定的漏洞。2019 年，学校内部控制建设领导小组指定附属医院等 4 家单位作为业务活动内部控制建设的试点单位。院党委以内控试点为契机，建立健全廉洁从业风险研判机制，做到动态监测、实时预警，促进内部治理水平不断提高。

1. 建立健全科学规范的廉洁文化制度

公立医院廉洁制度与廉洁文化是整体性的有机融合，一方面，制度化是规范廉洁文化建设最基本的途径，建立切实可行的廉洁文化制度，为廉洁文化建设工作顺利开展提供保障；另一方面，廉洁文化建设是一项系统工程，需要凭借科学系统的制度来实行。2021 年，院党委紧紧抓住“制度完善年”契机，修订印发《党委会会议和院长办公会议议事规则》《“三重一大”事项决策机制实施办法》《医德考评实施办法》等制度文件，建立健全具有医疗卫生行业特色的廉洁文化建设宣传教育制度，制定廉洁文化建设活动计划，落实廉洁文化建设监督考核机制，不断规范医院治理模式。

2. 组织开展廉政风险排查防控工作

针对当前医疗卫生行业在药品、医疗设备、耗材、检验检测试剂等“四大物品”采购使用、基建后勤、医保基金管理使用等易于滋生腐败案件的环节，建立排险情、排险点、排险种、排险象、控风险的“四排一控”排查机制，梳理工作流程，全面深入排查可能存在和发生不规范行为的环节，做到职权项目清楚、责权流程清晰、权力运行清透。对查找的问题实行分级分类管理，通过主动干预、关口前移、动态监管，及时发现制度上的漏洞、监管上的盲点，及时掌握、化解、控制廉政风险，逐步健全动态管理机制、风险预警机制、快速反应机制、内外监督机制、考核评价机制和责任追究机制，形成了一整套行之有效的廉政风险防控体系，不断促进廉政风险排查防控工作精准化精细化，推动形成靠制度管权、管事、管人的长效机制。

3. 逐步完善权力监督制约机制

积极探索对权力运行实施多方位、全流程智慧防范的方法路径，将信息技术运用到党风廉政建设监管全过程，建立合理用药监测系统、耗材 SPD 系统、医德医风考评系统、信访件管理系统等，对系统数据进行整理、挖掘、分析，输出预警信息，纪检部门根据预警信息及时开展提醒、整改跟进工作，把紧把实廉洁关口。健全完善监督执纪工作机制，规范工作流程，畅通信访举报渠道，严格规范工作程序，落实请示报告制度，依规依纪依法处置问题线索、开展审查调查、案件审理工作。保障纪检监督的相对独立性和权威性，提升纪检部门履职质量，对各类违规违纪违法案件发现一起、查处一起、通报曝光一起。

（三）着力推进廉洁文化建设融入日常

随着全面从严治党的不断深入，“三不”体制的一体推进，公立医院大多数党员干部和医务人员的思想觉悟都在不断提升，但仍有个别人存在侥幸心理，存在等待观望的思想，有的甚至顶风违纪。因此，附属医院大力开展“清廉附院”建设，将廉洁文化建设融入医院文化建设，凝练文化共识、打造文化载体、塑造文化品牌，培育医务人员的医学人文素养，厚植医学人文精神，进一步发挥廉洁文化建设在一体推进不敢腐、不能腐、不想腐中的重要功能，增强廉洁教育的感染力和实效性，夯实“廉洁行医”理念，构建和谐医患关系，弘扬尊医重卫的社会正能量。

1. 丰富廉洁文化建设的载体和方式

充分发挥大宣教的工作格局，运用好医院文化长廊、宣传专窗、院报，以及官方网站、微信等新媒体，发掘医院的历史文化底蕴、先进模范典型事例，凝练医院的廉洁文化精华，培育“厚德精术、仁佑健康”的院训，创新教育方式方法，注重运用现代信息技术，打造医院廉洁文化建设平台，用广大干部职工情感认同的方式加强宣传教育，如制作廉洁宣传电子阅读平台，运用医院新媒体资源开展廉洁漫画宣教，推荐阅读反腐倡廉书籍，印制廉洁行医口袋书以便职工随时观看。要求各级领导干部带头讲廉洁课，创建学习型党支部等形式，让广大干部职工感受到廉洁文化的新风。

2. 组织开展党性党风党纪教育

举办“庆祝建党 100 周年系列活动暨党史学习教育启动仪式”，开展“七个一”系列庆祝活动和“十百千万”系列献礼行动。制定党史学习教育工作方案，成立专题读书班，组织党员院领导录制“微党课”并推送全院党员学习，组织援非、援藏、援疆医疗队和在院党员开展“‘红心向党大爱无疆’四地同上一堂专题党课”活动。认真开展“我为群众办实事”实践活动“三清单”征集、整理、报送工作，加大助老便老等“办实事”项目的宣传推介。推动廉洁文化进诊室、进科室、进病区，分层次组织开展形式多样的廉洁教育，举办专题讲座、书画展览，组织开展知识竞赛，进一步丰富了廉洁文化内涵，不断提高党员干部和医务人员崇廉尚洁意识和拒腐防变能力。

3. 推进警示教育常态化长效化

充分发挥典型案例的警示教育作用，召开警示教育大会，观看警示教育片，通报典型案件，组织重点岗位负责人现场旁听案件庭审“零距离”接受警示教育，邀请专家开展党风廉政建设专题讲座，剖析当前违纪违法案件特别是医疗卫生领域职务犯罪案件的特点，把案件资源转化为教育资源，把案件处分决定作为身边的“活教材”，以案明纪以案释法，敲响党员干部内心的警钟。每逢重要节日节点，传达学习上级关于违反中央八项规定精神典型问题的通报，向全院职工发送廉洁提醒信息，召开重点领域关键环节廉洁警示教育会，多措并举做好节前廉洁预警，教育引导广大党员干部守底线，不碰高压线，切实增强警示教育质效。

三、附属医院廉洁文化建设的成效

近年来，附属医院运用现代管理理念，将廉洁文化建设与医院精细化管理结合，与医院发展同频共振，增强了职工风险防控意识和廉政意识，增强了相关职能管理部门的责任意识和主动意识，使得医院内部运行更加有序和透明，进一步提升廉洁文化建设效能，为医院提升服务质量提供了良好的环境。近年来，附属医院顺利通过国家电子病历五级评审；荣登“2021 届艾力彼医院竞争力—智慧医院 HIC 地级城市医院 50 强”排行榜第 21 位；2020 年度三级公立医院绩效考核获评 A 等级，位居全国前列，领跑全市三级公立医院。

（一）“三不”一体推进的体制机制逐步形成

1. 坚持“严”的主基调，强化“不敢腐”

“不敢腐”突出震慑、遏制，以严格执纪执法增强制度刚性约束，目的是从害怕被查处的“不敢”走向敬畏党和人民、敬畏党纪国法的“不敢”。

近年来，附属医院坚持无禁区、全覆盖、零容忍，始终保持惩治的高压态势。坚持有腐必反、有贪必肃、有案必查，构建形成长效机制，持续发力正风肃纪反腐，对群众反映强烈的突出问题，采取更加有力有效的措施加以整治。规范办理信访举报，坚持把纪律放在前面，实事求是运用“四种形态”，对发现的问题督促相关部门立行立改，始终保持正风反腐高压态势，充分发挥“不敢腐”震慑效应。

2. 织密监督网络，强化“不能腐”

“不能腐”突出制度、治理，着力健全党统一领导、全面覆盖、权威高效的监督体系，强化对权力运行的制约和监督。附属医院扎实开展专项监督，对专项领域持续整治，开展院内“三重一大”事项集体决策、业务科室重大事项集体决策、公务接待、“四大物品”采购、安全生产、欺诈骗取医保基金等专项督查，对发现的问题下发整改意见书，提醒约谈相关负责人。自新冠肺炎疫情发生以来，附属医院根据国家、省、市卫健委及学校、医院应对新冠肺炎疫情相关工作部署，将疫情防控督查作为首要政治任务，紧紧围绕“新冠肺炎患者不漏诊、医务人员零感染”的目标，制定《江苏大学附属医院应对新型冠状病毒感染的肺炎疫情工作督查方案》《关于新冠肺炎疫情防控期间违反工作纪律的处罚规定》，同时根据疫情形势及时调整督查方案，印发《江苏大学附属医院感染防控巡查整改制度》，组织全院中层干部及医务处、护理部、公共卫生处、感染管理处专业人员，深入基层一线，常态化开展疫情防控督查，落细落实疫情防控督查工作，确保上级决策部署到哪里，监督检查跟进到哪里，并形成工作日报。此外，附属医院协同推进联动监督，发挥职能部门作用，凝聚监督合力，制定《江苏大学附属医院党风廉政建设和行风建设工作联合督查制度》，联合相关职能部门，深入临床一线，对科室落实主体责任情况进行督查。

3. 坚持固本培元，强化“不想腐”

“不想腐”侧重教育和引导，依靠思想、党性、觉悟，把加强理想信念教育、培育现代文明人格、促进人的全面发展作为治理腐败的根本，让人从思想源头上消除贪腐之念。近年来，一是优化改版清廉附院网站，举办党风廉政建设专题讲座，启动“守初心担使命倡廉洁严纪律”廉政法治行风宣传教育月活动，组织开展“十个一”系列活动，营造崇廉尚洁的干事创业氛围。《医疗机构工作人员廉洁从业九项准则》出台后，通过院领导层面组织学习，科主任会议上专题宣讲，结合党风行风建设，联合查房工作，在院内进行重要制度宣讲，增强制度的知晓率、执行力。组织党史知识、法律法规，行风建设“九不准”知识测试，参与率达100%。开展重点领域及关键环节廉政警示教育会，召开节前廉政谈话会，在全院范围内通报医院发生案件的处理情况，用身边事教育身边人，做到警示教育常态化。

4. 加强理想信念教育，提升党员干部个人修养

强化“不想腐”，必须要注重思想政治教育，引导党员干部学懂习近平新时代中国特色社会主义思想，经常进行思想政治体检，拿党章党规“扫描”，同先辈先烈、先进典型“对照”，始终坚守共产党人崇高精神追求。做细做实同级同类干部警示教育，用身边事教育身边人。深入开展警示教育，用典型案例当头棒喝，让更多的干部受警醒、明底线、知敬畏。警示教育要取得实效，就不能搞“大水漫灌”，必须根据不同层级、不同领域、不同对象特点，充分用好查处的本地区本系统本单位典型案例通报、忏悔录等反面教材，推动以案示警、以案为戒、以案促改。

（二）以优质服务让患者共享“清廉医院”建设成果

1. 医者清，则患者乐

清廉医院建设关乎人民群众的切身利益，更是保障人民群众健康权益的迫切需要。近年来，附属医院对标人民群众对优质医疗健康服务的新期盼，打造“党风正、行风清、院风新、服务好”的“清廉附院”，坚持“以病人为中心”，将“患者满意不满意、患者认可不认可”作为“清廉附院”建设的试金石，抱着切实提升医疗服务质量的决心，狠抓医德医风和行风建设，通过多措并举，行业不正之风得到有效遏制，医务人员拒收“红包”、收到锦旗、表扬信数量逐年增加，廉洁从业意识进一步加强，风清气正的氛围逐步形成，群众对医疗卫生行业的信任度和满意度持续上升。

2. 切实压紧行风建设责任

附属医院充实行风工作队伍，落实行风例会制度，形成了党政齐抓共管、部门协调联动的工作合力。通过签订责任书，层层压实行风建设责任，部门科室签订《党风廉政建设和行风职业道德建设责任书》，明确行风建设责任，将党风廉政、行风工作与业务工作同部署、同落实、同考核，责任层层压实、压力层层传递，提升行风工作实效。开展行风建设专项行动，通过学习教育、自查自纠、整改总结三个阶段，查找问题和不足，制定整改措施。建立健全党风行风联合督查制度，加大行风考核问责力度，将科室满意度、行风投诉、“九项准则”行为等与绩效考核全面挂钩，对有明确线索的

群众反映、患者投诉、行风问题等，在查清问题的同时，实行追责问责机制，严格落实对责任人、责任部门负责人的处理，持续推进“清廉附院”建设行深致远。

3. 强化医德医风和职业道德教育，筑牢廉洁从医防线

为进一步提高廉洁自律意识，引导医院上下恪守医德，规范执业行为，构建拒腐防变的思想防线。在职工教育全覆盖的基础上，将规培生、进修生、实习生及后勤、外包人员列入学习教育的对象，组织学习贯彻《中华人民共和国民法典》《医疗机构工作人员廉洁从业九项准则》等法律法规，提高依法执业和自觉遵守法律法规的意识。通过细化医德考评内容，扩大考评范围，强化考评结果运用，将医德考评结果切实与晋职晋级、岗位聘用等挂钩，强化和激励医务人员廉洁行医。

4. 强监督，重服务，求实效

全面构建“1+N”监督网络，整合监督力量，共同开展监督，全方位、立体化地对医疗服务和行风建设工作进行“望闻问切”。推进“无红包医院”建设，通过《医患道德合约》约束“红包”行为。通过设立人防技防，多部门联动推进规范使用医保基金的专项检查和问题整改，严厉打击欺诈骗取医保基金行为。定期开展处方和耗材点评，严格执行药品、耗材和试剂的阳光采购政策。重服务，将院内满意度调查与第三方满意度调查工作相结合，梳理患者不满意的原因，重视第三方满意度结果的运用，将结果反馈给职能部门。参加镇江市政风行风热线，在线解答百姓关注的热点、难点问题，切实为百姓就医疏堵点、办实事、解难题。坚持患者投诉就是服务质量“晴雨表”，就是问题整治“风向标”，加大对投诉反馈问题的督办和研判力度。

医院廉洁文化建设是一项长期任务，只有努力把廉洁文化建设融入医院各项具体工作中，才能使廉洁文化真正“融入中心、服务大局”。站在新时代新起点，附属医院要坚持以习近平新时代中国特色社会主义思想引领理想信念，始终坚定反腐败斗争必胜的自信，深化“三不”机制再出发，寻找三者贯通的文化视角，做到统筹协调，在全院职工的共同努力和广大患者与群众的积极参与下，不断探索研究，努力打造“党风正、行风清、院风新、服务好”的“清廉附院”，更好地服务人民，营造风清气正的干事创业环境，推动医院事业高质量发展。

第二节　强化服务保障 提升后勤形象
——后勤集团廉洁文化建设

2013 年，习近平总书记在中共中央政治局第五次集体学习时强调，要积极借鉴我国历史上优秀廉政文化，不断提高拒腐防变和抵御风险能力。2019 年，习近平总书记在十九届中央纪委三次全会上强调，要继续推进全面从严治党，继续推进党风廉政建设和反腐败斗争。要深化标本兼治，夯实治本基础，一体推进不敢腐、不能腐、不想腐。2022 年 2 月，中共中央办公厅印发了《关于加强新时代廉洁文化建设的意见》（以下简称《意见》）①，强调反对腐败、建设廉洁政治，是我们党一贯坚持的鲜明政治立场，是党自我革命必须长期抓好的重大政治任务。全面从严治党，既要靠治标，猛药去疴，重典治乱；也要靠治本，正心修身，涵养文化，守住为政之本。必须站在勇于自我革命、保持党的先进性和纯洁性的高度，把加强廉洁文化建设作为一体推进不敢腐、不能腐、不想腐的基础性工程抓紧抓实抓好，为推进全面从严治党向纵深发展提供重要支撑。

服务育人作为高校"三全育人"体系的重要组成部分，在高校育人体系中发挥着重要作用。高校后勤管理与服务工作是学校工作的重要组成部分，是一个人力、财力、物力运行相对集中的部门，是保证学校教育教学科研秩序正常运转和推动学校高质量发展的重要保障。近年来，高校后勤领域腐败事件时有发生，成为廉政风险高发、多发区。为促进后勤事业高质量发展，营造风清气正廉洁氛围，开展廉政教育，夯实治本基础，一体推进"不想腐"的体系尤为重要。积极开展后勤廉洁文化阵地建设，有利于深化党风廉政建设，指引全体党员干部、职工群众明理、增信、崇德、力行，将廉洁文化建设与后勤事业发展和服务育人工作有机结合起来，真正做到学有所思、学有所悟、学有所成。

后勤廉洁文化是高校廉洁文化的重要组成部分，是后勤承担服务育人功能的重要载体，具有引领高校廉洁文化的重要功能，也是涵养良好的校园生态和营造风清气正良好氛围的重要保障。后勤廉洁文化的传承与创新可以为

---

① 中共中央办公厅印发《关于加强新时代廉洁文化建设的意见》［EB/OL］.（2022-2-24）［2022-2-24］. http：//www. news. cn/2022-02/24/c_ 1128413306. htm.

高校廉洁文化建设注入源源不断的精神动力。在后勤服务工作实践中，后勤廉洁文化建设在多元主体协同下取得了突出进展，但仍存在廉洁文化传承不足、全方位多层次服务育人格局尚未形成等问题。要在统筹高校后勤廉洁文化“点”与“面”的基础上，构建多维度的高校后勤廉洁文化体系，提升高校后勤服务育人的整体效能。

在具体实践中，后勤党员领导干部是高校后勤廉洁文化建设的实施主体，学生群体是后勤廉洁服务育人教育主要对象。需要充分运用廉洁文化建设的前沿理论，有针对性开展工作，从而实现针对不同群体的廉政廉洁教育工作目标。以江苏大学后勤纪委为例，江苏大学后勤纪委坚持标本兼治，注重在固本培元上下功夫，发挥清风润廉作用，提升党风廉政教育实效。一是推进警示教育从常态化全覆盖向分层分类、事前预警延伸，开展党支部常态化警示教育宣讲活动，将科级干部推荐警示教育典型案例纳入党支部组织生活必学内容；开展分层分类警示教育，组织修缮工程人员、食堂管理人员、采供管理人员、饮食物资供应商等分批次观看警示教育片。二是推进廉洁文化建设从可观可感向内涵建设延伸。开展“一中心一特色”廉洁文化活动，打造后勤行政楼廉洁文化走廊；对采供管理科、饮食服务中心、经营服务中心等重点岗位工作场所进行廉洁文化布置；学校公共绿地设置廉洁花语标牌；定制后勤特色廉政屏保；设置校园廉政文化车厢、公交站台廉洁标语；食堂开设“忆苦思甜饭”窗口；学生公寓廉洁文化板报、廉洁书法作品、流动廉洁文化展等氛围营造、特色建设；倡议开展食堂弘扬艰苦朴素作风、“忆苦思甜颂党恩”活动，推进廉洁文化建设融入清明节“蒸青团倡清廉”活动，开展茶廉文化活动，推进服务育人活动融入廉洁文化建设内容，推出微信公众号廉政文化宣传专题，推动基层党支部书记上廉政专题党课，开展基层党支部党风廉洁专题学习。

因此，从实践与理论两个方面加强高校后勤廉洁文化建设，扎实推进高校后勤廉洁文化建设，创新后勤廉洁文化内涵，需要在具体实践中充分汲取廉洁文化建设的前沿理论，有针对性地展开工作，发挥后勤在高校廉洁文化建设中的辐射与推动作用，从而真正实现党员领导干部廉政为民、职工群众廉洁从业、高校师生廉洁自律、校园风气廉洁润心。

一、在服务保障中凝聚可亲可敬廉洁文化元素

后勤是高校“服务育人”的牵头单位。后勤的工作目标就是围绕学校

中心工作，坚持以人为本，深化品质后勤建设，为全校师生提供热情、高效、安全、优质的服务。后勤廉洁文化建设既是对高校后勤服务体制和综合保障能力的一次“大考”，也是推动后勤工作内涵式发展、提升后勤服务育人成效的重要契机。后勤各部门以服务师生为中心，不断实现师生对美好校园生活的新愿景，聚焦后勤工作理念、工作机制、能力提升及廉洁文化建设，主动作为，不断推进后勤服务体系和保障能力现代化，让后勤员工可亲可敬的精神光彩展现在整个校园的方方面面。

（一）尽心——坚守服务初心，全面发力

高校后勤全体党支部、科室以习近平新时代中国特色社会主义思想为指导，在校纪委（监察专员办）和后勤党委的领导下，加强党风廉政建设，忠实履行职责，以系统观念深化全面从严治党，推进“四个体系”建设，围绕“六大后勤”新发展目标发挥监督保障执行、促进完善发展作用，一体推进不敢腐、不能腐、不想腐，持续做好暖心服务，加强精细化管理，团结一心，奋勇争先，实干担当，以高标准的后勤保障促进学校事业的高质量发展。

笃行不怠守初心，义无反顾担使命。后勤员工作为校园服务保障的主力军，任务艰巨，责任重大；作为与师生日常生活密切联系的关键人员，影响着师生的校园学习与生活体验，作用关键。后勤部门坚持以制度建设为抓手，进行系统性、全局性的前沿思考、前瞻布局，确保后勤系统科学规范，并将静态的制度与动态的治理有机结合，建立常态化工作机制，综合提升后勤部门工作能力。

为了坚守后勤人的责任与担当，高校后勤服务工作始终坚持：

1. 不忘初心使命，勇于担当

要深刻认识做好自身岗位的重要性和紧迫性，坚决维护大局、服从大局，听从指挥、服从安排。以高度的政治自觉和使命感，舍小家顾大家、舍小我为大我，坚守岗位，全力筑牢安全校园的“铜墙铁壁”，确保校园生活有序进行，确保师生安全，提升满意度。

2. 科学高效工作，积极主动配合

全体后勤人员要在学校的正确领导下，以全心全意为师生服务为宗旨，主动创造性地工作，落实好各部门责任制度与岗位目标，强化精品意识，不断提高服务意识和业务素质，能胜任自己的本职工作，各自分管的工作能使师生满意。工作中互相学习、通力协作，做到服务育人、管理育人，具有良好的职业道德和形象，为学校发展尽心尽力、尽职尽责。

3. 严守纪律规矩，涵养勤廉双优优良作风

从通报典型案例中汲取教训，以案为鉴，深刻认识加强作风建设的重要性和紧迫性，自觉筑牢勤政廉政防线，时刻绷紧勤政廉政之弦，以扎实的作风建设助力后勤事业发展。

4. 落实育人职责，暖心服务

要牢记服务育人使命，落实服务育人职责。进一步关心关爱学校师生，主动了解师生诉求，开展有温度的系列暖心服务活动，让师生切实感受到家园的温暖。党员管理骨干更要积极投身基层工作，发挥先锋旗帜作用，带领全体员工努力克服各种困难，并通过寓教育于服务，引导学生积极参与后勤劳动，坚持把劳动教育纳入日常工作，作为践行服务育人的具体行动。

此外，后勤部门积极顺应信息化发展大趋势，充分利用“互联网+”和大数据等手段，推动智慧后勤平台建设。加快推进智慧后勤建设整体规划，不断完善后勤信息化平台，形成一站式、菜单式、互动式、引导式后勤管理服务模式。加强后勤信息资源共享，加强线上服务，提升师生服务便捷性与满意度。优化整合饮食系统现有平台，丰富后勤手机端信息发布功能，优化手机移动端报修平台，拓展线上服务项目。以数据为中心，进一步对各类应用系统进行优化升级，充分发挥信息化在后勤服务中的作用，让管理更加精准，服务更加精细、便捷，打通服务“最后一公里”，促进后勤保障尽心尽力。

通过将“互联网+”和大数据渗透进机关后勤的日常工作，可以有效实现后勤工作的数据化、动态化。通过信息化改造使日常工作做到事前申请，事中跟进，事后评价，使绩效清晰地展现在各级领导面前，为后勤工作激励体制奠定深厚基础。建设智慧后勤是进一步提高管理保障服务效能的内在要求，以线下工作为基础，再造线上工作空间，创新管理手段创新，具有全程留痕、刚性执行、动态监管等优势，真正推动后勤服务全面发力。

（二）暖心——发扬后勤精神，全心服务

后勤部门坚持以人为本，积极对校园硬件设施进行升级改造，后勤管理处、后勤集团处级干部全部下沉一线，各单位负责同志在严格执行各项规章制度的基础上，自我加压、主动作为，牢牢铭记后勤人的责任与义务，尽最大努力满足师生的校园生活需求。

坚持师生为本，以方便、快捷、安全、满意为标准，积极构建校园公共

服务体系，着力改善师生员工工作、学习和生活条件，大力提升公共服务水平。全面推进学校高质量发展电力服务保障工作。做好部分地下供水管网及设施改造，提高供水安全和质量。进一步开展洗浴热水进公寓试点、推进空调进教室等民生工程，为师生提供整洁、舒适的服务环境。全力推动学校附属幼儿园工作提质增效，为青年教职工子女入园提供条件保障。在学生宿舍区增设晾晒场、停车场。试行为教职工提供蔬菜等便民物业服务，为教职工全力做好教学科研提供生活便利，强化民生服务保障。

为确保师生饮食健康安全、学校食堂安全供应，后勤纪委部门会严格对食品安全和营养健康进行督查，着力改善师生膳食结构。在内部管理上，饮食部门严格管理标准，对食品原材料验质、生鲜类检测、入库、烹饪、留样、配餐或堂食、就餐环境消杀、餐具消毒等关键控制点采取闭环式管理，建立饮食物资采供管理信息系统，饮食物资的申购、采购、验收、入库、出库等环节的控制和管理一律采用信息系统处理，确保饮食服务保障安全。后勤部门进一步满足师生日常所需，积极发挥后勤服务立德树人的作用，通过吃、住、洗、购等外在措施的引导，让学生逐步养成文明健康的生活习惯。

（三）爱心——彰显品德风范，全员育人

后勤部门严格落实职工岗前培训制度，进一步提高职工的服务意识、责任意识、安全意识，严把“入口关”。组织开展了多种形式的后勤工作知识培训及线上知识竞赛活动，让职工掌握必备的知识，进一步提升工作能力与效率，抓好“能力关”。为切实做好学校师生饮食、住宿等工作，后勤保障部门在学生宿舍、食堂等多次开展督查，持续细化完善工作日程，通过反复探讨、总结经验，不断提高服务效率，落实到位。每一项工作背后都浸染着后勤人的浓浓爱心。

在后勤持续推进廉洁文化建设的大考中，后勤职工的综合素质和服务能力得到稳步提升，后勤职工以“廉洁、担当、服务、奉献”的后勤精神为指引，以广大师生为中心，能吃苦、能战斗的后勤奉献精神让后勤工作光彩夺目。

后勤部门的党员干部、员工群众坚守岗位，领导班子靠前指挥、亲力亲为、以上率下，始终坚定地站在后勤服务保障的一线，为广大职工做出了表率；职工群众始终坚守在后勤岗位上，以严格、周密、有效的岗位措施，为高校建设贡献后勤力量，展现出了后勤职工服务保障中求是担当、朴实坚韧、默默无闻、乐于奉献的后勤精神，他们无私奉献，在平凡的岗位上干出了不平凡的业绩!

二、在服务场景中营造可观可感廉洁育人氛围

后勤部分的工作在学校的分布极为广泛，处处是工作，在后勤相关领域进行廉洁文化建设，如氛围营造、廉政教育等，对于后勤党员领导干部、教职员工能够起到潜移默化的作用。当前，许多高校加强了对学生的全员、全程、全方位育人工作，后勤部门作为服务育人的牵头单位，能够对学校廉洁育人工作起到极大的促进作用。后勤纪检将监督执纪工作与廉洁文化建设结合起来，有利于后勤廉洁环境的形成。

高校后勤以提升大学生人文素养、职业道德、生活技能、审美观念等为抓手，全面加强自身能力建设、作风建设、制度建设，扭住后勤治理的关键和根本，深入推进后勤治理体系、运行机制的改革与完善，不断满足师生对校园美好生活的新期待。坚持目标管理和过程管理相结合，强化实施保障，提升育人质量，推动服务育人水平迈上新台阶。

（一）融“廉”入景，将廉洁理念融入后勤工作的各个层面

廉洁文化建设不仅在“当下”发生作用，更对“未来”产生潜移默化的作用。做好这项工作，应牢固树立“一盘棋”思想，让主体责任与监督责任同向发力，坚持党委统一领导，纪委组织协调，有关单位齐抓共管、各展所长，形成发挥整体合力的工作机制。

后勤部门加大廉洁文化建设力度，将廉政的独特性与后勤工作巧妙结合，深入实施后勤文化氛围营造工程，将文化育人与服务工作相融合。利用文化建设的形式、载体、阵地等资源，打造“走廊文化”“立柱文化”，赋予楼宇建筑、校园景观等新的文化内涵。在食堂打造健康饮食、文明就餐、勤俭节约等相关主题的宣传标语。搭建廉洁文化园、创造红色廉政文化长廊、打造廉洁书画墙等各种实景平台，将廉洁文化融入师生日常学习生活环境中，使师生时刻浸染在廉洁校园的文化氛围中，深切体验廉洁校园的魅力，更好地发挥文化润物细无声的陶冶与监督功能，从而有效地警醒党员干部要带头坚守廉洁自律的底线，抵制腐化堕落；教化师生弘扬清正廉洁优良传统，积极动员学生组织共同参与校园廉洁文化建设，推动廉洁文化建设守正创新、蓬勃发展。

开展“一中心一特色”廉洁文化建设。以江苏大学后勤为例，宿舍管

理部门开展廉政教育进社区，打造社区廉洁文化长廊；饮食部门开展“拒绝舌尖上的腐败”廉政教育活动，面向师生倡导光盘行动，面向食堂职工加强廉政教育；后勤与其他单位合作开展党团工群共建廉洁文化活动，与服务单位共同打造廉洁文化育人氛围；运输部门开展“开门纳廉 关门拒腐”活动，推进廉洁文化进车厢；修缮部门开展“廉以养德，修‘缮’其行”廉政活动，加强工程项目管理内控机制教育培训，营造全员“可参可观”的修缮改造廉政风险防控氛围；绿卫部门开展“绿意送清风 花语沁廉心”主题廉政活动，布置校园绿地廉政标语，开展廉政课堂；经营部门开展廉政讲堂，营造廉洁企业文化。

（二）融“廉”于教，将廉洁思想融入党员职工的灵魂深处

加强后勤廉洁学习教育，全面落实“第一议题”学习制度、党委理论中心组学习制度、党支部组织生活安排、教职工政治理论学习制度，结合后勤实际，利用晨会、工作例会等形式深入开展各类学习培训，持续巩固深化“不忘初心、牢记使命”主题教育成果，不断增强“四个意识”，坚定“四个自信”，做到“两个维护”，自觉在思想上、政治上、行动上同上级组织保持高度一致，推动习近平新时代中国特色社会主义思想和习近平总书记重要批示精神入脑入心、践行见效。主要在以下几个方面加强工作：

1. 组织“七个充分利用”廉政教育

一是充分利用专题讲座，党委书记主讲党风廉政建设主题教育讲座；二是充分利用党支部专题学习，将廉政教育纳入党员干部学习教育计划，开展读书思廉活动；三是充分利用领导干部廉政谈话，筑牢廉洁自律思想防线；四是充分利用后勤服务平台资源优势，将崇廉尚洁教育纳入师德师风建设、大学生思政教育等工作；五是充分利用在线考试，组织党员参与党章党规党纪知识测试；六是充分利用家庭助廉，引导领导干部带头树立良好家风；七是充分利用后勤岗位实践优势，积极开展反腐倡廉理论研究。

2. 扎实开展廉洁文化学习

后勤部门采取“线上+线下”相结合的学习方式，营造“三类载体”廉洁文化环境：一是建立完善清风后勤网站，积极发布廉政制度、廉政活动、廉政新闻等，宣传推送关于廉洁文化建设和廉洁教育的工作信息。充分利用宣传橱窗、微信等载体进行廉洁教育，营造崇尚廉洁、抵制腐败的良好舆论环境；二是通过“学习强国”APP、主题党日活动、党史学讲活动、警示教育大会等途径，组织党员干部学习党章党规党纪、观看警示教育片等，让党

员干部在潜移默化中受到警示，得到教育，增强责任意识，从而切实做到党风党纪应知尽知、内化于心、外化于行，更好地规范各项工作；三是发挥环境示廉作用，在办公楼、招投标场所等较为显眼的位置设置廉政宣传栏和警示标语。利用电子屏、宣传横幅、屏保、工作牌、展板等形式开展廉政宣传，加强对广大干部职工的影响，使其时刻保持廉洁意识。

3. 发挥示范引领，营造浓厚育人氛围

后勤部门经常开展选树典型活动，发挥榜样力量。进一步发挥后勤事务学生助理团主人翁精神，让学生参与后勤管理服务与监督，成为后勤的“管家人”。开设后勤课堂，结合工作实际，发挥后勤优势，组织榜样引领学生到后勤各服务部门开展“弘扬劳动美德、共建美丽校园”等体验活动，进一步丰富体验式育人、课堂式育人内容，教育引导学生热爱劳动，提升劳动能力。将后勤课堂打造成学生教育成长的“第二课堂”。

（三）融“廉”于育，将廉洁文化融入全校师生的教育教学

高校后勤积极响应“三全育人”“五育并举”等新时代育人模式，充分发挥后勤保障系统自身优势，将后勤日常保障工作与校园师生学习生活密切联系，以校园内外生活场景为阵地，不断挖掘育人元素，坚持把劳动教育、廉洁文化教育纳入日常，深挖服务育人潜力，丰富服务育人内涵。教育引导学生辛勤劳动、诚实劳动、创造性劳动，从而更好地做到“理解生活、懂得生活、热爱生活、创造生活”，努力实现价值引领、知识传授、能力培养的有机统一，为大学生“思政”教育助力。

① 加强组织领导，深化育人体系建设。紧紧围绕落实“立德树人”根本任务，建立健全服务育人工作长效机制，加快构建服务育人常态化、长效化工作机制。着力加强后勤育人工作过程监督和结果考核，加大经验宣传力度，不断提升育人影响力。进一步实施“后勤—学工”共建工程，完善社会实践、志愿服务、劳动体验平台。坚持以学生为中心，秉承“以人为本，服务学生个性化发展”的工作理念，持续推进改革创新，不断完善服务育人体系机制。

② 总结典型经验，形成特色育人亮点。继续推进“服务进社区”“亲情驿站”“暖心服务”“温馨服务站”等育人活动，提升学生归属感和幸福感。以学校文化活动为载体，力求以学生喜闻乐见的形式，持续开展“唱响新‘食’代育人新篇章”服务育人系列活动，强化服务育人实效。将“传统文化体验日”“恒昌讲堂”“寓人大讲堂”等品牌活动延续下去，实现服务育

人常态化。依托廉洁文化阵地，以廉促教、寓教于乐为基础，后勤部门整合资源、优化载体，持续开展了形式多样、富有实效的廉洁文化活动，持续提升了“清风后勤”品牌的影响力。

③ 让学生在潜移默化中接受教育，倡导安全、舒适的校园生活理念，营造文明和谐的校园生活环境。后勤部门以立德树人为根本任务，充分发挥廉洁文化的重要作用，以“三个融入”不断加大廉洁文化建设力度，发挥了廉洁文化的教育和警示的作用，营造了可观可感廉洁育人氛围，增强了廉洁文化的影响力和渗透力，锲而不舍营造风清气正的良好校园生态，为高校各项事业发展保驾护航。

④ 以文育人，以廉正心。后勤在服务保障中坚定廉洁文化阵地建设，其本质在于构建高校实施立德树人的主渠道，丰富学校育人的载体，做到时时立德、处处立德，全方面渗透廉洁文化道德教育，做好“服务育人”。充分发挥自身的文化资源、要素功能，通过有效地协调、配合与共享，开展各项廉洁文化主题活动，运用各种新媒体传播廉洁文化，丰富廉洁文化产品和服务，拓展廉洁文化资源，积极践行“三全育人”，做实“文化育人”。厚植廉洁奉公文化基础，用革命文化淬炼高尚品格，用中华优秀传统文化涵养克己奉公、清廉自守的精神境界，做到“奉献育人”。在后勤工作中做实做细育人者先自育，做细“自我教育”。加强后勤员工廉洁道德品质培养，推动后勤人的自我教育意识，把立德树人作为全校的责任，高校的教育力。

总之，后勤集体真正将“三全育人”融入日常工作的方方面面，踏踏实实做事，清清白白做人，勤勤恳恳育人。进入新时代，高校要以立德树人为根本任务，坚持社会主义办学方向，帮助学生树立正确的人生目标和方向，离不开，也不能离开后勤日常工作的支持与助力。同心同力才能帮助学生形成良好的政治道德素质，树立廉洁自律意识，真正成长为德才兼备、全面发展、担当民族复兴大任的时代新人。

三、在服务发展中构建可评可测廉洁文化机制

廉洁文化评测，指通过一系列科学有效的方法与工具对职工的基本廉洁文化素质及其活动成效进行测量和评定的活动，它在提高廉洁文化建设效果中具有重要意义。后勤工作积极探索了“四评”（“职工互评”“组织考评”“学习测评”“综合竞评”）这一有效机制，激励党员领导干部、职工群众

不断深化对党纪法规、部门规章及廉洁文化的学习，强化敬业、乐业、守业的思想意识与行动自觉，从而让廉洁奉公观念更好地入脑入心。

（一）进行“四测”活动，让纪律规矩意识更加入脑

定期开展廉洁知识评测活动，巩固学习的效果。测试内容涉及《中国共产党章程》《中国共产党纪律处分条例》《中国共产党廉洁自律准则》《关于加强新时代廉洁文化建设的意见》等内容，测试形式丰富，包括填空、单项选择题、简答题等。各部门在测试过程中组织人员错位落座，考试人员答题规范，考场秩序井然。在测试结束后，对差错率较高的知识点有针对性地加强了学习，查漏补缺。重点开展以下四测活动①：

定期测。面向全体党员干部坚持定期组织一次“党史党章文化测试”，推进党史学习常学常新，积极贯彻学史明理、学史增信、学史崇德、学史力行的精神内涵，深刻认识和把握党史党章的重要意义，总结经验，应用现实。

任前测。每名干部任职前，既要从质的方面进行定性分析，也要从量的要求上加以把握。除接受任前廉洁谈话外，还要参加“廉洁从政任前测”，进一步加强后勤领导干部廉洁自律作风，打造一支全面建强的廉洁干部队伍。

入党测。入党测评是严把共产党党员队伍建设的重要关口。对经党支部讨论通过拟接收为预备党员的同志，要进行以廉洁自律为核心原则、以党纪党规为内容抓手的“入党廉洁前测”，从而更好地充实党员队伍的廉洁文化建设。

入职测。对于新入职的职员，开展一系列职工遵纪守规、廉洁从业的宣讲会、思想座谈会等，在正式任职前进行“部门规章岗前测”，浇灌好思想的种子，牢固树立规则意识，努力抓早抓全，打好崇廉拒腐的预防针。

（二）开展四评建设，让廉洁文化氛围更加浓郁

后勤部门坚持以“四评”为抓手，筑牢清正廉洁的“铜墙铁壁”。所谓“四评”，包括“职工互评”“组织考评”“学习测评”“综合竞评”，层层评测，多方位考察，真正形成了覆盖党员干部、职工群众职业发展全过程的科学评价体系。在积极建设廉洁文化阵地的关键时期，借用测评这项工具，可评可测，强化后勤服务保障功能，有目标、有路径、有考核，可以了解职工

① 孙向青，黎丹.“五字法”推进廉洁文化建设［J］. 企业文明，2022（1）：74-75.

的思想素质、职业能力，从而做到人尽其才、因事择人。

（三）加强综合考核，让党建融合业务更加有力

此外，后勤部门还开展综合目标考核工作，对党建与业务同考核。这是对后勤服务部门综合治理能力的一次“大考”，也是推进后勤工作内涵式发展、提升后勤综合服务能力的重要契机。评测聚焦后勤各支部服务理念、规章制度、创新方法及能力建设，以廉洁文化建设为主线，发扬“廉洁、担当、服务、奉献”的后勤精神。重在评价考核各支部工作实效、服务质量、支持能力，同时，突出对部门职工的职业道德评价，从而不断增强各支部、各职工的荣誉获得感。

为了加强“组织考评”的信度、效度、权威度，后勤纪委干部在与时俱进学习党的最新理论成果的同时，多措并举畅通信访举报渠道，持续推进监督职责落实落细，利用“线上+线下”方式梳理分析，着重监督在维护人民群众利益上不担当、不作为及形式主义、官僚主义等问题，坚持做到对巡视问题整改落地见效进行全程监督，对解决高校师生“急难愁盼”问题进行实时监督；时刻保持“赶考”的清醒，持续推动后勤部门全面从严治党、党风廉政建设和廉洁文化建设向纵深发展。真正做到让职工绷紧廉洁从业这根弦再上岗。

后勤纪委通过“四评”，聚焦主责主业，持续推进监督职责落实落细。强化日常监督，把监督触角向细微处延伸。建立“后勤纪委自我学习+考核监督”“职员互评+职能科室竞评”的协同监督方式，上下联动，齐抓共管，形成监督合力，有利于落实“发现问题—提出建议—推动整改”的监督闭环。一名预备党员深有感触地说：“基于‘四评’，我们时刻都在学习、强化自身的纪法意识、廉洁思维、党政素养，以更高的标准、更严的纪律忠实履行职责，严守‘底线’和‘红线’，这种以评促学、以考促廉的做法很好。”

高校后勤人员与师生的生活、学习有着密不可分的关联。后勤工作人员既是服务者，也是教育者。他们的思想品德、工作素养、责任担当等对于高校学生为人、为学有着深刻的影响，能起到润物细无声的作用。

“观乎人文，以化成天下”廉洁文化对党员干部思想浸润、社会风气塑造具有固本培元的重要作用，后勤部门顺应“时”和“势”的变化，通过推进创新载体、教育引导、文化宣传等工作，不断深化廉洁文化的教育力、感召力，着力涵养清正廉明的良好政治生态。

新时代，后勤服务保障中将持续加强廉洁文化建设：

① 做到载体创新，联合学校、社区、家庭等社会力量共同发力，开展了一系列主题鲜明、形式多样的教育实践活动，激浊扬清、扶正祛邪，正风敦俗、固本培元，廉洁意识逐渐融入社会各个层面。

② 抓紧教育引导，将廉洁思想融入党员灵魂深处，强化“不敢腐”的震慑，保持对纪法的敬畏之心，形成知耻、知畏、知止的行动自觉；扎紧“不能腐”的笼子，让制度和文化的监督约束功能相得益彰；增强“不想腐”的自觉，充分发挥文化的教育、自律、育人功能，筑牢拒腐防变的思想防线。

③ 用好宣传阵地，将廉洁理念融入日常生活。党风廉政建设宣传工作是全党宣传工作的重要组成部分。随着全面从严治党工作向纵深推进，党风廉政建设和反腐败斗争长期备受人民群众关注，我们必须借助媒体的力量，通过更多贴近实际、贴近群众、贴近生活的传播形式，努力在全社会播撒廉洁的种子，融入党员干部生活日常，让廉洁理念在他们心里生根发芽。

后勤纪委作为党内监督的一把“利刃”，工作成效直接关系着人民群众的切身利益，因此，要始终铭记理想和信念，勇于自我革命。把钢铁般的党规党纪融入纪检监察工作的全过程，保持忠诚、干净、有担当的政治本色，当好党和人民的卫士。

后勤纪委坚定落实“打铁必修自身硬”的行动要求，带头旗帜鲜明讲政治。加强后勤纪检干部队伍廉洁文化建设，让监督工作向基层延伸，增强监督检查的力量。召开后勤纪检学习工作月度例会，部署推动工作，切实保证后勤纪检干部知责于心、担责于身、履责于行。落实工作研讨学习，推出理论专题学习、法学知识研讨、专项业务习操、综合实践拓展等不同主题活动，提升纪检业务能力，强化纪法意识、纪法思维、纪法素养，教育引导后勤专兼职纪检干部以更高的标准、更严的纪律忠实履行职责。

近年来，江苏大学后勤纪委在校纪委（监察专员办）和后勤党委的领导下，将使命融入岗位，忠实履行职责，坚持稳中求进工作总基调，以系统观念深化全面从严治党，健全“协助体系、监督体系、教育体系、队伍体系”，围绕一流后勤建设发挥监督保障执行、促进完善发展作用，深化廉洁后勤建设。

第三节　廉风徐来润京江——京江学院廉洁文化建设

党的十九大指出："文化是一个国家，一个民族的灵魂。文化兴国运兴，文化强民族强。没有高度的文化自信，没有文化的繁荣兴盛，就没有中华民族的伟大复兴。"① 高校独立学院作为国家培养应用型人才的重要组成部分，依托母体、立足当地、面向全国、服务经济，应当设立一流的办学思想，追求卓越的办学理念，探索新的人才培养模式，充分发挥、优化组合"公有"优势和"民办"活力，培养基础理论扎实、专业知识结构优化、实践能力突出，德、智、体、美、劳全面发展，具备良好职业道德、社会责任心和创新精神的高素质应用型人才，更应在人才培养过程中重视校园文化建设，特别是营造好学校风清气正的廉洁文化氛围。

一、破解独立学院廉洁文化建设难题

（一）独立学院廉洁文化建设的现实意义

1. 坚持立德树人的重要抓手

清正廉洁是中华民族的传统美德，是共产党人应有的政治品格和道德操守。高校要引导青年学子明大德、守公德、严私德，必须大力弘扬廉洁文化，培养学子清廉自守的正气、一心为民的志气。高校学生处在世界观、人生观、价值观成型的关键时期，学生在大学期间的见闻，对其品格塑造往往有着"临门一脚"的关键作用。高校政治生态在很大程度上影响着学生对社会的认识与理解，一个在校园中通过耳濡目染、对各种"潜规则"习以为常的学生，不可能树立正确的"三观"。抓好高校政治生态建设，塑造高校廉洁文化，才能将青年学子牢牢地团结在党的周围，促使他们真心认同党的理论、拥护党的领导，做社会主义核心价值观的坚定信仰者、积极传播者、模范践行者。

2. 师德师风建设的前提保障

教师是人类灵魂的工程师，但教师不是天生就具有高尚品德，也不可能

① 习近平．决胜全面建成小康社会 夺取新时代中国特色社会主义伟大胜利：在中国共产党第十九次全国代表大会上的报告［EB/OL］．（2017-10-27）［2022-04-03］．http：//www．gov．cn/zhuanti/2017-10/27/content_ 5234876．htm．

天然崇廉拒腐。师德师风建设永远在路上，近些年，教育部发布《高等学校教师职业道德规范》《关于建立健全高校师德建设长效机制的意见》《新时代高校教师职业行为十项准则》等文件，目的是进一步规范高校教师履职履责行为，落实立德树人根本任务，弘扬新时代高校教师道德风尚，努力建设有理想信念、有道德情操、有扎实学识、有仁爱之心的高校教师队伍。加强校园廉洁文化建设，可以提高教师反腐意识、廉洁自律意识，促使广大教师摒弃拜金主义、个人主义，抵御金钱、名利诱惑，自觉提高思想道德水平和职业操守，在风清气正的校园氛围中潜心教书育人①。

3. 构建和谐校园的关键举措

进入社会主义新时代，国家加大反腐倡廉力度，大力推动廉洁文化进家庭、社区、学校。廉洁文化不仅对国家、社会、家庭的发展至关重要，还是校园文化必不可少的部分。推进高校校园廉洁文化建设是关系高校改革发展和学生健康成长的一项基础性工作。新时代高校不仅要在学术领域取得成就，还需要有和谐干净的校园风气。高校开展廉洁文化建设，将有针对性地引导教师、学生的道德行为、价值取向。只有消除在“利”上的不合理要求和过分追求，师师之间、师生之间、生生之间的矛盾才会大幅减少，和谐才会成为校园的主流。在高校中开展廉洁主题的教育，将增进师生对廉洁文化的认同，廉洁文化中的清廉自律、拒腐防变等理念也将有效增进师生的道德修养。这不仅有利于推进高校教学科研工作，还可以很好地约束学生的言行，帮助他们树立正确的道德观，为其全面发展创造条件。②

4. 提升管理效能的必然选择

党的纪律是党的各级组织和全体党员必须遵守的行为规则，党组织必须严格执行和维护党的纪律，共产党员必须自觉接受党的纪律的约束。廉洁纪律是党组织和党员在从事公务活动或者其他与行使职权有关活动中应当遵守的廉洁用权的行为规则，是干部清正、政治清明的重要保障。独立学院的廉洁文化教育应以党员干部为重点，下沉至学院各二级单位及广大师生，形成上下联动的反腐倡廉工作的良性互动。打造廉洁文化建设有益氛围，有助于独立学院党委和行政部门进行顶层设计和分配制度的优化完善，以推动学院

① 王刚．全面从严治党背景下高职院校廉洁文化建设若干思考［J］．海外文摘，2021（22）：59-61．

② 李景瞳，聂华．新时代高校廉洁文化建设中的问题与对策［J］．黑河学刊，2021（5）：30-36．

治理能力的提升和治理体系的建设，更好地促进独立学院的发展①。

5. 党风廉政建设的内在要求

大力推进独立学院廉洁文化建设，有助于全体教职工不断提高自身政治素养，始终用党的政治理论武装头脑，增强“四个意识”，坚定“四个自信”，做到“两个维护”，带头践行党的纪律要求，廉洁奉公，工作上履职尽责，作风上严格自律。此外，还有助于加强作风建设，纠治形式主义、官僚主义等“四风”问题，增强教师实干担当能力，为教学、科研、管理服务基层一线补齐短板，激励广大师生担当作为、诚实守信。

（二）独立学院廉洁文化建设困境

独立学院廉洁文化建设，离不开师生员工的积极参与，其中教师以教书育人、学术研究为主要职能，形成廉洁从教文化，与学生廉洁修身文化、管理人员廉洁从政文化互相渗透、相互影响、相互支撑②。但在廉洁文化具体建设过程中（以江苏大学京江学院为例），仍存在思想重视不够、体制机制不全、廉洁氛围不浓等问题。

1. 思想重视不够

学院师生对廉洁文化重视程度较低，未形成理论性、系统性、长效性认知，在日常学习、工作、生活中仍保持着传统思维，认为廉政工作是属于学院纪委或领导干部的事，“事不关己高高挂起”，学习廉洁文化知识方面主动性较低。另外，学院本科教学课程建设缺少廉洁文化相关内容，学生在课堂上汲取廉洁文化相关知识途径短缺，教师对于传播廉洁文化的重视程度不够，未发挥关键引导性作用。

2. 体制机制不全

学院廉洁文化建设机制不健全、制度不完善。独立学院廉洁文化建设是一个复杂的、艰巨的任务，必须有相应的制度来保障廉洁文化建设。然而从目前来看，学院廉洁文化建设未形成多方发力、共同促进的局面。另外，学院廉洁文化建设未形成长效机制，相关廉洁主题活动开展较少，缺乏特色亮点。

---

① 王波．新时代高职院校廉洁文化建设探析［J］．湖南工业职业技术学院学报，2021，21（3）：101-105.

② 王波．新时代高职院校廉洁文化建设探析［J］．湖南工业职业技术学院学报，2021，21（3）：101-105.

3. 廉洁氛围不浓

学院更加注重学生应用技能的培养，人才培养“唯就业”论，校园文化建设重视不够，制约了廉洁文化建设。然而大学正是青少年成长扣好人生第一粒扣子的关键时期，树立正确的三观，养成爱国敬业、诚实守信的道德情操离不开风清气正的校园环境熏陶，忽视对校园廉洁文化氛围的培养，容易使大学生价值观念扭曲、责任信念缺失。

二、独立学院廉洁文化建设的理论建构与对策思考

（一）筑牢廉洁文化建设的思想根基

1. 以廉洁文化涵养党风

习近平总书记强调，要坚持教育者先受教育，让教师更好担当起学生健康成长指导者和引路人的责任。① 其身正，不令而行；其身不正，虽令不从。教师队伍的纯洁性决定了育人成效；学院行政、教学、后勤等系统的廉洁高效，也决定着学院对育人工作的支持保障水平与精细程度。塑造清朗廉明的京江校园文化，有利于最大限度地调动整合资源，为立德树人工作提供全面支持。可以说，学院能否坚持党的领导、能否做到风清气正，不仅关乎学院本身的发展，更直接影响着立德树人成效，影响着广大青年学子能否成为社会主义的合格建设者和可靠接班人。

2. 以廉洁文化涵养教风

教师思想政治状况具有很强的示范性，其言行举止、行为风范是学生最直接、最生动的“活教材”。高校深化从严治校是否有力，要看教师队伍的精神风貌是否昂扬向上；校园是否风清气正，最直观表现就是教师能否做到为人师表。要充分发挥一线教师表率示范作用，做好学生健康成长的指导者和引路人。一线教师应以身作则、率先垂范，自觉提高道德修养和思想政治素质，确保始终以正确理想信念和良好职业道德担负起教书育人重任。同时，学院各级党组织要将巡视巡察发现的问题作为整改的方向和着力点，严肃查处教师侵害学生利益的问题，为学院健康发展、学生健康成长保驾护航。

3. 以廉洁文化涵养政风

强化管理队伍廉洁从政的思想教育。习近平总书记指出，“领导干部特

① 习近平．在北京大学师生座谈会上的讲话［N］．人民日报，2018-05-03（2）．

别是高级干部要明大德、守公德、严私德，做廉洁自律、廉洁用权、廉洁齐家的模范”①。学院行政管理人员要始终贯彻党的教育方针，注重自身职业道德培养，爱岗敬业、以身作则，持之以恒推进廉洁文化建设，以正确的价值观引导师生健康发展，做到“廉洁意识”入脑入心见行动。扎实做好警示教育，深化以案促改、以案促治，有针对性地完善考试招生、科研管理、基建工程等方面的规章制度，加强重点领域廉洁风险防控，更好营造风清气正的校园氛围。

4. 以廉洁文化涵养学风

独立学院立身之本在于立德树人，必须牢牢抓住全面提高人才培养质量这个核心点，坚持以习近平新时代中国特色社会主义思想为指导，结合党史学习教育和校情校史，认真开展理想信念教育，引导广大学子不断树立为共产主义远大理想和中国特色社会主义共同理想而奋斗的信念和信心。落实党管高校要求，把党的领导体现到工作各领域各环节，把思想政治工作贯穿教育教学全过程，全力做好事关学生切身利益的招生报考、毕业就业、考研实习等重点工作，以党建促进学生成长成才。

（二）创新廉洁文化建设的形式载体

一方面，搭建廉洁文化教育网络平台。抓住网络传播便利快捷的特点，充分认识网络平台对校园廉洁文化建设的重要作用，利用好网络资源，大力弘扬廉洁文化、宣传廉洁精神。另一方面，开展体验式的廉洁教育。当下，廉洁文化在校园传播更多采用的是传统形式，说教的成分很高，这种单向的灌输式教育难以达到理想的教育效果，师生无法真正融入。要深化校外资源合作，定期组织师生参观廉洁文化展览、红色教育基地等，让他们在实践活动中增强廉洁意识，切身体会廉洁文化的价值和重要性。打造廉洁教育“第二课堂”，让学生在学习专业知识的同时提升廉洁意识。

（三）强化廉洁文化建设的约束机制

推动学院廉洁文化建设，仅靠管理人员及师生的自觉自愿是远远不够的，还应该有一套强有力的制度体系。完善预防和惩治腐败的制度体系，制定预防和惩治腐败行为的制度规范。既要完善领导干部管理体系建设，坚持民主集中制原则，坚持重大事项公示制度，做到公平、公正、公开；又要完

① 习近平. 习近平主持中共中央政治局第六次集体学习并讲话[EB/OL].（2018-06-30）[2022-05-20]. http://www.gov.cn/xinwen/2018-06/30/content_5302445.htm.

善重要岗位和领域的制度建设，加强对人财物集中的重点风险岗位和领域的制度约束。民主是校园廉洁文化建设的重要抓手，学校事业发展的重要事项应该广泛听取师生意见，这不仅有利于提升决策的科学性和针对性，还能提升教职工和学生的参与度，培养他们的“主人翁”意识。

三、京江学院廉洁文化建设实践：构筑京江廉洁生态圈

江苏大学京江学院是1999年成立的公有民办二级学院，2005年经教育部批准为由江苏大学和江苏大学教育发展基金会共同举办的独立学院。2020年，校纪委（派驻监察专员办）为深入推进纪检监察改革校内实践，进一步加强二级单位党风廉政建设，在京江学院、后勤处（集团）、附属医院等三家单位设立二级纪委。

江苏大学京江学院纪委自成立以来，始终坚持以习近平新时代中国特色社会主义思想为指导，在持之以恒正风肃纪的同时，深入挖掘中华优秀传统文化和社会主义先进文化中的廉洁元素，扎实推进廉洁文化建设，通过打造组织重廉、警示醒廉、教育倡廉、监督促廉、环境宣廉、活动尚廉、作风树廉、制度保廉、家风助廉和队伍正廉十大“润廉”工程，不断提升学院廉洁文化建设的质量和水平，推进建立和完善廉洁文化建设的长效机制，积极打造向上向善、风清气正的京江廉洁生态圈。

（一）搭建京江廉洁生态圈的教育载体

1. 思想淬炼有深度

将廉洁教育融入党团建设，依托组织生活、思政课程、党团活动、学习强国等平台，举办新生思政第一课和大学生形势政策课，将崇廉尚洁教育纳入学生思政教育和三全育人工作。学院各级党组织充分利用党日活动、“三会一课”等，将廉政教育纳入支部组织生活，让廉洁文化根植于基层党建。组织开展“院领导讲党课”活动，学院领导班子成员每年分别在所属党支部和所联系二级学院主讲一次廉政主题党课；将“书记课堂”延伸至各基层党组织，实现二级党总支书记和基层党支部书记廉政主题党课全覆盖。组织全院教师党员积极参与党章党规党纪知识测试等。

2. 纪法约束有硬度

学院党委每年年初组织召开学院警示教育大会，全院党员师生参会，会上集中观看廉政教育警示片。会议陆续邀请了校党委常委、纪委书记、派驻

监察专员高庆国同志、校纪委副书记杨志春同志等给全院师生党员进行了专题警示教育，筑牢学院各级党组织和党员干部廉洁思想根基，把讲政治摆在首位，学懂弄通做实习近平新时代中国特色社会主义思想，廉洁自律、恪尽职守，不断增强纪律意识、规矩意识、责任意识，真正做到“讲政治、强党性、严纪律、守规矩”，用实际行动推动学院全面从严治党工作走深走实，助推学院事业高质量发展。

3. 警示教育有广度

组织召开新一届科级干部和新聘任管理岗位人员集体谈话会，学院党委书记、院长、纪委书记分别对新聘任的科级干部和管理岗人员进行集体谈话。组织全体院领导、科级干部、管理骨干等赴镇江市党风廉政警示教育基地开展集体廉政警示教育活动，进一步加强学院党风廉政建设，推动警示教育抓在经常、融入日常，增强全院党政管理干部的廉洁意识。学院党委组织二级党组织书记、纪委委员、基层党支部书记赴韦岗抗战纪念馆开展红色教育，共建红色教育基地，深刻感受革命先烈浴血奋战的抗争精神和爱国情怀，牢记革命历史，践行初心使命，在新时代新征程中更加奋发有为，忠诚履职，创新引领、实干担当。

4. 廉洁教育有宽度

召开学院纪委全委会，开展“第一议题”学习和纪检实务专题学习，通报近期违反中央八项规定精神典型问题，进行警示教育。通过组织全体教工党员参加党章党规党纪知识在线测试，将廉洁教育辐射至基层一线和每一位党员。

师德师风有力度。制定并发布《江苏大学京江学院人事招聘思想政治素质和师德师风考察工作办法（试行）》（江京委〔2020〕30 号）；在京江青年微信公众号上开展了“立高尚师德，树教育新风”的师德师风主题推送；将师德师风建设作为教学工作考核的重要内容，作为教师聘任、晋级、奖惩的依据，实行师德师风“一票否决制”，教育引导全院教师为人师表，言传身教，当好校园廉洁文化的执行者和传播者。

5. 廉洁家风有温度

学院纪委向全院教职工发布《家风助廉倡议书》，将廉洁文化建设向党员干部亲属和“八小时”之外延伸，通过相互教育、相互影响、相互激励、相互提醒、相互监督、相互提高，共同营造清正廉洁的家庭家教家风。面向全院师生及教工家属组织开展廉政书法作品征集活动，并进行集中展出，以活动树家风之纲、吹廉洁之风、守纪法之门、筑思想之基，以清廉家风引领校园清风该活动受到了“江苏教育在线”的报道。

（二）营造京江廉洁生态圈的校园氛围

1. 推进廉洁文化氛围营造工程

打造五个“一”廉洁文化阵地：打造一处廉洁文化亮点，通过用魔方绘“廉”，将“廉”字魔方墙打造成为学院廉洁文化亮点，此举受到了学习强国平台的宣传报道；打造一个廉洁示范窗口，将学院财务出纳岗设立为廉政示范窗口；打造一堂廉政主题党课，学院党委书记每年为全院师生主讲党风廉政建设主题党课；打造一条廉政文化大道，利用校区内主干道文心路人流量大等特点，悬挂廉政道旗，将文心路打造成一条廉政文化大道；打造一个廉政宣传书架，在大学生活动中心一楼大厅内设立廉政文化报刊栏，摆放廉政报纸、廉政杂志、廉政书籍等供师生阅览，同时充分发挥图书馆和阅览室的育人功能，向学生提供党风廉政教育方面的报纸、杂志、书籍、电教片等学习材料。

2. 搭建廉洁文化教育宣传阵地

在改版后的学院网站上开设“清风京江”专栏，包含工作动态、信息公告、党纪法规、时政要闻、学思践悟、警钟长鸣等板块，及时发布纪检新闻动态、相关法规制度，打造廉洁文化教育宣传主阵地。在党员活动室内布置廉洁文化背景墙，摆放廉政图书供党员借阅，在学院微信公众号“京江青年”上开展学院纪检工作系列宣传，等等。

3. 实施廉洁文化建设专项行动

廉洁文化“进网络”，以学院纪委官网、“京江青年”微信公众号、工作微信群等媒体为平台，积极传播廉洁文化，发布廉政工作动态，宣传学院纪检工作，让广大师生及时接受廉洁教育；廉洁文化“进食堂”，利用食堂人流量大、覆盖人员广泛的资源优势，在食堂门口进行“光盘行动”宣传，在全院营造节约之风，相关活动受到了学习强国、江苏教育发布、镇江民生频道等媒体的报道；廉洁文化“进楼宇”，京江校区的所有楼宇除进行了编号外，都赋予了“特殊”的楼名，例如文心楼、丝竹园、蕙心楼等，这些楼名不仅有各自的文化出处，还蕴含着一定的廉洁寓意；廉洁文化“上屏幕”，将摆放在行政楼和大学生活动中心的电子屏作为廉洁文化宣传专栏，不定期开展廉洁文化宣传；廉洁文化“上墙面”，利用行政办公走廊、会议室、办公室等空间，悬挂格言警句，张贴廉洁漫画，进一步营造崇廉氛围；廉洁文化“上桌面”，全院行政人员办公电脑设置廉政主题桌面，为全体党委委员和专职纪检干部配发廉政鼠标垫，将廉洁文化渗透到细节之处。

（三）锻造京江廉洁生态圈的优良作风

1. 持续发力，在基层负担上做减法

“压实考核”，不少二级单位的领导和老师反映学院综合目标考核个别指标一刀切，存在不能全面反映各被考核单位真实情况的现象。对此，学院党委针对考核指标体系集中征求二级单位意见，采取“三下三上”的修订反馈模式，力争让考核指标客观真实有效地反映出各单位的工作成绩和不足，这种务求实效的做法，得到了基层干部师生的普遍认可。以往，每到年终，为了应对考核，各二级单位经常加班加点“搞”材料，目的就是把材料整得“充实些”，减少扣分项。对此，学院改变了考核理念，不再是为了考核而检查，取消了年底集中突击检查考核，采取定期检查反馈，以帮助二级单位查漏补缺。

“精文减会”，为切实转变文风会风，提高工作效率，学院规定：可以不开的会坚决不开，把会议开到现场，可以合并的会一并召开，会上说重点、讲干货，把更多时间向服务师生倾斜。同时，既注重办会的“减”，又突出发文的“精”，学院党委以廉政风险排查防控为契机，深入推进制度“存改立废”，要求所有制度条文语言精练、内容精简，并控制发文数量，“以小制度立大规矩”，确保各项制度“能理解、可执行”。

2. 创新方式，在服务师生上做加法

2021 年是中国共产党成立一百周年，全院上下按照“学党史、悟思想、办实事、开新局”的总要求，坚持“规定动作到位，自选动作出彩”，精心部署，迅速行动，将“我为师生办实事”实践活动与“两同两在”建新功行动融合推进。领导班子深入基层一线，广泛调研听取师生意见建议，各二级单位立足本职工作，建立“办实事”台账，精准施策、靶向发力，着力解决师生反映强烈的“急难愁盼”问题，努力把学习成效转化为服务师生的工作质效。

学院（校区搬迁后）内各教学楼宇虽已交付使用，但大部分教室都没有安装电风扇和空调，夏季在教室里上课酷热难当。学院党委了解到这一情况后，将教室安装吊扇、空调作为年度重点项目推进实施，并对教室进行进一步升级改造，改善办学条件。针对行政办公场地紧张难题，学院经过研究论证，精心制订方案，启动行政楼搬迁工作，将学院之前的临时行政办公场所大学生活动中心回归学生使用。与此同时，学院还在各教学楼宇优先配置教研室、教研活动场所及办公家具，解决了校区搬迁后专任教师无办公场地的问题，彻底解决了专任教师“上课才能出现、下课只有‘消失’”的困境。

3. 精准施治，激发党员干部内生动力

十九届中央纪委五次全会工作报告指出，对贯彻党中央决策部署做选择、搞变通、打折扣，特别是对搞“包装式”落实“一刀切式”落实等形式主义、官僚主义突出问题精准施治，坚决防止不良习气、不严不实做法滋长蔓延、成风成势。

学院党委在着力破除形式主义、官僚主义等“四风”顽疾的同时，深入整治部分党员干部不担当不作为问题。深入实施作风问题专项整治，坚持“常长”结合、“严实”并重、“深细”并举，灵活运用“四不两直”，深入开展调研座谈、明察暗访，“全覆盖”调研学院各二级单位，持之以恒纠“四风”。抓重要节点，紧盯元旦、春节、中秋、国庆等重要时间节点，坚持“廉”节提醒，有效防止“节日病”和奢侈浪费等不正之风的发生。及时发布《关于进一步加强和改进机关作风建设的意见》（江京纪〔2020〕4 号）、《关于加强 2022 年春节期间作风建设的通知》（江京纪〔2022〕1 号）等，开展机关作风专项检查，针对苗头性倾向性问题及时约谈，实事求是运用监督执纪“四种形态”第一种形态。通过专项治理，“腾挪闪避绕、庸懒散浮拖”等顽瘴痼疾得到一定遏制，机关作风得到了有效改善。

减负不等于减少监督，学院纪委始终坚持把整治形式主义、官僚主义作为监督的重点内容，把多个专项治理工作的“多头检查”合并成“联合检查”，增强监督检查的实效性，把各二级党组织作风建设纳入综合目标考核的同时，做好日常监督、行为纠偏和失职问责。

（四）强化京江廉洁生态圈的制度保障

“一岗双责”狠抓落实。每年年初，学院党委制定落实全面从严治党党委主体责任清单和纪委监督责任清单；组织召开全面从严治党工作会议，举行《全面从严治党责任书》递交仪式，全体党员院领导和二级党组织书记分别向学院党委书记递交《全面从严治党责任书》，明确各党员院领导和二级党组织的全面从严治党主体责任，同时将党风廉政建设纳入党建目标考核。

1. 制度建设成效显著

每年年初开展廉政风险防控，及时梳理排查风险点，落实学校“制度完善年”工作要求，贯彻落实“以小制度立大规矩”，全面开展规章制度制（修）定工作。

制度宣讲深入人心。开展《中华人民共和国民法典》、学校财务制度等法规、制度的普及学习教育，进一步增强干部职工的法制观念，规范廉政行为。

2. 规范整合监督力量

建立“1+4=14”的监督工作模式，“1”为学院纪委书记发挥监督“中枢”作用，统筹协调“一盘棋”；“4”为4位纪委委员通力协作，通过“牵手组合”“全院覆盖”“交叉互动”监督，有效解决力量不足、人情面子抹不开等问题；“14”为14名基层党支部纪检委员“蹲点式”监督，积极收集舆情信息，及时上报学院纪委，把党员干部苗头性、倾向性问题掐灭在源头，达到与学院纪委委员同等监督效果。通过强化队伍建设，整合、下沉监督力量，改变“单兵作战”方式，以“兵团出击”之力，形成监督规范有力之势。为避免队伍在履职过程中“监而不督”现象，通过学院纪委会“盘点清仓”、工作情况跟踪督促等抓好纪检干部作风，做到敢监督、勤监督。

3. 锤炼过硬纪检铁军

深入贯彻落实校纪委年度“打铁必须自身硬”专项行动实施方案，定期召开学院纪委全委会，认真落实“第一议题”学习制度，开展纪检事务专题学习，部署近期监督检查重点工作任务等。抓好纪检监察业务知识学习，组织学院纪检干部参加学校纪检监察干部培训班，选派纪检干部参加省委巡视、校内巡察等工作，选派纪检干部协助镇江市纪委监委开展审查调查工作，全面提升履职能力。加强纪检监察理论研究，积极参加学校党建研究征文活动，申报获批江苏大学党建研究专项课题和京江学院发展研究课题。

（五）完善京江廉洁生态圈的监督机制

1. 突出政治监督

突出“三重一大”的政治监督，学院纪委书记在学院党委会、党政联席会中涉及“三重一大”事项的议题必提意见要求。突出安全稳定的政治监督，坚持疫情防控常态化监督，发布《关于严明疫情防控工作纪律的通知》（江京纪〔2021〕1号），学院纪委委员分别牵头督查8个工作组落实好学院疫情防控工作方案，开展疫情防控专项监督。突出民主集中的政治监督，加强严肃党内政治生活、执行民主集中制等情况的监督检查，监督学院基层党支部专题组织生活会。突出制度规范的政治监督，学院纪委综合运用参加会议、谈心谈话、查阅资料、专项检查等方式，针对人事招聘、选人用人、招生录取、招标采购、合同管理、经营性用房管理等工作实施专项监督，向二级单位制发监督意见书，提出监督意见。

2. 强化精准监督

紧盯关键人、关键事、关键时，做到有的放矢。紧盯关键人，盯住重要部门、关键岗位、重点人群，防止"中梗阻"；紧盯关键事，坚持把学校和学院党委重大决策部署落实情况作为监督重点，聚焦师生关切，进行"靶向监督"；紧盯关键时，采取重点抽查、专项督查、随机检查等形式，节假日期间开展明察暗访，时时敲响"廉洁警钟"。同时，依规依纪做好信访举报处置工作，针对违纪的党员同志实事求是运用监督执纪"四种形态"进行处置。

3. 谈话成为常态

学院党委严格落实"四必谈"，重点抓好"关键少数"，党委书记与班子成员必谈，班子成员相互之间必谈，班子成员与分管（联系）单位主要负责人必谈，二级党组织书记与普通党员必谈。同时，在谈心谈话过程中坚持"四必谈"："纪律规定必谈"，按照全面从严治党要求，把纪律和规矩挺在前面，向谈话对象宣传政治纪律、组织纪律、廉洁纪律、群众纪律、工作纪律和生活纪律等纪律规定，让谈话对象对此有清醒的认识。"存在问题必谈"，对谈话对象当前存在的各种问题，突出抓早抓小，不论问题大小，不论程度深浅，旗帜鲜明地当面指出，力促"咬耳扯袖、红脸出汗"成为常态。"整改措施必谈"，谈话对象对自身存在的问题，主动进行剖析，从思想根源上查找原因，并结合工作、生活实际提出整改措施，积极表明态度。"责任追究必谈"，谈话人在指出谈话对象问题的同时，也要向其指出，如不进行整改或整改不到位，将采取相应措施实行责任追究，进一步加强警示，让谈话对象深化认识，从而在日常工作和生活中严格规范、约束自己的行为。谈心谈话坚持敞开心扉、以诚相见，见人见事见思想，诚恳指出对方的问题，互相交换对班子存在问题的看法，深入探讨解决问题的意见建议，有话讲在当面，就事论事、推心置腹、沟通思想、增进了解、共同提高。对存在问题的领导干部，学院党委有针对性地开展谈心谈话，一次谈不好的多次谈，同时，党员领导干部主动接受党员、师生约谈。

高校独立学院廉洁文化建设是社会主义先进文化建设重要组成部分，有助于形成崇廉尚洁的价值取向、制度规范和校园风尚。高校独立学院应持续深化党风廉政建设，进一步营造浓郁的廉洁文化氛围，推动以廉为荣、以洁为美的廉洁文化深入人心、化风成俗，让清正廉洁的新风正气更加充盈。全体干部师生要坚定不移全面从严治党，准确领会廉洁文化内涵，切实增强廉洁自律意识，知责于心、担责于身、履责于行，努力打造清正廉洁、公平公正、积极向上的育人环境，推动独立学院转型发展，培养高素质社会主义建设者和接班人。

第七章

江苏大学内设职能部门廉洁文化建设

第一节　以德为先　以廉世范——人事处廉洁文化建设

德廉文化作为中国传统文化的一个重要元素，几百年来一直影响着各个家庭。德廉文化所蕴含的伦理精神，对建设现代政治精神文化具有重要而深刻的意义。高等院校是传播文化的主阵地，培育和改造传统的德廉文化，加强高等院校的廉洁教育，完善反腐倡廉制度，自觉贯彻社会主义核心价值观伦理道德要求，推进国家治理现代化是一个很好的选择。因此，开发德廉文化的伦理道德资源和价值观对于高校廉洁文化建设具有重要的理论意义和现实意义。

一、德廉内涵同构

“德”一词在《道德经》中最为常见，其含义与“德”一词的修身之意相似①。老子非常重视个人的道德修养，希望人们像孩童一样有淳朴的道德。“德”一词与现实的道德和品德有着相似的含义。这也是老子强调的处世方式。

顾名思义，廉是清廉、诚实、公平、不贪婪、不肮脏；志气高洁、品行方正；勤俭节约；求实、务实、勤勉、自律。不仅是一种道德规范，也是一种价值尺度。

德廉文化是中国传统文化的重要组成部分，是中国社会传统伦理价值的体现。中国传统德廉包括政治和道德方面，以及生活作风、处世之道、励志修身等。有文献记载的德廉文化源远流长，但儒家思想真正意义上的德廉文化对传统社会产生了深远的影响。尤其是自汉代以来，儒家思想占据了主导地位，后来的德廉思想文化都体现了儒家思想的特点②。因此，中国传统德

① 严婵娟，蔡英杰．说“德”：德的文化意蕴与社会功能［J］．汉字文化，2021，（9）：176-180.

② 于晓同．《论语》“为政以德”思想研究［D］．保定：河北大学，2021.

廉思想主要受儒家文化的影响。

教育是国家和党的大计。高等教育担负着培养中国特色社会主义建设者和接班人的重要任务，需要一支高素质、专业化的大学教师队伍在办学过程中发挥主导作用。加强对高校教师“士气”的考核，是高等教育时代的要求，是建设高素质职业教育工作者队伍的根本需要，是保证高等教育沿着正确方向发展的重要保证。

廉本义是仄，与房屋有关，后引申为清廉、节俭、收敛之意。廉涵盖清廉之德、廉洁之德、奉公之德等①。经过几千年的发展，德廉文化已成为中华优秀传统文化不可或缺的一部分，其内涵主要包括治国理政、教子治家、立身处世三个方面。

（一）治国理政

古代励精图治的君王或贤德的士大夫强调勤政爱民、惩贪肃风、尚俭助廉、守廉修身。舜时期，皋陶认为“简而廉”是为官者应遵从的“九德”之一（《尚书·皋陶谟》）；西周时期，统治者认识到“天地节而四时成。节以制度，不伤财，不害民”（《易经·节卦》）；春秋时期，管仲将“廉”奉为“国之四维”的一大纲要。在随后整个封建社会发展中，德廉教化始终是历代王朝治国理政的重要抓手。如秦律规定为吏之道的“五善”，其中第二项就是“清廉毋谤”；西汉文帝和景帝大力倡俭，主张“以敦朴为天下先”（《史记·孝文本纪》）。这些廉政思想在治理领域推动了廉政建设，为古代廉政建设筑起了基本屏障，对国家稳定、国泰民安发挥了重要作用②。

（二）教子治家

“天下之本在家。”清廉自律、勤俭持家、艰苦奋斗等德廉思想是中华民族独具特色家风的重要组成部分。东汉郑玄在《郑氏诫子书》中写道“勤力务时，无恤饥寒，菲饮食，薄衣服。节夫二者，尚令吾寡恨”；《朱子治家格言》强调“一粥一饭，当思来之不易；半丝半缕，恒念物力唯艰”；农民出身的皇帝朱元璋反复教育子弟“惟俭养德，惟侈荡心”。此外，在《颜氏家训》《太公家教》《训俭示康》《朱子家训》等经典家训名篇中均包含廉德思想。

① 孙帆．儒家廉德思想及其当代价值研究［D］．青岛：青岛大学，2021.

② 谢耀亭．略论德与宗族之关系：以晋国郤氏、栾氏、赵氏宗族为例［J］．邯郸学院学报，2022（1）：5-13.

（三）立身处世

“廉，人之高行也。”重视德廉素养的培养和实践是古人立身处世的测定标准。在传统社会中，许多帝王将相、先哲名人、民间雅士、平民非常重视德廉的教化和熏陶，提高德行修养，把德廉作为其为人的根本原则。比如：老子把“俭”当成自己“三宝”之一，主张“去甚，去奢，去泰”；荀子告诫后人“本荒而用侈，则天不能使之富”；顾炎武强调“士人有廉耻，则天下有风俗”。

从高校的角度准确把握“德廉”的内涵，在考量“德廉”共性特质的基础上，结合高等教育的特点加以考察：一是是否坚持社会主义教育方针，心系祖国，关爱学生；二是正确对待权力，勤勉廉洁，全心全意为师生服务；三是工作中是否真抓实干、勇于担当、勇于创新；四是作风是否正派、务实、心境健康；五是他们是否具有科学人文的训练、较高的学术道德和独立的法律人格。

二、德廉举措同行

高校教育工作者“德和廉”的形成是一个长期过程、终生课题，既需要对德才兼备进行个体研究，也需要各级高校组织坚持德才兼备、科学评价，注重用德，加强管理，形成德育的良好方向。通过近几年的实践探索，加强高校教育者德廉的建设，应主要从以下几个方面入手：

（一）坚持思想引领这个根本，加强对高校干部德廉的教育

近年来，我们坚持基本政治理论学习教育，加强了高校领导干部政治理论武装和思想政治教育。在思想政治教育方面，开展了“五观”主题教育活动，主要内容是牢固树立正确的忠诚观、对待观、成长观、进步观、位置观；在主题实践活动方面，开展了“双联双助”活动；在加强党性教育方面，要利用革命老区的红色资源，建设大武党性教育基地，定期开展党性培训活动；领导班子思想政治建设要坚持在各级领导班子中创建“团结、廉洁、创新、务实”的好领导班子。同时，落实高校党政干部政治理论考试制度，把政治理论考试合格作为升迁的基本条件，发挥“考试促学”的作用。加强高校干部道德建设，必须坚持德育先行，打牢思想基础。第一，加强党性教育。继续用马克思主义中国化的最新成果武装干部头脑，开展理想信念教育、党性党风教育，发扬党的光荣传统和优良作风，不断增强党员干部的

政治坚定性。第二，强化发展意识。坚持科学发展观的坚定性和自觉性，是时代对高校干部道德素质的要求。要围绕科学发展和跨越式发展的主题，争创一流，努力营造有志、有能、有所作为的浓厚氛围，不断提高干部敢于负责、敢于创业的积极性。第三，强化群众观念。第四，增强大局意识。教育引导高校各级领导干部树立大局意识、民主意识、协作意识，不断提高团结协作的主动性。第五，加强社会公德、职业道德、个人道德和家庭美德的“四德”教育①。在高校党员干部中深入开展“三查三问”活动，即查自身德才兼备，问群众是否信服；检查组织的要求，询问他们是否感到羞耻；检查群众观念，问群众观念是否缺失，引导广大党员干部正确对待是与非、公与私、真与假。完善考德评廉的机制，加强对高校教育者德廉的考核。

加强干部廉政检查需要三个方面的工作。第一，制定科学合理的指标，在制定高等教育质量诚信指标时，必须坚持综合性、针对性和操作性相结合。要针对政治素质等基本要素，针对不同层次、不同类型高等院校教员的等级制度建立把关制度。第二，应积极拓宽监督通道。通过民意调查、邻里走访、招聘督导员、机关干部进社区监督等方式，特别了解大学干部“8小时”工作情况。在考察各级工作人员遇到“意外”“危急”“重大事件”时，重点考察工作质量。第三，继续把专业及以上职类的竞争结果与高校专业职系的委任结合起来，对不符合专业及以上职类评核资格的人士，实行“一票否决”，坚决不提出或重复使用。继续将考核成绩与教育工作者的日常训练相结合，实行考试成绩反馈制度，达到触觉或激励的效果。

（二）加强对教育工作者德和廉的监督，切实遏制失职、渎职

加强高校教师道德诚信监督，一是完善监督管理机制。完善“三防”机制（教育、通报、跟踪），严格落实学校各部门领导和工作人员廉洁守正制度，讲好话、谈好警示，对重大问题提出“两个报告”，加强日常监督制度等。二是必须扩大管制渠道。加强对教育工作者工作圈子、生活圈子、社会圈子的经常性监督，以客观、动态的方式控制日常情况。三是加强管理问责制。通过提高管理能力、打击不作为的效率、权力下放、软管理，建立长期的问责机制和管理主动性，提高员工的责任感和目标感，提高管理效率。

高校教育工作者除要加强对自身德廉的建设外，还要对校内青年学生开

① 黄钧钧，苏生智. 德以修身　明以致远［N］. 人民公安报·交通安全周刊，2022-04-01（2）.

展必要的德廉教育，将德廉文化融入思想政治教育。

（一）利用课堂教学：德廉文化融入思想政治教育的主渠道

课堂是思想政治教育中的一个主要阵地，其中廉政文化是思想政治中的一门重点课程，同时结合其他廉政教育课程，形成了思政课程的总体布局。特别是学科教师要充分利用政治、语文、历史、音乐、美术等学科的德廉素材，运用高校学生可以接受的教学方法，巧妙地设计课程，把中国传统的德廉文化融入课堂教学，积极营造一种以廉为荣的学习氛围①。比如，讲授“中国共产党的先进性”，开展“如何高举永不褪色的旗帜”主题讨论活动，探索中国共产党永葆先进性和纯洁性的重要性。教师可指导学生在学习新时代伟大斗争、伟大事业、伟大梦想的具体内涵的基础上，搜集反腐倡廉资料，并在主题讨论中深入探讨新时代全面从严治党政策的意义。再如，在“严格执法”的教学中，以“如何提高政府的公信力和执行效率”为主题，探讨建立一个公正有效的法治政府的重要性。

（二）利用校园文化：德廉文化融入思想政治教育的重要载体

马克思说，人创造环境，同样环境也创造人。学校文化是将廉政文化融入思想政治教育的重要手段，学校发展多元文化可以为廉政文化融入思想政治教育创造有利的环境。例如通过学校报纸、电台及宣传栏等，广泛普及廉政文化的精髓，特别是利用“12·4 国家宪法日”“12·9 国际反腐败日”等重要时机，通过展台设计、讲座、知识竞赛等形式，增强学校文化宣传的力度，以激励师生在端庄淳朴的学校文化中培育品德。

（三）利用社会实践：德廉文化融入思想政治教育的重要环节

高校廉政教育的发展，应以将廉政文化融入社会实践为目标，使其更能适应本地环境。可以充分利用社会实践活动把德廉教育与实践相结合，将德廉教育内容春风化雨，融入社会实践活动的各个环节、全部流程，多角度切入，帮助学生建立责任感、树立德廉意识补足生活阅历。

（四）利用新媒体：德廉文化融入思想政治教育的重要抓手

随着“互联网+”时代的到来，新媒体已经成为高校学生学习和生活不可或缺的工具。要把德廉文化融入高校学生的思想政治教育中，必须运用新媒体。例如设立一个互动的“人人讲德廉文化”活动，鼓励学生、家长、教

① 王国喜，牛绍娜. 引廉德之水 润青春之苗［J］. 中学政治教学参考，2021，（3）：59-60.

师、社会在学校、课室及宿舍推动德廉文化。此外，还可开展“我眼中的德廉校园”微电影制作活动，让学生有机会从媒体平台上传播他们的创作故事，调动学生的积极性。利用新媒体参与德廉文化实践活动，能够使学生从切身感受的角度，了解德廉文化内涵，增强学生的德廉意识，促使其自觉担负起传播廉政文化等核心价值观的任务和责任，是新时代思想政治教育的重要着力点。

三、德廉价值同向

中国共产党历来十分重视人才工作，在党的成长和发展历程中，始终把人才队伍建设视为关系党和国家事业发展的关键问题。结合时代条件，汲取历史经验，我们党形成了“德才兼备、以德为先”的选人用人思想；在坚持德才兼备的同时，更加突出以德为先，把德放在选人用人的首要位置。2018年11月26日，习近平总书记在主持中共中央政治局第十次集体学习时强调要严把德才标准。德才兼备，方堪重任。我们党历来强调德才兼备，并强调以德为先。德包括政治品德、职业道德、社会公德、家庭美德等，干部在这些方面都要过硬，最重要的是政治品德要过得硬。2020年6月29日，习近平总书记在主持中共中央政治局第二十一次集体学习时指出，新时代党的组织路线提出坚持德才兼备、以德为先、任人唯贤的方针，就是强调选干部、用人才既要重品德，也不能忽视才干。有才无德会坏事，有德无才会误事，有德有才方能干成事。

根据新时代对干部队伍建设的新要求，习近平总书记提出了“信念坚定、为民服务、勤政务实、敢于担当、清正廉洁”的20字好干部标准，并深刻阐述：“好干部的标准，大的方面说，就是德才兼备。同时，好干部的标准又是具体的、历史的。不同历史时期，对干部德才的具体要求有所不同。革命战争年代，对党忠诚、英勇善战、不怕牺牲的干部就是好干部。社会主义革命和建设时期，懂政治、懂业务、又红又专的干部就是好干部。改革开放初期，拥护党的十一届三中全会确定的路线方针政策，有知识、懂专业、锐意改革的干部就是好干部。现在，我们提出政治上靠得住、工作上有本事、作风上过得硬、人民群众信得过等具体要求，突出了好干部标准的时代内涵。”尽管各个历史时期党对干部的要求不同，尽管不同时代的优秀干部各有特点，但信念坚定、为民服务、勤政务实、敢于担当、清正廉洁是始终不变的价值底色，德才兼备是始终贯穿的价值主线。

（一）高校加强“德”的建设是选准用好干部的需要

高校领导干部队伍工作的核心是选人用人①。政治路线确定之后，干部就是决定的因素。由于我们党是执政党，各级教育领导干部是党的教育事业的路线方针政策的执行者、组织者，能否选准用好各级教育干部，不仅决定着党的教育事业路线方针政策的落实成效，也决定着人民利益的实现程度，从长远看也关系中国特色社会主义的前途命运，因此，选准用好干部是党的建设的核心，是党的事业的保障。

第一，选人是用人的前提，只有选准人才有可能人岗相适，人尽其才。干部工作的成效，体现在要善于领导人民事务，为人民群众创造满意的工作成果，但如何选拔最优秀的干部，无疑是关键所在。

第二，识人是选人的基础，只有正确地辨识人才，才能选准人。由于鉴别人才是一种主观活动，因此，在选拔干部的过程中必须正确理解和掌握优秀干部标准，做到廉洁。中国知识分子数量庞大，从个人能力角度来说，优秀干部整体上都不缺，所谓“千里马常有，而伯乐不常有”，要真正选上千里马，首先要弄清楚选一个什么样的人，做一个有能力管理的人意味着什么等问题。

第三，考核是识人的手段，只有考核标准全面、程序规范、结果可靠才能正确地判断识别干部。可明确聚焦高校领导干部工作成果，定量分析干部的德行与利行；根据高校管理的具体情况，科学确定评估结果的标准，以确保评估结果的客观性和公正性；运用灵活多样的校验手段，多方面、多学科、多层次地检验高校员工素质；合理评定高级干部的考核成绩，营造良好有序的干部氛围，培养优秀的领导干部。

选拔和用好干部，不仅关系党的建设的全局，也是政治体制改革的重要内容。新时期，世界、国情、党情在悄然变化，这就要求我们的思想与时俱进，正确认识我国干部队伍年龄结构、知识结构和职业结构的历史变化，正确把握德才兼备这两个基本方面，衡量干部的素质。有德无才难担重责；没有德行的人才最终会毁掉党的事业。选拔和用好干部也要从这两个方面入手，尤其要遵循“德才兼备、以德为先”的用人标准。

---

① 吴根友，崔海亮．试论传统儒家廉德的基本内涵、培育方法及其当代价值［J］．现代哲学，2020，(4)：118-125.

（二）高校加强“德”的建设是社会道德建设的需要

德的建设是社会主义道德建设的重要组成部分，是新时期文化建设不可或缺的方面。党的十八大提出了“建设社会主义文化强国”的主要任务。十九大进一步明确了中国特色社会主义新时期文化建设的基本方向。要完成这一任务，高校教育工作者必须发挥模范带头作用，成为社会主义道德建设的楷模。在新的历史条件下，加强高校教师道德评价体系建设，提高高校教师的思想觉悟和道德素质，对社会道德建设具有重大的战略意义和现实意义。

高校教育工作者是社会主义道德建设的带头人。中国共产党是工人阶级、中国人民和中华民族的先锋队。中国共产党既是执政党，也是领导党。高校教师的技能水平和道德素质在一定程度上影响着高校教师和青年学生的行为和道德规范，关系到社会主义道德建设的成效。因此，加强高校教师道德评价不仅是加强党的建设的需要，也是推进社会主义道德建设的需要。

高校教师道德水平的提高，关系到高校的稳定与发展，关系到中国特色社会主义教育的成败。建立道德评价体系是提高高校教师道德水平的关键因素和必由之路①。近年来，在社会领域，教育之外的社会群体性事件的紧急频率加快，影响范围也有扩大的趋势。这些突发事件的蔓延与地方领导忽视个人道德素质和社会道德建设直接相关。同时，也与选拔干部时忽视道德判断有关。仅 2009 年，全国就发生了近 9 万起各类群体性事件。这些社会群体矛盾中有许多与当地干部的领导方式和工作作风直接相关。正是因为一些干部漠视人民利益，工作方法简单粗暴，致使小矛盾变成大矛盾，小问题变成大事件。教训是深刻的。因此，为了减少高校群体性事件的发生，促进高校教师道德建设和道德评价体系的建设，迫切需要新时代背景下的社会主义道德建设。

中国共产党是社会主义道德建设的决策者和实施者，是中国特色社会主义事业的领导核心。党的教育干部队伍是党的教育决策和教育路线的重要组织保证。负责制定社会主义道德建设教育领域的基本道德建设规范和要求。因此，要更好地推进社会主义道德建设，必须从干部的选拔任用入手，加强对干部道德素质的考核，确保对干部道德素质的正确客观评价，选拔任用干部要以干部的品行为依据，坚决不使用品行低劣的干部。只有这样，才能促进从严治党方针的全面贯彻落实，真正提高高校管理水平。

---

① 胡可涛. 勤廉仁俭与传统官德文化［J］. 廉政文化研究，2017，8（2）：85-88.

（三）高校加强“德”的建设是中国传统文化传承创新的需要

文化是国家发展和复兴的强大动力。中国特色社会主义文化肩负着引领社会、启迪人民、推动发展、增强文化软实力、建设文化强国的历史重任，是建设新时代中国特色社会主义伟大事业的重要任务。深刻认识文化强国的意义和价值，对进一步发展社会主义文化和实现伟大繁荣，对我国经济社会的高水平发展具有重要意义。

中国共产党既是中华优秀传统文化的传承者和弘扬者，又是中国先进文化的积极倡导者和发展者。近年来，我们党高度重视传统文化建设，重视党和国家工作的战略意义，坚持物质文明和精神文明两手抓，坚持依法治国和以德治国相结合，提出了“德才兼备，以德为先”的用人标准，个人品德、社会公德建设已成为文化现代化建设的重要方面①。

首先，中国传统文化传承创新离不开党的领导和党的建设，离不开党的人才队伍的贯彻落实。没有一支德行好、素质高的高校教育人才队伍，建设中国特色高等教育和教育强国就会变成一句空话。因此，邓小平曾经指出，中国的事情能不能办好，社会主义和改革开放能不能坚持，经济能不能快一点发展起来，国家能不能长治久安，从一定意义上说，关键在人。人的关键又在德行，没有好的德行，就会偏离正确的轨道，发生质变的错误。加强高校教育工作者的管理和监督，既要解决思想问题，也必须建立长期有效的德才考核评价体系，这既是当前“德才兼备，以德为先”用人标准的需要，也是新时期推进建设文化强国的需要。因此，只有加强对高校教育工作者德才细化考量和评价体系，从源头上杜绝其思想腐化、变质、堕落的问题，才能从根本上铲除思想腐朽、腐败、腐化的问题，才能推动干部队伍建设向前发展。为文化教育强国的发展奠定组织基础和指导。

其次，只有不断完善教育者道德评价体系，管理好教育者使其道德素质的不断提高，才能最大限度地保证文化教育战略的实施，实现传统文化的传承与创新。社会主义文教强国的建设离不开党的领导和领导干部的领导。因此，有了德才兼备的领导干部和人才队伍，就能有效地推进社会主义文教强国建设的道路，为其提供智力支持和组织力量。自改革开放以来，我国物质文明建设取得了显著成就，精神文明建设也发生了翻天覆地的变化。但是党内和社会生活中一些领域的道德行为问题越来越严重。利己主义和拜金主义

---

① 张梅梅. 从“德”与“法”看中国传统文化［J］. 汉字文化，2021（11）：151-152.

盛行；见利忘义，唯利是图的现象随处可见；个别领导干部中出现了参与黄、赌、毒和封建迷信活动的丑恶现象；领导干部中腐败现象蔓延。这一情况表明，一些领导干部缺乏相应的道德素质，缺乏良好的党性修养和道德操守，不分荣辱、不分善恶，严重影响了党在人民群众中的良好形象。要消除党员领导干部的道德缺失，必须在中华民族优秀传统文化的基础上，建立新时期的道德规范，推进中国传统文化建设。中华民族是一个具有悠久历史和优秀文化的伟大民族。我们的文化建设不能割断历史。我们应该取其精华，去其糟粕，结合时代特点加以发展，推陈出新，让它继续下去。

最后，加强和改进高校教育工作者德才考核评价体系建设是大变革背景下时代和国情的迫切要求。当今世界正处在百年未有之大变局，文化在综合国力竞争中的地位和作用更加凸显，维护国家文化安全任务更加艰巨，增强国家文化软实力、中华文化国际影响力要求更加紧迫。必须抓住和用好我国发展的重要战略机遇期，在坚持以经济建设为中心的同时，自觉把文化繁荣发展作为坚持发展是硬道理、发展是党执政兴国第一要务的重要内容。十七届六中全会指出，推动社会主义文化大发展大繁荣，队伍是基础，人才是关键。加强和改进干部德才考核评价体系，是落实新时期“德才兼备，以德为先”用人标准的体现，更是适应当前传统文化建设的需要，落实文化强国战略的迫切要求。《中共中央关于深化文化体制改革 推动社会主义文化大发展大繁荣若干重大问题的决定》提出：“进一步深化改革开放、加快构建有利于文化繁荣发展的体制机制，建设宏大文化人才队伍、为社会主义文化大发展大繁荣提供有力人才支撑。”

党的十八大上再次提到文化强国建设，要全面提高公民道德素质。要坚持依法治国和以德治国相结合，加强社会公德、职业道德、家庭美德、个人品德教育，弘扬中华传统美德，弘扬时代新风。推进公民道德建设工程，弘扬真善美、贬斥假恶丑，引导人们自觉履行法定义务、社会责任、家庭责任，营造劳动光荣、创造伟大的社会氛围，培育知荣辱、讲正气、作奉献、促和谐的良好风尚。深入开展道德领域突出问题专项教育和治理，加强政务诚信、商务诚信、社会诚信和司法公信建设。加强和改进思想政治工作，注重人文关怀和心理疏导，培育自尊自信、理性平和、积极向上的社会心态。深化群众性精神文明创建活动，广泛开展志愿服务，推动学雷锋活动、学习宣传道德模范常态化。

继承和发扬中华传统文化的优秀品质，推进文化强国建设，必须建立继承中华传统美德、适应社会主义精神文明要求、适应社会主义市场经济的道德规范和行为准则，加强人文关怀，弘扬科学精神，加强高校教师职业道德建设，进一步促进职业道德、社会公德、家庭美德和个人道德的发展。加强和完善道德评价体系建设，培育全党全社会上进心强、开放包容的社会心态，营造我为人人、人人为我的社会氛围，进一步促进社会主义文化大发展大繁荣，促进中国经济社会健康稳定发展。

（四）高校加强“德”的建设是进一步加强党的建设的需要

实现全面建设社会主义现代化国家目标的新要求，关键在党，重点在党的建设，核心在领导班子和领导干部是否能够贯彻落实“德才兼备，以德为先”的用人标准。实现全面建设社会主义现代化国家目标的新要求，必须在党的领导下有序进行，必须加强和推进党的自身建设。高校党的建设是一项宏大的系统工程，高校领导干部作为这个系统工程的中坚力量，选准用好干部也就摆在了突出的位置。

从历史的角度来看，高校党的建设的关键在高校各级干部队伍建设，干部队伍建设的根本是选拔德才兼备的领导干部队伍。在新中国成立的初期，邓小平就曾经指出：“一个国家的革命，核心的问题是党。有了一个好的政党才能引导革命走向胜利。革命胜利后，搞社会主义革命也要靠一个好的政党，否则胜利就靠不住。”在十一届三中全会之后，他又强调：“党的思想路线和政治路线，尽管有人不通，但总是已经确立了，现在我们还没有解决的问题是什么呢？是组织路线问题。”“解决组织路线问题，最大的问题，也是最难、最迫切的问题，是选好接班人。”邓小平认为领导班子和领导干部建设是党的建设的根本，是一个关系我们党和国家长远利益，关系我们的事业能否继往开来、朝气蓬勃的大问题。这个问题如果不解决，“我们向党和人民就交不了账”。1992 年南方谈话中，他再次指出：“中国要出问题，还是出在共产党内部。对这个问题要清醒，要注意培养人，要按照‘革命化、年轻化、知识化、专业化’的标准，选拔德才兼备的人进班子。我们说党的基本路线要管一百年，要长治久安，就要靠这一条。真正关系到大局的是这个事。”在革命和建设时期，邓小平全方位审视干部队伍建设问题，客观评价德才兼备选拔干部对党的建设的重要意义，是在我国改革开放和现代化建设发展的重要时期，对领导干部作出的重要的政治交代。

从现实来看，高校党的建设科学化水平的提高离不开德才兼备的高校领导干部队伍，离不开高校干部德才考核评价体系的建设。党的十八大报告中指出，我们党担负着团结带领人民全面建成小康社会、推进社会主义现代化、实现中华民族伟大复兴的重任。形势的发展、事业的开拓、人民的期待，都要求我们以改革创新精神全面推进党的建设新的伟大工程，全面提高党的建设科学化水平。

从党的性质和使命来看，推进高校干部德才考核评价体系的建设是党更好地领导人民建设中国特色社会主义教育事业的根本要求，是推进高校党的建设伟大工程的根本保证。《中国共产党章程》规定，中国共产党是工人阶级的先锋队，同时是中国人民和中华民族的先锋队，是中国特色社会主义事业的领导核心，代表中国先进生产力的发展要求，代表中国先进文化的前进方向，代表最广大人民的根本利益。这就决定了我们党必须站在新时代的最前沿，准确把握时代脉搏，加强和改进高校干部德才考核评价体系建设，保证全面建设社会主义现代化国家新要求的实现，是党被时代赋予的历史责任。

因此，各级教育事业党委要重视党的建设和组织，切实担负起管党治党、从严治党的政治责任，加强和改进对领导干部教育质量的评价，始终保持领导干部教育的模范品格和带头作用。我们党的领导的伟大事业，始终与党的建设的伟大工程紧密相连。伟大的事业离不开伟大建设的支撑，伟大的工作必须与伟大事业紧密相连。在充分认识到成绩的同时，还必须清醒地看到，党的建设和组织工作还不适应当代的新任务，党在思想上、组织上、作风上都存在许多亟待解决的问题。特别值得一提的是，一些党的干部队伍中存在相当严重的形式主义、官僚主义、弄虚作假、浪费现象，一些腐败现象仍然普遍存在；有的党员素质不高，有的甚至丧失了先进性等。江泽民同志强调，“党执政的时间越长，越要抓紧自身建设，越要从严要求党员和干部”。因此，我们党的干部队伍一定是一支素质较高、听党的话、值得信赖的队伍。

中国革命、建设和改革开放的历史告诉我们，没有共产党就没有新中国，忽视党的建设就必然失去执政地位，就必然“亡党亡国”。党的建设伟大事业的实现，事关中国特色社会主义的实现，事关中华民族的全面复兴，事关中国人民的幸福和命运。中国共产党是以先进思想体系作为行动指南的政党，有一支执政能力强、综合素质高的领导班子和德才兼备的干部队伍，是一个拥有 480 多万个基层组织和 9000 多万党员的政党。她有广泛的群众基础和组织优势。加强高校党的建设，需要一批听指挥、跟党走、政治素质优良、业务素质强的高校领导班子和高级干部。

结合当前的世情、党情和国情，加强和完善高校教育工作者德才考核评价制度，不仅对选拔合格干部、加强社会主义道德建设，而且对传承中国传统文化创新具有现实意义和必要性，进一步加强党的建设，加强和完善高校教师绩效考核体系，也要在对教育工作者德的意蕴充分认识的基础上，从不同角度、不同层次全面了解教育者的德行，以便科学确立教育者考核的内容和标准，准确、充分地利用教育工作者的考核成绩，为新时期提供科学、人才的领导和干部队伍。

廉是为官者的第一要务，俭是中华民族的传统美德。廉与俭作为两种重要的品质，常被并称为“廉俭”。在高校，廉洁文化的研究对象不应局限于教育工作者，而应包括广大公众，包括教师和学生。教育者通过控制和约束他们自己的欲望，行事清正廉洁，很容易赢得学生的尊重和钦佩。教师和学生群体可以通过控制和约束自己的欲望来净化自己，以脚踏实地的方式做事，更容易获得社会的信任和认可。

廉政是“官员的美德”。中国传统廉政文化发展和政治发展主要体现在“廉政”文化中，古人把“廉政”视为“官德”。在漫长的历史长河中，“廉政”文化的思想内涵体现在廉耻、廉洁、自制、公正、公道、无私、勤俭、修身、诚实、自信等方面，也成为现代社会领导干部的基本职业道德。一旦“廉”遭到侵犯，不仅违反了伦理道德，而且触犯了法律。国务院总理李克强在十二届全国人大五次会议上作出的《政府工作报告》中，明确提出，“广大公务员要持廉守正，干干净净”，同时强调要勤勉尽责干事业，可见报告中强调的“干干净净”是对广大领导干部自身素养和品质的根本要求，廉洁与担当缺一不可。德才兼备一直是中国共产党坚持的选人要求，“德”是立人之本，是品德之基，是一个人品德修养和职业操守的根本体现，而“廉”是职业伦理道德的重要部分。对于一名称职的官员而言，廉政与担当必须同时兼顾，基于权力的初衷来行使权力，而不是滥用权力，败坏社会风气。

廉俭是“群众的福气”。廉政也是普通老百姓所需要的品德。不贪不义之财，不图“小便宜”，做一个朴实的人，坚守心中的那股正气，是人的“幸福之基”。廉俭，不仅可以保持孟子所说的“洁身自好”、朴实做人，节制生活，也可以让自己赢得他人的信任和尊重，稳定自己的社会地位。正是人们克制了自己的欲望，才不会屈服于外界的诱惑，从而保证了自己在正确的人生道路上行走。因此，如果所有人都能以廉的品德去端正自己的行为，不属于自己的东西不拿，不是自己的功劳不争，整个社会的精神面貌就会变得干净清朗，社会资源也会得到适当保护。

世界经济一体化和以大数据为代表的信息技术飞速发展为中国经济发展带来了新的机遇。随着经济的快速发展，营造符合时代的廉文化也应提升到一个新的水平。中国有着悠久的历史和文化，不仅孕育出了“知廉耻”、勤俭节约、廉洁自律的优秀反腐文化，而且还滋生了“权力制度”“人情大于法律”等贪腐思想，使得腐败意识淡薄的官员一步步坠入深渊。如果高校不加强自身的“廉”文化建设，这些贪腐思想就会腐蚀教育工作者，破坏校园和社会氛围，影响教育的稳定发展。对于普通人，尤其是一些年轻学生来说，当他们充满物质欲望时，便会逐渐忘记诚实和节俭的道德品质。因此，加强普通高校各类群体的“廉”文化教育，对于推动教育事业发展至关重要。

第一，强化“廉”文化建设对高校为政官员的价值。对官员来说，廉洁的政府文化可以塑造廉洁政府的社会氛围，限制政客的行为，是国家和平、人民安居乐业的重要保证。有多少官员抵挡不住利益的诱惑，最终踏入邪恶的深渊，为自己的腐败贪婪行为付出了巨大代价。加强“廉洁”文化，不仅意味着要肃清官场风气，而且是党风廉政建设的重要内容。廉政文化作为构建和谐社会的重要组成部分，是构建社会主义和谐社会的重要保障。

第二，强化“廉”文化建设对高校教师和学生的价值。对高校群众来说，廉洁节俭文化不仅可以塑造他们高尚的道德品质，而且有助于践行社会主义核心价值观，树立正确的价值观，保持清廉，不受诱惑，合理利用社会资源。这将对全面推进物质文明、生态文明、政治文明、精神文明建设与和谐社会建设发挥积极作用。

总之，营造“高校管理干部廉洁从政，教师廉洁从教，大学生廉洁修身”的局面才是当下高校良好的生态。

传统廉德文化包括塑造个人性格，培养良好家风和家国情怀等内容，是极具有中国特色的思想政治教育资源。① 在新时代，将传统廉德文化融入学生思想政治教育，有利于实现学生思想政治教育的目标，丰富学生思想政治教育的内容，提高学生思想政治教育的实效性。

---

① 张记国．“廉”之中心意旨及战略价值［J］．理论与改革，2015，（3）：26-28.

第一，为了实现思想政治教育的目标，传统廉德文化旨在培养具有理想道德人格的仁人、圣人和贵族。无论是作家还是平民，廉德都是他们备受推崇、孜孜不倦追求的道德品质。思想政治教育的目的是，根据社会发展的要求和受教育者世界观的发展，引导和调节受教育者的思想道德素质。在中国特色社会主义新时期，要充分利用传统的诚信道德文化资源，形成知真知假、知是知非、知荣和耻的青少年理想人格，对青少年政治认同、科学精神、法治意识、公众参与等思想政治学科核心素质的培养具有重要的引领作用。

第二，传统廉德文化与思想道德教育的内容具有相似性和整合性。① 古代中国用善良、能力、尊重、正义、守法、谦虚、勤勉和节俭的标准来研究官员与公众的修养和行为。在青少年思想政治教育过程中，坚持内不忘本和吸收外来相结合的原则，将中国古代廉政教育的有效资源整合到思想政治教育中，有助于青少年增强法治意识，以诚实和自律为指导，回顾过去，展望未来。

第三，提高思想政治教育的效果，古代人在日常廉政教育中善于从娃娃抓起，把日常训诫与奖惩结合起来，注重建立良好的家庭作风。如北宋包拯对贪官疾恶如仇，在《家训》中嘱告家人："后世子孙仕宦，有犯赃滥者，不得放归本家；亡殁之后，不得葬于大茔之中。"② 林则徐教导儿子要仔细阅读官方文件，不要让别人代他阅读。这些长辈教育儿子廉洁从政的方式和方法，对今天的思想政治教育具有启发意义。当代思想政治教育要注重以身作则，加强与家庭学校的互动，建立和完善科学的奖惩机制等。适当借鉴传统德育的实践经验，有助于提高思想政治教育的实效性。

第二节　让廉洁文化为校园基础建设添砖加瓦
——基本建设处廉洁文化建设

高校基本建设管理是一项综合性、专业性很强的工作，其主要任务是为高校在新时期的发展提供基本条件。江苏大学基本建设处于 2020 年 5 月成立，负责全校的基建、改造、修缮、新校区建设等工作，职能多、范围广。

---

① 刁生虎，曹泽．中华传统"廉"文化的思想意蕴及其现实意义［J］．甘肃广播电视大学学报，2018，(4)：74-76.

② 吕丽，李雪蓉．古代官箴中"廉"的理念论析［J］．净月学刊，2015，(4)：21-28.

2021年1月，中国共产党第十九届中央纪律检查委员会第五次全体会议提出，聚焦政策支持力度大、投资密集、资源集中的领域和环节，坚决查处基础设施建设、项目审批等方面的腐败问题。2021年3月，教育系统全面从严治党工作视频会提出坚决查处学校基础设施建设、项目审批、招生就业、科研管理等方面的腐败问题

在江苏大学大力推进学科建设，争创“双一流”的背景下，基建项目具有政策性强、时效性高、资金投入多、利益驱动大等特点，易发生腐败犯罪。如何根据学校新时期发展要求，既多、快、好、省地保障学校教学、科研等工作顺利进行，助力学校高质量发展，又科学配置基建领域权力运行，建立健全廉政风险防控机制，这对于江苏大学廉洁文化建设具有重要的理论与实践意义。

一、加强风险排查

高校基建业务具有专业性强、涉及部门广、周期长、流程多等特征，可能出现的廉政风险众多。结合风险管理，以高校基建工作的业务流程为主线，参照《教育部直属高校和直属单位基本建设廉政风险防控手册》，剖析基建领域违法违规违纪典型案例，排查出不同阶段内的廉政风险点。

（一）项目决策阶段

项目决策阶段指的是决定基建项目是否要建设的阶段，主要包括项目的方案论证、项目建议书和可行性研究报告的编制等方面内容，项目是否要建、怎么建和建什么等方面问题均属于“三重一大”事项，必须要经过集体决策。项目决策阶段廉政风险点主要在于个别领导心存私利，搞一言堂，不经专家论证和集体决策，或借工程项目为自己或亲属谋利。这一阶段极易产生腐败行为，从而给国家、学校造成巨大损失。

（二）项目招投标阶段

项目招投标从前期立项到后期各项检测单位招标，基本贯穿于整个项目始终。高校基建项目采用招投标形式的目的是择优选择合作单位，确保工程质量，但在实际操作过程中，存在部分人员为谋取私利，违规操作等现象。本阶段廉政风险点主要有三个方面：

一是分解基建项目，规避招投标。基建项目管理部门将基建工程分解为小项目或分阶段实施建设以规避公开招标，或者以项目工期紧为借口改公开

招标为邀请招标、询价、竞争性谈判或单一来源谈判，为个人腐败创造便利条件。

二是招标文件的制定存在“寻租”空间。《中华人民共和国招标投标法》规定，禁止在招标文件中写明所需材料厂家名称等信息，但在制定招标文件时，往往可以通过明确产品的性能、规格、资质、注册资金等方式为内定中标单位量身定做倾向性条款，从而为个人提供一定的“寻租”空间。修缮项目的招标多数由学校自行组织，如通过学校校园网而不是专门的招标网站发布信息，就使得能及时了解项目招标信息的企业较少，投标单位围标、串标成本较低且很容易实现，个人“寻租”空间更大。最终导致中标价偏离市场行情，学校利益受损。

三是学校参加评标人员的因素。根据相关规定，公开招标的基建项目，学校可以派专家参加评标工作。在实际评标过程中，许多评标专家会参考业主专家的意见。由于学校具有评标专家资格的人员较少，这些人经常作为业主代表参加评标，极易被对方熟知并进行贿赂，因此，如果评标专家经受不住诱惑，这个过程极易发生腐败。

（三）合同签订阶段

高校基建项目合同在签订前，一般要经过事项论证、确定采购方式、组织采购流程、确认采购结果、内部审批等环节，最终签订合同文本。在内部控制建设不完善的高校，以上各环节都有可能存在或多或少的管理风险、内控风险、财务风险和廉政风险等，集中表现在以下两个方面：

一是倒签合同。在工作实践中，一些高校存在先于书面合同订立之前，校方已要求或默认对方当事人履行主要义务，即先干活后签合同的情况。《中华人民共和国民法典》第490条明确规定，法律、行政法规规定或者当事人约定合同应当采用书面形式订立，当事人未采用书面形式但是一方已经履行主要义务，对方接受时，该合同成立。这样的风险主要是：双方当事人的权利义务没有书面明确，容易产生纠纷，而一旦产生纠纷，则难以取证；合同签订前未能进行规范的招标程序，可能导致内控执行不到位和廉政风险等；合同事项未经财务预算审核，款项支付不能做到准确及时，有可能造成财务信息失真。

二是各部门职责不清。合同签订过程不规范，除范围标准不清外，主要原因就是各部门职责不清。合同签订时，涉及的部门和人员较多，包括立项部门、经办部门、财务部门、法务部门、审计部门等，人员涉及经办人、部门负责人、分管领导，部分合同签订还要经过领导班子集体决议。各级部门和人员在合同签订的流程中，分工和职责不清，使得对合同流程、要求等事项及合同文本缺乏客观严谨的审核，风险控制不能及时到位、产生损失相互推诿，有可能给学校带来经济损失和廉政风险。

（四）项目施工阶段

相对于学校各部门参与较多的招投标环节，项目施工环节则主要是学校基建部门及监理公司参与管理，权利更集中。项目施工管理涵盖施工成本管理、进度控制、质量控制、职业健康安全与环境管理、合同管理、项目信息管理等诸多内容。此阶段廉政风险点主要有以下三个方面：

第一，主要材料及设备选购。在施工中主要材料及设备的选购必须经甲方管理人员认定，如果管理人员无法抵制供应商的商业贿赂，就会造成在选购材料设备时，以供应商所给的“回扣”是否足够优厚作为首选条件，而不是首选质优价廉的产品；有的甚至主动抬高价格签订供货合同，以增加其个人“分成”，结果只能是以次充好或价格奇高。

第二，项目甲乙双方日常行受贿风险。很多承包商或者施工企业为了顺利通过各项验收或者拿到工程款，除关键时刻重点“打点”之外，平时也十分注重与甲方上上下下“搞好关系”。特别是在传统节庆期间，施工方的领导或老板往往会以各种名义“看望”“慰问”甲方管理人员，对于廉政意识薄弱的管理人员，极易产生腐败。

第三，现场施工监理腐败隐患。项目现场监理的主要职责是对施工单位的建设进度、工程质量及成本控制进行监督管理。没有监理方的签字，施工方无法获得工程款项。而且监理企业作为中介组织，相对于和业主方的一次性雇佣关系而言，与被监理的施工企业之间更易于达成较为稳定的“业内合作”关系。一旦监理人员被施工方拉拢腐蚀而放弃职责，或者双方结成了利益共同体，无论虚报工程量还是隐瞒施工质量问题都很难被发现。

（五）项目变更阶段

项目变更在项目建设过程中不可避免。廉政风险点主要表现为：对不符合变更立项条件的，准予立项；与施工单位串通，对变更工程量、单价审核虚高，特别是对隐蔽性工程变更的审查把关不严；同意施工单位先实施，后履行设计变更立项手续，导致无法审核其变更立项的合理性及无法准确核实现场工程量（特别是隐蔽性工程）和现场施工工艺；擅自变更设计，弄虚作假，满足利益需要；对施工单位申报的不合理合同外单价未核减；因个人喜好提出不必要的变更，给利害关系人可乘之机；等等。

（六）项目验收结算阶段

项目验收结算阶段指工程项目完成全部施工后，由学校组织对项目进行竣工验收，合格后再与施工单位进行资金结算。本阶段廉政风险点主要有两个方面：一是竣工验收时，施工单位为顺利完成验收，行贿高校相关负责人、监理人员、政府部门质量监督人员等，在不符合验收条件的情况下通过验收；二是工程结算时，施工单位通过行贿相关负责人，在实际工程结算过程中，虚报工程量以谋取高额非法利益。

（七）基建项目廉政风险成因

随着全面从严治党和内部治理体系建设的深入推进，高校通过不断加强制度建设和强化内部监督，基建领域的廉政风险防控得到了一定强化，权力运行也日益规范透明。结合江苏大学基建工作实际情况，梳理出高校的廉政风险排防工作在主动防控意识、责任传递、排防精准性和防控措施落细落实，这四个方面还存在薄弱环节。

第一，业务工作时间紧、任务重，导致廉政风险排防主动意识不够。基建项目环节多，牵涉单位和部门较多，既包括校内基建、审计、财务、国资等部门，又包括校外发改委、质量监督、消防、人防等相关政府部门，还包括众多合作、服务单位等，工期短则数月，长达几年。在这个过程中，一旦发生钻空子、找漏洞、违反程序的事情，就极易造成腐败风险。基建项目还普遍存在投资大、工期紧、任务重的特性，为赶在9月开学季前使用，经常存在收紧或压缩工期的现象。高校廉政风险防控不到位，究其根本是廉政风险防控意识不够强。一些高校未充分认识到廉政风险防控工作对推进学校治理体系和治理能力现代化的重要性，学校层面对该项工作重视不够。调研发现，有的高校还是依靠纪检部门在推进这项工作，主体责任层面缺乏统筹谋划和深入细致研究，尚未形成统一的思想认识和齐抓共管的合力。学校层面重视不够，二级单位（部门）思想上自然也不会引起足够重视。二级单位对廉政风险防控的系统性、复杂性认识不足，未将廉政风险排防作为重要工作来抓，工作压得不够细、不够实，满足于一般性的排防，工作延续性不够。

第二，基建涉及内、外环节多，导致廉政风险排防责任传导不够。廉政风险排防工作是一项复杂的系统工程，高校基建领域尤其如此。由于其与社会人员交往的密集性特点，廉政风险不仅仅集中于少数领导干部，而是存在于每一个环节、每一个岗位、每一项具体工作。只有人人参与排防，廉政风险点才能找得全面准确，制定的防控措施针对性才会强。有的高校在开展廉政风险排防过程中，未能完全做到层层传递、层层压实责任。监督检查中发现，存在由二级单位（部门）主要负责人独自完成风险点排查和防控措施的制定，单位（部门）工作人员对廉政风险排防工作不知情，防控措施中未将分管校领导列为责任人等情况。责任压力未层层传递最终将影响防控措施的具体落地落实。

第三，人员的传统经验、惯性思维，导致廉政风险排防专业性不够。近年来，高校基建领域队伍建设有所加强，但队伍专业性不强的问题依然存在，在一定程度上存在依靠传统经验和惯性思维开展工作的现象。人才队伍的专业性不强，在廉政风险排防工作中表现为两个方面。一是廉政风险排防不够全面精准。廉政风险点排查不彻底，一些廉政风险关键环节长期未得到重视，存在防控“真空地带”。有的高校虽然在不断加强基建领域风险防控制度建设，但是由于缺乏专业性，往往找不准规范权力运行的关键，制度设计的科学性、精准性不够。二是未能结合具体工作针对性开展风险防控。基建领域的廉政风险有其自身的特点，但是一些高校风险防控与业务工作相互独立，没有融合，存在防控工作和业务工作“两张皮”现象。

第四，重排查、轻落实，导致对廉政风险防控措施的监督力度不够。加强廉政风险排防工作，排查廉政风险点是前提，落细落实防控措施是根本保证。有的高校一定程度上还存在重排查、轻落实的现象；有的则是刚开始执行比较严格，但是随着时间的推移，逐渐又回到原来的模式。究其根本，是对廉政风险防控措施的监督检查力度不够。一是内部监督检查缺位。每个领域都有自己的专业性，内部监督实际是最有效的监督，但也是最难做到位的监督。由于思想认识上存在误区，有的高校基建部门仍习惯于依靠学校纪检部门监督，自我监督意识不够强。二是学校层面监督力量整合不到位。虽然纪检、审计等部门都在履行监督职责，但是高校廉政风险重点领域非常多，需要监督的工作也很多，依靠单方面力量难以集中精力实施有效监督，存在监督缺位、不到位的情况，对“一把手”有效监督不够。

二、完善风险管控

高校基建领域廉洁文化建设是加强党风廉政建设和反腐败工作，推进全面从严治党向纵深发展的重要举措。结合江苏大学基本建设处廉政风险排防工作实践，应从教育、责任、排查和监督四个方面构建权威高效的廉洁文化机制。

（一）构建教育机制，强化廉政风险防控意识

马克思说过，不可收买是最崇高的政治美德。结合廉政风险特征分析，只有不断提高基建人员的思想政治水平和职业素养，不断筑牢防腐拒变防线，才能从根本上降低廉政风险。要结合党史学习教育，根据从事基建工作人员的特征，开展有针对性的思想政治教育活动，提高基建工作人员党性修养，帮助其树立正确的政治立场、职业道德观念、廉洁观念等。加强业务培训，开展对重要管理制度文件的解读与宣讲，督促基建工作人员做到知责于心、担责于身、履责于行；结合高校基建廉政风险可能性、危害性和风险程度特征的实证研究，对相关风险点和表现特征进行深入剖析，对廉政风险情况做到心中有数，提高对风险的防范意识和判断能力。开展常态化廉政教育，将廉政教育与职业道德教育结合起来，融入党员干部的民主生活会和业务学习培训研讨中；运用身边事教育身边人，分析研究高校基建领域腐败案例，增强廉政教育的感染力、说服力、冲击力；坚持破立并举，旗帜鲜明地纠治歪风邪气，同时弘扬正气新风，传承良好家风，积极营造风清气正的氛围。

（二）构建责任机制，压实全面从严治党主体责任

要以确定基建工程管理岗位、明确责任主体、强化“痕迹记载”为基础，把廉政风险控制到岗位，把监督制约延伸到岗位，以各个岗位廉洁自律的“小阵地”构筑整个高校防范基建工程领域廉政风险的“大防线”。一是调研摸清高校基建工程管理有何种权力，权力运行流程如何，权力集中在哪些方面、哪些岗位、哪些环节，进而找准查全各个岗位廉政风险点，并通过一定程序公之于众。二是针对基建工程管理岗位廉政风险点，健全岗位管理制度，完善权力运行流程，强化监督制约措施。三是建立和完善检查考核、分析指导和责任追究等制度，对岗位廉政责任执行情况实行动态检查和跟踪督导，及时修错纠偏。

（三）构建排查机制，精准科学开展防控

廉政风险能防得住，风险点排得全、排得准是重要前提。开展廉政风险排查，主要是把权力底数摸清，特别是要把隐性风险点排查出来，明确以下

三个排查程序十分重要。一是明确全员参与廉政风险排查。基建领域每个工作岗位都存在风险点。因此，基建领域开展廉政风险排查，每个岗位人员都应结合岗位工作职责，通过“解剖麻雀”方式开展工作流程风险分析，查找可能引发廉政风险的“触点”和环节。二是明确部门汇总排查。在个人排查的基础上，通过集体会诊把脉，相互排查找盲点，确保风险梳理查找精准到位，见人见事，不漏项、不缺项，切实做到查准、查全、查深。三是加强统一论证。采取组织相关领域专家对排查出的廉政风险点、制定的防控措施进行监督评估，督促基建部门根据意见和建议进行修改完善，后续定期做好廉政风险排防动态更新。

（四）构建监督机制，强化风险防控落实

高校要织密廉政风险防控监督网，精准靶向监督，及时预防和化解廉政风险。一是要强化内部风险监督。按照风险防控要求，做好权力运行事项的信息公开，强化主动接受监督意识，让权力运行在阳光下。二是学校层面要充分整合监督力量，形成监督合力。三是运用信息化手段加强监督。通过设计规范化线上审批流程，压缩权力自由裁量空间，使得权力运行风险防控“全过程、全留痕、全覆盖”。高校纪检监察、工会、审计、财务等部门要对高校基建工程的项目决策、招投标、材料采购、变更设计、现场施工、资金结算、竣工验收等各个环节进行全程廉政监督，监督内容包括基建项目是否民主决策，招投标是否依法进行，建筑材料采购、材料认质认价和工程质量监理是否符合程序，建筑材料进入施工现场是否经过检验，施工进度成本控制和设计变更是否合理，合同签订、工程付款和验收结算是否符合规定等。

三、江苏大学实践应对措施

基建领域廉政文化的建设，必须以程序性制度建设为核心，通过固化制度、细化责任、优化流程、实化管理和强化监控，着力构建长效的内控机制。图 7-1 为当前基本建设处项目建设流程图。基本建设处综合考虑各廉政风险点排查情况和基建项目廉政风险成因分析，对廉洁文化建设提出如下针对性措施。

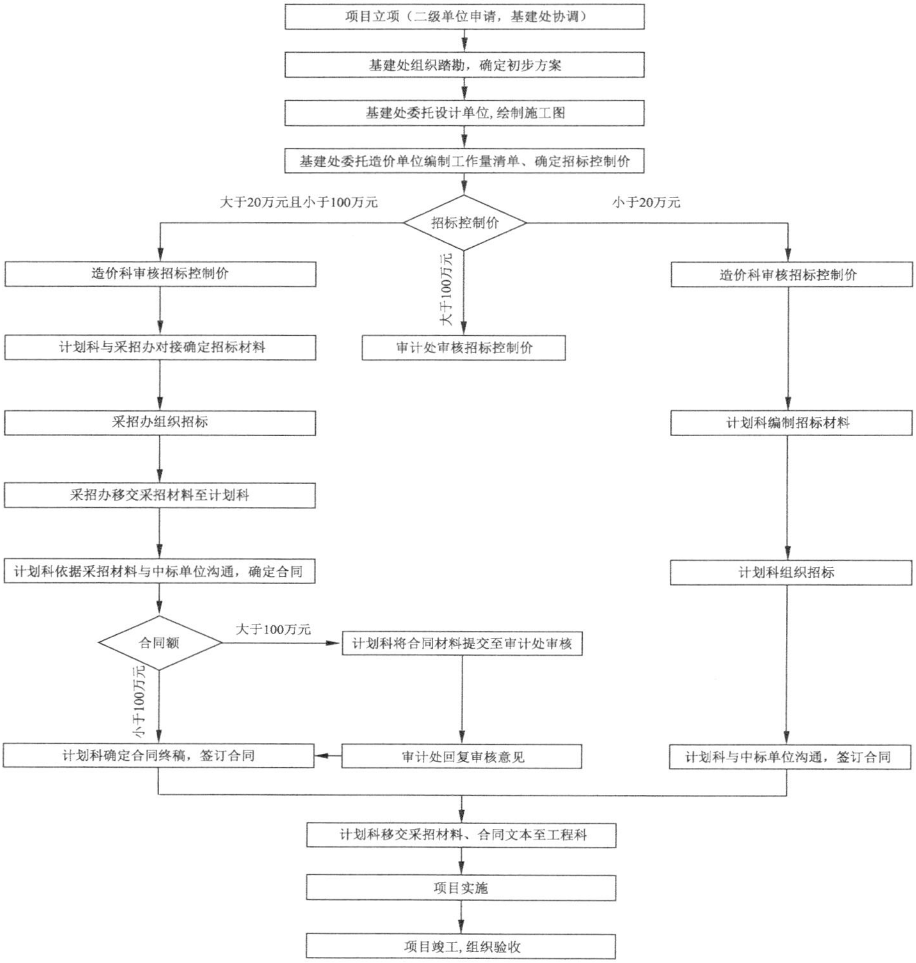

图 7-1　基本建设处项目建设流程图

（一）进一步规范招标管理，落实廉政风险防控

学校制定了《江苏大学采购管理办法》《江苏大学非公开招标采购方式实施细则》《江苏大学二级单位采购实施办法（试行）》《江苏大学建设工程项目招标管理规定》《江苏大学供应商管理办法（试行）》《江苏大学采购评审专家管理办法（试行）》等一系列规章制度，从组织机构及职责、招标方式及程序、监督等方面做了明确规定，规范招标工作各个步骤。以公开招标为主要形式，明确规定招标方式确认审批程序，使尽可能多的企业及时了解项目招标信息，增强竞争性，提高投资效益。

拟采用非公开招标方式的项目采购方式的，由申购单位提出申请并提交相关佐证材料，经审批后方可实施。申请采用邀请招标、竞争性谈判、竞争性磋商、询价等采购方式的项目，预算在法定公开招标限额及以上的，经校党委常委会审核后报省财政厅审批。预算在法定公开招标限额以下的，报分管采购工作的校领导审批。建设工程的招标项目或标段划分以单位工程为单位，原则上实行总承包。除专业性特别强的分部工程外，不得随意将单位工程拆分发包，杜绝肢解项目规避招投标风险。根据项目实际，选派 1 名校内具备中级及以上工程类相关职称或者具有工程建设类执业资格的代表参与评标。采购办人员和归口管理部门经办人不得担任评标委员会成员。评标委员会的专家原则上通过政府部门专家库随机抽取，专业性特别强的项目，可由相关部门按不低于 1∶3 的比例推荐专家人选后随机抽取。来自同一单位的评标专家不得超过 1 人，确保评标工作公正公平。

（二）建立科学合同管理体系，规范合同签订程序

1. 建立合同标准文本体系

合同标准文本体系是整个合同管理体系的源头。高校基本建设项目量大面广，需要依照《合同法》的有关规定制订各类标准合同文本，规范合同内容及条款。在基建项目的合同文本体系中，将合同分为建设工程合同、供货合同及其他合同，其中建设工程合同主要依据住房和城乡建设部与国家工商行政管理总局（现国家市场监督管理总局）发的《建设工程勘察合同（示范文本）》《建设工程设计合同（示范文本）》《建设工程施工合同（示范文本）》《建设工程委托监理合同（示范文本）》四种标准文本。对于没有标准文本的工程咨询、工程管理等合同需要学校有关部门研究制订标准合同文本。合同文本内容主要包括项目名称、合同履行内容及目标，合同金额及支付方式，合同的执行期限、项目保证金预留额度及期限，双方责任及义务，违约及索赔依据，合同份数及生效时间等条款。另外，凡是按项目进度分期付款的合同，要明确约定付款的条件及手续；所有建设合同条款中要约定审计事项，以审计审定金额作为项目的结算依据。合同中还要含维护高校合法权益的相关条款，防止出现承包商低价中标后非法转包，影响项目的建设程序；同时明确违约责任及索赔承担方式，违约金及赔偿金的计算方法应简便易行。

2. 签订符合法规的项目合同

签订合同首先重视合同的谈判工作，对项目的内容、金额、支付方式及

期限、工期、质量、保修期限、违约责任及索赔等条款，主要原材料规格、价格、人工费及各种费率的计取方式等需双方充分协商达成共识，减少合同执行过程中可能产生的纠纷，以降低风险。在此基础上，依据《中华人民共和国民法典》中第三编的相关规定，本着准确、严谨、便于操作的原则，订立合同内容及相关条款签订合同。在签订合同时，应警惕工程施工单位为了承揽项目，采取让利等形式吸引校方，建设过程中又以原材料涨价及工期紧等为由，用洽商及索赔的方式向学校追加索要工程款的情况，对建设期间违约责任、索赔条款及不可预见因素要明确约定，避免因条款操作性差而造成工程延期、质劣、投资失控等情况的发生。

3. 建立合同文档管理系统

选择业务能力强的专业人才担任合同管理工作，监督合同的执行过程，及时发现及处理相关问题，提高应对合同变更洽商及索赔的能力，促进合同履约。依据完整齐全、归类准确、使用便捷的原则，应用计算机编制符合基建要求的文档信息收录管理程序，建立电子合同文档信息管理系统，及时登记录入合同的各种资料和信息，实行合同文档分类管理分区存放的管理模式。对于合同类型广、数量多的建设项目，为了便于管理，可根据合同的类型进行编码，再按照同类合同数量以签订日期的顺序排号。对于建设周期长、按进度付款的合同，记录合同中标注进度的时间点及付款金额，实际完成进度的时间、付款时间及付款金额，作为备查依据。对于有变更洽商的合同，要及时注明洽商的内容、金额及付款时间；涉及索赔的合同，要标明索赔原因，索赔价格及最终确定支付索赔金额。变更洽商需要有设计、施工、监理、甲方（代表学校）四方签字确认后方才有效。索赔项目及金额以合同仲裁部门裁决及法院判决为依据。

（三）加强基建岗位人员素质建设，规范施工管理

① 学校制订《江苏大学工程项目管理审计实施办法（试行）》（江大校〔2019〕235号）、《江苏大学采购供应商失信行为处置办法（试行）》（江大校〔2020〕72号）、《江苏大学基本建设项目管理办法（试行）》（江大校〔2020〕249号）等管理制度，从制度上对项目从设计、招标、合同签订、施工现场管理、验收交付及后续各项工作做了明确规定，制约基建岗位人员权力，减少腐败机会。

② 加强对基建岗位相关人员的廉政风险教育，落实“一岗双责”，进一步强化基建管理人员的道德感和廉耻观，使其不断提高思想素质和道德素

质，防止以权谋私。此外，为避免基建项目管理人员因业务不精而导致的廉政风险点，基建岗位尽可能录用有工程建设相关专业背景的人员，从而确保工程建设的各种管理行为符合相关制度规定，在工程建设管理过程中更好地发挥主体性作用。

③ 加强对监理单位的监管。监理单位作为中介服务机构，代表学校对施工项目进行质量、进度、投资、安全等全方面管理，既要给予充分信任，同时也需强化监管和考核。发现监理人员不称职行为，给予警告或处罚；发现与施工单位串联的，更换监理人员；因监理单位原因造成学校损失的，按合同约定进行索赔；对监理单位严重违约、不负责任的予以终止合同。

（四）严格执行工程变更审批流程

学校制定《江苏大学基本建设项目工程变更签证实施细则（试行）》（江大校〔2020〕250 号），明确规定工程变更应遵循的原则、工程变更提交的程序、工程变更的分级审批权限及对违规行为的责任追究。基建处工程管理科对经监理单位和跟踪审计单位核查认可的“工程变更签证单”复核后提交基建处分管处领导审核，审核未通过的退回整改。审核通过的“工程变更签证单”，基建处工程管理科办理《江苏大学基建处工程变更审批表》报基建处领导签字批准后，由基建处工程科返回给承包人。从严把控工程变更关，做好廉政风险管理。

（五）引入公共监督机制，确保工程验收质量

学校制订《江苏大学基本建设处竣工验收实施细则（试行）》管理制度。在竣工验收过程中由计划科组织，根据工程项目情况用户单位与校相关职能部门［国资处、安保处、信息化处、后勤处（集团）等］参与；对于重大工程和技术复杂工程，根据需要可邀请有关专家参加验收。引入公共监督机制，共同组成验收团队。

高校基建廉洁文化建设是一项长期而艰巨的任务，对维护高校整体利益，保障高校良性发展至关重要，决不容半点疏忽，今后基本建设处将按照现代化管理理念，进一步深入研究风险管理理论，不断提高我校基建项目廉政风险防控的管理水平。

第三节　以生为本　以廉育人——学生工作处廉洁文化建设

习近平总书记指出，我们党作为百年大党，要永葆先进性和纯洁性、永

葆生机活力，必须一刻不停推进党风廉政建设和反腐败斗争。百年大计教育为本，育人之基清廉为要。发挥党的廉洁文化对高校大学生的思想领导和价值指引作用，是新时代高校落实立德树人和推进“三全育人”的重要内容。

江苏大学党委学工部（处）以生为本，以廉育人，聚焦“培养什么人”这一主题，紧扣“怎样培养人”这一主线，紧抓“为谁培养人”这一主责，积极开展廉洁文化建设，实施“铸魂、领航、赋能”三大工程，积极探索新时代大学生廉洁教育新路径。

一、聚焦“培养什么人”这一主题，实施大学生廉洁教育“铸魂”工程

（一）加强廉洁文化建设，营造廉洁教育浓郁氛围

为逐步优化教育政治生态环境，以优良党风带动校风和学风，党委学生工作部（处）领导高度重视，成员之间相互督促配合，多形式营造以廉为荣、以腐为耻的浓厚文化氛围，多举措开展党风廉政教育，创新性打造特色工作模式，着力形成“人人思廉、全员崇廉”的党风廉政建设新格局，不断夯实新时代党的廉洁文化建设在高校大学生群体中的阵地基础。

1. 坚持以生为本，协同廉洁教育与日常工作

党委学工部（处）党支部坚持把抓党风廉政建设与学生管理工作结合起来，深入贯彻落实《关于加强和改进中央和国家机关党的建设的意见》，按照“围绕中心抓党建、抓好党建促发展”的工作思路，结合学生管理工作实际内容，紧密围绕“立德树人”根本任务，深入践行“以生为本”工作理念，在就业创业、社区管理、学生资助、一站式服务等具体工作方面加强廉政建设引导，要求党员教师立足岗位职责、树立服务意识。连续开展“党员亮身份”主题微信宣传，勇挑重担，敢于亮剑，用“严律己”“勤且廉”“热情服务”“爱岗爱校”发出个人承诺最强音。充分发挥“处长信箱”的监督反馈作用，高度重视学生合法权益诉求，追根溯源、责任到人，在持续推动学校师德师风建设的过程中落实党风廉政建设。

2. 坚持打铁必须自身硬，打造高效廉洁学工团队

正人先正己，律人先律己。党委学工部（处）作为学生工作的统筹组织协调部门，十分注重自身的廉洁自律和作风建设，坚持高标准、严要求，打造一支高效、廉洁、和谐的工作团队。

搭建宣传专栏，营造“大环境”。宣传栏以“廉政文化”为主题，紧密围绕“以生为本”工作理念，多样融合“莲”“竹”“梅”等象征廉政意义的设计元素，打造特色廉政文化宣传墙、宣传标语栏及别致扇形宣传标语栏，全方面营造“人人讲廉政，处处见廉政”的文化氛围。以此使党员同志在办公之余眼前常见廉政文化元素，胸中常怀廉洁自律之心，自觉筑牢心中的廉洁“阵地”。

深学廉政党课，提升“免疫力”。依托“三会一课”制度，在组织开展专题廉政党课的基础上，结合《关于新时代加强和改进思想政治工作的意见》《中国共产党组织建设一百年历程、经验及启示》等在支部党员大会开展的常规类党课，充分融入党风廉政教育内容，并在支部委员会、党小组会中逐步深化廉政共识，不断增强党员干部的廉洁意识，进一步规范党员干部行为。

拓宽廉政形式，打好“预防针”。将廉政教育纳入组织生活安排，深入开展读书思廉活动，观看廉政警示教育片，引导党员同志深思、笃行，提升其自我学习、自我思考和自我教育的自觉性及廉洁自律意识。组织观看红色影片，瞻仰爱国主义教育基地，不断深化党性教育，引领党员同志自觉在工作生活中不断增强自我约束力，坚持做到自省、自警、自律。

签订廉政承诺，筑牢“防火墙”。为加强全体党员同志廉政意识，进一步规范关键岗位廉洁自律要求，让主体责任落地生根，党委学工部（处）党支部充分发挥家庭在推进党风廉政建设中的重要作用；持续开展家庭助廉，领导干部带头签订《家庭助廉承诺书》，将廉政教育阵地拓宽到党员家庭，树立良好家风，共同筑起拒腐防腐的家庭防线，做到廉洁修身、廉洁齐家。

坚持谈心谈话，常敲“警示钟”。针对不同谈话对象的特点、情况提出相应要求，做到有的放矢，注重实效，确保责任落实到位。对“关键少数”，注重加强教育引导，推动自觉担当领导责任和示范责任，形成“头雁效应”；对新入职、新提拔调整同志，及时提醒其迅速转变角色，勇于担当、廉政勤政，自觉接受监督。同时，在节假日等关键时间节点前后，重申廉洁自律和作风建设规定要求，明示纪律红线，督促党员干部严格遵守中央八项规定精神，倡导过“廉节”。

（二）加强思想引领，筑牢大学生廉洁思想防线

新时代大学生廉洁文化教育是高校思想政治工作的基本内容和重要环节。大学生廉洁文化教育坚持以理想信念教育为核心，丰富理论学习内涵，

拓展思想教育渠道，强化典型示范作用，线上线下做好大学生思想政治引领和廉洁文化教育，筑牢大学生廉洁思想防线，持续增强高校廉洁文化育人的影响力和实效性。

1. 丰富理论学习内涵，优化廉洁文化内容供给

教育内容是否有趣，能否激发学生的兴趣，能否让学生听得进、记得住，是让学生接受廉洁教育的关键，因此，优化廉洁文化内容供给显得至关重要。首先是了解学生所思所感，开展春、秋学期开学初学生思想动态调研座谈会，全面了解学生开展理论学习教育、社会实践活动及开学初生活、学习的情况；结合新时代大学生的阅读特点和认知习惯，精选廉洁教育相关内容，线上线下编发《大学生思想政治教育学习纲要》《新生教育实施方案》，指导学生进行政治理论学习，提高思想政治素养。此外，还要注重凝练总结思政教育、廉洁教育特色工作做法，编印《大学生党建与思政教育工作专报》，为持续加强大学生思政教育、廉洁教育提供更多可复制、可借鉴、可推广的经验。

2. 创新思政教育方式，拓展廉洁文化建设广度

丰富多样的教育形式是将教育内容转化为学生自发的意识和行为的重要抓手，把廉洁文化融入高校思政教育，开展丰富多样的廉洁校园文化活动，会潜移默化地影响大学生的价值取向和行为规范，促进廉洁校园文化环境的形成，对构建和谐校园具有三方面意义。一是广泛开展红色文化实践活动，强化党史学习教育，提升廉洁文化教育的号召力和感染力，引领学生在社会实践中受教育、强信念；二是开展廉洁文化主题征文，让学生在字里行间感知廉洁文化教育的意义，树立廉洁的理念，构建崇尚廉洁、严谨修学的价值观念；三是组建学生工作处助理团，邀请学生参与学生工作处的学生思想政治教育、日常管理服务、心理健康教育等工作，从而不断提升学生遵守校纪校规的意识和对不良行为的抵抗力、免疫力。

3. 强化典型示范作用，提升廉洁修学文化氛围

校园文化建设不仅表现在教学基础设施建设、校园环境、整体规划和布局及建筑物方面，同时也表现在学生的价值取向、行为规范及思维方式上。新时代大学生廉洁文化教育也要通过培优树典，强化典型示范引领作用，帮助大学生树立积极向上、廉洁自律的价值观。具体而言，常态化开展各级各类大学生先进个人评选、各级各类优秀奖学金评定等工作，积极营造优良校风学风，激励学生奋发进取、争先创优；每年线上线下举办毕业典礼、开学

典礼、表彰大会，立体化做好“校奖风采”“优秀学子风采录”“青春榜样”“毕业星语”“师兄师姐有话说”等优秀学子专题宣传展示，选树培育大学生年度人物，通过积极向上的青春正能量、青春成长故事，引导青年大学生自律自强、向上向善，引领廉洁修学、争先创优的校园文化氛围。

（三）加强日常管理，规范大学生廉洁行为表现

江苏大学始终坚持“以生为本、规范管理、热情服务”工作理念，在学生日常管理上创新工作思路方法，提升服务管理水平，创建优良学风建设，规范大学生廉洁行为表现，推进“三全育人”。

1. 夯实基础，传承弘扬清廉学风

学风是大学精神和文化的集中体现，是学校立校之本、发展之魂。将学风建设作为学校贯彻落实立德树人根本任务的重要载体，多措并举促进学风班风建设；廉洁教育渗透学科教育，以教风带学风，加强大学生思想政治教育，激发学习动力，促进学生艰苦奋斗；加强日常管理，规范学习行为，加大巡考和惩戒力度，坚决反对作弊，一经发现，当即依规处理，杜绝打招呼说情。强化警示教育，通报违纪典型案例，要求全体学生从反面典型案例中吸取教训，严守底线，诚实守信，干净做事，清白做人，自觉落实廉洁自律各项规定。坚持在日常学风建设中，传承廉洁之风，践行中华美德，丰富校园文化内涵，营造崇廉尚洁的浓厚氛围。

2. 完善机制，促进学生廉洁自律

加强每日早操、晚自习和基础文明督查等工作，帮助学生养成自律的习惯；发挥榜样力量，加强身边典型宣传，做好先进班集体评优和单项奖评比工作，树立大学生勤俭节约的消费观；因材施教，完善特殊类学生教育管理机制，做好分类梳理和帮扶工作；进一步创新方案，高效完成毕业生离校工作，积极开展毕业班学生廉洁教育活动；强化日常监督管理，不断提高大学生的道德自律意识，增强拒腐防变能力，筑牢廉洁防线。

3. 反诈防诈，加强廉洁安全教育

我校从拓广度、增强度、求精度等三个方向下功夫，扎实开展防范电信网络诈骗宣传工作，加强社会公德教育，引导艰苦奋斗，筑牢安全防线。加强思想教育，结合入学教育、主题班团活动等，引导学生树立正确的金钱观和价值观，提醒大学生不贪小便宜，不随意接受他人馈赠。线上线下相结合，营造浓厚的防范电信网络诈骗宣传氛围，提高学生识骗防骗能力。加强养成教育和劳动教育，培养学生吃苦耐劳、艰苦朴素、合理消费的优良品

质，自觉抵制社会上的不良诱惑。加强法治宣传，教育学生妥善保管好身份证和“两卡”（手机卡、银行卡），避免成为电信网络诈骗犯罪活动的“工具人”。对于家庭经济困难受资助学生，重点加强网络贷款、注销“校园贷”等方面防范教育，做好经济困难学生精准帮扶，避免其遭受不良社会风气影响，保持廉洁安全行为。

二、紧扣“怎样培养人”这一主线，实施大学生廉洁教育“领航”工程

（一）加强队伍建设，夯实大学生廉洁教育保障

廉洁是教师立身之本。教育部在2018年发布的《新时代高校教师职业行为十项准则》中明确指出，教师要坚守廉洁自律，要严于律己，清廉从教，因此，辅导员自身廉洁教育意识对营造风清气正的廉洁校园文化、夯实大学生廉洁教育有着极其重要的保障作用。

1. 搭建培训平台，树立辅导员廉洁教育意识

树立廉洁教育意识、牢记廉洁教育红线、坚定廉洁教育信念是辅导员开展日常学生工作的重要风向标。如何有效搭建廉洁教育平台，营造高校廉洁文化氛围成为重中之重。我校着力开展三类培训，通过辅导员岗前培训、辅导员党校培训班、辅导员沙龙等活动，邀请校内外专家就廉洁教育开展多形式培训活动，积极引导辅导员在大学生诚信贷款、诚信考试、学生评奖评优、学生干部选举等工作开展中，将廉洁教育文化贯穿始终。通过辅导员的言传身教帮助学生树立正确的价值观、引导学生树立廉洁教育意识，进而形成人人争做讲廉洁的好青年的良好校园廉洁文化。

2. 运用考评指标，建立辅导员廉洁考评机制

建立辅导员廉洁考评机制，挥好廉洁考评指挥棒，落实考评指标，将廉洁教育内化为辅导员的日常工作习惯。学校通过构建涵盖学生测评、学院评议、部门评议、学生熟悉度测试等“四位一体”的评价模式，其中涵盖了诸如“信息公开透明，操作公平公正，评选程序规范”“注重诚信教育，营造优良考风”“按章办事，管理规范”等与廉洁文化相关的关键性事项考核，建立起对全校专兼职辅导员的廉洁教育考评机制。学校根据廉洁教育考评结果，建立辅导员考核负面清单制度，对全年考核排名处于后5%的辅导员予以重点约谈，切实将思想政治素质和业务能力双重考察落到实处，稳步推进

辅导员廉洁育人工作和成效。

3. 创新教育形式，助力辅导员廉洁教育落实落细

大学生作为大学生廉洁文化的主体，学生在哪里，辅导员的工作就在哪里。随着“互联网+”的急速发展，当代大学生大多为“互联网原住民”，辅导员势必要把握好新时代大学生的新特征、创新好廉洁教育的新形式，牢牢抓住网络新阵地，将传统教育平台与网络阵地相结合，进一步将廉洁教育落实落细。我校辅导员充分利用微博、微信、抖音等这些新时代大学生获取信息、互相交流、喜闻乐见的平台，通过图片、漫画、短视频等形式，多渠道对大学生开展“润物细无声”的廉洁教育，拓宽廉洁教育的维度，进而进一步传递廉洁教育文化、营造廉洁教育氛围。

（二）加强就业教育，创新大学生廉洁教育方法

大学生廉洁教育是高校立德树人的重要内容，培育大学生的廉洁意识，帮助大学生树立正确的廉洁观念，使其形成廉洁自律的品格，是促进大学生个人发展的重要一环，也是维护高校风清气正环境，引领社会廉洁风尚的必然选择。

高校毕业生作为即将转变角色、步入新发展领域的学生群体，充分发挥廉洁教育的功能优势，将廉洁教育融合就业育人工作，帮助学生树立正确的就业观、择业观、事业观，引导他们将个人职业选择与求职策略融入经济社会发展中，对培养他们成长成才、奋斗担当、立志报国的精神具有重要意义，更是高校就业工作的重大课题。

当前，随着社会发展和进步，人才竞争也愈演愈烈，对高校招生、人才培养、学生就业等方方面面提出了更高的要求，培养出素质高、专业精、能力强、作风正的合格大学生是当前高校育人工作的重要任务，因此，融入廉洁教育，营造廉政风气能更好地发挥对学生成长成才的指导作用，为大学生创造更为健康、安全的就业环境。

1. 引导学生转变就业观念，树立崇高职业理想

学校始终以立德树人为根本任务，把理想信念教育融于日常管理，把廉洁自律贯穿于始终，坚持以社会主义核心价值观为引领，加强民族精神和优秀传统文化等相关知识的解读与传播，切实帮助大学生特别是毕业生树立“先就业、再择业”的新形势下的价值观念。通过主题班会、谈心谈话、专题实践等形式开展指导工作，引领毕业生以“功成不必在我，建功必定有我”的广阔胸襟立志报效祖国，引导毕业生服务国家战略需要就业、助力基

层发展就业，引导毕业生到基层、到西部、到祖国和人民最需要的地方建功立业，帮助毕业生不断提升个人的职业道德感和社会责任感，为社会主义现代化建设和中华民族的伟大复兴做出自身贡献。

2. 推动廉洁教育进课堂，打造就业育人主阵地

学校是就业育人的主阵地，就业指导是开展大学生廉洁教育的主要形式，要把廉洁教育纳入就业教材和指导课程，深入推动廉洁教育进教材、进课堂、进头脑。创新指导模式，灵活运用案例教学、专题交流、课外实践等多种形式，充分利用现代教育技术手段，增强就业指导的感染力和吸引力，让学生认识到自己廉洁与自我职业密不可分，同时促进学生树立正确的职业道德观念，使学生产生敬廉崇洁的情感体验，让廉洁二字“入耳、入脑、入心”，更要做到“真信、真懂、真用”。同时，结合学生的所学专业，以及未来发展方向，有针对性地进行廉洁教育。例如：对财经类专业学生，要加强国家财经法律法规和会计职业道德规范教育，使他们遵循公私分明、坚持准则的基本要求；对师范专业学生，要加强师德师风教育，培养他们学高为师、身正为范、为人师表的教师职业道德；对医学专业学生，要加强医德医风教育，引导他们弘扬救死扶伤、仁心仁术、尊重生命、精益求精的医学职业精神等。

3. 丰富廉洁教育形式，拓展就业服务大平台

积极探索以网络媒体为载体，弘扬廉洁主流思想，在现有江苏大学智慧就业平台的基础上，配合廉政教育等进一步加强网络宣传，严格对照教育部“三严禁”“四不准”要求审核进校企业资质，规范招聘公告、岗位信息发布，让线上平台内容建设更加规范标准，并将廉洁文化融入平台内容维护，使廉洁教育形式更加丰富，内容更加翔实。

同时，进一步确保“一微一端一平台”内容积极向上，让学生通过线上教学、线上指导、线上求职中感知廉洁教育与廉洁文化，使网络、手机客户端成为就业教育建设的新渠道。同时也利用多媒体方便快捷、概念广、内容丰富、效果好等优势，在线开设廉洁教育专栏，对廉洁教育活动进行实时宣传，使每一名学生都能在获取就业信息的同时感受到廉洁文化熏陶。此外，还可以在政策推介、企业宣讲等网络直播活动中融入廉洁教育，提高大学生对廉洁公正的认知水平，培养大学生勇于践行职业操守和担当社会责任的精神，增强廉洁教育的指向性和实效性。

4. 开展就业法规宣传，提升求职就业公平性

倡导学生严格遵纪守法，恪守做人底线，严格要求自己；引导学生在未来踏上工作岗位之后，懂法守法，办事公正，要严格依法办事，用法律约束自己的行为；在处理具体事务时，树立法律思维，必须要在法律允许的范围内，按照相关规定和相关程序办理事务，不能将个人意志凌驾于法律之上，更不能做违纪违法的事情。学校利用毕业季等重要时间节点，在学生中广泛开展遵纪守法教育宣传活动，丰富学生就业法律知识，提高学生的法律意识。在毕业生求职旺季时期，更要鼓励毕业生在求职过程中坚持公平公正的竞争意识，以正当合法、合情合理的方式获得职业或岗位，不向招聘方提供虚假的个人信息，不虚构在校期间所获得的奖项荣誉、实践经历，不向招聘方相关工作人员进行送礼行贿，不在求职应聘中违规竞争或徇私舞弊，等等。同时，学校也要协助学生处理好签约过程中与企业的解约、缴纳违约金等相关事项，帮助学生顺利完成从学业到职业的过渡。

长期以来，学校始终坚持国家，省委、省政府及教育厅关于促进高校毕业生就业创业的决策部署，坚持立德树人根本任务，把就业工作摆在“为党育人、为国育才”的政治高度，以更大力度、更实举措全方位促进我校就业工作提质增效，促进我校毕业生更加充分更高质量就业，确保我校就业工作大局平稳有序。自 2020 年以来，我校连续三年获批教育部 100 所高校毕业生就业状况布点监测高校；自江苏省教育厅 2020 年实施就业工作量化督导考核以来，我校 2020 年、2021 年全年就业量化督导考核均被获评“A 等次”;《聚力“三式三精”构建“互联网+”就业服务新格局》典型案例入选全国 100 所高校典型案例；学校在就业管理服务、精准指导帮扶、校园供需对接等工作中的典型经验做法及创新举措被人民网、光明网、《中国教育报》、《江苏教育》等各大主流媒体报道并刊载。

（三）加强创业教育，拓展大学生廉洁教育途径

1. 创廉相融，双创素质教育渗透廉洁教育基本内涵

将廉洁教育融入学生创新创业素质教育之中，强化学生健康劳动观、科学财富观、正确法制观和良好道德观的引导。在培养学生创新精神、创新意识和创新创业能力的同时，积极探索廉洁教育与“精益创业与实战”“大学生创业计划与实践”“创业资源管理”等双创理论课程交织互融的双创教育新模式，不断打造“企业廉洁文化宣讲”“知识产权意识内涵解读”“新时代企业健康财税体制介绍”等廉洁教育新平台，同时，深挖中华传统文化中

的廉洁要求，基于反腐倡廉的核心价值观，深入开展思创融合系列选修课程，帮助同学们树立清廉做人、廉洁做事的观念。同时，根据双创素质教育课程的差异性，兼顾不同专业学生的实际情况，开发多样化创廉课程体系，发挥教育综合功能效应，确保清廉教育的效果，持续营造廉洁教育春风化雨的环境，为后续廉洁教育夯实基础。

2. 管廉联动，双创管理体系彰显廉洁教育联动效应

高校学生管理的每一个环节和内容都深刻影响着学生廉洁价值观的形成，创新创业学院的管理和创新创业基地的管理作为双创管理体系的重要内容，对学生廉洁品质的形成具有重要意义。因此，既要强化双创管理体系引导学生培育廉洁品质的功能，又要保证双创管理体系建设过程和实施行为的廉洁，在公正、公开、透明的环境中，让双创管理服务于大学生廉洁教育，让廉洁教育推动双创管理体系的建设和发展。在创新创业学院学员招生选拔与结业认定、大学生创新创业奖学金评定、创新创业导师聘任与管理和大学创新创业基地项目征集等管理工作中，健全管理方案，严格管理流程，量化考核指标，在学员选拔、奖学金认定、导师聘任和项目征集过程中切实做到公平竞争，信息公开透明，接受全校师生监督。同时，鼓励支持学生发挥自我管理的作用，积极完善创新创业学院班级廉洁文化建设制度，不断推进大学生创业联盟廉洁管理工作，树立廉洁品质与双创精神双典型，激发学生荣誉感、集体感，在自我管理中主动践行廉洁观念。在廉洁教育方面，正确引导学生个体的价值取向和价值判断标准，积极探索廉洁教育对学生整体价值取向和行为起到导向作用，实现管理育人。

3. 以文养廉，双创日常活动构建廉洁教育文化载体

校园文化在大学生廉洁教育中占据着至关重要的地位，通过将廉洁教育渗透到校园文化中，能够让大学生在潜移默化中形成廉洁意识，对于提高廉洁教育效率具有非常重要的作用。通过双创日常活动营造良好的廉洁文化氛围，使校园廉洁文化在潜移默化中感染学生，在大学生群体中充分发挥廉洁文化的导向性、内聚性和激励性等功能特性。定期举办创客脱口秀暨朋辈导师分享会，以学生自身创新创业经历为视角，在帮助学生理解“诚信创新，廉洁创业”的深刻内涵，浓郁校园创新创业氛围的同时，营造良好的廉洁风气；定期开展师说系列公开课活动，从企业运营和管理的角度，揭示“诚信创业”“商业诚信”对企业健康发展的重要意义，帮助同学们了解企业廉洁文化建设，为未来创业达人奠定廉洁基础；开展形式

多样的创新创业指导活动，帮助学生理解“与人为善”对创新创业团队建设的重要意义，鼓励学生在创新创业过程中发扬“与人为善，诚实可信”的人格修养；创新创业学院举办素质拓展团体训练，在训练同学们创新思维的同时，帮助同学们深刻领悟个人利益和集体利益的关系。以丰富多彩的双创日常活动作为廉洁文化载体，让学生们亲身感受健康向上的廉洁文化。

4. 以赛促廉，各类双创竞赛搭建廉洁教育实践平台

各类创新创业赛事是激发大学生创新精神、创业思维的重要举措，也是大学生创新创业能力实践的优质平台。一般来说，实践活动是提升学生理论素养、道德素养、政治素养，探索大学生培养社会主义核心价值体系的模式。因此，廉洁教育不仅要提高学生的廉洁意识、帮助学生树立廉洁观念、建设校园廉洁文化环境，更需要将廉洁教育付诸实践，只有在实践中才能发挥廉洁教育的作用，才能进一步巩固廉洁教育的成效。在江苏大学“赢在江大·互联网+”大学生创业精英挑战赛、中国国际“互联网+”大学生创新创业大赛省赛和国赛中，引导参赛学生在公平竞争的同时，践行社会主义核心价值观，确保参赛项目真实、健康、合法，严格审查所涉及的发明创造、专利技术、资源等知识产权或物权归属问题，杜绝一切抄袭盗用他人成果、提供虚假材料等违反相关法律法规和违背大赛精神的行为。在各类创新创业竞赛中，培养学生创新创业精神的同时渗透艰苦奋斗的革命精神，将廉洁文化中诚信、讲道德等内容融入这些实践活动，从而丰富廉洁教育的内容，拓宽廉洁教育的渠道。

三、紧抓“为谁培养人”这一主责，实施大学生廉洁教育“赋能”工程

（一）加强资助育人，提升大学生廉洁文化品德

“廉”，意味着人的品行端方。廉洁文化不仅是中国特色社会主义文化建设的重要组成部分，更是立德树人背景下教育工作的重中之重。《高校思想政治工作质量提升工程实施纲要》提出要完善育人机制，构建“十大”育人体系，明确资助育人要构建物质帮助、道德浸润、能力拓展、精神激励有效融合的资助育人长效机制，要着力培养受助学生自立自强、诚实守信、知恩感恩、勇于担当的良好品质。其中，诚实守信、勇于担当与廉洁文化的

新要求高度统一。江苏大学以“立德树人”为根本任务，根据家庭经济困难学生的实际，合理整合配置各种资助资源，力争在经济上帮助学生，在精神上培育学生，在能力上锻炼学生，奋力提升大学生廉洁品德。

1. 在体制构建中加强廉洁文化教育

（1）强化组织领导，筑牢廉洁保障

建立“学校奖贷基金工作领导小组、学生工作处学生资助管理中心、学院资助工作小组、年级（专业）资助工作小组、班级资助信息员”五层级资助工作机制，加强学生资助工作的顶层设计，建立学生资助管理工作规范，从政策层面提升学校学生资助工作规范化水平。学校奖贷基金工作领导小组制定考评办法，党委学工部（处）、研究生工作部强化监督机制，保障资助政策措施落地。完善的工作机构和明确的工作职责，为我校公平、公正、公开地开展廉洁资助工作提供了体制机制保障。

（2）规范资金发放，强化廉洁管理

提高政治站位，强化廉洁管理，实现资金分配精准、资助标准精准、发放时间精准，确保家庭经济困难学生应助尽助，实现经济帮扶全覆盖。资金发放前，结合实际情况，认真梳理资助政策和项目，查漏补缺，做到应助尽助；同时积极规范资金发放流程，强化对资金的审核监管，确保学生资助资金及时发放；资金发放后，加强大数据共享力度，按年度撰写学生资助政策、资金落实情况自查报告，整体完善工作推进机制，细化工作举措，确保每一笔资金都能规范、高效地发放到学生手中，切实提高资金使用效率。

2. 在育人实践中浸润廉洁文化教育

（1）依托专项资助，融入廉洁文化教育

注重“扶困”与“扶智、扶志”并行，在实施精准资助的同时，积极融入廉洁育人元素，切实发挥资助育人功效。在奖学金的评选环节，重视全面考查学生在道德品质、学习成绩、创新实践、志愿奉献等方面的综合表现，培养学生的奋斗精神和感恩意识，强化公道正派，恪守宗旨的廉洁文化品质；在助学金、学费减免、临时困难补助等申请发放环节，深入开展励志教育和感恩教育，培养学生爱党爱国爱社会主义意识，强化廉洁文化中廉洁自律，秉公办事；在国家助学贷款办理过程中，深入开展诚信教育和金融常识教育，提升学生法律意识、风险防范意识和契约精神，强化廉洁文化中诚实守信，遵纪守法；在勤工助学活动开展环节，引导家庭经济困难学生通过刻苦学习、努力工作获得资助，着力培养家庭经济困难学生自强不息、创新创业的进取精神，强化廉洁文化中爱岗敬业，廉洁高效。17年来，江苏大学始终坚持“项目化、规范化、长期化”的理念打造“给我一个家”资助育人品牌项目，从心理、学业、人际交往等各方面定向帮助110名家庭经济困难及孤儿大学生群体，全方位引导他们从身边小事做起，讲诚信、奉孝廉，廉洁做人，以亲身实践指引他们将廉政文化发扬光大。

（2）开展主题教育，培育廉洁文化精神

在家庭经济困难学生从入学到毕业的全过程中，多渠道开展感恩、励志、诚信、理想信念等主题教育，积极融入廉政文化精神实质并渗透至其学习生活各方面，以达到传承廉洁文化、践行廉洁行为、提升廉洁意识的目的，切实发挥“1+1>2”的资助育人成效。从廉洁文化建设的精神层面着手，崇德尚廉、崇廉拒腐，定期为受助学生开展党史学习教育等，培养家庭经济困难学生坚定的理想信念及爱党爱国爱社会主义意识；结合受助学生的成长需求，对学业困难的学生采取“1+1”朋辈结对，帮助他们掌握学习方法，提升学习能力；依托社会实践、志愿服务等形式，帮助他们学知识、长见识、增才干、强素质，接受思想熏陶和精神洗礼，立稳为人清廉的人生支柱，淬炼甘于奉献的高尚品格。

3. 在资助宣传中深化廉洁文化教育

（1）加强资助宣传，融合廉洁文化教育

精准把握资助政策宣传“三时三面两线”，同步进行廉洁文化教育的宣传，切实了解廉洁文化的大众性、权力性、职业性和公共性特征。在“招生时、报到时、毕业时”三个关键时点，从录取通知书中的资助政策宣传、绿色通道、各类奖助学金、助学贷款、勤工助学、临时困难补助、学费减免到毕业离校的就业学费补偿等资助政策中，融入诚实守信、廉洁自律的廉洁文化教育，覆盖“社会、家庭、学校”三个层面，在全社会营造良好的廉洁氛围，以健康向上的廉洁文化充实社会公众的精神世界。融合“线上、线下”两条主线，利用校电视台、校广播台、校报、校园网、微信公众号、主题班会等形式，让家庭经济困难学生及其家长知晓国家、地方和学校学生资助政策。

（2）深化诚信教育，提升廉洁文化品德

多年来，我校高度重视诚信教育，坚持“全面部署、精准施策、确保实效”原则，创新性地开展以“诚信教育守初心 砥砺前行担使命”为主题的诚信教育月系列活动，活动内容主要包括诚信专题教育、诚信文化活动两大部分。诚信专题教育依托主题讲座、案例警示等方式帮助家庭经济困难学生树立正确的消费观与价值观，提升廉洁文化品德；诚信文化活动依托知识竞赛、演讲比赛、主题征文等，将诚信教育与党史学习、文化传承、廉政教育等紧密结合起来，营造诚实守信的校园文化氛围，切实增强当代大学生的诚信意识和责任担当，在全校范围内产生良好的教育效果。依托“学生资助宣传大使”，以朋辈的力量，多样化、多渠道地开展学生资助政策的宣传和解读活动，激发受助学生的廉洁和诚信意识。结合学院实际和专业特色，分层分类开展诚信教育活动，引导学生明晰诚信的本质和内涵、诚信与道德、诚信与廉洁文化的关系，筑牢廉洁文化“钢墙”，提升廉洁文化品德。

（二）加强心理育人，涵养大学生廉洁文化品格

江苏大学秉持“以立德树人为根本，增强全员心理育人意识，实施全过程和全方位的心理健康教育，努力提升全体学生的心理健康素养”的新“一本四全”理念开展心理育人工作，着力塑造学生廉政人格，构建江苏大学“12345”心理育人工作格局，将廉洁文化教育浸入队伍建设、教育教学、实践活动、咨询服务和心理危机预防干预各个环节，五措并举，共同服务于“育人”核心，着力培育具备“自律、自觉、自信、自省、自控”廉洁人格的社会主义合格接班人与建设者。

1. 队伍建设彰显廉洁文化品格

师资保障到位，统一思想认识，专兼结合，师生协同，形成心理育人合力。提升全校教职员工，尤其是辅导员、学业导师、研究生导师、专业课教师的廉洁执教意识。使全体教职工能抵得住诱惑，撑得住信念，耐得住寂寞，守得住清贫，廉洁自律，强化心理育人意识，主动学习，加强心理育人能力。开展分层分类培训，着重实施辅导员心理健康教育意识与能力提升计划，将其纳入辅导员工作技能提升专题培训班整体规划；优化学生心理骨干队伍体制建设，修订完善《江苏大学心理委员管理办法》与《江苏大学心理信息员管理办法》，每年更新《江苏大学心理委员、心理信息员工作手册》；学生心理骨干队伍实施“知悟行”三阶培育体系，合理筛选，实施全年培训计划，先参与体验提升认知，再结合理论自我体悟，后实践督导落实行动，强调“廉洁自律 从我做起”。

2. 课堂建设融入廉洁文化教育

建设好心理健康教育教学“现实课堂”与心理微课慕课“虚拟课堂”两个平台。“现实课堂”通过“学业规划概论”必修课，“大学生心理健康

教育”“幸福心理学”“大学生职业生涯规划”等选修课，压力管理、挫折教育、积极心理、生命教育等专题讲座的形式，将“廉洁”理念融入课堂教育，按照“提升理念—锤炼品德—塑造人格”的思路将廉洁教育与心理教育有机结合，覆盖全员。“虚拟课堂”依托江苏大学心理辅导员工作室——江心工作室平台，以学生需求为导向，建设心理微课群，围绕时事热点发布“江心小课堂”系列微信，在日常点滴中渗透“廉洁”理念，以线上资源补充线下课程体系，激发学生廉洁“自觉”意识。

3. 三环紧扣开展廉洁文化实践

心育活动由学校、学院、心理社团三维协同，活动内容结合时节、结合需求、结合热点三元并重，活动效果注重营造氛围、锻炼队伍、个体成长三环紧扣。江苏大学组织开展“3·20”“5·25”“9·20”“12·5”四季引领心理健康系列活动，校院联动，开展“一院一心”特色品牌活动评比，每年累计开展活动近200场次，覆盖1万多学子。活动申报、经费预算、总结宣传各环节，加强监管，确保廉洁有序。在多种形式活动中注重激发学生主体意识，培育“自信”品质，如在受学业警告学生帮扶教育活动中融入党史学习教育，传颂优秀共产党员的廉洁故事，在生涯规划活动中开展价值观调查，正向导引。

4. 四维协同开展心理咨询服务

心理咨询服务构建咨询主体专兼结合，服务对象分层分类，工作形式双线结合，工作落实多维循环的四维协同机制，注重咨询服务靶向性，提升在廉洁人格塑造过程中学生的“自省”觉察力。充分发掘学校资源，借助广大教师力量，目前组建了26人的专兼职心理咨询师队伍，全天候服务、全通道运行；建立落实学校心理健康中心专职教师联系学院制度，构建网格化心理健康教育模式，畅通信息反馈与专业指导通道，点对点对接，个性化指导，片区化管理，精准化服务；形成完善的心理督导机制，全面提升咨询师专业技能与心理服务效果；构建受学业警告学生帮扶长效机制，实施全程性、连续性、系统性的系列帮扶举措。

5. 五项举措坚守危机预防底线

“校—院—班—舍—人”五级网络纵轴到底、“社会、学校、家庭”三维联动横轴拓展、心理动态全程监测、特殊群体建档帮扶、特殊时节重点关注，五项举措沉底盖边，筑牢校园心理安全底线，磨炼学生“自控”意志，提升耐挫抗压力。畅通信息传达反馈渠道，构建“点、线、面、体”完备体系；建立心理危机个案家校联动、医校协作机制，建立学生诊疗绿色通道；构建过程性心理健康检测系统，开展新生、老生心理普查，并对筛查重点对象进行回访，保证普查率与干预率100%；构建日常性心理健康监测系统，以学生心理问题早发现、早研判、早预警、早处置为目标，实施“三色预警”对象心理动态月报制、精神疾患建档（学）期报制，对重点对象加强日常观察、深度辅导与主动干预，精准化开展危机预防工作。

（三）加强服务育人，提高大学生廉洁教育品质

为解决学生事务管理中参与部门过多、办公地点分散、数据无法共享的弊病，2018年1月，江苏大学在最贴近学生的公寓社区中成立“大厅式、一站制、专业化”的“一站式”学生事务与发展中心（以下简称“中心”），将与学生事务相关的部门集中整合在同一层级、同一区域，不仅实现了以生为本、高效办公的目标，还发挥了服务育人协同效应，成为开展大学生廉洁教育的重要平台。中心通过“润物无声”的教育方法，将廉洁教育融入学生日常事务的方方面面，让学生身在其中自觉受到洗礼，养成廉洁习惯、塑造廉洁品质、提高拒腐防变能力。

廉洁品质是大学生廉洁意识和廉洁行为的有机统一，它不仅是一种道德习惯，更是一种自觉行为。它有三个特征，一是公德性，要求大学生服务社会、爱岗敬业、诚实守信、清正廉洁；二是法纪性与纪律性，要求大学生遵纪守法和遵守规章制度，三是主体性，要求大学生自觉修身，勤俭节约，艰苦奋斗。提高大学生廉洁教育的品质，不仅应该教育大学生懂得什么是廉洁，更要促使大学生树立拒腐防变的生活态度和价值取向，让大学生在实践中形成廉洁行为，并经过长时间的积累和凝聚，最终转化为廉洁习惯。

1. 在管理服务中培育廉洁意识

“一站式”学生事务与发展中心工作人员廉洁清正的形象会成为大学生乐于接受廉洁教育的重要诱因，公正廉洁的服务行为会使大学生更容易对廉洁产生认同感，从而坚定廉洁的价值观。为了充分发挥引导示范作用，促使窗口服务工作更加廉洁、高效、规范，“一站式”学生事务与发展中心定期总结服务情况、完善工作流程、健全规章制度，逐步建立廉政风险防控工作的长效机制，在潜移默化中实现廉洁教育“渗透”。

① 完善廉政制度。“一站式”学生事务与发展中心围绕廉政工作要求构建详细周全的管理制度体系，落实日巡查、月小结、季通报、年考核的管理考核机制，确保廉洁服务要求落地落实。窗口实行取号叫号制度，严格按照

受理时间先后顺序办理，工作人员没有选择性办件权限。公开设立意见箱、中心电话、建议邮箱、网站留言板等监督反馈模块，时刻接收师生监督意见。

② 倡导职业道德。中心每月组织一次集中学习，强化对窗口工作人员的廉政教育，坚持廉洁行政、严格自律、遵守原则，一切按规章制度办事、不徇私枉法；督促他们不断提高服务意识，优化服务流程，打造清廉、贴心的服务形象。

③ 提升服务效率。中心积极推动窗口服务平台、网上服务平台、自助服务平台“三位一体”融合发展，逐条、逐项厘清服务事项，明确重点环节和防控风险，不断精简材料、简化流程、优化服务，使工作职责更清晰、业务流程更规范、权力运行更透明，切实做到服务审批公开、公平、公正。

2. 在文化塑造中引导廉洁观念

校园文化对大学生思想观念的形成具有直接、持久、深刻、隐性的影响，崇廉尚俭的校园文化可以充分激励大学生自觉养成廉洁自律的行为习惯，是推动廉洁教育发展的无形力量。中心利用丰富的校园文化资源开展多种廉洁教育活动，进而提高廉洁教育的实效性。

① 营造廉洁文化氛围。“墙上阵地”处处宣廉。中心利用电子显示屏、海报展板等方式，常态化宣传廉政警示语、弘扬社会主义核心价值观，生动有趣的廉洁文化标识，让学生随时感受廉政文化的熏陶和教育。“桌上阵地”时时警廉。中心为教师办公电脑、学生公用电脑安装设置廉政警示屏保和桌面壁纸，使用人举目可见，时刻警醒，不忘廉洁自律，克己奉公。

② 丰富廉洁教育活动。中心在做好日常事务服务的基础上，针对大学生思维和心理的发展特点开展多元服务教育活动，引导学生树立廉洁观念。定期举办“毕业服务季”“留学服务季”等品牌特色活动，通过严谨认真的服务教育学生诚信学术、诚信就业、诚信升学。联合派驻单位共同开展“一窗口一品牌”特色项目，开设财务知识小课堂，为学生讲解报销制度及流程，倡导勤俭节约、合理报销；举办爱国主义教育讲座，呼吁大学生将个人利益同国家、民族、社会的利益结合起来，树立清正廉洁、为民服务的崇高意识。

3. 在实践活动中养成廉洁习惯

开展大学生廉洁教育，最终要落实到大学生的“行”上，让学生在处理日常生活的矛盾中增强对廉洁理论的感知，促进廉洁认知、廉洁品质的形成，最终达到言行一致、知行统一，自觉践行廉洁行为规范，自觉参与反腐败斗争。

① 让学生参与廉洁服务实践。设置勤工助学岗位及志愿服务岗位，将廉洁教育与服务同学相结合，让大学生在具体的活动中甄别各种不良行为倾向，实现廉洁教育认知与行为的统一。培养具有廉洁品质的大学生助理，使其通过一言一行来引导和帮助周围的同学，实现“以点带面”的朋辈教育效果。

② 让学生参与学校建设发展。定期开展问卷调查、主题座谈会等活动，鼓励学生积极投入服务质量监督和服务事项优化工作，以主人翁姿态参与学校的建设发展。学生在监督谋划过程中得到校方的积极反馈与肯定，会将廉洁约束转化为廉洁情感，将“你应该廉洁”升华为“我也应当廉洁、我必须廉洁”，进而提高廉洁意识培育的主动性，达到廉洁教育“内化于心、外化于行”的目标。

青年兴则国家兴，青年强则国家强。实现中华民族伟大复兴，归根结底要靠“有德人才”。坚持党对教育事业的全面领导，坚持立德树人，重视对大学生的廉洁教育，才能培养德智体美劳全面发展的社会主义建设者和接班人，为实现中华民族伟大复兴提供坚强的政治保障和有力的人才支撑。江苏大学党委学工部（处）整合学校、社会多方育人力量，将廉洁教育渗透在服务学生全过程中，从而引导学生加强内在修养，保持廉洁自律的品行操守。

第四节　提升教师学术道德的新境界
——科学技术处廉洁文化建设

党中央高度重视廉洁文化建设，强调反对腐败、建设廉洁政治，是我们党一贯坚持的鲜明政治立场，是党自我革命必须长期抓好的重大政治任务。廉洁文化建设是中国特色社会主义文化的组成部分，也是建成文化强国的重要支撑。廉洁文化建设是反腐倡廉的基础性工程，是拒腐防变的第一道防线，是从源头上预防腐败的重要举措。新时代高校要深入贯彻落实习近平总书记关于廉洁文化建设的重要论述精神，营造廉洁文化建设良好氛围。

一、科研廉洁文化建设的时代背景

科研领域的廉洁文化是高校教师关于廉洁的认知、行为规范和与之相适应的科研行为、社会评价的综合反映。加强高校科研领域廉洁文化建设对于在高校教师中形成廉荣贪耻的思想道德基础和文化氛围，从源头上预防和减少科研领域腐败现象的发生，更好地履行职能，具有十分重要的意义。

随着国家科研经费的投入不断加大，高校科研经费大幅增加，科研工作、科研设备采购、基地平台建设等的开支不断增加，容易导致科研领域一些腐败现象的发生，迫切需要推进高校反腐倡廉各项工作，抵制学术腐败和学术不端行为，努力形成严谨务实、勇于创新的学术氛围，为科研工作营造一个宽松和谐、廉洁高效的氛围，为高校事业又好又快发展提供有力保障。

二、科研廉洁文化建设的创新实践

针对高校科研工作是常态、研究领域分工细的特点，江苏大学科研管理部门始终把廉洁文化建设贯穿于反腐倡廉教育的全过程。以精神引领、氛围营造、内外兼修、科学管理为廉洁文化建设总体思路，在实际工作中谋划、推进科研廉洁。

（一）强化思想认识，营造良好氛围

江苏大学科研管理部门，秉承“博学、求是、明德”的校训和“自强厚德，实干求真”的江大精神，将廉洁思想与学校争创“双一流”战略定位相统一，按照学校党委理论中心组安排，支部专题学习党的十九大以来一系列反腐倡廉新规定；建立严格落实中央“八项规定”和“反四风”长效机制。专题学习及各项活动主导旨在明晰纪律规矩，固化于心；弘扬良好风气，外化于行；结合反面典型警廉活动着重强化警示教育，震慑内心；同时通过经典诵读等传承和传播廉洁文化。

在活动安排方面，分普通教师、学院分管科研的领导、科研管理部门内部三个层级开展廉洁文化宣传活动。在全校教师中深入开展“知红线、守底线、不触线”系列廉洁教育活动，将国家部委、省厅及学校科研诚信相关政策文件、典型案例等上传至部门网站，供广大教师学习，并引以为戒，形成长效警示机制；编制《江苏大学师德师风建设文件汇编》手册，便于全体教职工随身携带；邀请专家做《加强科研诚信建设，构建风清气正的学术风气》专题报告。报告强调团队负责人、项目（课题）负责人、研究生导师应肩负起应有的科研诚信管理责任，要充分发挥言传身教作用；落实谈心谈话制度，开展嵌入式廉政教育。

针对学院分管科研的院领导，在项目集中申报期间、重大节日期间通过微信群发送廉政提醒，提醒干部筑牢廉政防线，不断增强“四个意识”；通过每月科研院长例会宣讲解读工作中容易触碰的红线底线行为和典型案例，以案促思，以案明纪；在例会中反复强调学术安全、学术道德、意识形态工作，坚持预防与惩治并举、自律与监督并重，对学术不端零容忍，营造诚实守信、追求真理、崇尚创新、鼓励探索的良好氛围；不断压实分管院长的职责，要求学校二级单位、相关职能部门在维护学术道德与诚信方面须履职尽责，要将科研诚信融入科技计划管理全过程，全面实施科研诚信承诺制度，并加强科研诚信宣传教育；保持对严重违背科研诚信要求的行为严厉打击的态势，坚持零容忍；加强科研成果管理，建立学术论文发表诚信承诺制度、探索科研过程可追溯制度，进一步优化科研评价，充分发挥好学术评价对学术研究的引导作用，形成良好的学术生态。

在科研管理部门内部，每年组织支部书记给部门全体党员上党课，各分管副处长深入各个科室结合工作案例开展廉洁谈话，有针对性地用科研教育领域的违法违纪案件对职工进行廉政警示教育。组织全体职工观看《焦裕禄》《赵亚夫》等廉政教育片，以及《忏悔录》等警示教育片，注重先进示范教育与反面警示教育相结合。对部门新入职工作人员开展岗位廉政教育，对新任用科级干部开展任前廉政谈话，组织参观廉政教育基地。此外，常年在部门内开展经典诵读、廉洁文化联合创建活动。

（二）夯实工作基础，完善工作制度

1. 健全工作制度

近年来，江苏大学科研管理部门逐步修订完善原有制度，注重突出高校特点，把廉洁文化建设与深入贯彻落实中央八项规定和学校制定的改进工作作风、密切联系群众的若干规定结合起来。先后制定、修订《江苏大学学术道德规范》《江苏大学学术不端行为调查处理规程》《江苏大学科研诚信与信用管理暂行办法》《江苏大学师生学术规范与学术道德读本》《江苏大学科研经费管理办法》《江苏大学科研项目结题结账及结余经费管理办法》《江苏大学科研项目间接费用管理办法》等文件。严格规定科研管理内容与范畴、科研项目管理流程，以及科研经费预算、使用与决算等基本要求，明确科研管理纪律，从源头上堵塞科研管理廉政风险防控漏洞。建立涵盖高校科研管理廉政风险防控相关部门、二级院系和科研机构、项目（课题）主持人的廉政风险防控三级管理责任制，明确不同主体的权责体系，层层分解，力求权责明晰、责任到人，为规范学术行为、严明学术纪律、强化学术诚信意识、营造廉洁环境提供制度保障。

2. 科学制定科研管理廉政风险防控方案

在方案制定层面，江苏大学科研管理部门以岗位职责为基础，以科研管理权力监督与制约为核心，以提升科研管理质量为目标，设计切实可行的廉政风险防控计划方案。以年度为周期，根据部门职权变更、职能转变和预防科研腐败工作的新要求，及时更新调整职权目录、运行流程图等，及时找出科研道德、科研管理岗位职责、科研管理流程、科研管理制度、科研环境等方面的廉政风险点，对科研管理廉政风险加以评估、分级分类，明确廉政风险的信度、效度、强度、频度。将权力清单制度导入高校科研管理廉政风险防控工作，依法确权清权，规范权力运行程序，确立廉政风险点。

在方案执行层面，加强科研管理廉政风险防控的组织领导，根据科研管理权力运行流程，明确科研、财务等相关部门在科研管理廉政风险防控中的职能边界，由专人负责协调科研管理廉政风险。试行相关部门的联席会议制度，定期召开防控协调会，实现信息共享。

在风险点监控方面，江苏大学科研管理部门定期督查重点科技计划项目，加强科研项目绩效评价，要求项目负责人积极配合相关部门，做好财务审计、财务验收等工作，并及时报告项目情况。对科技计划项目的实施质量、效益、进度、预算编制和科研经费使用情况进行定期跟踪检查，重点督查科研管理腐败风险易发、多发的重点领域、重点课题和关键科研管理环节，及时查找、发现并分析科研项目实施过程中的偏差及成因，采取有效措施加以解决。

（三）改进科研管理目标考核体系

目标考核是高校科研管理的重要内容之一，是根据学校中长期发展规划中的科研发展规划来构建与之对应的考核指标体系，每个指标是对科研目标的进一步分解和对其具体任务与措施的落实。目标考核的指标体系设置要符合学校发展体系中的科研发展目标要求，要科学、合理地设置符合实际情况的指标及其相应权重。各二级学院通过分析科研考核指标及相应的目标值来制定合理的举措，激活教师的科研活力、发挥教师的科研潜力，结合学校创建高水平研究型大学的总体目标，结合廉洁文化建设、“破五唯”工作要求，合理构建目标考核体系，对促进学校总体科研目标的实现具有非常重要的意义。

1. 科研目标考核体系的制定原则

近年来江苏大学科研管理部门按照学校制定的“十三五”“十四五”的中长期目标情况，合理制定年度目标，确保短期目标与中长期目标能够有效衔接，保持一致；在考核体系中将指标分为定量指标和定性指标，定量指标通过量化的值来确定；定性指标需要借助领域专家的经验来进行评估；在指标制定时充分考虑定性考核和定量考核相结合的原则；注重共性目标与激励目标相结合合理设置国家级科研项目数、科研经费、成果转化等共性指标，同时根据学院、学科发展的特点，设置一些激励指标，比如国家级奖项、国家级科研平台等。

2. 科研考核指标的设定

考核指标的栏目设定是科研管理目标考核体系构建的关键内容，要与总体考核目标相对应。指标栏目由一级指标栏目和二级指标栏目组成：一级考核指标栏目由科研项目、科研成果和科研平台、社会服务等组成；二级指标栏目是对一级指标的进一步细化，细分为国家级科研项目获批、师均科研经费、科技成果奖、学术著作等。在指标栏目设置完成后，还需要对考核指标的权重及目标值进行设定。权重的大小体现考核指标在考核体系中的重要程度，而考核目标值的设定将直接影响到考核效果。目标值设定时需要科研管理部门充分了解各二级单位的师资力量、现有科研实力和未来的潜力。

3. 考核反馈和奖惩

考核奖惩是目标考核体系的一个重要内容，是目标考核体系得以顺利实施的重要保障。在完成目标考核的评价后，将考核结果以一定的形式反馈给被考核对象，考核对象可以通过考核反馈来不断修正自己的措施和方法，从而不断提升完成目标考核的成效。对任务完成好的单位给予奖励，对未能完成任务的单位实施惩罚，促进其努力研究、分析原因，为来年完成考核目标而努力，奖惩制度的实施有效地激励了学院领导班子和教师更加努力地开展科研工作。

（四）优化过程管理，提升服务质量

江苏大学科研管理部门依据国家及省政府“放管服”有关文件，以进一步提升服务质量，为科研人员“减负”、降低科研经费管理中的廉政风险为目标，经过充分的调研，逐步优化、精简办事流程，改善科研经费管理事务审批流程复杂、经费报销手续烦琐、经费预算管理僵化等问题，为广大学校教师提供更为便捷的服务。

在项目申报环节，特别是限项项目申报、学校资助项目申报时，学校科研管理部门公开评审过程、随机抽取评审专家、鼓励“揭榜挂帅”“同台竞技”，真正做到评选程序公开透明，做到优中选优；在经费预算环节，项目负责人可根据项目批准方的要求，在科研活动实际需要范围内自主调整直接费用各项经费支出，不受比例限制，科研管理部门负责调剂审批，解决了过去科研项目预算规定过于死板、预算项目间不易调剂的问题；在经费执行环节，克服数据系统横跨科研、财务两个部门的困难，在数据管理上逐步实现同步管理，共享信息；在经费结余环节，科研项目完成任务目标并通过验收后，不仅要对科研成果进行绩效评价，还要对经费预算执行过程进行考核，仔细审核项目决算；对于结余经费采取有效的监管，防范项目结余经费违反相关支出规定或回避监管。

（五）探索工作方法，注重“三个结合”

1. 注重与党建等工作相结合

江苏大学科研管理部门坚持以“提升党建工作水平，服务学校发展”为主题，深入推进党建与党风廉政建设，扎实推进学校科研事业发展，为学校创建高水平研究型大学提供有力保障。以加强自身建设为基础，以提高党组织的凝聚力和战斗力为重点，努力把支部党建工作、党风廉政工作、廉洁文化建设同时放在重要位置抓紧抓好，推动整体事业的发展 。在引领全校教师提升科研能力、完善部门服务能力、提升部门职工整体素质上下功夫，为完成学校全年科研工作任务，提供了可靠的组织保证。

2. 注重丰富内容与拓展载体结合

在会议室、走廊设立专门的廉洁文化宣传墙，通过设立宣传展板，提供廉洁文化书籍、音像资料，拓展廉洁文化的宣传阵地；在校内主要宣传橱窗设立廉洁教育户外宣传栏和电子屏，营造良好的廉政文化氛围；办公区廊厅悬挂廉洁警示、温馨提示展板，办公桌摆放党员示范岗、廉洁提示牌，征订《党风廉政建设》等廉政报刊，时刻提醒部门职工廉洁从政；在全校师生中开展征集廉政警句格言活动，组织师生结合工作、学习实际，从自我原创、理想信念、自警自律、廉洁从政、名人名言、服务“三农”、传承“知农爱农”等方面编写彰显农业科技特色的廉政警句格言；在艺术学院举办廉政书画摄影展，在书法、绘画、摄影爱好者中广泛征集作品，并选送参展。

3. 注重与其他部门工作结合

科研廉洁工作，不仅需要科研管理部门的组织落实，也离不开其他部门的配合。科技处、社科处联合党委宣传部、党委教师工作部、知识产权学院等多部门联合发布“关于组织开展江苏大学师德师风、科研诚信和学术道德规范专题学习教育活动的通知”，发放《江苏大学师德师风建设文件汇编》学习材料，要求各学院通过小组会、报告会、宣讲会、设置专题宣传栏等多种形式，学习宣传“习近平同志关于科学道德和学风建设的重要指示精神”、国家科技部、教育部、卫计委等发布的有关师德师风、科研诚信的相关文件精神和学校相关制度；组织全校师生签署“江苏大学师德师风、科研诚信和知识产权承诺书”，开展师德师风主题征文活动；将科研诚信及学术道德宣传教育工作纳入学校年度目标任务考核。人事部门在签订人员聘用合同、项目任务书时约定科研诚信义务和违约责任追究条款；各单位建立学术论文发表诚信承诺制度，加强科研活动记录和科研档案保存，完善内部监督约束机制；项目（课题）负责人、研究生导师充分发挥言传身教作用，加强对团队成员及学生的科研诚信管理；在入学入职、职称晋升、申报科技计划项目等重要节点开展科研诚信教育；对在科研诚信方面存在倾向性、苗头性问题的人员，及时开展提醒谈话、批评教育。

三、科研廉洁文化建设的显著成效

学校深入贯彻党的教育和科技工作方针，持续开展廉洁文化工作，有效推进了学校事业的发展，江大精神得到传承，学校科研工作取得丰硕成果，为学校提升办学水平、向研究型大学转型发展提供了有力的支撑。

（一）基础理论研究和科学技术研究蓬勃发展

学校纵向科研经费从2001年度不到500万元，增加到2020年度的2.74亿元，截至2021年8月累计获批纵向经费26.89亿元。共获批国家自然科学基金项目2027项，其中杰出青年、优秀青年科学基金项目7项，重大重点项目8项，国际（地区）合作与交流、联合基金重点项目11项；获批科技部国家科技项目、课题、任务共计212项；获批国家重点研发计划项目9项，其中千万级项目4项。2020年，袁寿其研究员主持的“山区和边远灾区应急供水与净水一体化装备”项目将系统解决山区和边远灾区应急供水的保障难题，全面提升我国应急供水保障能力，是学校在“重大自然灾害监测预警与防范”领域承担的首个国家重点专项。

2001—2020年学校发表科技论文被Web of Science数据库收录15814篇。

丁建宁教授团队提出了一种新型高性能电化学驱动人工肌肉，探索人工肌肉全新的驱动机理，大大推动了纤维人工肌肉的应用，相关研究成果 *Unipolar stroke, electroosmotic pump carbon nanotube yarn muscles* 刊登在国际顶级学术期刊《科学》（*Science*）杂志上。

（二）高水平科研创新平台稳步增长

学校坚持以科研平台为依托，促进科研高质量发展。截至 2021 年 8 月，新增省部级平台 66 个（累计 69 个），新增国家级平台 11 个。国家级平台从无到有，包括国家水泵及系统工程技术研究中心、混合动力车辆技术国家地方联合工程研究中心、国家级新农村发展研究院、高端装备关键结构健康管理国际联合研究中心、流体工程装备节能技术国际联合研究中心、高端流体机械装备与技术学科创新引智基地等。学校与镇江市共建镇江国家大学科技园，牵头成立了中国唯一的现代农业装备与技术协同创新中心。

（三）重大科研成果培育硕果累累

2007—2020 年学校共获国家科学技术奖 16 项，其中科技进步一等奖 1 项，科技进步二等奖 6 项，技术发明二等奖 9 项。获何梁何利基金科学与技术创新奖 2 项；2010—2020 年获省部级政府奖 243 项，其中一等奖 40 项；获社会力量奖 323 项，其中一等奖 61 项。

（四）科技成果转移转化位列全省前茅

截至 2021 年 8 月学校高度重视与政府部门、企业、研究机构的系统性战略合作，形成大成果、大平台，实现规模化的技术转移工作，先后建立了 43 个校地校企科研合作平台，其中“亿元级”校地校企平台 4 个。学校注重科技成果转移转化工作，成立了江苏大学技术转移中心、镇江江苏大学技术转移中心有限公司。技术合同成交总额由 2001 年度的 5075 万元增长到 2020 年度的 95300 万元，2019 年、2020 年连续名列省属高校第一。学校技术经理人“三诊模式”成为教育部发布的“首批高等学校科技成果转化和技术转移基地典型经验”。江苏大学技术转移中心获科技部 2018 年度国家技术转移机构考核评价“优秀”，2019 年获批教育部首批高等学校“科技成果转化和技术转移示范基地”。

（五）知识产权让创新更有价值

学校是国家知识产权试点高校、江苏省高价值专利培育示范中心、江苏省教育厅首批“专利确权分割试点”高校，建有国家知识产权培训（江苏）

基地。自 2001 年以来，知识产权工作紧扣“提升专利质量，促进专利成果转化运用”，围绕产业发展的关键核心技术进行专利挖掘和高价值专利培育，加强对产业技术水平高的技术和装备的专利转化，截至 2021 年 8 月学校共申请专利 18984 件，授权发明专利 8321 件，申请国际 PCT 专利 493 件，境外发达国家授权发明专利 237 件，转化专利成果 1318 件。2015 年、2016 年学校发明专利授权量分别列全国高校第 6 位和第 8 位，2018 年获第二十届中国专利奖金奖，2020 年获批世界知识产权组织的技术与创新支持中心（TISC）。

（六）产业化成果服务国家重大项目

学校水泵相关研究成果广泛运用于南水北调、太湖流域治理等大型工程。学校设计的高效水力模型实现了大型低扬程泵理论和关键技术的重大突破，应用在包括江都水利枢纽第四抽水站的 14 个主泵站、7 个支线泵站中，保障了南水北调东线源头泵站机组节能高效、安全稳定运行。

学校与相关企业经近十年持续技术攻关，实现了高速列车专用高性能安全玻璃的研发及产业化。产品替代进口，填补了国内空白，在动车及高铁前窗玻璃、中国大运飞机前窗玻璃、防火和防砸玻璃中成功应用。满足了国家加快发展航空航天、加速科技进步的重大战略需求，提升了我国玻璃深加工技术领域的创新能力和核心竞争力。

第八章
江苏大学二级学院廉洁文化建设

第一节　以美育廉　德艺相长——艺术学院廉洁文化建设

高校是从严治党总体布局中的重要组成部分，开展廉洁文化建设是其实现净化政治生态，落实反腐倡廉工作的必由之路。伴随着中国现代大学制度建设的进程，我国高校治理结构不断优化，内部管理体系的权力重心开始下移。“校院两级管理体制”作为高校行政管理体制改革的核心不断得到推广与深化，一个具有普遍意义的特征是校院两级之间的管理层次减少、重心下移、幅度扩大，二级学院自由配置权力与资源的范围与能力明显增加。在此背景下，作为学术活动实体的二级学院扩展了办学职能，不仅成为高校内部权力的聚集地，而且成为各种资源流动的交汇点。人事财权的扩大无疑会增加权力失范与腐败滋生的风险，近年来发生在部分高校的腐败案例是强有力的佐证。因此，通过加强高校二级学院的廉洁文化建设，发挥廉洁文化硬性规范与软性约束两方面的作用，形成不敢腐的惩戒机制、不能腐的防范机制、不想腐的保障机制，力求从院级层面抽掉贪腐之“薪”，方是从源头惩治与预防腐败的根本之策。

艺术学院与其他二级学院相比，在廉洁文化建设实践中既具有独特优势，又面临特殊挑战，具有一定的特殊性。艺术学院专业设置独特，人文气氛浓厚，文化资源丰富，是培育艺术从业者的摇篮。艺术学院的廉洁文化建设是落实党中央反腐败工作的要求，其关系着校园内的政治生态环境与各项工作的公平公正，更是发挥高校文化辐射作用，促进清廉社会形成的重要途径。艺术学院廉洁文化建设应立足专业设置特点，分析研判，针对开展，探索适合自身的独特路径。

艺术学院在创新和发展廉政载体方面有得天独厚的条件。廉政题材文学、音乐、表情包等载体丰富着高校廉洁文化内容的艺术表现形式，增加了廉洁文化的艺术性和趣味性，不断增强着高校廉洁文化的吸引力。依托各类艺术形式开展廉洁文化建设，能潜移默化地感染人们，形成向往清廉社会的心理共识，将廉洁用权、抵制贪腐内化于心，外践于行。艺术学院拥有丰富的艺术资源和专业的艺术人才，在以艺术为载体开展廉洁文化建设的过程中，具有天然的优势——不但在打造精品廉洁文化载体方面事半功倍，而且能将廉洁文化建设嵌入教学科研，使其长期稳定地相互促进，取得应有的成就。

近几年来，江苏大学艺术学院党委围绕廉洁文化示范点创建工作，积极开展学院廉洁文化建设，按照学校全面从严治党工作的总体要求，以崇廉敬简为宗旨，以培养人文精神为核心，以强化素质教育为目的，以树立正确的世界观、人生观和价值观为导向。学院立足实际，发挥艺术特色和优势，制定和完善了艺术学院廉洁文化建设规划，大力加强廉洁文化基础设施建设，拓展校园廉洁文化领域，创新校园廉洁文化内容，规范校园廉洁文化模式，努力构建具有艺术学院特色的校园廉洁文化体系，积极营造向上向善、风清气正、干事创业的良好氛围，努力构建具有艺术学院特色的校园廉洁文化体系，积极推进“三全育人”示范学院建设工作的有效开展，取得了明显的成效。

一、坚持立德树人与文化赋能并举

文化是一个国家、一个民族的灵魂，文化兴国运兴，文化强民族强。中华优秀传统文化博大精深、源远流长，是中华民族不断发展壮大的精神命脉，是我们最深厚的文化软实力，是我们在世界文化激荡中站稳脚跟的根基。没有高度的文化自信，没有文化的繁荣兴盛，就没有中华民族伟大复兴。立德树人是学校的根本任务，学校致力于培养更多担当民族复兴大任的时代新人，就要做好中华优秀传统文化传承，帮助学生树立真正的文化自觉和文化自信。

中共中央办公厅、国务院办公厅在 2017 年 1 月印发的《关于实施中华优秀传统文化传承发展工程的意见》是党的十八大以来首次以中央文件形式专题阐述中华优秀传统文化传承发展工作。2020 年 10 月，中共中央办公厅、国务院办公厅印发了《关于全面加强和改进新时代学校美育工作的意见》（以下简称《意见》）。《意见》在工作原则方面明确提出，将学校美育作为立德树人的重要载体，坚持弘扬社会主义核心价值观，强化中华优秀传统文化、革命文化、社会主义先进文化教育，引领学生树立正确的历史观、民族观、国家观、文化观，陶冶高尚情操，塑造美好心灵，增强文化自信。同时，《意见》还在“完善课程设置”“深化教学改革”“丰富艺术实践活动”等方面提出了具体要求。

自党的十八大以来，习近平总书记多次强调，高校要发挥文化的涵养作用“以文化人、以文育人”。教育部党组于2017年印发了《高校思想政治工作质量提升工程实施纲要》（以下简称《纲要》），明确提出一体化构建“十大”育人体系，强调要深入推进“文化育人”，推进中华优秀传统文化教育，挖掘革命文化的育人内涵，开展社会主义先进文化教育，大力繁荣校园文化，牢牢掌握高校意识形态工作领导权，践行和弘扬社会主义核心价值观，以文化滋养师生心灵、涵育师生品行、引领社会风尚，把高校建设成为社会主义精神文明高地。因此，以文化为切入点，坚持以文化人，发挥大学文化的育人作用，以促进受教育者树立和践行社会主义核心价值观，不断提升社会化、个性化和文明化水平，对于培养德智体美劳全面发展的社会主义建设者和接班人具有重要意义。

学院党委着力加强廉政教育，强化廉洁意识，将廉洁文化建设融入学院发展和人才培养全过程。学院专门成立校园廉洁文化建设工作领导小组，分工明确，定期研究加强廉洁文化建设的意见和措施，修订和完善学院廉洁文化建设规划。将廉洁教育纳入党员干部学习教育计划，将崇廉尚洁教育纳入师德师风建设、大学生思政教育的各个环节，使全体党员干部不断强化廉政意识，增强法制观念，规范廉洁从政行为。面向三类群体，开展“读书思廉”活动。积极营造“崇廉尚洁”行为文化。利用节假日开展“民法典”宣传实践活动，增强法制意识。开展主题创作，建设“廉洁文化长廊”，营造风清气正、立德树人的良好氛围。积极承办学校廉洁文化相关竞赛和作品推送活动，疫情期间，举办了全校“众志成城抗疫情 ”书画作品比赛和展览，以振奋精神、鼓舞士气，传播正能量、讴歌真英雄的好作品，展现我校教职员工责无旁贷的担当与作为。组织师生参加教育部举办的第七届全国高校廉洁教育活动暨“携手打击腐败”公益广告作品征集活动和第五届“清廉中国·微视频”展播作品征集活动，组织师生创作作品参加了镇江市纪检监察系统“纪检人、纪检情、纪检梦”书画摄影作品展和市纪委主办的纪检干部抗疫书画作品展等，多件作品获奖，为学校赢得了荣誉。

举办廉政教育专题党课，引导党员师生廉洁自律。实现中华民族伟大复兴必须坚持中国共产党的领导，治国必先治党，治党务必从严，要深刻认识廉洁治理对实现中华民族伟大复兴的重要作用。党委书记、领导班子成员和党支部书记坚持带头上党课，专题党课上，详细介绍了党风廉政建设责任制、党规党纪的历史发展、党内反腐的措施手段，并结合学校学院具体情况，对学院党风廉政建设和党风廉政风险点排查工作进行了全面解释。围绕廉洁教育的主题，结合十九大和十九届五中、六中全会精神、党中央反腐警示教育案例及高校廉洁教育的实际，用鲜活的案例、具体的数据从什么是廉洁，为什么要廉洁、怎样廉洁三个方面告诫全体党员要认清教育腐败的严重性与危害性，认真落实高校廉洁从教工作的重要性，同时要求全体党员干部要进一步端正世界观、人生观、价值观，牢固树立党规党纪观念，立足岗位、尽职尽责、廉洁从教。学院党委以党史学习教育为契机，从党史学习中汲取对党忠诚的理想信念、廉洁奉公的坚定意志、为人民服务的不竭动力、干事创业的担当精神，不断推进学院反腐廉政建设工作。针对当前部分大学生对廉洁自律建设的必要性认识不够，在廉洁意识、廉洁习惯、廉洁风气等方面存在深层次问题，党委书记通过专题党课教育引导学生党员和学生干部要遵守廉洁自律这一基本准则，从党的根本宗旨中深刻认识廉洁自律建设的重要性，提高大学生拒腐防变的意识、增强反腐败的能力，做好抵御腐败风险和廉洁奉公的准备。要求学生党员和学生干部要带头做好廉洁自律建设工作，提高思想道德素质、自我教育和廉洁自律能力，提高党性修养。深入社会实践，学习先进典型，做一名有理想信念、高尚情操、责任担当、德才兼备的人。勉励学生党员，提高站位，守初心担使命，增强政治自觉；深化认识，强党性提修养，加强思想自觉；要率先垂范，勇担当敢作为，增强行动自觉。近几年我校大学生廉洁自律建设取得了预期成效，违纪现象逐年减少，校园廉洁文化宣传深入人心。要求全体党员要牢记五个“必须”，必须维护党的纪律，必须维护党的团结，必须遵循组织程序，必须服从组织决定，必须管好亲属和身边的工作人员。严守党的政治纪律和政治规矩，切实维护好学校良好的政治生态。提高了学院党员教师的思想政治觉悟，深化了对党规党纪的认知，增强了防腐拒变的能力，为坚定维护好廉洁从教、廉政奉献的教育教学环境打下了坚实的基础。

二、坚持廉洁精神文化与制度文化并举

“公则生明，廉则生威。”廉洁文化的内在结构主要分为精神文化与制

度文化两个部分，前者注重思想引领、教育为先，以一种春风化雨、润物无声的形式来营造可以赢得多数人共识的廉洁氛围，更加突出治理的韧性与弹性。而后者则倾向于强制约束、惩戒为主，运用法律法规、政治纪律、规章制度等具有强制力的办法规定对权力运行进行规范，对违反相关制度的行为进行相应的惩罚。廉洁精神文化可以为制度文化提供良好的运行环境，增强人们对于制度的敬畏与认同，最大限度减少制度执行的成本，而廉洁制度文化又能够为精神文化的传承与发扬提供制度性保障，两者之间是相辅相成、相得益彰的辩证统一关系。因此，高校二级学院的廉洁文化建设应实现精神文化与制度文化并举，既要善于用精神文化影响人、教育人、塑造人，形成一种廉洁自律的文化风气，又要重视制度文化的建设，形成具有稳定性、长期性的制度规范。从制度层面上来说，必须坚持用制度管权管事管人。其一，深入推进党务公开与院务公开，增强学院各项事务的透明性与师生参与度，让权力在阳光下运行；其二，构建学院与政府、学校纪检监察部门的多元化沟通渠道，对于以权谋私、贪污腐败、学术不端等现象，必须做到“零容忍”，不容关系、不讲情面，坚决依法依规予以严惩，同时要做好检举人信息的保密工作，切实维护检举人的利益。从精神层面上来讲，要坚持思想引领与理论学习并重，院党委、行政班子应将廉洁文化建设纳入学院改革发展规划中来，并在党政工联席会议或全院性的大会上作为发言内容，以上下统一认识，凝合思想观念，同时通过讲党课、支部理论学习小组等形式，将党风廉政作为理论学习的重要主题，使廉洁意识内化成为每一位教职工的行动自觉。

学院党委着力加强理论学习，强化制度建设，努力构建廉洁文化建设的长效机制。认真组织师生员工学习习近平新时代中国特色社会主义思想，党的十九大精神，十九届三中、四中、五中和六中全会精神，全国高校思想政治工作会议精神，全国教育大会精神，习近平总书记关于美育工作的重要论述，贯彻落实《江苏大学思想政治工作质量提升工程实施方案》和《江苏大学学习贯彻全国教育大会精神实施方案》，学习习近平总书记给涉农高校回信精神，贯彻总书记重要批示精神，为学校推进“095 工程”献计献策。以深入学习习近平新时代中国特色社会主义思想为重点，以掌握和运用马克思主义立场、观点、方法为目的，积极推进学院党委理论学习中心组学习制度化、规范化，不断提高学院领导班子的理论素养和执行能力，树立坚定正确的理想信念，增强贯彻党的路线方针和社会主义办学方向的自觉性，促进学院党委领导班子思想政治建设。为增强学习效果，扩大学习成果及其影响，学院党委定期编印《艺术学院党委中心组学习简报》，并报送党委宣传部和校领导审阅。学院党委制定和完善了《江苏大学艺术学院党委会议事规则》《江苏大学艺术学院院务会议议事规则》《艺术学院“三重一大”决策制度实施办法》《艺术学院党政联席会议议事规则》《艺术学院全面从严治党责任制实施办法》《艺术学院党委落实意识形态工作责任制实施方案》《2020年艺术学院硕士研究生招生复试录取工作细则》《江苏大学艺术学院本科生素质拓展测评（G3）实施细则（试行）》《江苏大学艺术学院实验室安全管理制度》《江苏大学艺术学院实验室准入实施细则》《江苏大学艺术学院实验室专项应急预案》《江苏大学艺术学院实验室安全检查制度》《江苏大学艺术学院研究生学业奖学金评审实施细则补充规定（试行）》《艺术学院研究生先进个人评选细则》《艺术学院研究生国家奖学金评审操作细则》等文件。

学院加强理论学习，强化制度建设，努力构建廉洁文化建设的长效机制主要体现在以下几方面：

1. 教育倡廉

结合本单位工作实际，结合党史学习教育，将廉洁教育纳入党员干部学习教育计划，将崇廉尚洁教育纳入师德师风建设、大学生思政教育的各个环节，使全体党员干部不断强化廉政意识，增强法制观念，规范党员领导干部和教师廉洁从政、廉洁从教行为和廉洁修身、廉洁齐家的思想自觉。学院党委还要求各党支部认真组织学习《中国共产党纪律处分条例》，学习江苏大学的《教师师德失范行为处理办法》和《科研经费管理办法》，结合处分条例和违纪案例内容，学院党政负责人分别给学院班子成员、各科室负责人、系主任、各党支部书记和学生党员等党员干部上专题廉政党课，扎实推进党史学习教育常态化长效化。学院充分发挥校园网、广播、校报、宣传橱窗、校务公开栏等传播媒体的作用，广泛宣传反腐倡廉的政策法规、活动内容、工作成效和先进典型事迹。

2. 读书思廉

面向三类群体，开展“读书思廉”活动，加强党史学习教育，营造“崇廉尚洁”行为文化。针对党员领导干部群体，完善相关制度，利用党政联席会、党委会、党委中心组常议常讲党风廉政建设工作，组织开展制度宣讲，观看警示教育片，通报反面典型，以案说法，增强警示效果。针对教师群体，将廉洁教育纳入学院师德师风教育的范畴，加强对教师的政治思想教育和廉洁纪律教育，将廉洁文化的精髓融入良好师德师风的创建活动中。组织学习教师职业道德，结合江苏省教育厅和学校关于科研经费使用和管理规定等文件学习和宣讲，结合研究生助研津贴发放、科研经费使用自查自纠、研究生入学考试复试、低值易耗品采购、学生考试成绩打分、学生党员发展、奖助学金评定等具体工作，开展常态化的教育、提醒、检查，引导广大教师以德施教。针对学生群体，组织开展“诚信考试”“研究生科学道德和学风建设”讲座，引导学生刻苦学习，树立优良学风。师生围绕学廉、思廉、崇廉、守廉等内容，结合自己的思想、工作和学习生活实际，谈读好书、读廉书的所思所想、所感所受，不断增强廉洁自律意识。自2022年以来，学院党委积极组织党员干部深入学习省纪委监委牵头编写的《江苏历代贤吏为官之道》一书。学院党委以轮流导读、撰写心得、不定期组织开展研讨交流等形式，引导大家深入领会传统廉洁文化中所蕴含的廉为政本、为官尚廉、持廉守正的廉洁价值理念，以及启示当下的新时代内涵。在此基础上，学院党员师生还积极撰写征文向学习纪委投稿。

3. 活动兴廉

结合上级工作精神，以“廉政文化进校园”活动为载体，不断深化党风廉政建设。领导干部发挥表率作用，引导师生员工向勤廉典型学习，提高师生参与度，共同营造浓郁的廉洁文化氛围。发挥专业优势，营造“崇廉尚洁”环境文化。充分利用学院门厅、走廊、展厅等空间，有计划地开展各种廉洁文化创作实践活动，积极承办学校廉洁文化作品征集和展览，为学校承办第十五届中国廉政研究论坛营造氛围。积极帮助学校机关和各学院开展廉洁文化建设和氛围的布置，代表学校参加省市廉洁文化作品竞赛，开展廉洁文化书画展览，引导广大师生崇廉尚洁、自省自重。开展主题创作，更新“廉政文化长廊”，营造风清气正、立德树人的良好氛围。积极响应上级号召，组织开展校园廉洁文化系列活动，通过各种活动提升广大党员干部和全体教师“廉洁从教”的高尚师德。

4. 家庭助廉

将廉洁文化建设向党员干部亲属和“八小时”之外延伸。家庭成员通过相互教育、相互影响、相互激励、相互提醒、相互监督、相互提高，共同营造清正廉洁的家庭环境。充分利用元旦、春节、国庆等喜庆节日，开展崇尚廉洁、形式多样的文体活动。

5. 制度保廉

学院高度重视廉洁文化建设工作，调整完善校园廉洁文化建设工作领导小组，分工明确，定期研究加强廉洁文化建设的意见和措施。建立组织协调制度，廉洁文化建设各项工作推进有序。开展“一把手”带头讲廉政课、带头廉洁自律、带头履行监督职责并自觉接受监督的“三带头”活动。

三、坚持以美育人与以文化人并举

美是创造力，美是环境影响力，美是规矩潜意识，美是和谐。美育是审美教育、情操教育、心灵教育，也是丰富想象力和培养创新意识的教育，它能提升审美素养、陶冶情操、温润心灵、激发创新创造活力。中国现代美学奠基人朱光潜曾说：无论学哪一科专门学问，干哪一行职业，每个人都应该会听音乐，不断地读文学作品，偶尔有欣赏图画雕刻的机会。爱因斯坦、钱学森、袁隆平等都在艺术方面有很深的造诣，正是美的“陪伴”使他们在各自领域斩获殊荣。

美育是审美教育，更是情操教育和心灵教育，对于立德树人具有不可替代的作用。习近平总书记强调，要全面加强和改进学校美育，坚持以美育人、以文化人，提高学生审美和人文素养。为了达成要求，需要下大力气改进美育工作，将其作为推动学校美育高质量发展的基础环节。要以“十年树木、百年树人”的耐心，为学生引路，把美的种子播撒在学生心中，才能不断提高学生审美和人文素养，从而强化美育育人实效，用美育助力学生追求未来美好生活。要深入探索美育教学规律，打通学科壁垒，通过艺术创作和手工技艺等实践课程设计，将劳动教育和美育融为一体，将美育和传统文化、非物质文化遗产相结合，让学生体验我国非遗技艺巧夺天工的同时弘扬优秀传统文化，培育工匠精神。要在完善美育课程体系、深化美育教学改革、推进文化传承创新、增强服务社会能力和水平等方面发力，充分挖掘、合理利用、优化整合各类美育资源，将美育融入人才培养全过程，逐步构建“艺术基础知识+基本技能+艺术审美体验+艺术专项特长”的教学模式，以美育人、以文化人，培养新时代内外兼修的优秀学子。

学院党委充分发挥艺术专业优势，强化阵地建设，积极营造廉洁从教的良好氛围。学院充分发挥艺术专业的特色和优势，充分运用学院网站、江大艺术小筑微信移动平台等新媒体，利用学院宣传橱窗、院务公开栏等开展廉政宣传教育，广泛宣传反腐倡廉的政策法规、活动内容、工作成效和学生先进典型事迹。学院还利用电子显示屏、在教学办公室的走廊、大厅、会议室等设施和场地，融入廉政文化元素，营造廉政文化氛围。学院各级党团组织积极开展丰富多彩的文化艺术创作、展览和实践活动，推进活动文化建设。坚持主旋律，加强爱国主义教育、群众主义教育和法制教育，引导学生增强爱国之心，报国之志。多年来，我们把爱国主义教育、法制教育与学校教育事业的发展结合起来，引导师生弘扬“自强厚德，实干求真”的江大精神。以“高雅文化进校园”活动为载体，发挥专业优势，开展丰富多彩的校园文化活动。积极筹划和推进学校与周恩来童年读书处共建大学生思想政治教育实践基地建设，推进“周恩来班”“邓颖超班”创建工作，建设弘扬周恩来精神创建园地。组织开展“众志成城抗疫情”书画创作和创意海报设计大赛，号召全院师生们以高度的责任感和使命感投入抗击疫情的战斗，创作了一批抗“疫”作品，其中包含大量优秀的抗疫书画作品、创意海报和视频动画作品。学院师生用艺术学院特有的方式传播正能量，讴歌真英雄，助力阻击疫情。

学院党委高度重视廉洁文化建设，把建设“廉洁文化长廊”作为年度党风廉政建设的特色工作加以研究、推进。学院充分依托艺术专业优势，积极营造良好的廉洁文化氛围，做到政治性、思想性、艺术性、可视性“四性统一”。充分利用学院门厅、走廊、展厅等空间，开展廉洁文化书画展览，引导广大师生崇廉尚洁、自省自重。在组织师生收集廉政格言的基础上，学院党委从中精选出王阳明、韩愈、周敦颐等古代先贤有关廉政与修身的格言，并邀请学院书法老师开展廉政格言主题创作。作品或质朴雄强、刚劲有力，或敦厚圆润、潇洒飘逸，给人以视觉上的美感，起到了“书寓警示、廉润心灵”的作用。组织师生开展廉洁书画作品专题创作，打造学院廉洁文化长廊，营造浓郁的廉洁文化氛围。学院还积极承办学校廉洁文化作品征集比赛，举办作品展，通过廉洁文化作品的创作与传播，进一步推动“清廉校园”建设。

学院党委充分发挥网站的教育、宣传、服务功能，及时报道学院教学、科研、学生工作动态。积极营造学院和谐发展环境，做好安全防范工作，推进学院的科学发展、和谐发展。针对疫情防控期间的线上教学工作，根据学校应对新冠肺炎疫情工作领导小组的统一部署和党委宣传部《关于强化和落实疫情防控期间线上教学意识形态工作责任的通知》要求，学院积极做好疫情防控期间线上教学的管理，学院党委成立疫情防控期间学院线上教学意识形态工作领导小组，党委书记担任组长，是学院意识形态工作第一责任人，强化和落实线上教学意识形态工作责任，切实维护网络意识形态安全。在线上教学期间，加强学院网站信息发布的审核、监管力度和新媒体的建设，要求广大师生在利用网络教学平台及其他网络工具开展教学活动的过程中，树立知识产权意识、网络安全意识，加强风险防控。

四、坚持特色凝练与品牌建设并举

高校师生是高知群体，思维活跃、开放包容，因此开展高校廉洁文化建设必须充分把握这一特点，搭建有力平台，做出自己的特色，以生动鲜活的形式春风化雨、潜移默化，营造敬廉崇洁的良好氛围。时代的发展对艺术学院廉洁文化品牌的建设提出了更高的要求，艺术学院在校园廉洁文化品牌建设上必须要关注其与时代精神的关联，具备自我革新、且行且学的精神及敏锐反映时代发展趋势、突破固有思想观念的屏障、不断丰富扩充品牌的内涵与外延的能力。要结合艺术专业特性，让品牌活动更加鲜活，努力达成“人无我有，人有我优，人优我特”，培育品牌根基，凝练专业优势，塑造学院廉洁文化品牌。

学院党委坚持立德树人，强化特色凝练，打造学院廉洁文化活动品牌。学院以“三全育人”示范学院创建工作为主线，坚持立德树人，发挥专业优势，打造特色品牌，努力形成一批具有广泛影响力的文化育人品牌、先进典型和特色做法。几年来，学院在多元艺术形式的影响下，积极打造出各具特色的艺术品牌，形成了“一院多品”的局面。“青年艺术论坛”和“江南美术论坛”是我院推进“三全育人”示范学院创建工作，积极构建“思政+艺术”工作体系打造的两项学术与文化活动品牌，也是我院探索科研思政、调动广大教师特别是青年博士教师群体与广大同学互动的有效形式和良好平台。“青年艺术论坛”主讲人由学院内获得博士学位或正在攻读博士学位的青年教师担任，围绕“思政+艺术”开设系列专题讲座，主题涉及艺术发展史、当代艺术、审美教育、民间艺术等多个领域。论坛坚持繁荣学术与鼓励创作的宗旨，聚焦核心素养与学术规范，强化能力与意识培养，积极推进艺术学前沿研究与美育工作、研究生思政相结合，春风化雨，立德树人，活动举办两年多来，得到广大师生的认可与喜爱，同学们从他们身上学到求真求新求美的专业精神。“江南美术论坛”结合学校人文社科大讲堂和学院开展的名师讲坛，邀请国内艺术界知名专家学者定期进行主题演讲。高水平讲座吸引了我院师生和众多慕名而来的远方同道，使我们深刻地感受到了学术研究虽有不同的切入点，却有不谋而合的学术深度、广度和高度，也扩大了我院的学术影响力，推动了学科建设。“艺苑曙华”院长奖助学金评选活动是我院2021年推进“三全育人”示范学院建设的又一项品牌活动，旨在选树先进典型，引导青年学生紧跟新时代，学习新思想，开拓新视野，争创新成绩，立志成长为德智体美劳全面发展的社会主义合格建设者和接班人，不断增强青年学生参与学校学院建设的荣誉感和责任感，将个人进步与学校发展和学院工作紧密结合，将“个人梦”与“中国梦”密切联系，为全面建成高水平有特色国际化研究型大学贡献青春智慧。

近年来，艺术学院党委认真贯彻习近平总书记关于美育工作“崇德尚艺”的总体要求，紧紧围绕立德树人根本任务，大力加强廉政文化建设，着力打造与艺术学院学科专业特点相契合的“思政+艺术”思想政治工作生态体系，努力实现党建和业务工作同频共振，把党建优势转化为学院的事业发展优势，积极探索学院党建工作与业务工作深度融合的新路子，不断提升思想政治工作的针对性、实效性、亲和力、影响力。学院内涵建设全面推进，学院党建、教学、科研、学科建设和学生工作成效显著，事业发展不断取得新的突破。学院党委连续获批“江苏大学先进基层党委”“学院获批三全育人示范学院”“年度综合考核第一等次”“校园廉政文化示范建设单位”“党委中心组学习示范建设单位”“江苏大学人事人才工作先进单位”等称号，产品设计和视觉传达设计两个专业获批国家一流专业。

高校廉洁文化建设是高校党建和校园文化建设的重要组成部分，也是高校健康发展的重要保证。随着高等教育形势的变化和发展，我们将不断研究探索高校廉洁文化建设的新路径和新机制，以促进学院和谐快速发展。

① 要进一步加强制度建设，为推进廉洁文化建设提供保证。健全的制度是推进廉洁文化建设的基础与保证。因此，建立一套与学院发展相适应的规章制度是当前我院加强廉洁文化建设的首要任务。这些制度应该涵盖健全领导带头参与廉政教育与培训制度，建立廉政法规的学习和考核制度，推进院务公开等方面。

② 要把廉洁文化建设纳入领导干部考核体系，促进文化落地生根。“善禁者，先禁其身而后人。”在二级学院廉洁文化建设的过程中，必须始终明

确领导干部尤其是学院党政“一把手”是第一责任人。为此，校、院两级决策层应将廉洁文化建设成效纳入干部考核和年终考评，作为评价校院党政领导班子业绩和各级干部选拔任用的重要依据。二级学院要形成党委（总支）书记领导、院长主要负责、师生共同参与的廉洁文化建设体系，形成党政领导班子廉政建设合力。一方面，学院党委（总支）书记、院长必须以身作则、以上示下，带头履行好各项党风廉政制度，但凡学院重要决策必须于法有据、于规有据；凡规章制定、财政预算、经费使用、干部选拔等重大事务必须做到信息公开、广开言路、问计于民，使学院各项事务都在制度化的轨道上运行；另一方面，要理顺书记、院长在学院廉政建设工作的职责与定位，党委（总支）书记应起到总揽全局、协调各方、有力监督的作用，而院长应做到各项院务的科学决策、民主决策、依法决策。我们认为，应当用制度文件的方式厘清党政两条线的管理边界，特别要注意避免职权交叉、管理重叠，造成廉洁文化建设中的“越位”“错位”，也要注意避免权责出现真空导致廉洁文化建设无人负责，最终政策落不了地。

③ 要积极推进廉洁文化建设与电子信息系统融合，实现院务阳光运行。依托现有教育平台，拓宽廉洁文化建设载体。电子政务、电子信息系统的快速普及与发展让二级学院各项事务在阳光下运行成为可能。我们可以充分利用这些平台大力倡导廉政文化，大力创设学院廉洁的文化环境，让广大师生获取各种先进的廉洁文化，减少腐朽、低俗文化的侵袭。同时，在这个过程中不断丰富和创新教育形式，将廉洁文化建设与学院日常工作、校园文化活动和学生社会实践活动有机结合起来。以电子化、信息化手段来防治游离于制度外的权力失范与暗箱操作，有其便捷性、秘密性、实时性等诸多优点，理应作为今后廉洁文化建设的一个重要发展方向予以完善与推进。

④ 要整合学校内外资源，形成全方位、多层次的廉洁文化建设格局。通过整合校内外资源，促进校园廉洁文化的全面发展。在廉洁文化建设工作中，要健全和完善党委统一领导、党政齐抓共管、各系室及校园各相关工作部门各负其责，广大干部师生共同参与的领导体制和工作机制。同时，充分发挥基层党组织和工会、共青团等群团组织的优势，积极吸纳社会资源，形成全方位、多层次的廉洁文化建设格局。

第二节　德才兼备的廉洁文化建设新模式
——财经学院廉洁文化建设

中共中央办公厅印发的《关于加强新时代廉洁文化建设的意见》明确要求："以理想信念强基固本，以先进文化启智润心，以高尚道德砥砺品格，惩治震慑、制度约束、提高觉悟一体发力，推动廉洁文化建设实起来、强起来。"一直以来，财经学院深入学习贯彻习近平总书记关于党风廉政建设、廉洁文化建设的重要论述，锚定"由大变强"发展愿景，坚持重实干强实效，将道德养成作为师生专业素养提升的前提和基础，把推动教师廉洁施教、学生诚信为学作为廉洁文化建设的根本出发点，做到文化润其内，养德固其本，引导师生树立诚信品质是最重要财富的思想理念，着力探索实践德才（"财"，财经学院）兼备廉洁文化建设新模式。

一、凝练德才兼备建设主题

（一）学习借鉴财经类院校廉洁文化建设经验

财经类院校担负着办好社会主义财经高等教育，为推动社会经济发展培养和输送高级财经类人才的责任和使命。特定的专业培养内容和要求决定了财经类高校在教育教学过程中往往更加关注社会主要矛盾变化，聚焦人民不断增长的对美好生活的向往和需要，致力于运用经济学理论持续提升人民群众的获得感、幸福感、安全感。这不仅是经济发展的理想境界，也代表了财经类院校的社会责任和担当。财经类院校的发展要始终贯穿于构建为人民谋幸福的经济学，用凸显诚信、清廉特点的廉洁文化建设支撑经世济民的初心。

近年来，我国财经类院校对于廉洁文化建设的探索从未停止。多所院校将廉洁教育融合到专业教育中，如南京财经大学金融学院以金融史为主线，充分挖掘党史学习教育资源，将清廉教育与美育、思政教育、党史学习教育紧密结合，积极打造清廉教育实境课堂；安徽财经大学在金融类课程中加入清廉金融文化教育模块，开展专题讲座、"毕业最后一课"等清廉金融教学活动，等等。一些院校注重发挥思政教育主渠道作用，将廉洁文化建设纳入到人才培养各项实践环节，例如西南财经大学把廉洁文化教育纳入党员、师生员工培训教育计划；上海财经大学举办“清廉金融文化教育进高校”活动等。除此以外，一些财经类院校将构建良好校园外部环境作为廉洁文化建设的支撑，如西南财经大学积极宣传推广优秀廉政文化作品，着力构建校报、校电视台、校园网站、微博、微信等线上线下联动互动；中央财经大学将学生设计的廉洁文化宣传小标牌深入学生宿舍，将廉洁知识渗入日常生活等。

（二）紧密贴合学科专业特质及培养要求

江苏大学财经学院的办学历史可一直追溯到1902年创立的三江师范学堂，其两年速成科及三年学制的初级师范本科均开设法制经济课程。特别是初级师范本科比较注重课程的实用性和现代性，学生除修习数理化、农博、手工外，还修读两门外语，同时能学到有关国家政治、法律、财政、生产及交易、消费等方面的理论与知识。悠久的办学历史、深厚的办学底蕴为财经学院的设立和可持续发展提供了坚实基础与有力支撑。2006年4月，为更好适应我国社会经济发展对财经类高级人才的需求，以及促进江苏大学财经类学科的进一步建设与发展，学校将原工商管理学院中的会计、统计、国际经济与贸易、金融等专业的师生成建制划出，组建了江苏大学财经学院。学院目前拥有会计学、统计学、国际经济与贸易、金融学、保险学、财务管理、能源经济7个本科专业，经济系统分析与管理二级博士学位授权点；应用经济学、统计学2个一级学科硕士学位授权点；会计学、国际贸易学、产业经济学、金融学4个二级学科硕士学位授权点；MPAcc（会计硕士）、国际商务2个硕士专业学位授权点。学院始终致力于培养经济理论功底扎实、知识面广、品德素养高尚的财经类高层次人才。一方面要求毕业生具有较高财经理论知识和业务技能，另一方面由于财经工作与经济和财富高度相关，“诚”“廉”“信”理应成为人才培养的应有之义，脱离道德养成教育而谈财经人才培养无异于舍本逐末。

（三）凝练形成具有财经特色的建设主题

财经学院秉持“经世济民，行稳致远”院训，在学习借鉴先进经验、秉承办学历史积淀的基础上，紧扣新时代立德树人根本任务，结合专业特质和人才培养要求，在广泛调研和征求意见后，经党委会会议和党政联席会会议研究，确定学院廉洁文化建设主题——“崇德、诚信”。

崇德：“德”在中华民族传统文化中有着举足轻重的地位，孔子曾讲“志于道，据于德”。自古以来，文人志士都十分注重修身养德，“自天子以至于庶人，壹是皆以修身为本”。国之贤君讲究以德治国、以德服人、以德化人；选拔人才要求以德为先，德才兼备。而“崇德”指的是对道德的爱、尊重和敬畏的情感，体现了儒家思想的情感基础和基本价值理念。“德者，得也”，唯有崇德守德，才能收获成功人生。习近平总书记强调，在党史学习教育中要做到学史明理、学史增信、学史崇德、学史力行。高校是人才汇聚之地，着力培养师生崇德之心，提高他们道德文化素质，是高校立德树人根本任务的基本要求。习近平总书记在考察中国人民大学时指出，老师应该有言为士则、行为世范的自觉，不断提高自身道德修养，以模范行为影响和带动学生。对于新时代的青年学子，习近平总书记也多次提出崇德要求，他在庆祝中国共产主义青年团成立100周年大会上的讲话中指出，要涵养廉洁自律的道德修为，心有所畏、言有所戒、行有所止，不断锤炼意志力、坚忍力、自制力，做一个一心为公、一身正气、一尘不染的人。同时，他还提出了要做崇德向善、严守纪律的模范，带头明大德、守公德、严私德的要求。崇德是财经学院师生毕生追求的信念，对革命烈士的视死如归抱以崇敬之心，对当代英雄的顽强奋斗致以崇高敬意，以身边榜样作为修身之本，正体现了学院师生不变的价值追求。

诚信：从历史上看，讲诚信是中华民族的传统美德。在中国文化中，有许许多多的名言警句都是我们耳熟能详的，表达了中华儿女对诚信的重视。比如，“一言九鼎”“一言既出，驷马难追”“小信成则大信立”。诚信已经融入中华儿女的基因和血脉之中，已经成为中华儿女“修身、齐家、治国、平天下”的价值追求。因此，习近平总书记强调，要深入挖掘和阐发中华优秀传统文化讲仁爱、重民本、守诚信、崇正义、尚和合、求大同的时代价值，使中华优秀传统文化成为涵养社会主义核心价值观的重要源泉。从现实来看，守诚信是实现中国梦的时代要求。习近平总书记说：企业无信，则难求发展；社会无信，则人人自危；政府无信，则权威不立。习近平总书记要求：各级领导干部要以身作则、率先垂范，说到的就要做到，承诺的就要兑现。所以说，实现中华民族伟大复兴的中国梦，就需要诚信这个法宝撬动起整个社会的力量，更好地构建诚信社会，共建诚信中国。

（四）明晰学院廉洁文化建设目标指向

1. 通过加强理想信念教育，进一步明确价值导向

深入学习习近平总书记关于加强党风廉政建设、干部廉洁自律等方面的重要论述，积极落实党中央《关于加强新时代廉洁文化建设的意见》，以科

学理论为指导，以中华优秀传统文化为基础，积极弘扬社会主义核心价值观，将廉洁文化融入日常教学管理，充分发挥廉洁文化的教育、引领和浸润作用。学院党委切实站在勇于自我革命、保持党的先进性和纯洁性的高度，把加强廉洁文化建设作为一体推进不敢腐、不能腐、不想腐的基础性工程抓紧抓实抓好。注重顶层设计，严格履行主体责任，学院党委会、党政联席会专题研究廉洁文化建设重要事项；通过党支部书记例会、系主任例会，党支部书记和系主任述职述廉会等，层层压实廉洁文化建设责任，形成自上而下、由表及里的务实推进机制。采取多种形式积极探索思想政治教育有效路径，着力引导广大师生明大德、守公德、严私德，不断培育崇廉拒腐、尚俭戒奢、甘于奉献的价值理念，引领构建廉洁规范和廉洁风尚。

2. 通过分层设定工作内容，进一步发挥行为约束作用

突出干部、教师、学生三类主体，各有侧重、统筹推进廉洁文化建设，努力做到全员共建、全面覆盖。注重引导领导干部牢固确立“信念坚定、为民服务、勤政务实、敢于担当、清正廉洁”好干部标准；组织领导干部深入开展党风廉政建设理论学习，坚持常态化开展警示教育，以身边事教育身边人，督促提醒领导干部引以为戒，按章办事、秉公用权。注重引导广大教师牢固确立“有理想信念、有道德情操、有扎实学识、有仁爱之心”的好老师标准，深刻认识和始终牢记“国之大者”，坚守“为党育人、为国育才”初心使命，坚持以德立身、以德立学、以德施教。注重引导广大学生立大志、明大德、成大才、担大任，自觉树立和践行社会主义核心价值观，善于从中华民族传统美德中汲取道德滋养，从英雄人物和时代楷模身上感受道德风范，从自身内省中提升道德修为。

3. 通过创设诚信崇德文化氛围，进一步实现环境净化功能

追求廉洁文化与财经人才培养相统一，充分发挥廉洁文化的教育、引领和浸润作用。坚持以廉润心，大力构筑“财经向善”文化氛围，积极弘扬大学文化的批判精神，坚决抵制各种社会腐败现象、腐朽文化的侵蚀作用，用健康向上的文化不断影响和充实师生的精神世界。通过塑造财经廉洁文化，推动学院教学、科研、行政等系统实现廉洁纯净，引领学生成为社会主义核心价值观的坚定信仰者、积极传播者、模范践行者。坚持以文育廉、以文化人，在润物细无声中达到廉洁文化建设的有形、有感、有效。注重运用情景体验，将廉政文化渗透、融入学院党建和事业发展之中，积极打造学院全景式廉洁文化环境，营造“人人讲廉洁、处处见廉洁”的良好氛围，推进廉洁

文化更加贴近师生学习生活。

二、构筑德才兼备文化品牌

（一）坚持立体化崇廉尚洁工作思路

按照德才兼备、以德为先的教育理念，财经学院结合学院专业特色，寻求财经专业教育与师生道德品质引领的契合点，切实将崇廉尚洁教育纳入师德师风建设、专业教育教学、三全育人等各项工作，教育引导师生筑牢思想防线，坚持财经向善，不断提高廉洁修身的思想自觉和行动自觉。

1. 统筹推进聚合力

学院通过不断强化组织领导，切实履行党委主体责任，成立了以党委书记为组长、纪检委员为副组长的学院廉洁文化建设领导小组，研究制订廉洁文化建设指导意见，建立统筹机制，形成工作合力，切实保障廉洁文化建设逐层推进实施，将加强廉洁文化建设与促进学院事业发展结合起来，与加强师生教育引导工作一同推进。注重抓好对“关键少数”的廉洁教育，每学期组织学院党委委员、科级干部、系主任和党支部书记召开警示教育会，强化警示震慑，做到警钟长鸣。注重发挥党员师生廉洁模范带头作用，定期开展党风党纪现场教学，不断加强党性教育。注重营造全院诚信教育氛围，结合“两学一做”“不忘初心、牢记使命”、党史学习教育等系列主题教育，在教师中开展全院师德师风专项学习教育活动，引导教师以身作则，率先垂范，以良好的职业道德担负起教书育人重任；在学生中认真开展理想信念教育，以习近平教育重要论述和习近平经济思想为理论指导，着力提高财经学子思想认识，引导他们树立信仰、坚定信念、增强信心。

2. 相互融合求实效

学院注重将崇廉尚洁教育融入日常教育教学各个环节，力求将财经专业能力和师生廉洁自律品德作为立德树人的两个重要方面同向推进，积极发掘专业教育中的廉洁元素，牢牢把握课堂育人主阵地作用，通过创新课程思政形式，将专业资源有效转化为廉洁文化建设资源，最大化实现专业学习与廉洁教育互融互促。广大教师重视探究新时代经济基础与上层建筑辩证关系，坚持理论联系实际，用经济学原理延伸人生道理，用财经话语赋予思政教育新的视角、新的思维，给予廉洁文化建设新的温度，将爱国敬业、大公无私、诚信做人、大局意识等中华优秀文化融入专业教育过程中，激发学生思想共鸣。

3. 全员参与“大宣教”

学院结合财经专业特点，在工作中逐步探索和形成了党建带团建促工建的教育工作理念，逐步构建全方位、多层次、宽领域的廉洁文化建设“大宣教”格局。以江苏大学廉政文化示范创建工作为契机，学院突出“三全育人”与廉洁文化建设紧密联系，凸显实践育人、文化育人作用，不断扩大工作覆盖面和影响力。学院各教工党支部与相关专业学生团支部实行联动，开展针对性强，教育效果好的廉洁教育活动。围绕“党旗引领，立德树人”这一总的主题，以习近平新时代中国特色社会主义经济思想为指导，从中国经济体制改革40多年的实践经验中汲取发展力量，引导学生正确看待错综复杂的国内外经济形势和形形色色的经济现象，真心认同社会主义发展道路，以廉洁文化塑造品格。学院进一步加大正面宣传力度，运用健康向上、积极向善的先进廉洁文化占领思想道德阵地，提高广大师生崇尚廉洁的思想理念。通过创新载体，真正把廉洁文化与学院文化、学生社区文化、师生家庭文化有机结合起来，通过系列廉洁文化主题活动，进一步贴近师生实际、贴近生活，以文育廉，寓教于理，使全院师生在浓郁文化氛围中受教育、悟思想，并将其转化为推动学院各项事业发展的精神动力。在实践中建立新机制，善于将廉洁文化建设纳入学院整体文化建设的大局之中加以规划，充分调动校内外积极元素，整合社会力量，着力构建廉洁文化建设新格局，为立德树人提供坚强保障。

（二）拓展利用特色廉洁文化资源

学院以打造财经特色廉洁文化建设为目标，坚持抓特色、创品牌，积极拓展利用校内外廉洁文化资源优势，不断搭建校内、校企合作育人平台，用特色品牌和扎实育人合作引领学院廉洁文化建设蓬勃发展。同时，不断延伸廉洁文化建设触角，注重将其融入学院党建工作与事业发展，积极发挥线上线下廉洁教育阵地平台作用，持续扩大廉洁文化教育的覆盖面和影响力，推动廉洁价值理念深入人心，促进学院廉政文化示范点建设不断提升内涵、强化特色。

在校内，学院在校纪委的领导和艺术学院的支持下，运用学校廉政文化作品大赛中的优秀创作成果，不断充实学院廉政文化走廊，选取优秀师生文化作品进行展示，于无形中使干部廉洁从政、教师廉洁从教、学生益智尚廉思想入脑入心，达到以文育廉的教育效果。学院团委多次与校后勤服务集团举办共建活动，利用饮食服务中心、公寓服务中心、绿化卫生中心特点优势，联合开展"'财'进寝室，树劳动之风"系列劳动教育活动、"学党史、悟思想、倡廉洁、树新风"主题活动，在清明节期间举办"蒸青团，祭英烈，感党恩，倡清廉"等活动，组织中外学生共同制作"青团"并烙印"清""廉"字样，实现将廉洁文化融入日常学习实践，通过点滴浸润，推动崇廉尚洁校园氛围形成。学院各基层党支部还多次与校级其他部门党支部实行共建，共同探索廉洁文化建设有效途径，如财务系教工党支部与校审计处教工党支部实现结对帮扶、精准助学；财务统计本科生党支部与物业服务中心党支部共建，以支部联动形式不断丰富校园廉洁文化建设。此外，学院还积极发挥榜样示范作用，多次邀请先进模范与学院师生开展交流活动，如邀请把"论文"写在大地上，把致富百姓作为毕生追求的时代楷模赵亚夫来学院开展交流活动；邀请学校关工委退休老教师、校纪委专家围绕师德师风、"四史"教育、校园廉洁文化建设等主题开展交流活动等，多举措实现学院立德树人成效提升。

在校外，学院利用专业优势，不断拓展廉洁教育资源。为积极探索新形势下基层党组织建设新模式新规律，推动全面从严治党向纵深发展，学院与中国银行镇江丁卯桥支行签署《党建共建暨廉洁伙伴协议书》，明确在互学互鉴、共行共进中加强党内监督体系建设、加强廉洁文化建设、建立监督联动机制、推进精神文明建设。双方党组织共同探索强化党风廉政建设，强化党组织日常监督，强化党员民主监督，净化政治生态；共同推动刚性落实中央八项规定精神，组织人事、行政后勤、财务会计、纪检监察等部门建立针对反"四风"问题的经验交流和共享机制，研讨在干部作风建设、财经纪律执行等方面的有效措施；共同组织精神文明创建活动，开展志愿服务活动，积极营造廉洁、诚信、和谐的社会氛围。统计系教工党支部与镇江市统计局实施党建结对共建，双方本着坚持"围绕中心、服务大局、资源整合、优势互补、互利共赢、共同提高"的原则，就组织建设互促、党员干部互动、党建载体互用、结对互帮互助、科学发展共赢几个方面开展交流，并强调要为增强基层党组织的创造力、凝聚力和战斗力提供思想保证、精神力量、道德滋养和文化氛围，提高统计人员的廉洁自律意识。金融系教工党支部与中国农业发展银行丹徒区支行党支部开展党建共建活动，双方围绕"诚信金融"建设进行深入座谈交流，共同探讨怎样推动金融领域反腐，完善"不敢腐、不能腐、不想腐"体制机制，强化金融机构队伍建设，增强金融体系的风险防控能力，完善金融安全防线和风险应急处置机制等方面问题，对促进金融领域廉洁文化建设，维护金融安全起到了推动作用。此外，学院不断拓展对外合作渠道，先后与镇江文广集团节目编排中心党支部、镇江市京口区税务局等单位实行共建，持续开展廉洁文化教育志愿服务活动。

（三）打造“诚信财经”系列校园文化活动

财经学院依据财经专业特点，以实践优化廉洁文化建设，围绕“诚信财经”主题，通过开展形式多样的廉洁文化活动，进一步筑牢师生拒腐防变的思想道德底线，推动廉洁文化建设实起来，强起来。

学院不断延伸廉洁文化浸润空间，注重廉洁知识、理论对心灵的启迪作用，通过开展“读书思廉”“家庭助廉”等活动，不断营造崇德尚廉学院氛围。院党委为每个基层党支部购置《新时代全面从严治党十二讲》《文化经典与中国共产党》《中国大家》《江苏历代贤吏为官之道》等廉政书籍，鼓励师生撰写读书心得，充分交流思想，促使廉洁思想入脑入心。在江苏省妇联“WOMAN+”、镇江市妇联“镇江女性”栏目中“我的祖国我的家”专栏，学院一教师家庭应邀以《小家大家国家》抒发爱国心声，并诵读革命烈士赵一曼的红色家书，积极传颂廉洁文化彰显浓浓的家国情，传递满满的正能量。学院还定期邀请校内外专家学者讲述廉洁奉公革命文化，开展警示教育，如邀请镇江市委党校党建专家来院开设专题讲座，结合党史学习，教育引导广大师生用革命文化淬炼公而忘私、甘于奉献的高尚品格；邀请镇江监狱退休民警为学院党员师生讲述一名职务犯从中层领导变为阶下囚的真实案例，通过深刻剖析案件形成的原因，强调了慎初、慎微、慎独的重要性，以身边的真实案例放大了震慑效应，让学院党员干部知敬畏、守底线。

学院注重在日常教育中持续强化师生廉洁意识。组织党员师生观看《一念之间》《诺言》《孤岛 32 年》等廉洁文化专题教育片，以生动事例引领正确价值导向。组织开展线上财经法规法纪知识竞赛，引导财经学子重视财经纪律，争做廉洁文化的倡导者和践行者。金融系通过开设“现代征信学”选修课及相关讲座，有效推动学生诚信文化教育。财务系教工党支部与镇江电视台开展党建共建并组建纯公益性“国际化财务精英孵化训练营”，将廉洁自律意识牢牢根植于学生心中。统计系教工党支部在支部党员微信群坚持转发推送“部分高校教师师德失范警示案例”，加强教师廉洁自律意识。学生党团组织也积极行动，不断充实“诚信财经”相关知识储备，在全校范围内倡导积极、健康的财经行为。在毕业季到来期间，学院本科生党支部在学生社区组织开展劳动教育系列活动，以辛勤劳动致敬母校后勤劳动者，进一步强化实践育人，弘扬艰苦奋斗的中华优秀传统文化。学院团委针对大学生信用认知特点，积极举办大学生征信认识推广活动，并在校园内开展防范“校园贷”风险宣传活动，呼吁青年学生警惕不良“校园贷”，防范金融网络诈骗。金融专业与财务专业团支部联合举办“清正廉洁作表率，永葆本色守初心”主题团日活动，了解掌握我国征信现状及个人征信系统的重要性，并发起廉洁自律倡议。

此外，学院还重视廉洁从业意识教育，将廉洁文化建设与财经专业育人有效衔接，做到互融互通，实现共促共进。如财务系教工党支部开展“廉洁教育，‘典化’人心”“精指尖竞技，习廉洁文化”等教育活动，开展财务人员廉洁自律承诺宣誓活动，由教工党员带领学生在党旗下宣誓，引导大家在走上工作岗位之后始终筑牢思想防线，坚持不做假账，强化自律意识，强化红线意识、底线思维，提升财务人员掌握财经纪律和党纪法规的水平，以党纪法规为准绳，规范行使各项权力，做到以廉服人，积极营造风清气正的廉洁从业氛围。金融系教工党支部运用专业优势，在师生中宣传金融反诈知识，助力建设廉洁金融，为学生将来廉洁从业奠定基础。国贸教工党支部联合国贸系学生开展廉洁主题教育活动，实现了党团联动，扩大了廉洁文化教育影响力。统计系教工党支部联合统计学研究生党支部借助统计学技巧方法，学以致用，创新开展“四史”学习，奠定从业廉洁基础等。形式多样的实践活动不仅融合了经济学元素，更突出了财经人的廉洁本心，体现了财经学院人才德才兼备的培养特色。

（四）开展“三融合”沉浸式校外诚信教育实践

财经学院不断完善“三全育人”工作理念，始终以为社会培养高素质财经应用型人才为己任，坚持做到知行合一，在人才培养过程中注重将专业所学转化为服务大众的优势资源，不断创新举措，带领师生走出校门，踏入社会，广泛开展廉洁诚信教育实践活动，实现廉洁文化与社区、企业、乡村文化“三融合”，以接地气的文化实践活动积极倡导诚信理念，以实际行动不断践行财经学院社会责任。

财经学院与镇江市多个社区实行共建，学院师生利用课余时间前往社区开展廉洁文化活动，为进一步浓郁社会廉洁氛围贡献力量。如学院学生来到古城社区和景阳山社区开展“党风廉政在社区，纪律教育在人心”活动，一改以往古板的宣传方式，通过 KT 板版画教学，为社区居民宣传普及古今廉政思想；运用廉政小漫画，阐发廉洁为民思想；邀请镇江市非物质文化遗产传承人现场剪纸教学，用红纸剪出廉政内容，使居民接受廉洁文化的熏陶；通过邀请居民填写调查问卷，引发思考，领悟廉洁思想需要每个居民去实践和传播的道理。学院党员还曾走进镇江市和平路街道长江村，与该村的党员共同开展“学剪纸、话廉政”活动，邀请民俗专家尹桂兰指导两地的党员创作廉洁主题的剪纸作品，表达不忘初心、崇尚廉洁的心愿和决心。学生志愿者则与该社区渔民子女开展主题为“诵国学、话廉政”学习活动，指导渔民子女诵读、抄写《论语》《弟子规》等国学经典，共温传统廉洁文化。在香江花城社区，学院团委与社区联合开展“清风吹进香江城 传承家风育新人”活动，通过廉政情景故事《公仪休拒鱼》、知识竞答、集体朗诵等形式，倡导清廉的好家风。

学院师生走进企业，加强党建共建，共同研讨廉洁文化专题，为进一步推动廉洁企业建设，筑牢廉洁从业思想防线起到了一定积极作用。如财务系教工党支部和镇江文广集团节目编排中心党支部开展以“清正廉洁作表率，永葆本色守初心”为主题的实践活动，并联合开展廉洁文化活动，对促进企业行稳致远发挥了作用。学院还与镇江市多家银行加强联系，定期开展廉洁文化活动，做到以德润身，以文化人，共同推动“廉洁财经”文化建设。

财经学院注重发挥大学生的知识优势，通过开展大学生走进乡村宣传普及诚信知识，帮助民众树立廉洁意识。在江苏省丹阳市访仙镇永丰村，志愿者们开展了“防金融诈骗，强安全意识”活动，在事前了解当地居民对于金融诈骗的认识现状、收集发生在本地的案例的基础上，开展有针对性的宣讲活动，传播普及防金融诈骗知识，并演示应对方法，一方面，提高了乡村居民对金融诈骗的警惕意识，特别是农村老年人规避风险的意识，另一方面，也教育民众要争做诚信守法、廉洁自律的好公民。在安徽省六安市舒城县河棚镇关井村，财经学子为当地的中小学生讲授中华传统文化，教育他们要坚定理想信念，积极传承爱国、诚信、感恩、奉献的思想理念，做廉洁自律的中华好少年，立志为中华民族伟大复兴贡献力量。

一个个看似微小的实践活动，背后传递的正是崇尚廉洁的大理念，财经师生从没有停止过学廉洁、颂廉洁、传廉洁的脚步。通过开展沉浸式实践活动，财经人真正将廉洁文化铭于心，践于行。

三、凸显德才兼备育人成效

一直以来，财经学院勇担“为党育人、为国育才”责任使命，在廉洁文化建设中坚持结合实际、落到实处、注重实效的建设思路，努力在“螺蛳壳里做道场”，着力培养德“财”兼备财经类人才，做到以德御“财”，以“财”辅德，知行合一，把廉洁文化建设作为重要支撑，推动学院发展行稳致远。在实践探索中，以德“财”兼备为特点的廉洁文化建设模式已初显成效。

（一）以德御“财”，收获人才培养丰硕成果

财经学院坚持立德树人根本任务，将廉洁文化建设作为重要抓手，注重培养青年学生的志气、骨气、底气，切实发挥以德御“财”作用，将廉洁文化建设融入学院党建工作及事业发展。持续注重引导教师廉洁施教，教育引领学生塑造高尚品格，在全院积极构建清朗廉明的校园文化，学院专业建设和育人工作取得了显著成效。

学院教学、科研实力持续增强，国际经济与贸易专业获批江苏大学“三全育人”综合改革示范专业，会计学专业获批江苏大学“三全育人”综合改革示范专业（培育），MPAcc导师团队获批江苏大学“三全育人”综合改革示范研究生导师团队（培育）。财务管理专业被评为教育部第二批“三全育人”综合改革试点高校示范专业；财务管理教学团队获江苏大学“课程思政”三全育人示范教学团队。

学生思想政治教育工作稳步推进，在全校稳居前列，多次获评“江苏大学思想政治教育先进集体”。学院曾荣获“全国红十字模范单位”，院团委荣获“江苏大学青年文明号”“江苏省五四红旗团委”，学院团支部获评“江苏省五四红旗团支部”。学院获评2019年全省高校红十字会“博爱青春”暑期志愿服务优秀项目奖（全省仅10项）、2021年度“江苏省十佳青年志愿服务项目”。

（二）以“财”辅德，推动廉洁文化建设向纵深发展

学院坚持党建带团建促工建，不断加强诚信教育文化建设，以待人以诚、做事以诚、学习诚信为重点，在推进专业发展同时，注重发挥廉洁文化建设优势，通过多项举措实施，广泛引导师生自觉树立廉洁自律意识，主动践行诚信行为准则，在具体实践中体现以“财”辅德特色，在潜移默化中实

现廉洁文化的凝聚性、导向性作用。

首先，通过树立“党建+”系统思维，持续推进“党建+育人”工程，将廉洁文化建设与财经专业育人有效衔接，在专业教育过程中进一步深化廉洁财经内涵意义，有效推动廉洁文化建设向纵深发展。学院连续荣获江苏大学“党建带团建”先进单位，荣获“江苏大学廉政文化三星级示范点”称号，财务系教工党支部获首批江苏省党建工作样板支部培育创建单位、镇江市“五星党支部”荣誉称号。

其次，不断深化从严治院工作。一方面，注重引导教师严守师德，坚守、落实学术研究无禁区，课堂讲授有纪律的要求，加强对课堂教学、学术讲座等的管理，倡导教师争做“四有”好老师和“四个引路人”，做到“四个相统一”。近年来，学院教师连续获评江苏大学“最受学生欢迎的十佳教师”“江苏大学十佳青年教职工”“镇江市十佳教师”等荣誉；1 名教师获评“江苏省辅导员年度人物”“全国辅导员年度人物”提名奖；1 名教师家庭被评为“全国书香之家”，其本人也被评为“镇江市优秀阅读推广人”。另一方面，注重教育学生崇德力行，深刻认识生逢伟大时代，在追寻理想和实现人生价值同时，要把廉洁作为财经人毕生所求。引导学生牢固树立“树若正直，能参天成伟材；人若正直，可明理识大局”思想理念。近年来，学院学生在全国及全省各类志愿服务活动、抗疫先进评比中均获得好成绩，展现了财经学子良好的思想品质和道德风尚。

“孜孜淑淑，所以保终”，新时代高校廉洁文化建设是一项长期性、基础性任务。财经学院将进一步把握廉洁文化建设的时代要求，以练好廉洁内功、净化思想、涵养品德、提升境界为目标，明确财经廉洁文化建设要求，持续创新廉洁文化建设形式与载体，进一步挖掘财经廉洁文化资源，系统推进学院廉洁文化建设专业化、特色化发展。

第三节　高校医学生医德教育体系的新探索
——医学院廉洁文化建设

进入新时代，从党的十八大提出“把立德树人作为教育的根本任务”，到党的十九大强调“落实立德树人根本任务”，立德树人的重要地位不断凸显。医德是医务人员应具备的有关救死扶伤、严谨求实、遵纪守法、廉洁行医、文明待人、科研诚信、顾全大局、敬业奉献、团结协作等思想品质凝练而成的职业道德。医学生的医德教育作为高等医学院校德育的重要组成部分，正在成为医学学科体系、教学体系、教材体系、管理体系的目标设计方向，成为思想道德教育、专业知识教育、社会实践教育等环节的主体教育内容。

高等医学院校廉洁文化有着鲜明的医学专业特色，它汲取了中华优秀传统文化、现代医学人文精神和现代管理制度文化的精髓并有机组合①，其多种内涵的组合促使在医学院校进行廉洁文化建设探索、构建形成以廉养德的医学生医德教育体系有了更加明确的精神信念导向和价值取向。

近年来，江苏大学医学院坚持落实立德树人根本任务，根据学生专业、学科特点，以为祖国医药卫生事业培养清廉、博爱、卓越的医学人才为目标，紧扣“廉洁行医”品质和“博学厚德 精业至善”的学院院训，通过组织顶层设计、完善体制机制、凝聚师生共识、形成教育合力，不断探索医学生医德教育新途径、新方法和新举措，逐渐构建形成闻之于“廉”声、晓之于“廉”理、动之于“廉”心、践之于“廉”行的以廉养德的高校医学生医德教育体系。

一、闻之于“廉”声，营造“博学厚德”的育人氛围

1. 美化德育环境，润“廉”细无声

医学院作为学校生命医学教育版块建设牵头单位和校级廉政文化创建点单位，学院积极营造主题导向鲜明、积极健康向上、创意生动有趣的学院廉洁文化环境，将廉洁文化与现代医学人文精神、医学发展史、医学教育目标充分融合，“三位一体”分批次、分阶段打造集思想性与景观性于一体的各类线下廉洁文化宣传阵地。

医学院让大医名家的格言金句、廉洁醒言警句进教学楼、进课堂，促使医学生在接受专业理论知识与实践技能的同时，同频感受规范自我品行、优良自我品性、提升自我医德的基本与关键；通过非定期更新将历代医学廉洁人物故事、优秀医者先进事迹、健康医学政策动态、廉洁从医典型案例等内容进宿舍、进公寓、进社区橱窗，在生活中进一步升华医学生廉洁思想境界，在课堂外进一步强化医德理念认同；重点打造嵌入廉政建

---

① 李正关，岳国峰. 高校廉洁文化对医学生医德影响的实证研究：以南京医科大学为例［J］. 南京医科大学学报（社会科学版），2012（1）：63-66.

设、院训精神、医德修养等文化元素在内的、可观可感的廉洁文化长廊和学习休闲大厅，让“廉洁从政 廉洁从教 廉洁行医 益智尚廉”的廉洁理念浸润学生心灵，实现文化阵地润“廉”细无声、寓教于日常的功能，让医学生兼具学习、科研、社团活动及德育功能的线下宣传阵地场所更加固定、环境更加优化、功能更加全面、教育更加渗透，让学院“博学厚德”的文化育人氛围逐渐浓厚。

2. 纵深党风教风，养“廉”树标杆

作为学校纪检监察体制改革设立专职纪律检查员岗位的试点单位之一，近年来，医学院党委领导班子在推进全面从严治党、向基层党支部纵深贯彻党风廉政建设工作中不断出实招、讲实效，努力打造出具有医学专业及学科特色的党风廉政建设新局面。

学院通过将权力运行规范、学院教职工师德师风建设、医学生医德培育纳入年度全面从严治党学院党委主体责任清单、“未巡先改”三清单、重点廉政风险防控清单等，不断增强领导班子成员积极履责意识，作以德立身的率先垂范；通过将医德风尚融入干部廉洁从政、教师廉洁从教、学生廉洁修身等廉洁教育体系，不断激发基层教工党支部、学生党支部“提质增效”，寓医德元素于组织生活、主题党课、党日活动等载体，引导教师党员作以德施教、学生党员以德立学的先锋模范；通过建立健全基层党支部监督网络，进一步明确学院党委专职纪律检查员、纪检委员延伸至党支部纪检委员纪律检查工作的职责与分工，分层分类推进党风廉政建设、师德师风建设、年度“读书思廉 以廉养德”系列、廉洁行医警示案例教育、师德师风警示案例教育、重要节假日廉洁提醒等教育活动；充分发挥党支部纪检委员、学校特聘监督员在学院的探头、哨兵作用，对发现师生党员存在的苗头性、倾向性问题，敢于斗争、积极作为；及时规范开展监督执纪“第一种形态”进行谈话提醒或批评教育。以上廉洁教育举措，不断丰富着学院党风政风、教风学风新内涵，让学院“博学厚德”的育人导向逐渐明晰。

3. 强化网络育人，宣“廉”拓阵地

网络育人是我校“三全育人”综合改革十大育人的体系之一，积极构建网络育人平台、不断丰富网络内容供给成为我校医学院弘扬“博学厚德 精业至善”院训精神、打造“廉洁从政 廉洁从教 廉洁从医 益智尚廉”廉洁文化网络宣传阵地、推崇学院高尚医德医风价值理念导向的重要载体和育人抓手。

通过建强用好“江苏大学医学院”官方网站、“廉政建设”专题版块、“江苏大学医学院”官方微信等平台，聚焦师生一线，开展年度廉洁、医德主题宣传，定期更新专题动态；通过重点打造“医者廉说”“江医青年”“医路有你”“博爱青春”“无言良师”系列栏目，将“廉洁”“诚信”“医德”精神价值写入网络，将身边榜样、先进人物、优秀事迹通过官网重点弘扬，将生命教育、志愿活动、社会实践系列活动网媒报道推广；精心创新推出充满吸引力、感染力、说服力的“廉洁文化网络产品”，推广展示具有代表性、启迪性、教育性的“医德医风网络人物”，不断探索建立具有医学专业特色和教育覆盖面的，有一定影响力的廉洁教育、医德医风网络宣传平台，让学院“博学厚德”育人理念的宣传机制逐步拓展。

二、晓之于“廉”理，夯实“医德为先”的育人阵地

1. 建设课程思政，融“廉”育良医

《高校思想政治工作质量提升工程实施纲要》提出，要构建“课程育人质量提升体系。大力推动以‘课程思政’为目标的课堂教学改革，优化课程设置，修订专业教材，完善教学设计，加强教学管理，梳理各门专业课程所蕴含的思想政治教育元素和所承载的思想政治教育功能，融入课堂教学各环节，实现思想政治教育与知识体系教育的有机统一”①。高等医学院校承载着要培育能够担当“健康中国”建设重任的新时代良医的崇高使命，而培育良医首先要培养廉洁行医的理念、提升医德医风的修养。进入新时代，我校医学院深刻认识把握“课程思政”发展趋势，突出医学教育办学特色，坚持立德树人根本任务，以深化综合改革创新人才课程培养模式，将廉洁、医德作为课程思政的切入点和突破口，切实履行清廉良医培育的社会责任。

秉承“博学厚德、精业至善”院训精神，通过强化顶层设计，坚持医学特色，以生为本，充分发挥专职教师育人主体作用，将“上医治国”的理想、中国传统医学“悬壶济世”经典、现代医学名家行医典范、杰出校友医德事迹等课程思政元素精心设计、巧妙融入专业课程教学中，深植廉洁医德教育理念，实现课程思政德育功能；通过融汇平台优势，借助综合性大学学

---

① 中华人民共和国教育部．中共教育部党组关于印发《高校思想政治工作质量提升工程实施纲要》的通知[EB/OL].(2017-12-04)[2017-12-05]. http://www.moe.gov.cn/srcsite/A12/s7060/201712/t20171206_320698.html.

科交融、多元文化平台，建设课程思政案例库、医学人文案例库等教学资源，打造一批优秀的在线开放课程和虚拟仿真实验项目，其中2门课程获评首批国家级一流本科课程，8门课程获批省级一流课程。

近年来，学院各专业课程育人成效显著，临床医学、医学检验技术专业已通过教育部专业认证，获批国家一流专业建设点；临床医学、医学检验技术和护理学专业获批学校“三全育人”示范专业；学生年度评教优秀率达100%，达30%的课程获批校级A类课程。学院逐步形成了教师重视医德为先、学生关注医德修养的教学导向、价值追求和行为自觉，专业课程育人的“主阵地”逐步夯实。

2. 丰富人文课程，引“廉”提素养

医学人文教育是医学生优化职业素养、提升医德修养的重要途径，是新时代高等医学院校廉洁教育的重要课程载体。学院紧跟新时代趋势、把握健康中国人才培养需求，积极整合教学师资，增设医学人文系、教研室，重点以培养有温度、有高度、有广度、有深度的“四度”精英人才为目标，构建以医德医风、医学人文关怀与医学人文精神为导向目标的课程体系，引导医学生树立正确的世界观、人生观、价值观。

通过开设“医患沟通学”“医学心理学”“医学伦理学”“医学法学”等四大类别课程，横向到年级、纵向到专业，实现医学人文知识系统化、周期化、全覆盖；通过理论课程、社会实践、实验、PBL教学法、混合式教学、叙事医学、医学人文讲座等多种授课方式、案例设计形式互为补充，启迪学生自我学习、自我思考、自我教育、自我提升；通过课程设计融入思政元素，如中国医学发展与成就、医学科学前沿知识、医学名家大师奋斗故事、国家医学政策、医患案例等，嵌入人文关怀、社会责任感、理想信念、自信感恩等关键词，让知识的传递实现价值的引领，让医学生在潜移默化中领悟做人行医的道理，内化职业素养和医德风尚。学院目前还在进一步完善医学人文课程体系，关联搭建医学人文与精神、传播、沟通、心理、共情、叙事医学、技术、法学、文学等九大模块的课程体系，引导学生将“医者仁心”的医学人文精神应用于实践，进而坚定为健康中国事业做出贡献的医学职业理想。

3. 力倡诚信之风，涵“廉”正学术

高等院校承担着培养人才、发展科学、服务社会并进行文化传承与创新的职责与功能，我校医学院作为学校最大的教学科研单位之一，面向师生涵养廉洁学术文化，倡导科研学术诚信之风，引育良性竞争机制成为学院事业发展的重要风向标。

在医学本科生中开展年度“医路诚信”学风建设月系列活动，通过专职辅导员、学生干部深入学生班级进行学风督查，组织集中学习在校期间有关日常管理、违纪处分、学位授予、课程考试、评奖评优等规章制度，增强学生的组织纪律观念，培养学生诚信考试的意识；通过学业导师层面的教育引导，开展学业规划交流会、学习经验分享会等学习指导活动，重点加强本科生诚信学习、诚信行医的规划、制定和实施；在医学研究生中开展年度“科学道德与学风建设月”系列活动，通过专题讲座、主题班会研讨、主题征文活动、学术不端案例展等形式，引导医学研究生恪守诚信规范，遵循科研规律，抵制学术不端，摒弃浮躁作风，维护科学精神；在研究生导师、专职教师、教辅人员中开展医学科研诚信与作风学风建设专项教育整治活动，通过集中教育培训、案例宣讲、分组自学、主题研讨和对存量论文、正在从事的医学科研工作进行自查自纠行动，引导形成学院教师以德示范、以德立学，学院师生坚持科学真理、尊重科学规律的良好“廉”正学术生态氛围。

三、动之于“廉”心，启迪“生命至上”的医德信念

1. 重视生命教育，敬“廉”生博爱

生命教育是以对生命的感知和体验，对道德的人文关怀和对生命价值的关注为核心的教育，其本质在于尊重生命及生命的价值，其功能在于培养学生敬畏生命、善待生命、尊重生命、发展生命的意识和观念。① 医学生作为未来医务工作者的主力军，承载着“健康所系 性命相托”的特殊的使命，对医学生进行持续积极的生命感知价值教育，有利于医学生生命责任意识的建立和医德医风的培育。我校医学院重视生命科学教育走进课堂、走入实践、走向实习，将生命健康教育贯穿于医学生培养的全过程、全环节，持续推进多层次生命本质教育、生命过程教育和生命价值教育。

通过生命教育相关必修课程的开设，结合课程思政教育理念和浸润式、体验式教育模式，以及现代医学理念和中华优秀传统文化，推动以护佑敬畏生命为核心的“仁心仁爱”教育和以廉洁高尚的医德医风为核心的“博学

---

① 张东军. 医学生生命价值观与生命伦理教育［J］. 中国医学伦理学，2012，25（6）：824-825.

厚德”教育成为课程主流教育价值观；通过组织新生首次参观，和毕业生再看人体解剖楼、纪念遗体器官捐献者，以及纪念实验动物等感恩仪式教育和纪念活动，开展“向大体老师致敬”、“无言礼赞”缅怀、“沐浴春晖”、“博爱青春”、礼赞实验动物、手绘解剖图谱大赛等品牌活动和志愿服务，引导医学生尊重生命个体存在，丰富医学生的生命情感体验，理解生命过程意义，不断加深医学生对生命本质的价值思考、对廉洁行医的责任担当、对扎实学识的能力追求。目前学院计划依托医学教育基础和研究底蕴，在现有人体形态学和人体标本实验室资源基础上，启动“江苏大学生命教育基地”和“镇江市中小学生命教育长廊”平台建设，以生命起源、生命发生和发育、生命与疾病的转归为核心内容的教育方式，促进参观者了解生命构造、培养其健康人格和诚信人格，进而实现珍爱生命、感恩生命、敬畏生命的教育目的，强化医学生“健康所系 性命相托”的医德信念。

2. 推行文化育人，崇“廉”尚医德

文化育人是我校“三全育人”综合改革十大育人的体系之一，是推进我校医学生崇廉尚洁价值追求和提升医德修养、文化素养的重要形式和载体。近年来，我校医学院深刻挖掘与创新发展学院文化精神，积极探索学院文化建设的有效路径，不断丰富医学特色文化活动的内涵价值，全面打造、提升系列常规文化活动与特色品牌活动的针对性和覆盖面。

通过开展校史院史教育、“思政第一课”、“白袍起航”授袍仪式、医学生职业规划大赛、医学“微笑人生、美丽人生”美育讲坛、优秀校友访谈、“毕业最后一课”等，架好医学生专业情感纽带和职业认同，启蒙医学生系好入学教育的“第一粒扣子”，树立未来“廉洁行医”的道德志向，引导求学阶段“益智尚廉”的学业规划，把好医务就业、从业的“道德关”与培养质量关；通过结合医学相关重要节日举行庆祝活动、开展仪式教育、重温医学誓词，或以世界卫生日、国际护士节、国际医师节、爱眼日、爱牙日等为契机，开展医疗卫生宣传和知识竞赛活动，培育更多富有医学专业特色的、以职业能力为导向的、以巩固医德修养的学院品牌活动；同时注重将“艺术”贯穿于“道术、仁术、学术、技术”教育的全过程，通过举办“医学绘图及建模大赛”“微生物培养艺术开放性实验”“人体结构绘画大赛”等“蓄内融外、情知互激”的医学美育系列文化活动，树立和端正医学生审美观念、审美情趣，培养医学生创造性思维能力和想象力，实现以美动人、以文化人、以情育人，进一步提升美育育人的文化育人效果。通过文化活动赋予的价值，不断引领医学生职业精神追求，激励医学生益智尚廉，实现“博学厚德 精业至善”的情感陶冶和医德共识。

3. 引导阶段分层，促“廉”序贯式

为更好地推进我校医学院廉洁医德教育的体系化和精细化，增加教育的实效性和针对性，提升学生参与活动的积极性和主动性，秉承“博学厚德、精业至善”的人才培养理念，根据学生的年级阶段层次、知识结构储备及时间关注重点，将“上医治国”的理想、“廉洁从医”的观念、社会主义核心价值观和中国传统文化融入入学教育、课程教育、文化育人、志愿活动、就业见习、临床实习中，逐步探索建立了“序贯式”廉洁医德持续育人体系。

在低年级阶段，重点以“立理想 定信念 勇担当”成医大业为育人目标，主要通过邀请名人名家进行系列讲座，开展校史院史教育、白袍宣誓典礼、生命教育等新生入学仪式及医学职业生涯规划等，引导医学生树立“上医治国”的崇高理想和“健康所系 性命相托”的医者使命；在二、三年级阶段，重点以专业基础课程教育教学为主，建设课程思政案例库、医学人文案例库等教学资源，融入思政元素，夯实育人主阵地，同时结合学科竞赛、学风建设、科研诚信、志愿服务等活动形式，引导医学生形成专业认同，建立团队协作、遵纪守法、严谨求实、廉洁从医的医德品质；在高年级阶段，重点强化“仁心仁术”主题教育和“廉洁医德”专题教育，通过“叙事医学”等特色课程、专业见习、临床实习、社会实践开展职业道德教育和职业使命教育，激发医学生的仁爱感恩之心，强化医德修养提升，培养学生的专业认同度、社会责任感和职业自豪感。

四、践之于“廉”行，形成“精业至善”的医德共识

1. 打造志愿品牌，锤“廉”铸医魂

实践育人是我校“三全育人”综合改革十大育人的体系之一，志愿服务的精神承载着中华民族的传统美德，契合了社会主义核心价值体系的时代精神，是强化医学生廉洁医德的重要途径，是推进实践育人的重要载体。我校医学院重视组建依托以党支部、团支部、班级和分团委青志协为主体单位的志愿团队，组织医学生在节假日、寒暑假通过参与各类志愿服务走进基层，了解社会变化，完善专业知识结构，强化服务社会的价值认同，锤炼奉献社会的意志品质，最终达到服务他人、奉献社会、提升自我的有机统一。

自2014年学校重组学院以来，我校医学院正逐步探索出“以医学特色为依托、以青年学生为主体、以党团共建为模式、以提升医术医德为目标”的医学生志愿服务实践育人模式。

学院目前已组建形成“博爱青春 生命永恒”品牌志愿服务团队，由基础医学系师生、教工第一党支部组建的“小手拉大手”党员志愿服务团队，国际基因组学研究中心及党支部组建的“小小科学家”科普服务志愿团队等多个品牌志愿服务队伍。志愿服务团队开展了以儿童护眼、口腔保健、安全急救知识普及、孤儿关爱心理帮扶、社区爱心义诊、老年人健康保健、疗养院护理院临终关怀服务、中小学生命教育及医学知识科普等系列活动。志愿服务活动巩固和增强了医学生的专业技能，塑造和培育了医学生的人文精神，淬炼和提升了医学生奉献社会、大爱无疆的医德品质。其中，学院“博爱传承 生命永恒”品牌志愿服务团队曾获评全国大中专学生志愿者暑期“三下乡”社会实践活动优秀团队，学院系列志愿服务活动受到学习强国、新华社、江苏教育等主流媒体的报道，取得了较好的社会效应和实践育人成效。

2. 紧扣临床实习，固“廉”强使命

习近平总书记曾指出：“一种价值观要真正发挥作用，必须融入社会生活，让人们在实践中感知它、领悟它。”医疗工作是一项实践性极强的工作，廉洁从医的行为和医德修养的品质只有在开展医疗行为和活动的实践过程中才得以体现和检验。我校医学院根据医学生培养方案模式，牢牢把握各专业医学生进入专业实习阶段的一年黄金周期，联合学校医学部进一步深化教育教学改革和创新机制，加快推进临床实践教学基地，加强和规范临床实践教学基地建设和管理工作。

完善《江苏大学关于加强临床实践教学基地建设的意见》，加强和规范临床实践教学基地建设、管理和考核工作，目前已合作建设11家临床学院、12家附属医院、27家教学医院、26家实习医院及3家医教研实习单位。通过开展医学生临床实习，不断强化医学生专业基础课程及医学人文课程有关廉洁、医德的价值观和精神素养在实习环节的运用及考核；不断提升基础与临床教师教育教学能力，加强医学临床带教老师对医学生的医德修养价值塑造的责任及要求；通过推进“社区—校园—临床”的3C课堂革命和基于“问题—感知—实践—项目”的4P自主学习革命，进一步促进医学生的知识、技能、诊疗思维向医学人文素养、医德医风修养、廉洁健康服务的转化，使得各级各类医院、社区临床教学教研实习基地成为培养医学生医德修养精、综合素质高、实践能力强的专业平台。

3. 依托就业基地，塑“廉”助品格

医学生就业创业实习基地是校内医学专业理论知识及实践教学的拓展和延伸，是巩固深化医学理论知识、强化医学技术能力水平、锤炼高尚医德品格、提升综合职业素养的重要场所。我校医学院学生管理工作团队重点推介与省内、省外相关医药企业的医学生就业创业基地，建立校企合作医学发展基金，将校企合作深化产学研、促进双方共同在人才培养、科研创新、实验室建设等事宜落细落实。

目前，学院共达成就业创业协议建设基地 12 家，其中 3 家共设医学发展基金。协议中就明确加强在就业实习期间医学生职业道德规范、医德修养引育、医疗法律法规学习、医患沟通技巧等方面的培训计划和学习方案作出相关规定，促进医学生在熟悉未来的职业环境及社会环境的同时，养成良好职业态度和职业行为，形成正确的世界观、人生观、价值观和就业择业理念，为实现毕业与就业的零距离过渡奠定良好的实践基础。近年来，学院就业实习取得了一定的育人显著成效，有用人单位调查数据表明，毕业医学生在道德品质、职业操守、团队合作、科研创新、专业知识及操作技能等方面表现突出，综合评价达到 95 分以上。

进入新时代，奋进大健康，启迪新作为。作为我校培养祖国未来医药卫生事业人才的最大的教学科研单位，学院党委将继续坚持以习近平新时代中国特色社会主义思想为指导，全面贯彻落实《关于加强新时代廉洁文化建设的意见》精神，秉承“博学厚德 精业至善”学院院训，以扎实医学专业学识强化基础，以“上医治国”理想信念固本培元，以“益智尚廉”先进文化启智润心，以高尚“医德修养”砥砺品格，推动学院新时代以廉养德的医学生医德教育体系建设更加完善、更加全面、更有成效，在为祖国医药卫生事业培养清廉、博爱、卓越的医学人才的新征程上续写新的篇章！

第四节　新时代工匠精神融入工科学院廉洁教育实践——机械工程学院廉洁文化建设探索

机械工程学院党委坚持以习近平新时代中国特色社会主义思想为指导，深入推进全面从严治党和作风建设。始终坚持把廉洁文化建设作为反腐倡廉的基础性工程抓紧抓实抓好，不断增强创造力、凝聚力、战斗力。在加强廉洁文化建设中，围绕机械学科人才培养目标，突出工匠精神为引领，弘扬精益求精、追求卓越、爱岗敬业和家国情怀的工匠职业素养，推进廉洁文化工程化、网络化、品牌化建设，培育全员化崇廉尚洁的价值体系，营造廉洁文化新氛围等进行了有益尝试。

一、弘扬工匠精神

（一）引领工科学院廉洁文化建设方向

1. 时代发展的需要

习近平总书记2020年11月24日在全国劳动模范和先进工作者表彰大会上的讲话指出要“大力弘扬劳模精神、劳动精神、工匠精神”。工匠精神体现工匠对本职工作的无比热爱、鼎力创新及执着追求，培育和弘扬工匠精神既是国家发展建设需要，也是新时代工科学院廉洁文化建设的需要。新时代廉洁文化建设，就是要引导党员、干部筑牢信仰之基、补足精神之钙、把稳思想之舵，做到学思用贯通、知信行统一，让工匠精神深入教师、学生思想和心灵，转化为廉洁自律的内在动力。弘扬工匠精神，就是要激励工科学院大学生发扬拼搏奋斗、争创一流、强国有我的时代豪情，努力走科技成才、创新报国之路。

2. 人才培养的需要

江苏大学具有百年办学历史，机械工程学院是其中历史最悠久、实力最雄厚的学院之一。学院党委以新时代工匠精神为引领，持续以廉洁文化建设为抓手，规范运用“四种形态”，全力纠治“四风”。扎实推进以党政干部廉洁从政、教师廉洁从教、学生廉洁修身为主体的廉洁文化建设，不断营造浓厚的机械工程学科特色、融入新时代工匠精神的校园廉洁文化氛围和价值取向。学院先后涌现出了老一辈以蔡兰、王贵成、戴立玲教授为代表的江苏省教学名师、江苏大学首届教学名师、师德标兵，新生代以丁建宁、鲁金忠、黄娟等为代表的一批国家级人才、国家及省市先进教师，培养了以江泽林、李盛霖、朱金福等杰出校友为代表的德才兼备的工匠大师级人才，在省内乃至全国机械行业内享有盛誉。

（二）契合工科学院廉洁文化建设实践

1. 目标导向一致

工匠精神是植根于社会主义先进文化土壤，推动形成尊重劳动、乐于劳动的时代风尚，弘扬爱岗敬业的道德观、开拓创新的精神观、团结协作的大局观和精益求精的品质观，培养具有家国情怀的工匠人，也正是工科学院廉洁文化建设所追求的人才培养目标。机械工程学院坚持社会主义办学方向，在工科人才培养实践中，进一步厚植“知农、爱农、兴农”的江大情怀和“自强厚德，实干求真”的江大精神，弘扬中华优秀文化传统，特别是将工匠精神作为重要思政内容，常态化融入大学生的人生观、世界观和价值观教育中，不断形成自重、自省、自警、自励的高校廉洁文化追求。

2. 价值取向一致

新时代工匠精神是工科学院实践育人的重要价值导向，新时代工科大学生应当具有敢于创新、敢为人先的职业品质和吃苦耐劳、不畏险阻的劳动精神。近年来，学院党委深入学习习近平新时代中国特色社会主义思想，全面贯彻党的十九大和十九届历次全会精神，认真贯彻落实习近平总书记在十九届中央纪委六次全会上的重要讲话和对江苏大学发展的重要批示精神。在廉洁文化建设中，强化理论武装，坚定信仰信念信心，培养大学生不断自主创新、品格卓越，努力做到知行合一，成为社会主义坚定支持者、建设者和接班人。同时注重自律与监督，在创新中发展自我，在监督中完善自我，筑牢拒腐防变思想防线，不断赋予工匠精神的新内涵和新特征。

（三）推动工科学院廉洁文化建设发展

1. 学科专业跨越发展

新时代工匠精神，要以推动中国智造、实现制造业强国为目标。机械工程学院目前已有机械设计制造及其自动化、测控技术与仪器、机械电子工程、光电信息科学与技术、智能制造工程 5 个本科专业。其中机械设计制造及其自动化专业为国家级特色专业、首批教育部“卓越工程师教育培养计划”试点专业、江苏省品牌专业。机械设计制造及其自动化、测控技术与仪器、机械电子工程三个专业先后通过了中国工程教育专业认证，并获批国家级一流本科专业。“智能制造工程”为新工科专业。学院弘扬工匠精神，着力构建本硕博贯通、校企协同培养、国际联合培养的人才培养体系，每年为国家输送本科及以上毕业生 500 余人。

2. 廉洁文化全面提升

机械工程学院作为学校设立专职纪律检查员岗位的三个试点学院之一，基层监督网络不断健全，党风廉政建设工作得到有力加强，廉洁文化建设得到全面提升。学院党委定期开展廉政风险点排查、“未巡先改”自查、党风廉政专题教育活动，以及多种形式的警示教育活动等。学院不断丰富和发展廉洁文化建设内涵和形式，逐步形成具有工程化、网络化和品牌化的廉洁文化教育与宣传特色，同时也促进学院党建等各项工作不断取得突破。学院近年来先后获批江苏省“党建工作标杆党支部”、江苏大学“三全育人”综合改革示范学院；涌现出教育部长江学者特聘教授、全国巾帼建功标兵等先进典型；学院在获评学校廉政文化建设示范点“一星级”称号的基础上，积极创建“二星级”示范点，有力促进和涵养学院风清气正的廉洁文化生态。

二、追求精益求精

（一）构建干部廉洁从政生态

1. 率先垂范，崇廉尚洁

工匠精神本身就是一种追求卓越的创造精神。作为工科院校，学院将工匠精神作为校园廉洁文化建设的重要抓手和切入点，弘扬“精益求精、追求卓越、家国情怀”的工匠精神核心理念，不仅是对科研对象的品质要求，更是对工匠本身廉洁奉公、无私奉献精神的高度赞誉，它是校园廉洁文化的重要组成部分。机械工程学院作为“三全育人”综合改革示范学院，学院党政管理干部在廉洁文化建设中自觉以工匠精神为引领，加强培养廉洁自律道德操守，坚持修行修心修志，始终把廉洁要求贯穿日常教育管理监督之中，树立良好清廉模范形象，为师生共同建设校园廉洁文化的方向做出正确指引。学院加强领导班子全面从严治党主体责任、党委书记“第一责任人”责任和班子成员“一岗双责”责任的担当意识，将廉洁文化融入日常守廉倡廉活动中。随着不敢腐、不能腐、不想腐的反腐体系建立和反腐倡廉的常态化推进，学院党委在每年廉政风险排查防控中，坚持问题导向，刀刃向内，勇于自我革新；严格执行“三重一大”工作规定，加强对重点人、重点环节的有效的监督和防控，进一步提高发现问题、解决问题和化解矛盾的能力。学院党委每年制定党风廉政建设主体责任清单，把落实党风廉政建设的责任纳入学院党的建设总体布局，将具体责任落小落细落实。建立干部廉政档案，处级干部定期如实申报个人事项，签订党风廉政建设责任书，明确党风廉政建设主体责任。近年来，学院党委扎实开展了多种形式的党风廉政主题教育活动。如定期组织学院领导、各系、研究院、党支部负责人及行政管理人员召开警示教育大会，集中观看本地反腐倡廉的典型警示教育片，用本地案件的

"活教材"教育和警示广大师生。组织领导班子成员在分管范围内经常性开展廉政约谈及谈心谈话活动、组织处级领导干部及配偶每年签订《家庭助廉承诺书》，筑牢家庭拒腐防变的思想道德防线，带头树立良好的家风，克己奉公，为全院师生作廉洁表率。

2. 知行合一，制度促廉

高校作为育人的摇篮，以培养德才兼备的新时代人才和弘扬社会主义先进文化为重要使命。推进校园文化建设，特别是廉洁文化建设，必须构建守廉促廉制度体系。近年来学院逐步出台了《机械工程学院党委会会议议事规则》《机械工程学院党政联席会议议事规则》《机械工程学院"三重一大"决策制度实施办法》《机械工程学院关于进一步加强青年教师队伍建设的意见》《关于青年教师参与学院公共事务管理工作规定》《机械工程学院教职工代表大会实施办法》等各类规章制度，以制度规范学院工作，进一步用制度规范权力、严肃纪律、匡正风气、知行合一，做到以制度促进党风廉政建设，构筑清廉校园，引领学院事业发展。院党委将廉政教育纳入党员干部学习教育计划，引导领导干部明大德、守公德、严私德。在处级干部中开展"读书思廉""两在两同""我为群众办实事"等活动中，领导干部主动进基层、听民意、解民忧、办实事。如对青年教师反映的喝水难、没有休息场所等问题，学院党政联席会专题研究，决定在五楼、六楼新设置新开水炉，在多个楼层走道设置漂流图书角、办公休闲区，配备桌椅等，方便师生开展研讨交流和课间休息；全体党政管理人员办公室的电脑显示屏上均设置廉政屏保并在办公场所设置廉政标语、党风廉政建设意见箱、院长信箱；等等。真正做到廉洁文化"润物细无声""处处有教育、人人重廉洁"，通过不断整合廉洁文化育人方式和形式，使廉洁自律深入人心，守廉倡廉常态化。

（二）创新教师廉洁从教形式

1. 启智润心，办廉洁课堂

高校教师不仅要传授学生专业知识，还要有专注执着、精益求精、一丝不苟的教学态度，以身作则为学生树立践行工匠精神的榜样。机械工程学院作为学校首批"三全育人"综合改革示范学院，敢为人先，不断创新和推进廉政元素进教材，廉洁意识进头脑，廉洁文化遍校园，在师生中广泛开展师德师风、学术诚信、廉政教育等活动。大力推进廉洁文化融入课程思政进课堂，充分发挥课堂育廉的主渠道作用。每学期通过形势与政策课、开学第一课、五棵松讲坛、书记讲堂等形式，宣扬大国工匠精神，弘扬职业道德，让廉洁文化走进课堂，帮助师生树立廉洁意识，夯实大学生的崇尚廉洁的思想道德基础，促进教师在备课授课中自觉增强廉洁自律意识，做廉洁自律的表率和践行者。学校每年对新进教师实行助理教学、培养、考核制度（连续三年)，实行师德师风一票否决制；对新聘研究生导师开展学术道德教育相关培训，并组织网上考核，考核通过者才能指导研究生。创新廉洁从教形式，主动将崇廉尚洁教育纳入师德师风建设及党团活动中。学院党委组织各系、研究院及学生党支部开展多种形式的廉政教育活动，如观看红色电影《我和我的祖国》《长津湖》《跨过鸭绿江》等；学院专职纪检员定期对学院基层党支部书记、支部纪检委员和辅导员开展廉政培训，开设“加强党性修养，坚持廉洁从教”为主题的廉政教育微党课，观看清风网站上廉政微电影《呼吸》、廉政视频《永远在路上》等，帮助党员教师进一步树立为党育人、为国育才的指导思想，自觉抵制庸俗腐朽思想，反对拜金主义、享乐主义。

2. 守正创新，建廉洁阵地

营造具有工科学院特色魅力的廉洁文化氛围，增强廉洁文化的吸引力和渗透力。学院在机械楼二楼大厅设置廉政文化宣传电子屏，楼道处设立党风廉政建设意见箱等。充分利用电子显示屏宣传廉政文化，在楼道等区域融入廉政元素，建立廉政文化休闲区，悬挂廉政教育格言，突出宣传“廉洁从教”“崇尚师德”“学高为师”等廉政教育主题，形成浓郁的廉洁文化氛围，开拓廉洁文化宣传主阵地。学院在四楼办公区橱窗专门设立党风廉政栏目，及时将最新廉政资讯张贴上墙。在学院官网开设党风廉政建设专栏，不定期更新学院党风廉政建设动态，学院及团委微信公众号定期推送廉洁文化主题博文，将廉洁文化融入师生群体。纪法教育是廉洁教育的重要组成部分，学院将遵纪守法融入廉洁教育中，经常就地取材，开展“用身边事教育身边人”等活动，强化师生自我廉洁意识，增强纪法意识，进一步校准思想之标。学院每年组织全体党员教职工参加网络“党纪法规”知识测试，测试率达到100%，全面增强规矩守法意识，时时绷紧廉洁弦，处处把好廉洁关。参观渡江战役纪念馆（安徽名人馆)、茅山新四军纪念馆、新四军四县抗敌总会纪念馆等，用革命文化淬炼公而忘私、甘于奉献的高尚品格；走访杰出校友、建红色党建工作室等，使广大师生在现场接受廉洁警示教育，领悟历史事件精髓，感受英雄人物的大无畏气概。

（三）提升学生廉洁修身素养

1. 一丝不苟，寓廉于学

工匠精神本身也是一种优秀的职业精神，包涵“执着专注、精益求精、一丝不苟、追求卓越”① 的精神，蕴含着“勤劳节俭拼搏、敬业守正创新”的廉洁元素，对培育师生的爱岗敬业的职业道德有着促进作用。在发挥思政课堂教育的主渠道外，充分挖掘新生入学教育第一课的首因效应。在新生入学第一课开展纪律教育，明确纪律红线，帮助大学生科学规划大学生活，扣好人生第一粒纽扣。对学生各类评奖评优、发展入党、推荐免试研究生等关乎学生切身利益的活动，严格规范程序，坚持标准，抵制拉关系、走后门的不正之风，秉承公正的廉洁之心，让学生在评选中受教育，砥砺品格。积极开展以廉洁文化为主题的第二课堂活动，如学院结合廉洁文化学习教育活动，在全体本科生中开展廉洁文化作品征集评比活动、廉洁党团知识竞赛、各类朗诵演讲比赛等，进一步涵养文化，正心修身。各党支部开展了“政治生日”主题党课、时政研讨会、理论学习座谈会、观红色电影、“诵红色家书，悟党心践使命”等系列主题信仰公开课；同时充分发挥学生社团——马克思主义理论研究会和“时音”红色宣讲团的作用，专题开展党章党规、党纪党风和警示教育主题学习宣讲活动等，进一步夯实理想信念，强基固本，防微杜渐。

2. 执着守信，以学促廉

专注执着、开拓创新是工匠精神的重要组成部分。帮助大学生树立社会主义核心价值观，大力弘扬“工匠之魂”“工匠之道”，培养耐心、执着、坚持的专注精神，倡导“诚实守信、久久为功”的职业理念，为他们健康走向社会打下坚实的思想基础。学院结合各年级学生特点，开展针对性的廉洁教育活动。对低年级学生重点开展诚信考试、诚信助学贷款、一心向党的理想信念教育。指导学生制定大学生涯规划、组织签订《考试诚信承诺书》、制定个人信用档案等。对高年级学生重点开展诚信科研、诚信就业、强国有我的责任感恩教育，组织观看纪录片《大国工匠》，培养学生“爱岗敬业、爱国奉献、敢于拼搏”的工匠品质，进一步提升职业道德，为今后的廉洁从政、廉洁从业打下思想基础。对研究生重点开展遵守学术规范、守牢学术道

① 习近平. 在全国劳动模范和先进工作者表彰大会上的讲话［EB/OL］.（2020-11-24）［2021-09-24］. http：//www. xinhuanet. com/2020-11/24/c_ 1126781907. htm.

德底线、树立科技报国的使命感教育。创建开放共享的学术交流环境，深入组织开展研究生中外学术论坛、博士后创新学术论坛，打造具有江苏大学特色的格物致知和开拓创新的学术文化品牌。集中开展学术诚信道德系列讲座的学习，组织研究生签订《学术诚信承诺书》。每年都及时修订研究生招生复试细则、研究生国家奖学金评定细则等，使廉洁教育贯穿学生成长全过程。充分发挥新媒体平台在传播廉洁文化方面的积极作用，利用好各年级、班级、社团的QQ群、微信群等，定期推送廉洁修学提醒，如期中期末考试、全国大学生英语四六级考试等诚信考试提醒、重大节日进行社会主义核心价值观正能量信息发布等，时时处处促进大学生懂廉、思廉、守廉。

三、厚植家国情怀

（一）推进廉洁文化工程化建设

1. 工匠领航，开展廉洁文化“四大工程”建设

大学生是高校培养的对象和主体，也是廉洁教育的参与者和受教者。作为工科院校，坚持以工匠大师为榜样，帮助大学生树立爱党爱国，厚植“祖国至上、矢志不渝、自觉追求”的家国情怀，传承好工匠精神具有重要现实意义。学院党委重视廉洁文化工作的开展，积极协同构建“三全育人”工作格局，坚持以工匠精神为依托，指导各基层党支部、各社团开展个性化、高品位的廉洁文化工程化建设。第一，在培育家国情怀中铸“匠魂”，深入打造廉洁文化建设“铸魂工程”。开展国家级标杆学院党委、省级标杆党支部创建活动；开设“领航，开学第一课”、辅导员微课堂、廉政书画作品大赛、校庆作品设计等活动，铸牢爱国爱党、爱校荣校、清正廉洁的思想之魂。第二，在追求创新中修“匠心”，打造机械工程学科廉洁文化建设“创新工程”。充分融入学科特色，挖掘工匠精神中的创新元素，全面培养学生科研创新精神，师生将“精益求精、追求完美、永不言败”等“匠心”内容融入课堂教学、科技创新环节，实现学思用贯通。近年来，学生多项创新作品在全国省市各类赛事中获奖。2021 年学院在“一院一品”校园文化建设中申报的项目“科技内生动力引领校园文化”获校二等奖。第三，在勇于实践中练“匠技”，开展师生共同参与的廉洁文化“实践工程”活动。廉洁文化建设需要在实践中培育和发展，在服务社会需要中练就卓越“匠技”，达到知信行统一。结合产学研合作，依托党团组织开展的“我为群众办实事”、

青年志愿者“三下乡”社会实践服务活动等，开展廉洁文化宣传教育活动。学院充分发挥公益社团作用，如推进“新模式”乡村振兴实践团、“大眼睛”公益支教团、“七彩四点半”、邵仲义志愿服务队等服务乡村社区，深入走访廉政教育基地，开展廉洁文化公益服务，传承廉洁文化，净化社会风气，以社会主义先进文化培育廉洁自律的道德操守。第四，在读书中育“匠人”，大力开展廉洁文化“读书工程”。通过读书思廉、读书分享、书香家庭评选、最美书房评选等系列品牌活动，将中华优秀传统文化与廉洁文化相结合，在全院营造人人读书、师生共读的育人环境，以中华传统优秀文化涵养克己奉公、清廉自守的精神境界，造就新时代“匠人”。学院1个教师家庭获评江苏省及镇江市“书香家庭”，获江苏大学最美书房二等奖1项。结合学校廉政文化教育，学院师生积极开展廉洁文化相关课题研究和调研工作，近年学院获批相关纪检廉政类课题立项3项，结题1项，获奖3项。

2. 文化引领，开展廉洁文化“十大育人”建设

文化是一个民族历史的沉淀，更是一个民族精神的传承。高校作为教书育人、传承先进文化的场所，大力营造廉洁的校园文化，弘扬工匠大师“劳动爱国”“创新报国”的家国情怀，有利于提升育人效果。学院依托现有的1个国家级特色专业、3个国家一流专业、1门国家一流课程等，结合“三全育人”工作成效和经验，深入推进廉洁文化与高校思政“八项工程”融合，进一步挖掘工匠精神内涵和价值所在，构建推进组织育人、课程育人、科研育人、实践育人、网络育人、文化育人、心理育人、资助育人、管理育人、服务育人等“十大育人”体系的廉洁文化教育主阵地作用，全面推动廉洁文化进教材、进课堂、进头脑，以丰富的内容和多样的形式增强廉洁文化的吸引力和感染力，帮助师生增强抵御腐朽文化的侵蚀，形成正确的世界观、权力观和事业观。同时充分发挥政府、企业、家庭的育人功能，开展家校倡廉、校企助廉等廉洁教育互助服务，全面提升大学生学廉、思廉、践廉、意识，树立高尚的理想信念与崇高的人生价值追求，培养一批具有家国情怀的工匠大师。学院作为学校廉政文化建设“一星级”示范点，充分发挥学院党委对廉洁文化建设工作的统领作用，强化党政协同，形成上下贯通、层层负责的主体责任链条，牢牢把握正确政治方向。

（二）推进廉洁文化网络化建设

1. 严格自律，重视廉洁文化的载体建设和氛围营造

充分依托新媒体的开放、互动、平等、虚拟及传播快速的特点，积极运

用新媒体新技术传播廉洁文化，推进廉洁文化的示范引领和内涵建设。学院积极打造以廉洁文化为核心的“互联网+”廉政育人平台，依托学院官网、团委微信、学院平台电子屏及橱窗等媒介，深度挖掘，广泛开展先进人物评选和宣传。如对每年获评的师德标兵、优秀共产党员、优秀学业导师、“十佳教师”、“博学类、求是类、明德类校长奖章”等先进标兵典型事迹进行网上宣传公示，强化榜样的示范引领。建设一批思政名师在线廉政课程思政，推进“课程思政”在廉政教育中的主渠道作用。开展网上学术守法、诚信自律教育与引导，要求所有研究生均需要完成网上学术诚信问卷考核，进一步夯实学术科研的廉洁思想根基。在疫情时期坚持以线上为主，通过各系小组学术研讨会、专家报告会、专题学术宣讲会等多种形式，使科研诚信及学术道德宣传教育全覆盖。同时学院将科研诚信及学术道德宣传教育工作纳入党建目标任务考核，在全院形成持续改进科研作风、端正学术风气的良好氛围。学院在每年节假日、大学生入学教育、毕业离校等关键时间节点，线上发送廉政格言警句、廉洁风险提醒、警示案例、党纪国法等，让全院师生在网络环境中潜移默化接受廉洁文化熏陶，树立廉洁观念，自觉守廉、倡廉、促廉，筑牢廉洁行为，形成以“以廉为荣、以贪为耻”的校园廉洁文化氛围。

2. 加强监督，规范廉洁文化的网络管理和精神引领

在廉洁文化网络化建设中，注重强化网络道德约束、规范网络行为，不断提高师生网络安全意识，倡导网络文明。严格学院廉洁文化宣传阵地的管理审批，责任到人，做到规范有序。选聘学院政治过硬、党性修养强、自身素质高的青年教师、辅导员、党员学生干部等担任学校网络舆情管理员、网络评论员，全面强化网络信息安全管理和内容治理，注重新媒体平台运维管理、网络舆情研判，维护网络秩序和信息安全。同时在重大节日和重大活动期间加大舆情关注，以正面的廉洁文化引导为主，弘扬崇廉拒腐社会风尚。选聘学院团学组织骨干成员、班长、团支书、组宣委员为学院网络文明志愿者，建立交流群，日常交流“学习强国”、人民网、中青网、共青团中央、江苏共青团、江苏大学共青团等微信微博发布的内容，倡导正能量，抢占制高点，弘扬主旋律。关注网络课堂，加强师生网络安全和网络文明教育，拓展网络思政空间，增强网络思政的实效。通过网课、慕课建立网络育人新阵地，丰富教育渠道，优化网络文化成果评价，形成多元化混合式的育人模式。依托学院网站、官方微博、微信、QQ 公众号等平台，立体化加强对大

学生的新时代工匠精神引领和人文关怀。融入廉洁文化元素，开展“大学生网络文化节”“网络育人优秀作品评选”“网络文明进校园”等主题活动，充分发挥“互联网+”廉政育人的广播效应，打造学院廉洁文化学习教育和活动的“金喇叭”。定期对学院网站进行改版、更新，加强对学院官微、相关工作群的管理，构建“校+院+班级+宿舍”四级联动微信系统，传递正能量，常发正义之声，常吹廉洁之风。

（三）推进廉洁文化品牌化建设

1. 红色传承，建好廉洁文化的红色品牌效应

红色文化为培育大学生的家国情怀提供了丰富而强大的精神支持，学院因地制宜，加大以红色文化为主体的廉洁文化宣传展示。学院结合学科发展进行用房调整，对现有机械办公楼各楼层走廊和露台部分进行红色历史和红色人物为主的廉洁文化展示。重点布置二楼电子屏及先进人物事迹展示、三楼的科技成果长廊、四楼的廉政宣传文化墙、五楼六楼的党建文化室等，全面规划和建好一楼的“大学生活动中心”和六楼的“教职工之家”。通过打造廉洁文化和红色文化品牌，设立“红色书屋”，布置廉政墙；成立“时音”红色文化宣讲团，开设廉政党课；建设“红色党员寝室”，传承红色家风活动等，将红色文化和廉洁之风融入师生工作和学习中。

2. 因地制宜，用好廉洁文化的属地品牌效应

镇江是全国历史文化名城，人文荟萃，可以开展“镇江历史名人”美育讲坛，发挥美育浸润作用，弘扬廉洁朴素的工匠精神。充分利用镇江市委党校党风廉政警示教育基地和党性教育馆、市区各检察院的廉政教育基地、地处丹徒区宝堰镇的新四军四县抗敌总会纪念馆，以及红色革命基地如茅山新四军纪念馆、校内王龙亭等，组织学院师生进行参观学习和交流，用革命先辈的廉洁事迹和崇高品格，激励师生传承廉洁风范、无私奉献。充分发挥本地传统文化渊源，特别是古圣先贤、清官廉史的嘉言懿行典范作用，如梦溪园沈括故居、米芾书法公园、南山昭明太子读书台等文化经典和人文景观，引领师生不断夯实清正廉洁思想根基，增强文化自信和历史自信的政治定力，弘扬清廉自守、崇廉拒腐的校园氛围。发扬大国工匠精神，通过组织开展镇江籍院士专家报告、院长教授学术讲坛、名企校友大讲堂、优秀学子经验分享会、学术诚信宣誓仪式等形式多样的活动实现思想教育全参与，育人服务全方位，廉洁引领全过程，全面打造江苏大学机械工程学科廉洁文化育人品牌。

进入新时代，面临新形势，学院党委将采取积极措施，坚持立德树人，把校园廉洁文化建设与学院的文化传统和工匠精神结合起来，与学院的发展定位、人才培养和办学特色结合起来，与学院人文环境和自然环境结合起来，逐步形成具有机械学科独特个性的廉洁文化体系，全面融入学院制度文化、精神文化、物质文化、品牌文化、行为文化和网络文化的建设。不断加强对校园廉洁文化建设硬件设施的改善，使校园廉洁文化育人功能进一步得到提升，促进师生思想道德素质整体提高。坚持践行工匠精神，建成师生有归属感和自豪感的清廉校园，以豪迈的政治情怀和高度的政治自觉领航新时代，开启新征程！

第九章 江苏大学直属单位廉洁文化建设

第一节　以劳动教育涵养学生廉洁意识——基础工程训练中心廉洁文化建设

一、内涵契合

（一）新时代劳动教育的基本内涵与意义

1. 新时代劳动教育的基本内涵

2020年3月，中共中央、国务院印发《关于全面加强新时代大中小学劳动教育的意见》，强调要“把劳动教育纳入人才培养全过程，贯通大中小学各学段，贯穿家庭、学校、社会各方面，与德育、智育、体育、美育相融合，紧密结合经济社会发展变化和学生生活实际，积极探索具有中国特色的劳动教育模式”①。具体而言，劳动教育的内容包括劳动价值观、劳动情感与态度、劳动品德、劳动习惯、劳动科学知识与技能、劳动实践和劳动与人的全面发展等。加强新时代劳动教育，必须以习近平新时代中国特色社会主义思想为指导，以落实立德树人为根本任务②。

劳动价值观教育强调让学生认识到劳动的价值与意义，决定着学生的价值判断、情感取向和行为选择，是劳动教育最核心的要素。目的在于教育引导学生崇尚劳动、尊重劳动，将“劳动最光荣、劳动最崇高、劳动最伟大、劳动最美丽”的劳动观念内化于心、外化于行，让学生认识到“不劳而获”“好逸恶劳”是可耻的，从思想上杜绝学生的投机思想；劳动情感与态度是个体在一定的劳动价值观支配下、在长期劳动情感体验基础上形成的一种相对稳定的对待劳动的心理倾向。新时代劳动情感与态度强调热爱劳动、勤于劳动，热爱创造、善于劳动。对大学生进行劳动情感与态度教育有利于激发大学生学习热情，促使其尊重劳动成果、尊重劳动人民，继承和发扬艰苦奋

① 中共中央 国务院关于全面加强新时代大中小学劳动教育的意见［EB/OL］.（2020-03-20）［2020-03-26］. http://www.gov.cn/zhengce/2020-03/26/content_5495977.htm.

② 陈国维. 大学生劳动教育［M］. 北京：高等教育出版社，2020：15.

斗优良传统，有利于培养学生诚实守信的意识和主动服务他人和社会的情怀，强化奉献精神；劳动品德教育旨在强化习近平总书记对新时代劳动的基本要求，即辛勤劳动、诚实劳动和创造性劳动；劳动习惯教育和劳动实践则着力引导大学生养成良好的生产和生活劳动习惯、公益性服务习惯和勤俭节约的消费习惯，让学生体会到劳动创造美好生活，劳动不分贵贱，在实践中培养积极的劳动价值观。

2. 大学生劳动教育的意义

① 新时代加强劳动教育是马克思主义劳动观和教育观的本质要求。劳动是人的本质力量的显现，是对象性的现实活动，是最基本的实践活动。马克思主义高度重视劳动对于人的全面发展的重要作用。教育的根本目的就是要促进人的全面而自由的发展，与劳动相结合是未来教育的特征。可见，加强劳动教育符合马克思主义劳动观和教育观的要求，劳动教育不仅创造财富，而且对于塑造人的身心健康具有不可或缺的作用①。

② 新时代加强劳动教育是发扬中华民族优良传统的迫切需要。自古华夏人民就懂得劳动的重要性，教育后代尊重劳动，珍惜劳动果实，以积极的态度参加劳动。《颜氏家训》《朱子家训》等提及要注重通过衣食住行等日常生活中的劳动实践，发挥家庭在劳动教育中的基础作用。耕读传家更是我国古人推崇的社会风尚，读书人通过耕读自食其力、培养品格、磨砺心性。

③ 新时代加强劳动教育是培育全面发展的社会主义建设者和接班人的必由之路②。劳动教育是中国特色社会主义教育制度的重要内容。广大青少年是国家未来的建设者和接班人，引导广大青少年树立正确的劳动价值观和良好的劳动品质，事关民族复兴大任。全党全社会必须高度重视，教育引导广大青少年树立热爱劳动的意识、养成热爱劳动的习惯，努力培育更多担当民族复兴大任的时代新人。

（二）大学生廉洁文化教育的价值目标、原则与路径

廉洁作为个体的德性品质，最基本内涵有两点：一是有节俭、节约的意识；二是在精神人格方面追求清白正直的人格气节，不贪不腐，坚守法纪。但是从现代社会发展对人的道德要求来看，廉洁的内涵在上述两点的基础上还有更深层次的拓展，如正直的品格与“诚实”“平等”“正义”“自律”等

---

① 熊来平．深刻理解新时代劳动教育的基本内涵［N］．江西日报，2020-05-10（C2）．

② 刘向兵．劳动通论［M］．北京：高等教育出版社，2020：30．

密切相关，节俭与“勤奋”“劳动”等密切相关①。《教育部关于在大中小学全面开展廉洁教育的意见》指出，大学阶段廉洁教育的目标和主要内容是：以社会主义核心价值体系为引领和主导，加强法制和诚信教育，加强社会公德、职业道德和家庭美德教育，组织学习党和国家关于党风廉政建设和反腐败方面的方针政策、法律法规等，引导大学生树立报效祖国、服务人民的信念，不断提高大学生的道德自律意识，增强拒腐防变的良好心理品质，逐步形成廉洁自律、爱岗敬业的职业观念②。大学生是廉洁文化教育的对象，是社会未来的中坚力量，肩负着社会主义现代化建设的重任。大学生正处于确立正确的理想观念的关键时期。然而，近些年来，年轻干部的腐败现象层出不穷，他们或生活贪图享乐、爱慕虚荣，或热衷炫富攀比，不比奋斗比享乐、不比努力比投机，精神追求的缺位导致价值观扭曲。因此，需要对大学生在世界观、人生观、价值观、廉洁观和践行社会主义核心价值观等各方面进行引导和培养，约束和规范大学生言行，让崇尚廉洁的价值观内化为大学生的人格修养。

1. 大学生廉洁文化教育的价值目标

大学生廉洁文化教育的价值目标，在一定程度上也意味着大学生廉洁文化教育的重要性。本文仅讨论大学生廉洁文化教育对大学生产生的价值影响力和通过大学生的教育对学校、社会及思想政治教育专业产生的影响力。

① 提升大学生综合素质能力。大学生廉洁文化教育的目标是提升学生的思想道德修养，涉及学生的人生观、价值观，是一个人综合素质的集中体现，具有导向和动力作用，为提高人的其他方面素质奠定基础。廉洁素质是大学生综合素质的组成部分，通过廉洁文化教育对大学生进行培养，促进大学生全面发展，是高校大学生不可缺少的教育一环。培育大学生具备包括廉洁在内的综合素质关系大学生人才素质的质量，关系他们未来发展能够达到何种程度，关系他们能够为社会贡献的力量有多大。

② 促进践行社会主义核心价值观。社会主义核心价值观在当前多元价值的社会中，起到主导和引领社会发展方向的作用。这种作用覆盖经济、政

---

① 余玉花. 论以社会主义荣辱观为核心的学校廉洁教育［J］. 江西师范大学学报（哲学社会科学版），2008（1）：13-16.

② 教育部关于在大中小学全面开展廉洁教育的意见［EB/OL］.（2007-03-27）［2022-02-25］. http：//www. moe. gov. cn/s78/A12/s8352/moe_1421/201006/t20100602_88582.html

治、文化、社会生活等各个领域，还包括对人的精神观念的培育。大学生廉洁文化教育无可推卸地承担起了对大学生社会主义核心价值观培育和践行的任务，对学生行为起导向作用。

③ 营造良好的校风学风。大学生廉洁文化教育是高校廉洁文化建设的一部分，其教育目标在于培育学生的全面素养，同时大学生廉洁文化教育也承担着净化校园风气、促进良好校风学风的任务。一些大学生受社会不良风气影响，享乐主义、拜金主义、与贪欲之风在大学校园时有泛起，辱没斯文的行为时有所见。大学生廉洁文化教育是遏制校园不正之风的重要举措之一。因此，促进大学校园良好的风气亦是大学生廉洁文化教育的目标。

2. 大学生廉洁文化教育的原则

大学生廉洁文化教育原则指的是根据教育学的原理和大学生廉洁文化教育的特点在教育过程中所应当遵循的某种理念和标准。大学生廉洁文化教育应当遵循下述原则：

① 政治性原则。廉洁文化一般归于道德范畴，廉洁文化教育也可以说是道德文化的教育，而教育的本身具有政治的意义。其意义就在于，大学生廉洁文化教育客观上是我党在反腐倡廉的工作中提出来的，实际就是反腐倡廉建设落实在高校教育中的具体化。从这个意义上看，大学生廉洁文化教育就是一项政治性的教育任务。

② 规律性原则。教育有其特殊的规律性，遵循教育的规律性是教育成功的必要条件，当然不同的教育性质，其规律性也各有不同。大学生廉洁文化教育属于思想观念的教育，其中虽然也包含一定程度的获取知识的教育，但其本质是价值追求的教育，因此，在大学生廉洁文化教育中既要寻找两种教育共同性的规律，更要遵循价值理性教育的规律原则。

③ 渗透性原则。渗透性原则是精神文化教育的普遍原则，大学生廉洁文化教育也不例外。廉洁文化的非专业性、非绝对课程性和观念性的特点，要求大学生廉洁文化教育要有别于知识性技术性的教育方式，而更加注重渗透性教育方式，在学校教学活动和管理活动中都应渗透廉洁文化的教育要素，使廉洁文化教育无处不在、无时不在，达到潜移默化地教育作用。

④ 灵活性原则。大学生廉洁文化教育灵活性原则与渗透性原则存在密切的联系。灵活性教育原则是指开展大学生廉洁文化教育要有灵活的教育思路，并非一种模式、一套路数。可以根据不同教育对象的特点，不拘时空形式，采取各种多样的方式路径开展廉洁文化教育。

3. 大学生廉洁文化教育的路径

（1）增强大学生廉洁认知

大学生廉洁教育的落脚点是形成坚定的廉洁观念，积极践行廉洁行为。新时代大学生廉洁教育要达到增强廉洁认知的目的，一要通过学习相关理论，了解腐败产生的历史和社会背景，认识到腐败客观存在的原因，正确认识腐败的产生和危害；二要帮助大学生理性认识腐败的危害，树立正确的价值观，正确认识多元复杂价值观社会环境下廉洁的价值取向；三要通过对腐败的全面认识，增强反腐的信心，不断提升自身思想道德素质，树立正确的价值观取向①。

（2）提升大学生廉洁认同

情感认同是一种价值选择，提升大学生廉洁认同是在全面了解腐败、认识廉洁的基础上，将廉洁内化为大学生的道德诉求，成为大学生认同的情感需要，同时也对他们的行为产生催化作用，促进他们自觉践行廉洁行为，使他们面临选择的时候能够按照廉洁教育的要求做出正确的抉择，从而确保廉洁行为的稳定。高校要根据新时代大学生的特点，运用多种方法对其进行教育引导，动之以情、晓之以理，逐渐帮助他们将廉洁内化为内在信念。

（3）树立大学生廉洁观念

价值观表现为价值取向、价值追求或价值尺度和准则，成为人们判断事物有无价值及价值大小、是光荣还是可耻的评价标准。高校要加强大学生廉洁教育，增强他们反腐败的定力和意志，强化廉洁意识，以理想信念增强定力，逐步帮助他们形成“以廉为荣、以贪为耻”的廉洁价值观，从而树立正确的思维方法，增强对廉洁与腐败的价值判断与选择能力。

（4）践行廉洁自律行为

开展大学生廉洁教育，最终要落实到大学生的“行”上，所谓廉洁行为，指的是在行使公共权力时，能够不偏不倚、不贪不腐、公正廉洁。对高校而言，要为大学生大力营造践行廉洁行为的氛围。具体而言，就是要在生活、学习、学生社团等活动和工作中营造廉洁的氛围，具体包括诚信考试、学术诚信、杜绝学生活动中的“微腐败”。注重让大学生在点滴的积累中渐渐养成优良品格，提升廉洁修养，让他们将廉洁的思想真正贯穿于日常生活的每个细节之中，实现以小廉促大廉，以小节成大义。

---

① 孟复．新时代大学生廉洁教育研究［D］．武汉：华中师范大学，2020.

通过开展廉洁教育，最终实现大学生言行一致、知行统一，自觉践行良好的廉洁行为规范的教育目标。

（三）大学生劳动教育与廉洁文化教育具有内在契合性

习近平总书记指出，要把立德树人的成效作为检验学校一切工作的根本标准。这里的一切工作包括劳动教育与廉洁文化教育。因此，必须充分认识、准确把握劳动教育与廉洁文化教育之间的辩证统一关系。

1. 教育目标契合

大学生劳动教育与廉洁文化教育在“培养什么人”方面有共同的价值追求。从教育目标角度而言，劳动教育与廉洁文化教育之间存在一定的契合性，两者均是以“德智体美劳”教育为主要目标与方向。廉洁文化教育与劳动教育的开展均以什么人才的培养为重点研究问题，其最终目标都是培养能够作为中国特色社会主义接班人的综合型人才。另外，劳动教育的开展有助于学生劳动价值观的发展与树立，起到调动大学生劳动积极性，传承我国优秀传统美德的作用，并做到借助劳动教育来实现对劳模精神、劳动精神的弘扬与传播，实现对社会良好氛围的构建。因此，从教育功能角度而言，劳动教育所肩负的立德树人任务与廉洁文化教育之间存在高度的契合性。

2. 教育途径契合

大学生劳动教育与廉洁文化教育在“怎样培养人”方面有协同的作用。要想进一步体现出劳动教育的真正育人价值，需要借助理论融合实践、课内外结合的形式开展全面教育，并做到在学生专业教学过程中进行劳动教育的渗透，或者是劳动实践活动融合于校外、课外实践活动中，实现在学生全方位发展过程中进行劳动教育的贯穿。而上述教育途径与方法的应用，与廉洁文化教育开展存在高度契合，两者均需以理论知识的渗透为基础，以教育全过程的渗透为关键，以社会实践为要点。劳动教育的开展需要做到在学生日常生活过程中进行劳动意识、劳动习惯的培养。而廉洁文化教育开展同样强调以实践教育为主，依托于多样化社会实践、校园实践等活动的开展来潜移默化地提升学生廉洁修养。

3. 政治属性契合

大学生劳动教育与廉洁文化教育在“为谁培养人”方面有相同的政治属性。党章强调“中国共产党党员永远是劳动人民的普通一员”“尊重劳动、尊重知识、尊重人才、尊重创造”“依靠科技进步，提高劳动者素质”

等。党的十八大以来，习近平总书记从实现“两个一百年”奋斗目标和中华民族伟大复兴的战略高度，先后就中国梦、劳模精神、劳动精神、工匠精神、劳动教育等发表了一系列重要论述，奠定了新时代劳动教育为党育才、为国育人的政治属性。大学生劳动教育是培养社会主义、共产主义接班人的政治需要。社会主义人才所应具备的廉洁等道德素养同样也是一种政治素养。大学生廉洁文化教育就是中国共产党领导的反腐倡廉教育活动，反腐倡廉教育活动是马克思主义政党保持其政治合法性和廉洁性的必然之举①。从这个角度来看，大学生劳动教育与廉洁文化教育在政治属性上的统一性决定了“为谁培养人”的方向一致性。

二、融合路径

基础工程训练中心（以下简称“中心”）自成立以来，始终坚持“以教学为核心”理念，努力提升内涵、强化特色，目前承担车工、钳工、铣工、磨工、数控加工、特种加工、铸造、锻压、焊接、热处理、电工电子等实训课程。近年来，随着新时代劳动教育的深入实施，中心围绕生产实践和实训教学，培养勤俭节约、艰苦奋斗的精神，不断探索将大学生廉洁文化教育融入劳动教育实践的体制机制，以塑造学生正确人生观和价值观，提升学生廉洁素质。

（一）加强组织保障体系和支持系统建设，打下劳动与廉洁教育融合发展的有力基础

一是出台文件制度。2020 年 12 月制定《江苏大学关于全面加强新时代劳动教育的实施意见》文件，明确把劳动教育纳入人才培养全过程，与德育、智育、体育、美育相融合，紧密结合经济社会发展变化和学生生活实际，积极探索新时代劳动教育模式。二是完善工作机制。建立组织领导机制。成立江苏大学劳动教育工作领导小组，负责劳动教育工作的总体规划、组织实施、统筹协调。明确教务处、教师教学发展中心、人事处、机电总厂（江苏省创新创业实践教育中心）负责劳动教育课程、教材、实践教学、教育教学研究、劳动教育师资队伍建设；学生工作处、团委、后勤处（后勤集团）负责组织开展日常生活劳动教育、服务性劳动教育活动；宣传部负责校园劳动文化建设；财务处负责劳动教育经费保障。强化安全保障机制。加强

① 陈玮. 大学生廉洁文化教育研究［D］. 上海：华东师范大学，2018.

对师生的劳动安全教育，强化劳动风险意识，建立健全安全教育与管理并重的劳动安全保障体系。对开展的劳动实践项目科学评估安全风险，强化劳动过程岗位管理。制订劳动实践活动风险防控预案，完善应急与事故处理机制，切实保护学生身心健康。健全经费投入机制。将劳动教育经费纳入学校年度预算，设置专项经费，加快建设校内劳动教育场所和校外劳动教育实践基地，加强劳动教育设施建设，为劳动教育课程与劳动教育实践活动提供充足的经费支持，确保经费投入。

（二）大力传承耕读文化与耕读教育，吸收优秀传统文化中的廉洁教育思想

耕读教育的目的是加强劳动教育，弘扬我国耕读传家优秀传统文化，有利于当代大学生树德、增智、强体、育美，助力个人的全面发展，有利于帮助新时代大学生们树立服务社会、报效祖国的远大志向，有利于激发大学生的知农爱农、强农兴农、助农为农的情怀，有利于大学生学习和传承新时代劳动精神、劳模精神和工匠精神。耕读教育不是单纯知识和科技的教育，而是以心传心的修德开慧的文化传承教育。耕读不仅是中国古人崇尚的物质与精神自足的诗意生活，也成为长久治家治国的秘诀。农耕是滋养心灵的源泉，农耕劳动则是身心全面参与，将健身、修德、开慧、学艺融为一体的劳动。但不可忽略的是，部分大学生“四体不勤，五谷不分”，难以体会“汗滴禾下土”，“粒粒皆辛苦”的艰辛，难以品味“采菊东篱下，悠然见南山”的乐趣，难以发扬“耕读传家久，诗书续世长”的文化，难以传承“一手拿书本，一手拿锄头”“勤读力耕，立己达人”的耕读精神。

因此，基础工程训练中心大力实施耕读教育。一方面，探索将中国农业史、中华农耕文明、农俗农史、农事节气、农耕与生活等内容作为劳动教育和课程思政元素融入实训教学，强化涉农大学生对耕读文化的认知；另一方面，组织大学生到涉农科教基地、农业文化遗产地、中国农机文化展示馆等现场调研考察和实地学习，利用春耕、秋收等重要时节开展主题活动，增强学生服务“三农”和农业农村现代化的认同感、使命感和责任感，让大学生在沉浸式实践增强对耕读教育的体验感。同时，中心还将耕读教育作为党性教育的重要内容，与“不忘初心、牢记使命”主题教育和党史学习教育相结合，将修心、健体、深入群众、体察民情、弘扬党的传统、传承优秀文化等多种功能融为一体，让学生认识到耕读教育是新时代做人之根、爱国之本、智慧之源。

（三）充分挖掘劳动课程中的廉洁元素，发挥课堂教学在廉洁教育中的重要作用

由于良好的物质生活享受及来自社会消极现象的干扰，部分青少年出现价值判断功利化，节俭、节约的意识淡薄，“诚实”“平等”“正义”“自律”等观念缺失。大学阶段是学生人生观、价值观、世界观形成的关键时期，处于人生的“拔节孕穗期”，最需要精心引导和栽培”。工程训练中心坚持把廉洁教育与劳动教育、素质教育紧密结合起来，深入挖掘并整合课程教学中的廉洁教育资源。把廉洁教育与课堂教学紧密结合起来，使学生在学习知识、增强能力和提高认识的过程中受到廉洁教育，加强思想道德修养。

近年来，基础工程训练中心不断致力于加强教学顶层设计，筑牢廉洁教育主阵地。一是开设劳动教育必修课程。在本科人才培养方案中独立设置“劳动教育与实践”必修课程，计 1 学分、32 学时，该课程由劳动理论和劳动实践两部分组成；教务处牵头制定了学校大学生劳动教育与实践课程培养方案，并组织编写教学大纲和教案，构建了“8+24”劳动教育理论与实践课程体系。二是设置劳动教育相关选修课程。在本科人才培养方案的通识教育选修模块，设置“劳动法”“劳动合同法”“劳动关系学”等劳动教育相关的选修课程，帮助学生牢固树立科学劳动的观念，掌握劳动相关知识和技能。在职业生涯规划、职业发展指导、就业技能提升等现有校级公共选修课程中纳入劳动教育相关知识，教育学生树立正确的择业就业创业观，培育学生到艰苦地区和行业工作的奋斗精神。三是在学科专业中有机渗透劳动教育。将劳动教育有机纳入专业教育、创新创业教育，不断深化产教融合，加强与行业骨干企业、高新企业、中小微企业紧密协同，强化劳动锻炼要求，推动人才培养模式改革。专业类课程主要与服务学习、实习实训、科学实验、社会实践、毕业设计等相结合开展各类劳动实践，注重分析相关劳动形态发展趋势，强化劳动品质培养。四是将劳动教育融入思想政治理论课。在毛泽东思想和中国特色社会主义理论体系概论、马克思主义基本原理、思想道德修养与法律基础等思政课程中有重点地纳入马克思主义劳动观等内容，帮助学生树立正确的劳动价值观、爱岗敬业的劳动态度、诚实守信的合法劳动意识。通过多维度的劳动教育课堂的打造和廉洁元素的融入，提升学生对廉洁的认知，增强学生抵制腐败的意识，帮助学生将廉洁意识外化为廉洁行为。

此外，中心不断加强师资队伍建设，通过思政课程竞赛等方式遴选优秀教师参与劳动教育课程授课，积极引导教师在实训课程中融入廉洁元素，将节俭、节约的意识，“诚实”“平等”“正义”“自律”等观念传递给学生，不断强化学生的廉洁自律意识。

（四）以劳动实践教育培养学生劳动价值观和劳动情感，激发学生廉洁自律意识

基础工程训练中心以帮助大学生树立正确劳动价值观为落脚点，围绕引领劳动价值、传播劳动文化和弘扬劳动精神，积极开展实施校内和校外劳动实践教育，增强学生的自主劳动意识和能力，帮助学生树立“以辛勤劳动为荣、以好逸恶劳为耻”的价值观，大力培植学生热爱劳动的真挚情感，强化学生主动作为的奉献精神，从思想上培育学生廉洁理念。

一是组织开展丰富多彩的校内劳动。比如，积极组织开展劳动技能及劳动知识竞赛，开展学生劳动成果展示，等等，使学生自觉积累劳动知识，引领学生将劳动理论知识灵活运用于校园劳动。丰富多彩的校内劳动是激发学生劳动兴趣和热情的有效方式，是对劳动教育必修课的重要补充和延展。相较于劳动理论教育而言，校内活动具有良好的参与性和体验性，能够促进学生将劳动知识和劳动实践相结合，学以致用、知行合一，增强学生的劳动责任意识。二是创新校外劳动实践教育。社会是劳动教育的重要主体，社会教育包含着丰富的劳动教育资源，是多元主体协同参与、动态创新的劳动教育组织形式。中心重点开发社会劳动实践教育资源，与扬中新坝村共建劳动实践教育基地，定期开展劳动实践和农耕教育。与学工和团委等部门联合开展社会实践活动，引导学生在农业生产、工业制造、基层服务等社会生产环节增长劳动技能、磨炼劳动意志。

此外，还组织开展日常生活劳动教育，倡导学生处理好个人生活事务，培养良好的个人生活习惯和动手能力，自觉做好宿舍卫生保洁，积极参加勤工助学活动，提高劳动自立自强能力。以学生党团组织为枢纽，围绕学生宿舍、食堂、实验室、教学楼、图书馆等场所组织开展校园集体劳动，鼓励学生自觉参与校园场所的卫生保洁、绿化美化和管理服务等校内服务性岗位劳动。让劳动教育全面渗透到大学生日常生活中去，在劳动中提升个人生活技能，让学生利用知识和技能为他人和社会提供服务，深化对劳动价值的理解。

三、实践成效

（一）课程体系日臻完善，形成“劳动教育+廉洁教育”育人新局面

根据学校劳动教育和廉洁文化建设需要，中心建立了一支以专业教师、创新创业导师、辅导员为主，校外企业导师、行业专家为辅的专兼职相结合的劳动教育教师队伍，注重将廉洁教育融入劳动教育之中。定期对承担劳动教育课程的教师进行专项培训，提高教师育人意识和专业化水平。注重“劳动教育+”模式构建，在日常生活、技能提升、专业实践、公益活动、家庭教育有效融入劳动教育，促进学生知识、技能的学习和掌握与劳动实践深度融合。开创了“劳动教育+廉洁教育”育人新局面，依托耕读教育、课程思政和劳动实践等抓手，构建育廉机制，在“教”“学”“做”三位一体中，引导学生在劳动中培育节俭、节约、诚实、平等、公正等廉洁自律观念。

（二）校园文化建设不断加强，凝聚成廉洁群体文化

基础工程训练中心将每年 5 月设为劳动月，积极营造劳动文化氛围，以劳动教育深化推进大学生廉洁教育。采用专题讲座、主题演讲、劳动技能竞赛、劳动成果展示、劳动项目实践、劳动典型评选、专业技能竞赛等形式进行，弘扬“自强厚德 实干求真”江大精神，引导学生脚踏实地，艰苦奋斗，成为走在时代前列的奋进者、开拓者、奉献者。基础工程训练中心在各级各类媒体上共发布劳动教育相关新闻报道 20 余篇，如在《中国教育报》上发表《在江苏大学：实习实训中提升学生劳动技能》、在中国江苏网上发表《江大加强新时代劳动教育 师生种下百余棵樱花树》、在“今日镇江”上发表《江苏大学书记、校长齐挥锹，带动师生上好劳动教育课》。在全校范围内营造了良好的劳动文化氛围和浓厚的廉洁文化氛围，不断将廉洁文化内容传递给学生。

（三）廉洁教育途径持续拓宽，丰富学校廉洁文化建设内涵

基础工程训练中心充分发挥好第一课堂的主渠道作用，推进廉洁教育进入劳动教育课程内容中。构建了“8+24”线上线下，混合式、项目化的包含廉洁元素的大学生劳动教育理论与实践课程体系。8 学时为劳动教育理论，建成“新时代大学生劳动教育”线上课程，并在中国大学 MOOC（慕课）网站上线。24 学时为线下劳动教育实践项目，面向全校征集了 115 个劳动实践

项目，遴选立项的30个项目来自基础工程训练中心、工业中心、后勤服务中心、农业工程学院、材料科学与工程学院、汽车与交通工程学院、艺术学院等十余个教学单位，面向全校开放，教学效果良好。目前正在进一步建设校外实践项目和校内第二批劳动实践项目。通过构建廉洁教育进劳动教育课堂体系，不断丰富学校廉洁文化建设内涵。

第二节 诵书香之韵 扬清廉之风——图书馆廉洁文化建设

文化传承是高校图书馆的神圣使命，也是其核心价值的具体体现。高校图书馆是传播文化知识和信息的前沿阵地，在廉洁文化传播中具有得天独厚的优势①。一是能为廉洁文化传播提供丰富的纸质和电子资源，二是能利用阅读推广经验提高廉洁文化传播的效能，三是能为廉洁文化传播提供固定的场所，从而有效扩大廉洁文化传播的影响。

一、加强资源建设，夯实廉洁基础

资源建设长期以来一直是图书馆建设的重点，也是图书馆各项服务工作的基础。高校图书馆收藏的各种信息资源能为廉洁文化建设提供丰富、稳定、权威、系统的资源支持②。结合我校廉洁文化的建设，图书馆长期以来都比较重视廉洁文化相关红色资源的采购与利用工作。

1. 纸质资源建设

截至2020年，我馆共有26638种、67975册红色图书，主要包括A大类（马列主义、毛泽东思想、邓小平理论）、B27中国哲学、D2政治、法律：中国共产党、D6中国政治、K26中国史、K27中国史、K827历史地理等。其中D6藏书最多，共23243册，B27最少，共259册（图9-1）。采购经费207万余元。

---

① 杨卫兵，方致君．数字阅读环境下高校图书馆廉政文化微传播研究［J］．图书馆工作与研究，2018（5）：43-48.

② 牛婧．“两学一做”视角下图书馆廉洁文化建设研究［J］．传播力研究，2018，2（31）：256.

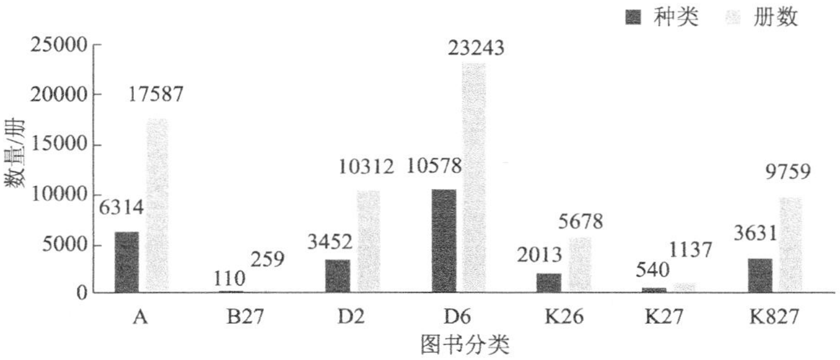

图 9-1　江苏大学图书馆红色馆藏图书分布

2. 电子资源建设

除了常规的数据库电子资源，2020 年江苏大学采购了“中国共产党思想理论资源数据库”。该数据库由人民出版社开发建成，被党政干部和专家学者称为“用科学技术传播中国化马克思主义的重大创新工程”。包括 14 个子库，16000 多册、7000 多万个知识点。完整系统收入了党的思想理论主要著作文献，内容覆盖我国出版的马列经典著作、党和国家主要领导人著作、公开发表的中央文件文献、国家法律法规、党的思想理论领域知识点等。还有代表性收入了大量研究性著作、党史和国际共运史著作、重要人物资料，以及革命战争年代出版的部分重要图书等。

为了更好地宣传和利用这个数据库，图书馆也开展了一些宣传与培训活动。图书馆第一党支部和学生支部开展党史联学活动，由“文献检索”课程的党员教师介绍该数据库的相关信息和使用技巧。

3. 数据挖掘与利用

为进一步推进广大师生学习党史，从党的百年伟大奋斗历程中汲取继续前进的智慧和力量，图书馆结合党史学习教育活动，对红色图书从馆藏、借阅量，热门借阅图书等视角进行统计分析，以引导全校师生更好地阅读红色经典。

按照中图法分类，对相关红色馆藏通过微信公众号、图书馆主页等进行统计与展示。2001—2020 年总借阅数量 153739 册，服务读者 67010 人。此外，图书馆还统计了 2016—2020 年红色图书借阅排行，排名靠前的图书有《毛泽东选集》《矛盾论》《共产党宣言》等。2020 年 5 月至 2021 年 5 月，红色图书借阅排行前三位分别是《习近平新时代中国特色社会主义思想学习纲要》、《习近平谈治国理政》（第一卷 第 2 版）、《习近平用典》（第 2 辑）。

二、举办文化活动，倡导廉洁精神

随着新技术新载体不断更新，用户行为、用户的信息需求呈现多元化，学习模式正在被改变。在这种环境下，来图书馆获取知识已经不是关键，互动、思辨、激活才是关键。因此，图书馆积极举办师生互动的阅读推广文化活动，倡导廉洁精神。

1. 模范引领

在2021年读书节开幕式上，我校党委书记袁寿其畅谈了他读党史经典书籍的心得体会，并讲述了伟大领袖毛泽东同志的读书求知经历，希望广大青年学生要向老一辈无产阶级革命家学习，把读书学习当成一种生活态度、一种工作责任、一种精神追求，自觉做到爱读书、读好书、善读书。袁寿其书记还为全校师生推荐党史学习经典书目——《论中国共产党历史》《中国共产党简史》《习近平新时代中国特色社会主义思想学习问答》《中共党史知识问答（1921—2021）》等十本经典阅读书目。希望大家通过阅读党史经典，铭记党的光辉历程，发扬党的优良传统，汲取新的精神力量，肩负历史使命，坚定前进信心，为创建农机特色一流大学，为实现中华民族伟大复兴的中国梦作出新的更大贡献。

2. 聘任“红色阅读推广人”

校党委宣传部和图书馆从优秀教师中挑选了12位代表（表9-1），聘为“红色阅读推广人”，组成了传播红色文化的专业宣讲团队。推广人利用图书馆的红色文化空间举办党史公开课，讲红色故事，重温革命岁月，感悟红色精神；组织红色阅读分享会，打造学习与研究的交流平台，推动红色文献等革命史料的阅读与分享，使党史学习教育接地气、冒热气、入人心。

表9-1　红色阅读推广人名单

序号	姓名	学院
1	王志刚	马克思主义学院
2	邓雪莉	马克思主义学院
3	孙旭红	马克思主义学院
4	张林	文学院
5	周丽琴	马克思主义学院

续表

序号	姓名	学院
6	阎静	马克思主义学院
7	史挥戈	文学院
8	曲云进	文学院
9	武克勤	文学院
10	周渡	马克思主义学院
11	徐明君	文学院
12	高若瑜	文学院

3. 以新媒体平台为载体，开展立体阅读

通过微信公众号定期推送中国共产党发展历史上的经典故事；在微信公众号推送革命先烈的红色家书朗诵音频，并介绍家书故事背景；以书单和精读介绍的形式在微信公众号推送经典的党史著作；组织学生打卡抄写《中国红诗精选 珍藏版》并在线上进行展出；通过微信公众号展示“红色阅读大数据”，揭示红色文献的馆藏分布、借阅曲线、借阅人群等。相关信息详见表 9-2。

表 9-2　新媒体平台相关数据

序号	名称	日期	浏览量
1	阅党史经典　谈往阅今：中共党史访谈录	2021/04/12	324
2	（红心向党 印证辉煌）图书馆的篆刻展，你看了吗？	2021/05/12	912
3	读书分享会：让我们一起在书中探寻光明的身影	2021/05/13	338
4	看过来，这个展览很丰富！	2021/05/18	485
5	看过吗？经典的红色电影！	2021/05/21	807
6	红色阅读大数据：20 年间被借 4600 次的是哪一本？	2021/05/24	1507
7	为你读诗，周五晚等你来	2021/05/25	491
8	“阅百年党史 说经典文献”分享会	2021/06/16	310
9	我想对党说	2021/07/02	1360
10	中国共产党伟大精神	2021/09/30	197
11	中国共产党先进人物	2021/10/01	106
12	中国共产党重大会议	2021/10/01	434
13	中国共产党党史上的第一	2021/10/02	216

4. 观看经典红色影片

围绕革命历史题材、党史军史题材、英模题材等，每周六晚播放一部经典红色影片，将生动的光影故事作为廉洁文化教育的教材。如《地道战》《建党伟业》《风声》《永不消逝的电波》《横空出世》《大决战》等。

三、优化空间环境，浓郁廉洁氛围

空间建设也是图书馆建设的重要组成部分。在图书馆学界，“空间即时服务”（Space as Service）的理念得到了大范围的认同，即图书馆实体馆舍空间从图书馆服务的载体转变为图书馆的核心服务之一。① 在廉洁文化建设的背景下，如何通过图书馆空间建设，体现图书馆的价值，实现更有效的廉洁文化服务是图书馆近几年的发展目标之一。结合党建宣传、廉洁文化教育等现实需要，图书馆通过顶层规划、科学设计，已打造一楼大厅、一楼报告厅、旋转楼梯等区域作为廉洁文化传播空间。以下是两个典型的空间案例。

1. 江苏大学庆祝中国共产党成立 100 周年展

该展位于图书馆一楼大厅最醒目的一块位置，展览包括“马克思主义在中国”、“忆初心 启新程”、《中国共产党历史上的 100 个第一》等。

“江苏大学庆祝中国共产党成立 100 周年展”分为重温入党誓词、新时代中国共产党的历史使命、党史学习教育文化墙、党史大事记、党史同心圆、我们的成就等 10 个板块，展示了中国共产党的百年奋斗历程，有助于参观者从党的百年光辉历程中汲取奋进力量。

2. 图书馆红色空间

在中国共产党 100 周年华诞到来之际，为了营造更加浓郁的党史学习教育氛围，图书馆经过精心筹划和设计，特地开辟打造了红色空间，为全校师生提供一个经典文献的阅读空间，一个红色文化的展示空间，一个思想汇聚碰撞的交流空间。与此同时，图书馆还采购了 246 余种 387 册新版的红色图书，设置了红色专架，主要涉及党史、新中国史、改革开放史、社会主义发展史等内容，通过集中展示，以挖掘传播“四史”中蕴含的初心之源、奋斗之魂。

邀请两位“红色阅读推广人”分别以“‘两个决议’是树立正确党史观

---

① 黄燕娟.“数智”赋能下公共图书馆空间建设新动向：IFLA2021 年度公共图书馆奖研究与启示［J］. 图书馆学研究，2021（23）：20-26.

的重要依据”和“浅谈毛泽东同志和习近平总书记在文艺座谈会上的讲话”为题分享党史经典文献，通过深入学习，用心感悟，让每一名读者成为社会主义核心价值观的承载者和践行者。

江苏大学图书馆已形成资源、文化、空间“三位一体”的廉洁文化传播模式，打造廉洁文化建设高地。尤其是红色阅读空间及阅读活动推出后，受到江苏教育频道、镇江新闻、《京江晚报》、《扬子晚报》、《现代快报》、今日镇江等媒体的专题专版报道，社会影响力不断扩大。图书馆微信公众号影响力不断增强，在校新媒体排名中连续 6 个月排名前 5。推文浏览、阅读打卡等线上活动共吸引 5000 余人次参加。这些成效给廉洁文化传播的后续工作带来以下几点启示。

1. 增加数字资源比重，充实文化传播内容

高校读者乐于通过阅读数字文献开展科学研究，在疫情之下，数字资源成为高校读者的首选。高校图书馆应顺应数字阅读发展趋势，优化馆藏廉洁文化资源结构，逐步增加购买廉洁文化数字资源的经费，切实扩展廉洁文化数字资源。

要充分利用新媒体，把握好时、度、效，讲好廉洁故事，传播好廉洁声音，丰富廉洁文化传播形式，充实廉洁文化传播内容。运用图书馆现有的微信公众号、微博、QQ 群、移动应用等微媒体，定期发布时评、案件快报等信息，并选载内容精练的文字消息、新闻，选登生动、形象的书画作品和微电影，使之成为寓教于乐的廉洁文化微课堂。

2. 建立多方合作机制，壮大专业推广团队

仅仅依靠图书馆本身的力量是不够的，还需要联合校内外具有文化育人属性的各类单位与机构，构建合作机制，形成多形式、多方面、多角度的阅读推广体系，最终形成廉洁文化推广与传播的合力，最终达到“1+1>2”的效果。

图书馆阅读推广的使命是让每一位潜在的读者都参与到阅读中来，通过阅读推广工作人员的专业和热情，唤醒人们对阅读的渴望，最大限度地提高个体的阅读素质和能力。[①] 在现有“红色阅读推广人”等优质推广队伍的基础上，积极培训、培育廉洁文化推广人，壮大专业推广团队。

---

① 许天才，杨新涯，王宁，等. 图书馆阅读推广的多元化趋势研究：以首届高校图书馆阅读推广大赛为案例［J］. 图书情报工作，2016，60（2）：82-86.

3. 加强红色空间建设，营造廉洁阅读氛围

图书馆界对“空间”的研究由来已久，从书的空间到人的空间，空间问题一直在图书馆学学科范畴中受到重视。[①] 学者通过研究发现，图书馆创新空间的演变趋势为物理空间的质量越来越高、虚拟空间建设越来越重要、用户隐性知识开发程度越来越高、图书馆服务越来越智能和主动等。[②]

廉洁文化红色空间的打造需要顺应时代发展的趋势，同时打造物理空间和虚拟空间，要注重空间的服务质量和效果，从而营造高质量的廉洁阅读氛围。

高校图书馆大力加强廉洁文化建设，能够进一步强化自身社会职能，分担高校纪委等部门的宣教任务，参与社会主义精神文明和文化建设；同时，通过各种类型和途径的服务，展示图书馆自身在廉洁文化教育活动中的作用，提升图书馆在高校中的价值，有效推动图书馆自身事业的发展。

第三节　打造文化传承与传播的廉洁阵地
——出版社廉洁文化建设实践

文化是企业生命之魂，是企业活力之源。企业文化是一种精神力量，是企业无形的约束与支柱，是团队的共同语言，优秀的企业文化能使企业的各种生产要素得到最佳组合，从而创造最佳效益，推动企业持续、健康、稳定发展。大学出版是中国出版业的重要组成部分，也是中国文化和教育事业的重要组成部分，承担着传播先进文化的责任。在市场经济中进行企业文化管理的大学出版社，在坚持社会效益优先的同时，还必须追求经济的快速增长和市场竞争力的不断增强。出版企业的竞争，无论是产品竞争和价格竞争，还是品牌竞争和人才竞争，说到底是企业文化的竞争。对于大学出版社来说，构建和完善企业文化是进一步繁荣、发展的第一驱动力。在大学出版社企业文化建设中，廉洁文化是一个极其重要的组成部分，它是文化建设与廉政建设相结合的产物。大学出版社既是文化产业的重要组成部分，又是意识形态领域的重要阵地，肩负着宣传科学理论、传播先进文化、弘扬民族精神、倡导高尚情操的神圣使命，承担着为广大读者提供精神食粮的重要职

---

① 单轸，邵波. 国内图书馆空间形态演化探析［J］. 图书馆学研究，2018（2）：20-26.

② 卢章平，梁炜，刘桂锋，等. 信息—知识—智能转换视野下图书馆创新空间演变研究［J］. 图书馆建设，2017（6）：11-17.

能。从大学出版社肩负的特殊使命来看，必须更加深入、更加扎实地抓好党风廉政建设，必须更加自觉地加强出版社干部员工的廉洁自律教育，江苏大学出版社对更加有效地建立起廉洁文化建设的长效机制进行了实践探索。

一、认清廉洁功能

在出版社建立廉洁文化建设长效机制，要充分认清廉洁文化的功能特性：

一是导向性。廉洁文化作为一种先进文化，一旦形成一种相对稳定的文化定势，就会使员工自觉地将“廉洁”作为人生目标之一并付诸行动。廉洁文化既对出版社员工个体的思想行为起导向作用，又对出版社整体的价值取向和行为导向起作用。出版社直属党支部积极营造“以廉为荣、以贪为耻”的工作氛围，让每一位员工明确知道出版社党支部在提倡什么，崇尚什么，反对什么。充分发挥出版社廉洁文化的导向功能，努力引导员工为出版社的发展目标奋斗。

二是约束性。廉洁文化对出版社员工的思想、心理和行为具有约束和规范作用。它的约束不是制度式的硬约束，而是一种软约束，这种约束产生于出版社的廉洁文化氛围、群体行为准则和道德规范。这种约束会使员工产生从众化的群体心理压力、动力和共鸣，进而达到行为的自我控制。

三是内聚性。廉洁文化能为员工群体确立凝聚点，产生凝聚力，提供凝聚剂，从而产生一种巨大的向心力和凝聚力，使个人融入集体，减少内耗，产生归属感，凝心聚力，以实现共同目标。出版社通过对员工群体进行信念、价值观、动机、理想等微妙的文化心理沟通，将廉洁文化所倡导的理念、价值观纳入每个个体的思想体系之中，从而使其产生强烈的向心力、凝聚力，并团结起来发挥整体效应。

四是激励性。廉洁文化能够激发干部、员工的荣誉感、使命感和主人翁意识。廉洁理念、目标、形象的持久刺激作用，使廉洁文化在员工的行为心理中长期发挥作用，避免了其他方式的短期性弊端。出版社一方面通过进行廉洁教育和宣传，树立正面典型，使员工看到自己所从事职业的社会价值和前景，激励起员工强烈的事业心和使命感，自觉地在各自岗位上立业、奉献；另一方面，反面案例警钟长鸣，启发干部员工防微杜渐，主动改进，不断完善自我。

五是辐射性。廉洁文化作为一个系统，它不仅会在企业内部发挥作用，对本企业员工产生影响，而且会通过各种渠道对社会产生影响，廉洁文化的辐射效应巨大。廉洁文化的传播对树立出版社在公众中的形象很有帮助，可以极大地提高出版社形象的美誉度。建设先进的廉洁文化，对出版社的社会形象能起到积极的提升作用。

二、坚守廉洁阵地

在百年未有之大变局面前，出版工作面临新特点，要明确新思路。必须坚持以人民为中心的工作导向，牢牢掌握意识形态工作领导权，以“举旗帜、聚民心、育新人、兴文化、展形象”参与构筑中国精神、中国价值、中国力量，助力建设社会主义文化强国。党的十九届六中全会精神为出版工作者提出了五个方面的工作指南，概括起来就是：让习近平新时代中国特色社会主义思想深入人心；让主流思想舆论持续巩固壮大；让社会主义核心价值观广为弘扬；让人民群众文化需求得到更好满足；让可信可爱可敬的中国形象更加鲜亮。这五个方面的任务预示着出版工作在服务中华民族伟大复兴的新征程上责任更加明确，使命更加光荣。为实现光荣使命，出版社将紧紧抓住以下五个方面的工作：

一是以提高干部员工思想政治素质为落脚点。出版社以加强党的政治建设为统领，以助力企业发展为目标，以推动全面从严治党为核心，以提高党员干部思想政治素质为落脚点，积极发挥基层党组织的战斗堡垒作用和党员先锋模范作用。我们认识到加强出版社廉洁文化建设的关键是提高党员干部的思想政治素质，因此，出版社坚持把党的建设摆在首位，牢固树立“四个意识”，增强“四个自信”，努力践行“两个维护”，及时贯彻落实中央、省委、学校党委的重大决策部署，落实立德树人根本任务。积极组织开展党风廉政建设专题学习，深入学习贯彻习近平新时代中国特色社会主义思想，做实政治理论学习的“规定动作”，按计划认真组织理论学习、中心组集体学习、党员学习和职工政治理论学习，充分利用线上线下学习平台，提升出版社职工整体政治理论素质。同时做好业务学习的“自选动作”，把意识形态工作作为出版社的重点工作之一，列入年度工作计划，不断加强图书出版的意识形态管理，每季度进行一次意识形态分析研判，坚决抵制意识形态领域的渗透；形成业务学习常态化，结合出版专业继续教育、职业教育、法制宣传教育等工作，每年开展集中学习10次、人均自学48学时，并设有廉洁文化专题教育。出版社结合党史学习教育，组织党员学习十九届五中、六中全会精神、学习习近平总书记在青海考察期间重要讲话精神、参加党史党纪党规在线答题竞赛，组织全体职工收看庆祝中国共产党成立100周年大会、学习习近平总书记给《文史哲》编辑部全体编辑人员回信精神、学习《用好红色资源，传承好红色基因，把红色江山世世代代传下去》重要文章精神，扎实开展思政理论学习。通过学习教育广大党员干部树立马克思主义世界观、人生观、价值观和正确的权力观、地位观、利益观，树立社会主义荣辱观；引导和帮助干部、员工树立廉洁、诚信、勤俭、奉献等积极健康的思想观念，营造“以廉为荣、以贪为耻”的良好氛围，增强干部员工拒腐防变的意识和信念。

二是以加强党群组织建设为抓手。出版社直属党支部领导班子集体发挥了把方向、管大局、做决策、抓班子、带队伍、保落实的领导作用。以党的政治建设为统领，严明党的政治纪律和政治规矩，把学习贯彻习近平新时代中国特色社会主义思想作为一项长期政治任务，用习近平新时代中国特色社会主义思想武装头脑，真正使贯彻落实习近平新时代中国特色社会主义思想成为广大党员干部职工的思想自觉和行动自觉，并体现在高质量出版中。出版社严格执行直属党支部管党治党的政治责任和主体责任，坚持党建工作与业务工作同部署、同推进，真正贯彻“围绕中心抓党建，抓好党建促发展”的工作理念。贯彻民主集中制原则，严格落实“三重一大”集体决策制度。规范做好履责纪实工作，及时、准确上传履行主体责任情况。不断强化党员日常教育管理，对党员开展有针对性的教育培训，强化政治教育和政治训练，不断提高出版社党员的整体政治素质和工作能力。出版社加强党员发展工作，重点在后备干部、优秀青年和生产一线员工中发展党员，注重在党员骨干中选拔培养领导干部和管理人员。充分发挥出版社群团组织政治优势、组织优势和工作优势，整合各种力量，把党的政治核心作用、思想政治工作的保障作用、党员的先锋模范作用与企业文化的引领作用有机融合，努力形成党群工作与廉洁文化建设的良性互动。例如：充分发挥工会组织的作用，积极谋求工会活动和生产经营两者之间的有机统一。一方面，要把干部、员工的生产主动性和积极性作为工作的出发点，抓好生产经营中的群众工作。开展和不断发展完善一切有利于调动、引导、发挥、保护广大职工积极性的工作和活动，让职工真正成为出版社主体。另一方面，还要通过开展适合工会特点的活动，如，组织职工参加第二届教职工气排球比赛、“校园马拉松”活动，组织职工以饱满的热情参加“颂歌献给党”教职工合唱比赛（荣获三等奖），组织职工参加大病医疗互助基金、在职女职工参加特殊疾病互助，组织单身职工参加“玫瑰之约”联谊会，以特有的手段和方式将工会工作渗透到生产经营工作中去，积极解放生产力、保护生产力，充分发挥和调动每一位职工的创造性，把广大职工的注意力和创造力引导到出版社的改革与发展中来。

三是以党风廉政建设为重要内容。廉洁文化建设是企业文化建设的重要内容，出版社在党风廉政建设中创新廉洁文化的内容形式和传播手段，增强廉洁文化的影响力，全面落实从严治党任务和党风廉政建设工作。不断健全党风廉政建设工作机制，开展纸张、印刷、排版、物流（快递）服务供应商遴选，与服务供应商和重要销售客户单位签订《廉洁承诺书》等工作；加强对领导班子成员的管理和监督，加强廉政意识和责任意识，落实一岗双责。出版社开展了全面从严治党宣传教育，特别是党章党规和党性党风党纪教育，注重发挥正反典型的示范警示作用，组织开展了党风廉政建设和反腐败专题学习教育，紧盯重点岗位开展经常性的廉政谈话，认真排查廉政风险点，健全出版社党的建设和工作制度，致力于形成想干事、能成事而又不出事的文化氛围。全力推进不敢腐、不能腐、不想腐的出版社工作氛围。严格执行《国有企业领导人员廉洁从业若干规定（试行）》，抓好党风廉政责任制的落实，签订党风廉政建设责任书、党风廉政建设责任制检查考核工作做到制度化、规范化。进一步完善领导班子建设，健全集体决策制度。凡属重大决策、重要干部任免、重大项目安排和大额度资金使用，都必须经集体讨论作出决定。严格规范建设项目的招投标行为，加强对项目建设全过程的监督。对出版社重大投资项目进行审计监督，做好出版社各项建设项目决算审计和实施项目的跟踪审计。

四是以创新工作机制为有效载体。出版社进一步完善激励表彰机制，以发挥先进典型的激励引导作用作为开展廉洁文化建设的重要抓手。在出版社开展优秀员工、文明职工评选等活动，积极营造团结进取、和谐奋进的良好氛围。出版社廉洁文化建设创新活动推进机制，依托生动活泼、丰富多彩的活动形式，以中心组学习示范作用带动广大党员干部的理论学习，通过学习报告会、系列讲座等形式反映、交流学习情况和成果。开展多种形式的宣传活动，持续不断地对员工进行廉洁从业、诚信守法的教育熏陶，使全体员工认知、认同和接受企业精神、经营理念、价值观念，并养成良好的自律意识和行为习惯。廉洁文化建设离不开广大员工的广泛认同和积极参与，出版社进一步强化员工参与机制，广泛发动员工参加文化创建活动，充分吸纳员工的建言献策。把全体员工认同并践行的文化理念用制度规定下来，渗透到企业经营管理的全过程。在企业管理中使员工既有价值观的导向，又有制度化的约束，制度标准与价值标准协调同步，激励约束与文化导向优势互补，通过加强廉洁文化建设，不断加强经营管理水平。

结合近年来出版社工作的实践经验和教训，我们必须正确认识和把握出版新的历史特点，这是我们提高政治站位、掌握工作主动的思想前提。出版社主要在以下几个方面准确把握发力重点：

一是把主题出版放到“两个大局”中去认识和推动，关注党中央在关心什么、强调什么，深刻领会什么是党和国家最重要的利益、什么是最需要坚定维护的立场。坚持以社会主义核心价值观引领文化出版工作，用社会主义先进文化、革命文化、中华优秀传统文化为出版工作培根铸魂。在统筹考虑出版的社会效益和经济效益时，坚持把社会效益放在首位，勇于发掘主题出版选题。策划主题出版项目，既有《亲历农机化》大视角，也有《大胡庄 1941》《新安旅行团》连环画的小切口。以伟大建党精神为基础的中国共产党精神谱系是我们发掘出版资源的富矿，优秀中华文化传承和传播是出版不竭的资源，江苏大学创建一流、“三全育人”工作、“095 工程”建设也都对出版社主题资源挖掘指明了方向，要求出版人勇于担当“擦亮名片”的历史使命。

二是把精品出版放到出版社高质量发展的纬度空间去衡量。在图书出版规模控制的大环境背景下，作为小型高校出版社，在长远规划中有所为有所不为，做什么不做什么有清晰的定位，核心是精品出版、品牌出版。2021年，习近平总书记在给人民出版社的信中提出的四个始终和四个着力的期望，其中一条就是“始终坚持为人民出好书理念，着力展现党和国家发展历程、丰富人民群众精神文化生活”。作为大学出版社，发挥高等学校在国家科研项目研究、哲学社会科学创新发展、科技创新服务国家战略等领域，有着天然的高端学术品牌和精品主题图书的资源优势，出版社瞄准学科优势领域和学术最新前沿，以大型学术项目引领学术出版，加强专业原创学术出版力度，以学术精品出版，树立出版形象，构建高质量学术出版的基础。在这方面，我们进行了积极尝试，也取得了国家出版基金项目、江苏省新闻出版政府奖等成绩，但是对十九届六中全会精神理解不够深入、行动不够到位，还需要进一步加强学习、加深认识、加快行动。

三是把质量意识放在出版事业发展的核心要素位置来看待，特别是强调选题质量、内容质量、编辑质量，并将意识形态的引导和把关贯穿到出版质量管理的全部环节之中。出版意识形态导向管理是出版质量的核心标志，出版导向问题可看作两个层面，第一个层面是不出意识形态的问题，第二个层次是切实做好“举旗帜、聚民心、育新人、兴文化、展形象”。我们要坚决做到第一层次，努力做好第二层次。优秀的编辑是实现高质量出版的符号基础，必须认识到党对出版工作的重视程度越来越高，出版工作的政治性越来越强，同时对出版的质量要求越来越高。汲取以往的经验教训，首先形成高标准，即提高品相品位，坚持内容守正创新，善于表达，特别是要讲好故事。出版不仅要走出国门，更要深入人心。其次，形成高效率，特别是提升内容产出能力、快速投放能力、精准抵达能力。最后，把握好质与量的统一，防止有数量缺质量，要夯实基础同时要构建品牌和质量的高峰，把质的提升摆在更重要的位置。

四是结合廉洁文化建设，不断加强廉洁文化图书出版工作，出版社要有强烈的历史使命感和社会责任感，自觉地担当起积累、传播优秀廉洁文化的责任。做好廉洁文化图书出版工作，概括地说，第一，坚持“围绕中心，服务大局”的理念。出版社紧紧围绕中央和各级党委政府的决策部署策划选题组织出版，在服务的过程中不断拓展廉洁文化图书的发展思路和空间。第二，将政治效益、社会效益放在首位。自党的十八大以来，以习近平同志为核心的党中央正风肃纪，反腐惩恶，党风政风为之一新，党心民心为之一振。出版工作应始终保持清醒的头脑，始终坚持正确的舆论导向，严把廉洁文化图书的政治质量关，始终将政治效益和社会效益放在首位。第三，保持高度的政治敏锐性。做好廉洁文化图书出版，需要编辑具备政治家的眼光，对国际、国内的政治、经济、文化等领域形势有宏观上的了解，对社会各行业、各系统的情况要心中有数。掌握舆论热点，及时反映和捕捉党建、立法领域的重要信息动态和重大工作进程，面向全党全社会宣传好中央和中央纪委关于党风廉政建设和反腐败的决策部署。第四，树立精品意识、实施精品工程。在实施廉洁文化出版物选题策划、组织书稿、编辑出版的过程中，将精品意识贯穿始终。充分运用群众易于接受的形式，开发教材、通俗读物、案例剖析、廉洁台历、小小说、漫画、对联、剪纸等品种，增强出版物的感染力和影响力。第五，完善机制制度，不断加强人才队伍建设。出版社 2021 年完善了人才引进及教育管理制度来引导、鼓励和支持编辑开发廉洁文化图书，确保编辑策划人员在策划实施过程中的积极性和主导权。

三、创新廉洁品牌

出版社牢记出版企业文化担当，营造风清气正的文化氛围，历时多年打磨，从理论研究、经验推广、宣传优秀人物等多个角度，出版了一批理论和通俗读物，努力全方位、多维度打造廉政文化出版氛围，做好廉政文化的出版宣传工作。

一是抓住前沿，做好理论研究出版。国家“十二五”重点图书出版规划项目《中国共产党理论创新的自觉：历史与现实》和江苏“十三五”重点图书出版规划项目《主义·文化·思想：马克思主义中国化的理论与实践研究》，以马克思主义理论创新作为研究内容，用哲学、历史学、政治学、党史党建等多学科的理论与方法，再现了中国共产党理论创新的理论逻辑与历史逻辑，同时结合当代中国国情和时代特征，在总结理论创新的动力机制和基本经验的基础上，揭示了中国共产党“三位一体”的理论创新自觉，展示了理论创新的广阔空间。图书出版后，取得了良好的社会效益，先后获得江苏省教育科学研究成果奖二等奖、江苏第九届高校哲学社会科学研究优秀成果奖三等奖、镇江市第十届哲学社会科学优秀成果二等奖。

二是总结经验，丰富普及读物出版。出版社组织出版了针对不同年龄层次人群的廉洁文化普及读物，从政策解读、警示教育，到文化宣教、资源展示，努力做到廉洁阅读的全员覆盖。例如，《<中国共产党党员领导干部廉洁从政若干准则>图解》《反腐倡廉教育口袋丛书》利用漫画、小故事等通俗易懂的形式倡导廉洁从政；《镇江廉政文化资源荟萃》汇集地方廉政文化资源进行集中展示；《修炼精气神：机关效能建设新探》为行政机关作风转变，不断提高政府精细化管理，提升行政执行力提出了有益建议；《廉洁文化教育系列丛书》和《信仰的力量：未成年人爱国主义教育研究》以榜样教化的方式，倡导中小学生从小树立奉公守法、廉洁处世的道德观和价值观。

三是宣传典型，向身边的榜样学习。以报告文学、人物传记等文学形式，宣传农业科技工作者、基层党员干部、援藏援疆干部、公安干警、医务工作者、当代大学生中的典型人物，记录他们的先进事迹，掀起学习榜样的热潮。例如，聚焦“时代楷模”，陆续推出《赵亚夫：现代农业的探路人》《大地追梦：“时代楷模”赵亚夫》《新闻见证：道德楷模赵亚夫》，宣传赵亚夫“把论文写在大地上”的知农爱农情怀；《张雅琴：一位女支书和她的新农村创业传奇》紧扣时代脉搏，弘扬主旋律，生动展现新时期基层共产党员倾心竭力、爱民富民的感人事迹，出版后受到好评，随后入选江苏省社会主义核心价值体系建设“双百”出版工程重点项目和江苏省农家书屋；《永不打烊的警务室》以全国公安系统二级英雄模范、全国岗位学雷锋标兵、“中国好人”“江苏最美警察”“第三届扬州十大好人”暨“十佳道德模范”李树干为原型，以其28年坚守“孤岛”服务群众为素材，反映了基层民警朴实的家国情怀；《大医许祥生》全面反映了中西医结合专家、德艺双馨的骨伤科医生许祥生的从医生涯。《飘舞的黄丝带》获江苏省第七届精神文明建设“五个一工程”奖，《大地追梦：“时代楷模”赵亚夫》获镇江市第二届精神文明建设“五个一工程”优秀作品奖，《新闻见证：道德楷模赵亚夫》获评“2016苏版好书”，《永不打烊的警务室》获评“2018苏版好书”。

四是讲好故事，赓续红色血脉。深入挖掘红色文化资源，赓续红色血脉，弘扬红色文化，让革命精神代代相传、发扬光大，是出版社打造廉洁文化出版阵地的又一特色板块。江苏省“十二五”重点出版物规划项目《中国西部地区抗战遗址图说》对西部抗战文化遗址进行了全面梳理；《建宁苏区的红色记忆》再现了基层和民间深厚的红色情感和红色传统，弘扬了老一辈无产阶级革命家一心为民、清正廉洁、克己奉公、艰苦奋斗的精神；《大胡庄·1941》讲述了发生在苏北革命根据地的悲壮故事；《新安旅行团》和《新安旅行团，少年中国行》分别面向成人和未成年读者，讲述新安旅行团行程四万里、发动十万儿童进行抗战宣传的壮举；《八四医院》展现了不同时期我国医疗队伍勇于承担重任、不断进取的精神。图书出版后，受到各界关注，新华网、搜狐网、腾讯网等媒体对图书出版进行了报道。

为充分发挥廉洁文化宣传服务效能，出版社还采取内容丰富、条理清晰、分析透彻，多种形式助推廉洁文化宣传工作，发挥廉洁文化效能。以加强党的政治建设为统领，以助力出版社发展为目标，以推动全面从严治党为核心，紧抓廉洁工作，不断丰富活动形式，积极发挥基层党组织的战斗堡垒作用和党员先锋模范作用。

一是紧扣主题活动做好宣传。结合“不忘初心，牢记使命”主题教育、庆祝建党100周年活动、党史学习教育等，开展各类主题活动，努力将廉洁文化建设融入日常工作，助推事业发展。2021 年 4 月 26 日，作为向建党百年献礼活动之一，《大胡庄 · 1941》新书首发式举行。人民网、《现代快报》对活动进行了宣传报道。首发式上，大胡庄英雄连、淮安区退役军人事务局、淮安区新四军研究会、淮安区武警中队、大胡庄战斗发生地淮安区苏嘴镇、淮安区文联、周恩来红军小学获得赠书。

二是参加展会传播书香。2019 年，在第九届江苏书展期间，出版社开展“品味书香 追逐梦想”主题实践活动，并在书展首日组织了两场读书分享活动，活动现场气氛热烈，参与的读者纷纷给予好评。搜狐网、金山网、未来网等多家媒体对活动进行了宣传报道。

三是阅读分享浓郁读书氛围。为倡导营造良好家风，出版的《凡父俗女》一书，在辽宁省营口市举行父爱陪伴成长——“家庭、家教、家风”图书《凡父俗女》阅读分享会，活动由营口市委宣传部、市妇联、市文联、营口新闻传媒中心、市公共文化服务中心联合举办，通过分享会传递营造良好家风的重要性。“营口新闻”微信公众号、抖音、喜马拉雅等媒体发布了该书消息，受到大量粉丝的关注和好评。2020 年 8 月，《镇江诗词一百首》正式出版，收录了历代著名诗人描写镇江的诗词 100 首。结合本书的出版，2020“致敬镇江 经典传诵”镇江大学生诗词大会隆重举行，书香江苏、搜狐网等多家媒体对活动进行了宣传报道。8 月 21 日，出版社与望山书局共同举办了“五峰江河一共情”读书分享会。活动旨在交流阅读的心得体会，分享读书的快乐，帮助青少年开启一扇读书与写作之门。

四是做好服务显担当。2020 年上半年，受新冠肺炎疫情影响，学生不能返校，学校采取“停课不停学”的线上教学方式。为保障高校网络教学的实际需求，服务教学，服务学生，体现出版社的责任担当，出版社本着“应寄尽寄”的原则，为广大高校师生提供教材发行直供服务。出版社每年都支持省级图书馆建设，向中学、社区、农村、高校、油田、部队等单位图书馆捐赠图书。为支持地方全民阅读工作，出版社向镇江市京口区图书馆捐赠涉及镇江政治、历史、经济、文化艺术等内容的图书，并在京口区图书馆 24 小时城市书房设立专题书架，方便市民读者免费阅读。出版社通过积极参与农家书屋项目，切实为解决农民“买书难、借书难、读书难”的问题和农村文化共享的问题做出贡献，为提高农民科技文化素质，推动乡村人才振兴，为加快农业农村现代化贡献力量。在全国出版社参加的 2020 年江苏省农家书屋项目中，江苏大学出版社入选图书近 20 个品种，为全省各地农家书屋提供图书10000余册，在江苏省各出版社中排名第二，全国排名第四。江苏大学出版社立足高校，服务地方，坚持“传播先进文化，弘扬学术民主，繁荣科教事业，促进社会进步”的办社宗旨和出版理念，牢记“知农爱农、工中有农、以工支农、强农兴农”的新时代江大师生的使命追求，坚守随农机化而兴、为“三农”而强，坚守为农初心，走内涵发展道路，为广大读者奉献更多更美的精神食粮。

新形势下，大学出版社还应该不断创新廉洁文化创建活动模式，丰富拓展廉洁文化创建活动载体，积极构建廉洁文化创建活动的长效机制，不断为高校廉洁文化建设提供理论支持和实践指导，为反腐倡廉提供智力支持和思想保证。

第四节　家校同构的廉洁文化建设新模式
——附属学校廉洁文化建设

江苏大学附属学校始建于1963年，是一所九年一贯制学校，设中学部和小学部，现有学生近800人，教职工58人。在江苏大学领导的亲切关怀下，附属学校本着“服务江大、奉献江大”的宗旨，承担起江大教职工子女教育的重任。踏实的工作态度，和谐的师生关系，先进的教学理念、优异的学生成绩，附校跻身镇江市义务教育先进的行列，先后被评为镇江市素质教育先进学校、镇江市模范学校、镇江市学生行为规范示范学校、镇江市“三八”红旗先进集体、镇江市“巾帼文明岗”、镇江市关心下一代先进集体、江苏省“巾帼文明岗”、江苏大学思想政治工作先进集体、江苏省研究生工作站、全国校园足球特色学校、全国校园篮球特色学校等。

学校始终秉承江苏大学“博学 求是 明德”的校训，大力弘扬“勤勉 诚朴 奋进”的校风、“敬业 爱生 创新”的教风和“乐学 善思 攻坚”的学风，优异的教育教学质量得到社会各界的普遍赞誉。

附属学校在扎实推进素质教育的过程中，不忘立德树人使命担当，深入开展校园廉洁文化建设。

廉洁教育进校园对社会发展有重要意义。中小学生正处于身心迅速发育的关键时期，判断是非的能力较弱，易受腐朽现象的侵蚀，不良意识一旦形成将很难纠正。因此，如果不对中小学生进行正确的教育和警醒，帮助他们树立起科学的世界观、人生观和价值观，学生便会模仿社会上的某些不良行为，从而为孩子们将来的成长和社会的发展埋下隐患。因此，将廉洁教育引入校园十分必要。

教育部早已启动“加强青少年廉洁教育”活动，2005 年 4 月在杭州举行了“教育部廉政文化进校园和青少年廉洁教育研讨会”。中共中央纪律检查委员会前副书记刘峰岩指出，要充分认识开展廉政文化进校园和青少年廉洁教育工作重要性和紧迫性，采取有力措施，确保工作任务落到实处；要把廉政文化进校园和青少年廉洁教育纳入贯彻落实党中央、国务院《关于进一步加强和改进未成年人思想道德建设的若干意见》之中，一起研究部署；将廉洁教育与学校德育结合起来，着力抓好青少年廉洁教育“进教材、进课堂、进头脑”工作。

2022 年 2 月，中共中央办公厅印发的《关于加强新时代廉洁文化建设的意见》中强调，加强新时代廉洁文化建设，要坚持以习近平新时代中国特色社会主义思想为指导，全面贯彻党的十九大和十九届历次全会精神，增强“四个意识”、坚定“四个自信”、做到“两个维护”，不忘初心、牢记使命，坚持思想建党和制度治党同向发力，坚持依法治国和以德治国相结合，以理想信念强基固本，以先进文化启智润心，以高尚道德砥砺品格，惩治震慑、制度约束、提高觉悟一体发力，推动廉洁文化建设实起来、强起来，不断实现干部清正、政府清廉、政治清明、社会清朗。

附属学校廉洁文化建设，分别在“三个层面”开展，即把廉洁文化教育对象分为党员干部、全体教职工和学生三个层面，坚持对党员干部和党员教师进行理想信念、廉洁自律教育，对教职工进行职业道德、廉洁从教教育和对青少年学生进行廉洁诚信、文明习惯教育；做到“四个结合”，即将廉政文化教育与常规教育活动相结合、与学科教学活动相结合、与校园文化建设相结合、与党建和师德师风建设工作相结合，使廉洁文化教育如春风化雨般濡润师生的心田。附属学校在江苏大学党委的统一领导下，以党建引领对廉政文化建设进行统筹谋划、依托江苏大学丰富的教育资源进行课程开发与活动安排、家校协同配合将社会主义核心价值观贯穿到家庭家教家风建设全过程，形成大手拉小手，共育“廉洁花”的氛围。

一、理想信念教育 强本固基

习近平总书记强调：“心有所信，方能行远。面向未来，走好新时代的长征路，我们更需要坚定理想信念、矢志拼搏奋斗。”习近平总书记的重要论述，充分阐释了理想信念教育的意义，因此，我们要以引路人的角色鼓励青少年学生坚定理想信念。具体而言，充分发挥红色资源青少年教育基地的功能，通过社会实践、主题班队会等形式，对学生进行社会主义核心价值观教育，为青少年学生全面发展成社会主义建设者和可靠接班人奠定基础。

1. 从思想层面筑起“高墙”，夯实廉洁文化建设的根本

附属学校充分发挥思想政治教育的主渠道作用，将廉洁文化建设纳入教职工教育的重要内容，融入“血液”之中。我们从源头上抓起，从思想上抓起，全面加强党风廉政建设和作风建设的学习宣传教育力度，坚持单周业务学习、双周政治学习制度，按照党委要求，及时传达学习中央、省和学校的决策部署，构筑牢固的思想道德防线。

加强领导干部的廉政教育，邀请专家举办廉政专题讲座、观看专题警示片等，强化党员领导干部的红线意识、底线思维；强化对教师的廉洁教育，培养他们廉洁从教的自觉性，弘扬教书育人的良好师德师风。学校始终把廉洁文化建设跟学校思想政治工作和党建工作相结合，运用校园网、微信等互联网载体开展廉洁文化建设和教育活动，不定期组织召开以反腐倡廉为主题的讲座。组织教职工认真学习《习近平总书记教育重要论述讲义》，领会精髓要义，激发内生动力，引导广大教师厚植爱国主义情怀，坚守立德树人使命，努力培养担当民族复兴大任的时代新人。学校十分重视青年教师的师德教育，建立了“四有好老师”志愿者团队，引领教师牢记责任，教书育人、身正为范、廉洁从教，塑造良好的教师形象。

2. 以党建带团建队建，落实立德树人的根本任务

加强少先队辅导员队伍建设。在品格修养、知识能力、教育教学上下功夫。

附属学校的少先队建队率、入队率100%。每年“六一”儿童节或清明节举行庄严的入队仪式。教育引导青少年爱祖国、爱人民、爱科学、爱劳动，做一名合格的共产主义事业接班人。少先队通过各种活动，使队员在活动中得到体验、得到锻炼、得到提高。先后多名同学获评“江苏省好少年”“镇江市好少年”“镇江市优秀少先队员”。

通过“王龙团队”的创建，时刻提醒学生继承革命先烈的遗志，发扬革命的光荣传统，将明志、知礼、善学、守信作为培养学生的长期目标，培养学生在学习上自强不息、力争上游；作风上文明礼貌、独立自主；班级管

理上同心协力、专长专能；课外活动上积极进取、多才多艺。团队所有人将相互激励、相互鼓励，产生共鸣、达成默契，形成积极向上、团结共进的整体氛围。

坚持立德树人、育人为本。以实施“社会主义核心价值观”教育为支点，通过党员干部带头上团课、队课，将社会主义核心价值观请进教材、放进课程、融入活动，通过完善“大德育课程体系”，全面落实德育目标。

3. 丰富德育活动，拓展德育阵地

附属学校德育处把“八礼四仪”等养成教育与公民意识教育、生态文明教育、法制教育、革命传统教育、感恩教育、理想教育等活动结合起来，与心理健康教育、生命教育等结合起来，通过开展丰富多彩的德育活动，创设优良的育人环境，让学生在潜移默化中接受德育熏陶，培养学生爱国主义情怀、集体主义观念、社会主义信念，增强学生服务国家和人民的社会责任感。充分发挥升旗仪式、出操、课堂、课间、就餐、集会、值日等德育阵地，加强学生常规训练，引导学生学会做人、做事，培养学生良好的生活学习习惯。

每年清明时节，我们都会充分利用“王龙亭爱国主义教育基地”开展祭奠革命先烈活动，举办入团、入队仪式，激励广大团员、少先队员深入学习爱国主义精神和革命先烈英雄事迹，发扬优良传统，继承先烈遗志。江苏大学规划设计了王龙亭爱国主义教育宣传栏，放置于王龙亭爱国主义教育基地，供师生观看学习。清明节前夕，在王龙亭开展缅怀革命先烈主题教育活动上，邀请王龙烈士家属现场讲述王龙烈士爱国事迹。我们以班级为单位展开“传承红色基因，坚定理想信念”主题班团活动。邀请老战士、老党员讲述革命故事，把鲜活丰富的党史内容融入其中，让学生在活动中聆听革命先烈的英雄事迹，体验传统节日习俗，感受民族文化魅力。以引导学生到校园王龙亭爱国主义教育基地、参观王龙亭爱国主义教育宣传栏等方式实地了解革命英烈先进事迹，现场感悟革命传统和革命精神，重温党的光辉历程，厚植爱党爱国情怀。

在社会主义核心价值观里，从国家层面来说，“廉洁”既是达成富强、民主的必备手段，又是达成“和谐”的重要途径；从社会层面来说，“廉洁”既是“平等”的基础，又是“公正、法治”的稳固基石；从个人层面来说，“廉洁”的核心就是“敬业”“友善”。因此，“廉”的含义深刻且重要。解读“廉”，是树立正确核心价值的基础。但是，“廉洁”一词在现阶段对于很多学生来说，是相对陌生的，他们认为，我也没和“钱”这个东西打过交道，怎么谈廉洁，从何谈廉洁，完全没有概念。体验式的主题班会课能让学生更快地了解廉洁的概念、核心内容，体会它的作用，并在日常生活中有意识地遵守相关的守则。通过表演、讲故事等形式，学生自己获得深刻的体会，远比只听班主任的讲述来得更加深刻。因此，我校德育处设计组织体验式主题班会课，开展对“廉洁”文化教育探索，更好地落实贯彻学生对“社会主义核心价值观”的认识。

二、校园文化建设 启智润心

习近平总书记强调指出：“廉洁文化建设吸收、借鉴了中华优秀传统文化、社会主义先进文化成果，依托教学活动、宣传报道、文艺熏陶等多种鲜活形式，融入部门、行业、基层治理之中，发挥价值导向、行为约束、环境净化等显著功能。”“文化而润其内，养德以固其本。廉洁文化建设正是以‘思想觉悟’为问题导向，从精神层面着手，崇德尚廉、崇廉拒腐，在人们心底筑起一道反腐败的思想防线。”

廉洁文化具有鲜明的时代性和民族性。中国共产党通过多种途径和运用多种方法，卓有成效地弘扬和培育了当代中华民族的时代精神，使之成为中国人民始终保持奋发有为、昂扬向上的精神支撑。其中，建设和弘扬廉洁文化是培育中华民族时代精神的重要路径之一①。

中华廉洁文化是一个多层次复杂结构的文化体系，主要包括三个层面的思想内容。其一，关于廉洁的基本知识及外在的表现形式，如诗歌、戏曲、典故、格言、警句等宣传廉洁文化基本精神的文学和艺术；其二，关于廉洁的伦理思想、政治准则及其相应的制度规范、廉政建设的理论与实践等；其三，关于廉洁的理念、信仰及与之相适应的行为方式、价值取向等。诗歌、戏曲、典故、格言、警句等廉洁文化载体以其贴近生活、朗朗上口，在给人以艺术享受的同时，使人在潜移默化中得到精神上的激励、思想上的启迪和行动上的鞭策，为时代精神培育创造和谐良好的氛围。廉洁准则和制度规范使人养成遵纪守法、按规则办事的习惯，这正是当今中华民族时代精神必须具备的基本要素。廉洁理念、信仰和价值取向，是廉洁文化最本质的精神文明特征，有利于坚定党员领导干部对马克思主义的信仰、对共产主义的信

① 尹世尤．廉洁文化与中华民族时代精神培育研究［M］．北京：中国书籍出版社，2013：3.

念，这是中华民族时代精神的价值旨归。

廉洁奉公精神是时代的召唤。廉洁奉公是当代中华廉洁文化的核心内容，也是中华民族时代精神新的基本要素。把廉洁奉公精神纳入国民教育全过程，培育中华民族时代精神，需要大力推进廉洁文化“六进”活动，开展全民廉洁教育。在惩治和预防腐败体系中，惩治和预防两项并立，教育、制度和监督三者并重，其中教育是基础，制度是保证，监督是关键，三者相辅相成，缺一不可，共同构成一个有机的统一整体。廉洁文化则可以说是贯穿其中的纽带。

中共中央办公厅印发的《关于加强新时代廉洁文化建设的意见》中强调，要厚植廉洁奉公文化基础，用革命文化淬炼公而忘私、甘于奉献的高尚品格，用社会主义先进文化培育为政清廉、秉公用权的文化土壤，用中华优秀传统文化涵养克己奉公、清廉自守的精神境界。要培养廉洁自律道德操守，引导领导干部明大德、守公德、严私德，把廉洁要求贯穿日常教育管理监督之中，把家风建设作为领导干部作风建设重要内容。要发挥廉洁教育基础作用，强化形势教育、纪法意识、警示震慑、示范引领。要弘扬崇廉拒腐社会风尚，运用新媒体新技术传播廉洁文化，丰富廉洁文化优质产品和服务供给，拓展利用廉洁文化资源。

1. 廉洁文化进教材

自2009年起，我校分别将《廉洁文化教育读本・小学卷》《廉洁文化教育读本・初中卷》融入小学品德与社会、中学政治课教学中。

小学读本分四个单元，第一单元插上理想的翅膀，设有规划未来、勇于追梦、深情为民、梦想中国4课；第二单元做正直人，设有诚实守信、唤醒责任、为人正直3课；第三单元和美德同行，设有清正廉洁、勤俭节约、严于律己3课；第四单元心中的一杆秤，设有摆正天平、民主参与、知法守法3课；第五单元我做监督员，设有遵守规则、学会监督、亲历选举3课。

中学读本分两部分。第一部分是廉洁课堂，设有诚信是金、勤俭修身、感恩之心、慎交朋友、自律自省、走近法律、法不可违、公平正义、创业守业、为政风范；第二部分是廉洁故事，设有包公、戴高乐：伟大平凡、句容贤令徐九思、“身无半亩，心忧天下”、列宁：亲民廉洁的伟大领袖、平民总统林肯、清廉正直的司马光、伟大丰碑——一代伟人华盛顿、执政为民的好公仆——焦裕禄。学生通过读本的学习，把中华民族时代精神、廉洁奉公、严于律己、诚信做人等良好的道德意识深深地植根于幼小心灵。

2. 学科教学中渗透廉洁文化教育

学期初，学校要求教师根据学科教学的特点和课程内容，寻找廉洁教育渗透点。教导处组织的老师们认真研究如何适时、适量地把廉洁教育渗透到自己的课堂教学中，确定渗透的方法，最后再进行课堂实施。这便于把廉洁教育科学、合理、自然地引入课堂，引入学生的学习。根据学科不同特点，课堂上渗透廉洁教育的方式也形式多样。比如：道德与法治课堂中开展廉洁教育时事竞赛。历史课堂上开设廉洁故事分享会。语文课堂上中将廉洁教育引入中高年级的写作课堂，由语文老师牵头组织家风、家规、家训征文活动，在这个过程中，学生学到了写作方法更收获了廉洁文化；经典文学中周敦颐的《爱莲说》、刘禹锡的《陋室铭》等，都蕴含着丰富的廉洁文化，在让学生学习这些内容的时候，要不断与新时代党和国家对党员干部的要求相结合，增加课文内涵的时代意义，让更多的人了解这些文化背后的故事，理解这些文化的内涵，从而更好地促进青少年的成长。美术课开展廉洁书法、绘画、摄影创作比赛。课程中渗透廉洁教育，让学生在增长学科知识的同时接受廉洁文化濡润。

3. 营造丰富多彩的廉洁文化氛围

构建气正风清的外部环境，是廉政文化建设的支撑。学校高度注重校园文化建设，持续打造出形式多样、健康向上、格调高雅的校园文化，将廉政文化融入校园文化建设，推动“廉洁”与“文化”有机融合，净化政治生态环境，提高廉洁文化建设的渗透力与感染力。

学校将廉洁文化建设融入校园建设的方方面面：在教学楼门厅、办公楼等公众场所张贴廉洁文化宣传画、宣传标语，在学校网站发布“优良家风”等廉洁小故事，建设廉洁教育专栏，从文化氛围上传递廉洁意识；设立红色文化走廊及红色文化传播区；开展“道德讲堂”系列讲座；充分利用廉洁主题读本或开发利用清廉文化资源；领导班子廉洁从政、教师廉洁从教、学生则“敬廉崇洁”，从而营造全方位廉洁文化建设氛围。

“个性化与共性化和谐发展”的班级文化建设模式。其一，以优化班级环境文化来陶冶学生的情操。主要体现在精心设计的板报，以红色文化来浸润学生的心灵。创建“王龙团队”的目标张贴在教室后墙醒目的位置上，时刻提醒学生继承革命先烈的遗志，发扬革命的光荣传统。其二，以制度文化来滋养学生的德行。用制度来规范学生的言行，让班级成员自觉约束自己。通过民主途径确定班级制度、完善班级制度，以学生乐于接受、易于接受的方式呈现出来。其三，以行为文化来润泽学生的成长。通过有特色、有内涵的班级活动，既可以活跃班级气氛，增强班级的活力，促进班风建设；同时，在丰富多彩的活动中，也锻炼学生的组织能力，增进学生间的了解，营造良好的班级人际环境。

三、高尚品德引领 砥砺品格

习近平总书记强调："广大教师是打造中华民族'梦之队'的筑梦人"，要努力成为"'有理想信念、有道德情操、有扎实学识、有仁爱之心'的好老师。"教师重要，就在于教师承载着传播知识、传播思想、传播真理，塑造灵魂、塑造生命、塑造新人的时代重任。广大教师要做学生锤炼品格的引路人，做学生学习知识的引路人，做学生创新思维的引路人，做学生奉献祖国的引路人。总书记高度重视师德师风建设，指出"评价教师队伍素质的第一标准应该是师德师风"。

1. 加强师德师风建设，提高立德树人的能力和水平

习近平总书记强调：师德是好老师的首要条件。教育行政部门出台了一系列师德师风建设的文件，附属学校始终坚持把贯彻落实党风廉政建设责任制和加强师德师风建设作为全面从严治党工作重点，并结合学校工作实际和要求，在月考核中嵌入师德师风考核。首先，做到按月进行检查，在考核业务工作的同时，对师德师风进行考查；其次，做到一个学期结束，学校组织专班对党员干部履职情况和履行党风廉政建设责任制情况进行考核，结果作为绩效考核、评先选优的重要依据；最后，做好年终的全面考核，从"一岗双责""廉洁从教承诺"等方面，对全体教职工进行综合考核，考核由学校党风廉政建设领导小组和教职工代表大会联合组织，力求通过考核，促进学校党风廉政建设工作的持续推进，为学校的健康发展、为创建九年一贯制精品化学校营造良好的政治生态。

开展师德宣传教育活动。以开学典礼、教师节等重大活动为契机，开展形式多样的师德宣传教育活动。一是要组织开展好师德师风承诺书集中签订活动。从严约束执教行为，打造风清气正、崇德向善的良好育人环境。二是要组织开展优秀教师宣讲暨新教师入职仪式。引导青年教师忠诚于党的教育事业，坚持以人为本，尊重、爱护全体学生，树立全心全意为学生成长成才服务的理念。

学校机制的建立，外化于行。师德师风体现在教师教育教学行为之中，为了更好促进教师在“三全育人”的环节中，自觉践行高尚师德，附校进行制度设计。

在教师年终考核环节，将考核内容分为职业道德、教育职责、教学业绩、专业化成长、民主测评五部分，学校最后汇总计算每位教师的总得分，总得分排在前面的，年终考核定级为优秀。充分发挥考核评价的导向激励机制，工作中如果出现以下情况之一的，一票否决，年终考核评定为不合格：体罚或变相体罚学生，造成严重影响的；语言暴力，造成严重后果的；工作时间未经学校同意外出兼课、从事有偿家教等触碰师德红线的。

同时，将师德师风考核评价纳入学校评优评先、职称晋升、岗位晋级、教师资格注册、拔尖人才申报等环节。

通过把师德考核作为教师考核的核心内容，全校上下形成重视师德师风建设的良好氛围，让教师时刻反思自身的教育教学行为是否符合师德规范、是否与“三全育人”的要求存在差距。

为推动党政廉风建设深入开展，学校组织全体党员参加党日活动，接受现场教育，意在不断增强党员服务意识，充分发挥党员先锋模范作用，进一步弘扬奉献精神，以实际行动为党旗增光添彩。近年来学校先后多名教师被评为“镇江市优秀班主任”“镇江市德育先进工作者”“镇江市属学校德育先进工作者”“镇江市德育骨干教师”。

组织教职工认真学习《习近平总书记教育重要论述讲义》，领会精髓要义，激发内生动力，引导广大教师厚植爱国主义情怀，坚守立德树人使命，努力培养担当民族复兴大任的时代新人。

2. 家校共育，提高廉洁文化建设的实效

习近平总书记指出，家庭是社会的基本细胞，是人生的第一所学校。不论时代发生多大的变化，不论生活格局发生多大变化，都要重视家庭建设，注重家庭、注重家教、注重家风。广大家庭要重言传、重身教，教知识、育品德，身体力行，耳濡目染，帮助孩子扣好人生第一粒扣子，迈好人生的第一个台阶。2021 年 6 月 30 日，中央七部委联合印发了《关于进一步加强家庭家教家风建设的实施意见》，文件中强调：以建设文明家庭、实施科学家教、传承优良家风为重点，强化党员和领导干部家风建设突出少年儿童品德教育关键，加强教育引导、实践养成、制度保障，推动家庭家教家风建设高质量发展。

学校将廉洁的精神传播延伸和浸润到每个学生的家庭，注重家校共育。打造“书香家庭”，围绕“习惯、阅读、陪伴”的目标，以小手拉大手的形式，利用节假日，借助于江苏大学图书馆，家长陪伴孩子共读廉洁书。并请学生把校内开展廉洁教育活动情况向家长宣传，主动承担“家庭廉洁小监督员”任务。同时，请家长协助学校注重培养孩子的日常学习规范，形成家校互动，使廉洁文化渗透到每一个家庭。学校在全校学生中开展“我的家风、家训故事”征集活动，内容围绕家庭或家庭成员中发生的清廉故事，或家规家训传承、演化、发展过程中发生的相关故事。

廉洁是治国之基，廉洁是强国之本。廉洁教育要从小抓起，开展廉洁活动不仅可以在学生心中种下廉洁种子，还能通过学生影响家长、影响一个家庭，最终辐射整个社会，营造风清气正的社会环境。

3. 以“劳”育“廉”，让廉洁的种子在校园发芽

针对近年来一些青少年中出现了不珍惜劳动成果、不想劳动、不会劳动的现象，劳动的独特育人价值在一定程度上被忽视。针对劳动教育正被淡化、弱化的现象，党中央高度重视，2020 年 3 月出台的《关于全面加强新时代大中小学劳动教育的意见》中指出：以习近平新时代中国特色社会主义思想为指导，全面贯彻党的教育方针，落实全国教育大会精神，坚持立德树人，坚持培育和践行社会主义核心价值观，把劳动教育纳入人才培养全过程，贯通大中小学各学段，贯穿家庭、学校、社会各方面，与德育、智育、体育、美育相融合，紧密结合经济社会发展变化和学生生活实际，积极探索具有中国特色的劳动教育模式，创新体制机制，注重教育实效，实现知行合一，促进学生形成正确的世界观、人生观、价值观。“中小学生参加劳动实践，既可以掌握劳动技能，养成良好的劳动习惯，还可以树立社会责任感，养成艰苦奋斗的优良品质。”①

小学低年级注重围绕劳动意识的启蒙，让学生学习日常生活自理，感知劳动乐趣，知道人人都要劳动。中高年级注重围绕卫生、劳动习惯养成，让学生做好个人清洁卫生，主动分担家务，适当参加校内外公益劳动，学会与他人合作劳动，体会到劳动光荣。初中注重围绕增加劳动知识、技能，加强家政学习，开展社区服务，适当参加生产劳动，使学生初步养成认真负责、

---

① 教育部基础教育司. 中小学德育工作指南实施手册［M］. 北京：教育科学出版社，2017：12.

吃苦耐劳的品质和职业意识。学校将廉洁教育与“二十四节气耕读文化教育”劳动实践相结合、与校内打扫相结合、与家务劳动相结合、与学校课程相结合，使劳动教育在校园里与教育教学相辅相成，在实践活动中充分发挥廉洁教育的育人功能。

2022 年 3 月，在江大社区的资助下附属学校将教学楼后面的一块闲置地开发成“江苏大学附属学校二十四节气耕读文化教育实践共建基地”。该地被划分为若干小块，由一到八年级的各班级抽签选定其中的一块作为自己班级的“责任田”。该基地既是学校专门开辟的教育基地，也是大家亲近自然的自然场所。各班安排学生在基地劳动、学习，目的是让孩子们通过劳动来拓展知识面，“了解更多植物知识”，同时，“切身感受自己每天吃的蔬菜、粮食得来不容易”，增添孩子们的责任感，孩子们来学校的第一件事常常是看看“庄稼”。孩子们在劳动中，感受到劳动的艰辛和生活的不易，这对青少年学生养成热爱劳动和知廉倡廉的优秀品质具有促进作用。

四、健全体制机制 规范约束

学校认真贯彻校纪委的要求，落实班子成员“一岗双责”、党支部“主体责任”，进一步构建全面从严治党的格局，建立健全党风廉政建设主体责任制，与全体教师签订《附属学校教师廉洁从教责任书》，结合实际工作，坚持“谁主管谁负责”的原则，认真制定党风廉政建设目标任务，抓好党风廉政建设责任制的落实，完善权力运作的监督制约机制，推进依法治校。

1. 健全组织，明确责任

学校成立了以书记校长任组长，分管校长任副组长，支部委员和领导班子成员为组员的校党风廉政建设领导小组，全面负责部署、协调、指导学校各项反腐倡廉工作，将专项工作的目标分解到各科室和各岗位，落实到每一个人，形成一级抓一级、层层抓落实的工作机制。全面负责学校的党风廉政建设工作和作风建设，当好表率，把好方向，管好事，用好人，领好路；确立了全校党员领导干部的管理者地位，要求领导在党风廉政建设和作风建设上要做到必须按更高的标准严格要求自己，深入广泛听取师生意见，定期检查各部门的廉洁从教的情况，以此来确保学校党风廉政建设责任制的落实，形成齐抓共管的良好局面。

在组织分析学校党风廉政建设的工作状况和主要任务的基础上，确定了年度的党风廉政建设重点和计划，制定具体的年度落实全面从严治党主体责任清单，确保了党风廉政建设工作的有效开展。并要求全体教师做出廉洁从教承诺，对全体教职工做出的廉洁从教承诺进行公示，接受社会的监督。在组织生活会上，全体党员对落实党风廉政建设责任制情况进行对照检查，开展批评与自我批评。

疫情防控期间，附属学校班子成员冲在一线，靠前指挥。保障应急、教学组织、学生活动、教职工管理、体温监测等组长均有党员或支委担任，专门设立防控督查组，负责各工作组疫情防控工作的工作进展、落实推进，并及时向校纪委监督专员汇报。把主体责任、第一责任人责任和一岗双责，扛在肩上，落实到疫情防控工作中。

2. 建立领导责任机制

首先，确立书记是党风廉政建设第一责任人、书记和校长是师德师风首要责任人的地位，并且接受附校校务会的监督。其次，建立量化考核机制，以实施绩效考核为抓手，将党员干部和全体教师在执行党风廉政工作纪律方面的表现纳入考核内容之中，并作为评优评先、职称晋升、岗位聘用、拔尖人才推荐等方面的先决条件。最后，在制度建设的原则上，坚持做到注意“五性”，即围绕中心，服务大局，注重针对性；抓住要害，严格规范，注重约束性；适应形势，与时俱进，注重创造性；细化量化，具体实用，做到操作性；关口前移，未雨绸缪，注重超前性。

3. 建立监督机制

首先，加强民主监督。以教代会为载体，深化校务公开工作。学校召开教师大会，将学校的年终分配、评优晋级名单等进行公开。同时，认真听取教职工的意见和建议，做好述职述责述廉工作，认真实施党务、校务公开方案，在校内设置公示栏，及时公开学校的重要事项、干部聘用、教职工考核奖励、学生管理等方面内容，自觉接受群众的监督，增加学校管理的透明度，真正做到民主治校。其次，加强班子内部监督。要求班子成员要充分运用党内批评与自我批评的武器，对平时群众反映的问题和发现的苗头，及时约谈，提醒帮助，认真开展批评与自我批评。最后，加强对学校中层干部组织监督。每学期末学校都要召开一次干部工作总结会，会上各中层干部必须就如何落实党风廉政建设各项制度的情况进行汇报、总结。对出现的问题认真分析，制定措施限期整改。对不能严于律己、群众反映大的干部要实行诫勉。学校还不定期地对学校财务、总务进行检查，不断规范工作流程，使学校工作能做到始终处于教职员工的监督之下，这样既防止了管理上的漏洞，又做到了预防腐败，关口前移。如职评工作、干部聘任工作、评先评优工作、招生工作、学生评优、基建维修工作、大宗物资采购工作、干部民主评议考核工作等，均置于教职员工监督之下。这样既落实了党风廉政建设责任制，做到依法治校，又创造了一个和谐向上的校园环境，教职工真正体现了主人翁地位，保障了知情权、参与权、选择权、监督权。

4. 建立常态化的工作机制

首先，完善组织生活会制度。充分利用组织生活会的沟通作用，围绕学习、思想、作风、廉洁自律、遵纪守法等方面的问题汇报思想状况，进行对照检查，开展批评和自我批评。对党风廉政建设和作风建设中出现的有关问题，召开专题组织生活会，及时解决。其次，定期召开支部党员大会。充分发扬党内民主，保障党员在党内行使表决权和选举权，支持他们对支部工作提出意见，并认真对待他们所提出的意见。最后，集体议事决策制度。凡涉及重大决策、重大项目安排和大额资金使用，都必须通过学校党政联席会集体讨论决定，从而保证集体研究决定，依法依规决策，科学民主决策。

在江苏大学党委的坚强领导下，附属学校以社会主义核心价值观为引领，以培育新时代民族精神和时代精神为核心，以师德师风、家风家训建设为依托，以制度建设为基础，以优良的党风、师德师风，教育引导青少年，在全校形成大手拉小手，共育“廉洁花”的良好氛围。

后　记

“国民之魂，文以化之；国家之神，文以铸之。”文化是一个民族的血脉和灵魂，优秀文化在潜移默化中滋养着民族精神根脉。廉洁文化是廉洁的理论和行为方式及其相互关系的文化总和，是社会主义先进文化的重要组成部分。高校作为文化传承和文化创新的重要平台与载体，发挥着文化育人的作用，承担着文化发展繁荣的责任与使命。新时代，加强高校廉洁文化建设，是人才培养的内在要求，是实现高校科学发展、持续发展、和谐发展的重要保障。如何结合高校自身实际，探索符合高校自身特点的廉洁文化建设途径，对新形势下深入推进高校党风廉政建设和反腐倡廉工作具有十分重要的现实意义。在此背景下，我们组织江苏大学相关学科领域专家、学者、一线工作人员共同撰写的《高校廉洁文化建设的理论与实践研究》正式出版了。

本书由江苏大学纪委副书记夏民教授、法学院院长李炳烁教授负责全书规划和框架设计。经过编写组多次研讨和筹备，编写工作于 2022 年 1 月正式启动。全书各章节编著分工如下：绪论（夏民）、上篇第一章（赵兴联、梁洪振）、上篇第二章（谢志芳）、上篇第三章（王以一、苏翔、丁永萍）、上篇第四章（单毅君）、下篇第一章（何铭、汤冬、吕霞、徐涛、邓宏伟、陈曦、赵兴联、梁洪振、陈立勇、马骁）、下篇第二章（石伟伟、张伟杰、许华、沈圆顺、杨道建、陈权、董秀娜、赵明、李军、万超）、下篇第三章（朱立新、戴叶林、张萍、沈雪妹、廖婷、倪荣臻）、下篇第四章（韩及华、刘竞、梁炜、任建波、常钰、卢金星）。全书各章先由编著者编著并推敲修改，后由单毅君负责全书统稿工作。

江苏大学出版社为本书出版给予了大力支持，编校团队对书稿的修改和完善提出了诸多宝贵意见和建议，并进行了耐心细致的编辑审校，对书稿质量的提升大有助益，在此深表感谢！本书的编撰除参考经典著作以外，还参考了大量专家学者的研究成果，若有遗漏之处，恳请相关专家学者指正。本书力求全面展现高校廉洁文化建设的理论与实践研究成果，但囿于学术视野，难免存在疏漏和不当之处，恳请各位专家、学者和广大读者批评指正。

编著者

2022 年 7 月